Theodore Zeldin

Die Kunst, zu sich selbst aufzublicken

Französische Innenansichten

Deutsch von
Christian Sabisch

Wunderlich

Dei Originalausgabe erschien 1983 unter dem Titel
«The French» bei William Collins Sons & Co. Ltd, London
Schutzumschlag- und Einbandgestaltung Peter Wippermann,
Foto: Andrej Reiser / Bilderberg

1. Auflage August 1987

Gesetzt aus der Baskerville auf Linotron 202
Gesamtherstellung Clausen & Bosse, Leck
Printed in Germany
ISBN 3 8052 0451 5

Für Deirdre

Erster Teil

Warum es so schwierig ist, einen Durchschnittsfranzosen kennenzulernen

1 Wie man Sehenswürdigkeiten vermeidet

Der «durchschnittliche Franzose» wird heute oft als Monsieur Dupont oder Monsieur Durand bezeichnet. Durand bedeutet hartnäckig. Einzigartig ist das nicht: John Bull ist, laut der Larousse Enzyklopädie, «der Spitzname, der dem englischen Volk anhaftet, um ihre Hartnäckigkeit anzudeuten». Nun, auch nationale Klischees haben mit Hartnäckigkeit zu tun – keine Meinungen überleben hartnäckiger als jene über angebliche Nationalcharaktere. Die erste Absicht dieses Buches ist zu zeigen, warum Menschen noch immer glauben, sie könnten die Franzosen mit einem Satz oder Epigramm zusammenfassen, und welche Absurditäten daraus folgen.

Über eine Nation zu sprechen, bedeutet normalerweise, die Art zu bestimmen, in der sie sich von anderen unterscheidet. Damit stellt sich die Frage, wie ähnlich sich die Menschen innerhalb einer Nation sind. Hier setze ich an: Ich bin vor allem an Franzosen als Individuen interessiert. Herausfinden möchte ich, was sie über Lebenskunst wissen und welche Freuden sie ihrer Existenz abgewinnen. Gäben sie alle die gleiche Antwort, gäbe es nicht viel zu sagen. Das gleiche ist das Langweilige. Tatsache ist hingegen, daß sämtliche menschliche Leidenschaften in Frankreich beobachtet werden können. Das bedeutet: Franzosen zu erkennen, heißt sich selbst zu erkennen. Das darf nicht verwundern: Franzosen können wahrscheinlich mehr darüber sagen, was es bedeutet Mensch zu sein, als was es heißt, Franzose zu sein.

Ich interessiere mich für internationale Mißverständnisse in ihrer subtilsten Form, für die Unfähigkeit der Menschen, sich auf die Wellenlänge des anderen einzustimmen. Franzosen meinen oft, von Ausländern mißverstanden, falsch eingeschätzt zu werden und überhaupt unbeliebt zu sein. Sie haben durchaus recht. Ausländer lieben zweifellos Frankreich als Land und schöne Landschaft, doch das französische Volk mögen sie in der Mehrheit nicht. Das trifft besonders auf die englischsprachige Welt zu. Briten besuchen Frankreich häufiger als jedes andere Land; mehr als ein Drittel von ihnen war bereits in Frankreich; doch nur 2 Prozent behaupten, die Franzosen zu bewundern und nur sehr wenige möchten unter ihnen leben. Meinungsumfragen belegen regelmäßig, daß die Briten den Franzosen fast genauso mißtrauen wie den Russen, und dieses Mißtrauen nimmt nicht ab. Es liegt nicht nur daran, daß Briten Ausländer nicht mögen; im Gegenteil, es gibt andere Nationen, die sie bewundern, obwohl sie Kriege gegen sie führten. Und auch die Amerikaner, die nicht das Handikap der Briten teilen, über Jahrhunderte in traditioneller Feindschaft zu Frankreich gelegen zu haben, meinen im allgemeinen, daß sie recht wenig mit jenem Land gemein haben, das ihnen einst im Unabhängigkeitskrieg gegen die englische Krone half. Sie sprechen kaum französisch. Hatten zum Beispiel Deutsche und Italiener, wenn auch nicht immer Begeisterung, so doch großes Interesse an Frankreichs neuem Sozialismus bekundet, so schien die Mehrheit der Amerikaner und Briten von Staatspräsident Mitterand selbst etliche Monate nach seiner Wahl noch nichts gehört zu haben. Warum verblüffen die Franzosen so viele Menschen und hinterlassen bei anderen einen oberflächlichen Eindruck? Sie bieten eine interessante Lektion über politische Öffentlichkeitsarbeit, über die Kunst, Freunde zu gewinnen.

Franzosen haben sich enormen Anstrengungen hingegeben, um sich selbst zu erklären. Keine Nation hat sich mehr abgemüht, ihre Identität zu finden und auszudrücken, keine hat so kritisch in den Spiegel geschaut, so viel darüber argumentiert, was sie darin sieht, sich beharrlich Falten eingebildet, die sie nicht hat, und sich Sorgen gemacht, ob die Mundzüge wie eine Grimasse oder wie ein Lächeln wirken. Ihr Staatsverlag hat kürzlich einen großen und gelehrten Band mit dem Titel *Franzose, Wer bist Du?* herausgegeben. Doch er gibt keine klare Antwort. All diese Bemühungen zu zeigen, wie besonders die Franzosen sind, vereiteln vielleicht ihren Zweck. Die Suche nach dem typischen Franzosen kommt nur dem Interesse des traditionellen ausländischen Touristen entgegen, dessen bevorzugtes Spiel es ist, herauszufinden, wie französisch die Franzosen sind.

So lebt ihr Klischee unauslöschlich weiter und stellt sich als Schwindel heraus, mit dem die Franzosen Ausländer so geschickt hereinlegen, daß sie ihm selbst zum Opfer fallen. Als Ausländer wird man Ihnen gleichzeitig sehr richtig sagen, daß Sie sie letztendlich nie wirklich kennen könnten; doch als Franzose würden Sie sich selbst nie völlig verstehen. Bedeutet das, daß man keine Einigung erzielen kann, was für Leute sie sind, und daß es immer diesen Konflikt zwischen Selbstverständnis und der Meinung der Ausländer geben wird? Ich habe mich bemüht herauszufinden, ob es möglich ist, sich zwischen diesen beiden Polen zu bewegen. Die Tatsache, daß ich mein ganzes Leben als Erwachsener damit zubrachte, die Franzosen zu ergründen, heißt nicht, daß ich nun dazu fähig sei. Im Gegenteil, die meisten Bewunderer Frankreichs sind so sehr in dieses Land verliebt, daß sie als unparteiische Richter ganz untauglich sind; manchmal sind sie sogar frankophiler als die Franzosen. Man braucht einen Mann vom Mars, um beide Seiten zu sehen. Vielleicht habe ich etwas vom Marsmenschen in mir. Nicht, daß ich irgendwelche Illusionen hätte, unparteiisch zu sein: Selbst Marsmenschen hätten ihre

Vorurteile, Vorlieben und Schwächen. Doch ich möchte feststellen, ob es möglich ist, zugleich die Selbstinterpretationen der Franzosen und das Frankreichbild der Ausländer in Frage zu stellen.

Es ist nicht ungewöhnlich, wenn Ausländer einem Land gegenüber Mißtrauen und Abneigung hegen, besonders wenn dieses Land davon träumt, mächtig und einflußreich zu sein. Diskriminierungen aufgrund von Rasse, Geschlecht und Religion werden heute allseits verworfen, doch die Diskriminierung anderer Nationalitäten ist in den Gesetzen eines jeden Landes verankert. Eine neue Nation wird fast jedes Jahr geboren, gerade weil mehr und mehr Menschen sich als Ausländer betrachten. Die Technologie hat es uns erleichtert, Landesgrenzen physisch zu überschreiten, aber es gibt noch keine Erfindung neuer geistiger Gewohnheiten, die es Menschen ermöglichen, Ausländern auf eine neue Art zu begegnen. Damit dies geschieht, müßten sich die Gewohnheiten der Touristen ändern. Der heimliche Gott des Reisens ist immer noch Karl Baedeker, auch wenn er bereits 1859 starb. Seine Touristenführer haben bleibende Muster festgelegt und machen Reisen im wesentlichen zu einer Sache der Besichtigung von Plätzen, anstatt sich die Menschen anzuschauen. Seine Leistung bestand darin, die Sehenswürdigkeiten zu finden, die garantiert zu jeder Zeit vorhanden und eindeutig zu erkennen sein würden, sie zu datieren und je nach Grad der Bewunderungswürdigkeit zu klassifizieren. Er machte den Besuch alter Monumente und Kunstmuseen zur Hauptnahrung der Reisenden und lenkte damit die Aufmerksamkeit weg von den lebenden Bewohnern. Bis heute ist Reisen ein Kursus in Geschichte, Architektur, Ästhetik und die Würdigung von Hotels und Essen. Der Kult um «Sehenswürdigkeiten» ist so groß geworden, daß die meisten ausländischen (organisierten) Reisen fast keinen Kontakt mit den Bewohnern zulassen. Auch der Geschäftsreisende trifft zumeist nur auf Menschen aus seinem Beruf. Wie verschieden von dem üblichen Programmablauf moderner Pauschalreisen war dagegen der Reiseverlauf des Engländers Sir Francis Head von 1852, bevor Reiseführer den Touristen vorschrieben, was zu tun sei. Er besuchte in Paris das städtische Pfandleihbüro, das Heim für blinde Kinder, einen Hort für verlassene Kinder, das «Salpetrière»-Haus für alte Menschen, das Leichenschauhaus, die nationale Druckanstalt, die Militärakademie, die Nationalversammlung, die öffentliche Wäscherei, den Hundemarkt in der Rue Poliveau und den Pferdemarkt am Etoile und schließlich Vorlesungen am Konservatorium für Kunsthandwerk. Der Aufstieg des bürokratischen Beamtentums bot solcher Neugierde bald Einhalt; aber vielleicht würde eine neue Offenheit sie heute wieder ermöglichen. Früher lag der Reiz, ins Ausland zu reisen, häufig darin, das zu tun, was man zu Hause sich zu tun nicht traute, weshalb fremde Länder in den Verruf sexueller Ausschweifungen kamen. (Franzosen hielten die Engländer für ebenso zügellos wie englische Besucher der Folies Bergères die Franzosen.) Seitdem ein Besuch Frankreichs kein gefährliches Abenteuer mehr ist und das internationale Gleichmaß so viele Dinge bestimmt, die der Tourist erlebt, gibt es keine Aufregung, keine Neuentdekkung.

Man kann sie jedoch immer nah erleben – in den Menschen. Das Fremde beim Besuch fremder Länder muß hauptsächlich aus dem Zusammentreffen mit Personen herrühren, die man zu Hause normalerweise nicht treffen würde. Ich schreibe in diesem Buch nichts über alte Denkmäler; statt dessen beschäftige ich mich mit lebenden Personen; jede ist für mich ein Denkmal. Ich habe nicht versucht, sie alle in das einfache Muster eines Nationalcharakters zu zwängen. Jeder Mensch ist interessant, weil er eine eigene Geschichte zu erzählen hat; die Erfahrung eines jeden ist ein Beleg für eine individuell geformte Lebensweise, für getroffene Entscheidungen, für Hoffnungen, die über die kleinen Hindernisse und großen Katastrophen triumphieren und die die Ausnahme von jeder Regel sind. Der Franzose, sagt ein alter Frankreich-Führer, ist ein Eisberg; neun Zehntel seiner Gefühle sind unter Wasser verborgen. Das mag eine Ausrede sein, um ihn als unergründlich abzutun, doch gerade diese Gefühle sind es, die ich verstehen will.

Ich habe nicht versucht, einen allumfassenden Überblick über die französische Nation zu schreiben, selbst wenn so etwas möglich wäre. Ich biete lediglich meine eigene Sicht und Erfahrung; jeder, der behauptet, er könne «die Wahrheit über Frankreich» verraten, täuscht sich selbst. Ich hoffe nur, meine Leser anzuregen, ihre eigene unabhängige Sichtweise zu bilden, statt abgedroschene Mythen zu wiederholen und sorgfältig darüber nachzudenken, was sie an Franzosen (oder vielleicht an Menschen allgemein) anziehend oder abweisend finden. Ich hoffe, meine Auswahl ist breit genug, um Frankophilen die Möglichkeit zu geben, die Grenzen ihrer Bewunderung zu erkennen und Frankophoben die Möglichkeit, wenigstens ein paar der Vorzüge einiger Personen, die ich vorstelle, zu respektieren. Doch sollte man diese Menschen nicht als typische Stellvertreter einer Gruppe ansehen: Ich hätte endlos unterschiedliche Franzosen vorstellen können, im Idealfall 54 Millionen. Es gibt viele Beschäftigungen, Beziehungen und Geisteshaltungen, die mich interessieren, die ich aber absichtlich nicht angesprochen habe. Ich könnte dem Leser viele Beispiele versprechen, um sie abzudecken, doch werde ich das nicht tun, denn ich glaube, es wäre hilfreicher, sie in Zukunft allgemeiner und nicht an ihren nationalen Zusammenhang gebunden zu behandeln, sondern als Teil einer Untersuchung der «menschlichen Natur» und unter der Voraussetzung, daß sie sich nie ändert. Für mich stellt dieses Buch eine Erforschung der Werte und Grenzen in der Diskussion um Menschen und ihre nationale Zugehörigkeit dar.

Eines der aufregenden Momente für einen Geschichtsforscher, der die Gegenwart beschreibt, besteht darin, daß er neue Quellen eröffnen kann. Ich habe hier die gleichen Mittel benutzt wie in meinen früheren Arbeiten – alle möglichen gelehrten Monographien, Tageszeitungen, Magazine, Memoiren, Regierungsveröffentlichungen, Statistiken (unglaubliche, überzeugende oder einfach amüsante). Doch darüber hinaus habe ich Männer, Frauen und Kinder gesucht, die mir mehr erzählen konnten. Als ich sie einlud, mir ihre Lebensgeschichte zu erzählen, erhielt ich manchmal das eintönige Geplapper, das Menschen Fremden anbieten wie Reklamezettel und an das sie sogar aufgrund ständiger Wiederholung selber glauben mögen; doch eine überraschende Zahl war interessiert, sich selbst auszuhorchen, und beantwortete unerwartete und persönliche Fragen in echtem Bemühen herauszufinden, wie sie tiefer fühlen. Es gibt ein neues Selbstbewußtsein, das zu einem jungen literarischen Genre führte, die «inspirierte Autobiographie», in der Schriftsteller als Hebammen agieren und jenen helfen, die ihre eigene Geschichte erzählen wollen. Jeder denkende Mensch ist ein Historiker – schon deshalb, weil er eine besondere Sichtweise seines Lebens hat; das mag zutreffender sein als das Sprichwort, jeder kreative Mensch trage wenigstens einen Roman in sich.

Je berühmter eine Person ist, so entdeckte ich im Laufe meiner Interviews, desto weniger Interessantes hat sie zu sagen; denn sie ist so etwas wie eine Schallplatte zum Thema ihrer selbst geworden – schon weil sie sich mit Public Relations-Fachleuten umgibt, deren Aufgabe es ist, ihre Beziehung zur Öffentlichkeit und die Zeit, die sie einer Aufgabe widmet, zu begrenzen. Doch gibt es Ausnahmen, und es bedarf einiger Anstrengung oder des Glückes, sie zu finden. Andererseits öffneten sich Türen, die fest verschlossen schienen. In ein Altersheim zu kommen bereitet Probleme, weil die Direktoren, aus Angst vor öffentlicher Kritik, alle möglichen Hemmnisse erfunden haben; doch durch die Freundlichkeit eines Ethnologen, der mich mit einem Psychiater bekannt machte, der einen Krankenhausarzt kannte, erhielt ich schließlich völlige Freiheit zu sprechen, wen ich wollte. Eine große karitative Organisation, die den ganz Armen hilft, war ohne langatmige Verhandlungen nicht gewillt, mich einigen ihrer Klienten vorzustellen, die fast wie Privateigentum – «unsere Armen» – behandelt wurden. Dagegen brauchte ich nur eine Minute, um mit einem Erzbischof zu telefonieren und eine Einladung zu erhalten. Die Franzosen in diesem Buch sind daher keine «wissenschaftlich ausgewählte Stichprobe», sondern Menschen, die ich zufällig kennenlernte.

Die Welt teilt sich in Liebhaber von Hunden und von Katzen: Jede Gruppe ist von der Überlegenheit ihres Tieres überzeugt. Ich möchte niemanden überzeugen, die Franzosen seien liebenswürdiger als andere Völker, weil ich nicht glaube, daß es wünschenswert ist, irgendeine Nation geringer oder höher einzuschätzen. Und noch kein Katzenliebhaber ist zum Hundenarr geworden, weil er ein Buch gelesen hat. Mein Argument ist vielmehr, daß Franzosen beides sind, Katzen und Hunde, und vieles andere auch, und daß niemand fremd in Frankreich ist.

2 Wie man ihre Mundarten interpretiert

«Ich habe mich nie als Franzose begriffen, ich dachte, ich sei ein Mensch.» Jean Estèbe, bärtiger Professor an der Universität von Toulouse, 50 Jahre alt, erfolgreicher Sohn seiner Stadt, war schon immer ein politisch aktiver Sozialist und glaubt an die Brüderlichkeit unter den Menschen. Doch dann besuchte er die USA und erkannte dort, daß er Franzose ist. Seine Reisen nach Italien oder Spanien, wo er sich wohl fühlte, hatten das nicht bewirkt, sicherlich auch, weil er beide Sprachen besser versteht als Englisch. «Doch in New York fühlte ich mich sehr französisch. Ich ging in ein Geschäft, ich lächelte, die Menschen lächelten nicht zurück. Mir wurde sehr unwohl. Ich kam mir lächerlich vor. Es war, als streckte ich meine Hand aus, und die Leute hätten sie nicht angenommen. Ich war ängstlich... Ich war schockiert, daß ich dafür bezahlen mußte, um meine Kinder zur Schule zu schicken, daß ich den Arzt bezahlen mußte. Bevor ich nach Amerika ging, hatte ich gedacht, daß Franzose zu sein keine Bedeutung für mich habe, aber dort entdeckte ich, daß es viele Einzelheiten gibt, die mir wichtig sind.»

Seine Beispiele zeigen jedoch, daß es nicht die Unterschiede zwischen den beiden Ländern sind, die ihn beunruhigten: amerikanische Häuser, sagt er, sehen anders aus, sind anders als er es gewohnt war. Allerdings fühlt er sich auch wie im Ausland, wenn er die neuen französischen Vororte besucht. Sicher, hier kann er wenigstens eine *bar-tabac* finden, die überall in Frankreich praktisch gleich aussehen; sie geben ihm das Gefühl, zu Hause zu sein; er liebt diese *tabacs* und geht manchmal nur zum Vergnügen hinein, ohne etwas kaufen zu wollen. Im Grunde glaubt er eigentlich nicht, daß Amerikaner unfreundlicher als Franzosen sind: im Gegenteil, er empfand sie im Umgang mit Geld und Zeit großzügiger. In New York «erkannte ich, daß Franzosen knauserig sind, sie sparen ständig». Oberflächlich mögen sie sympathisch sein, doch moralisch sind sie den Amerikanern unterlegen. «Als Einzelpersonen sind die Amerikaner gute Menschen, nur ihre Institutionen sind schlecht.» Estèbe gesteht ein, daß seine Gedanken verworren sind, denn er drückt subjektive Reaktionen aus, die er nicht ganz erklären kann. Hätte er anders empfunden, wenn er die englische Sprache besser beherrscht hätte? Welche Schwermut ließ ihn meinen, New Yorker würden nicht lächeln? Fühlt er sich wirklich in Frankreich wohler? Nicht ganz; seine Reisen ins Ausland verdeutlichen ihm zunehmend, «daß es Dinge in meinem Leben gibt, die ich hasse, die mich anwidern». Sein eigener Schwager zum Beispiel. Er kam noch nie mit der Familie seiner Frau zurecht, die einer höheren Schicht angehört als die seine. Sein Schwager ist ein gut verdienender Notar, der Erfolg anbetet. Estèbe macht sich über erfolgreiche Menschen lustig, die ihren Erfolg mit schmucken Autos und maßgeschneiderten Anzügen zur Schau stellen; aber sein Schwager meint, es sei richtig, sich vernünftig zu kleiden, «es sei Zeichen seiner Respektabilität». Selbst unter seinen Universitätskollegen gibt es einige, die ihm fast wie Fremde erscheinen, diejenigen, die nach Erfolg streben und stets damit beschäftigt sind, ihre Karrieren durch neue Veröffentlichungen voranzutreiben und heuchlerisch nützliche Bekanntschaften schließen. «Zwischen ihnen und denen, die nicht so viel Ehrgeiz an den Tag legen wollen, die ruhige Provinzler sind, herrscht ein tiefer Abgrund. Es sind zwei verschiedene Rassen, die sich nicht verstehen.»

Das Paradox ist, daß Estèbe tief in seinem Herzen eben kein ruhiger Provinzler ist, zufrieden mit seinem Los; zumindest verrät er, welche Emotionen unter der liebenswürdigen Oberfläche kochen können. Er ist sicher all das, was er seinen Landsleuten vorwirft, nicht zu sein: er ist großzügig, freundlich, hilfsbereit und denkt ständig an das Wohlergehen anderer. Doch er, der bedeutende Professor, betrachtet sich als Versager. Unter seinem lockeren Äußeren ist er voller Selbstzweifel. «Ich muß ständig gelobt werden.» Kritik verletzt ihn nicht nur, «sie bestätigt meine schlechte Meinung von mir selbst». Auch Freundschaften, für die er eine natürliche Gabe hat, befriedigen ihn nicht. «Ich glaube nicht, daß meine Freunde interessant sind, denn, wenn sie mich besuchen kommen, kann mit ihnen etwas nicht stimmen. Ich dachte immer, sie kämen, um meine Frau zu besuchen. Heute [seit er getrennt lebt] kommen sie sogar häufiger, doch ich kann mein Gefühl nicht los werden.» Vielleicht, so grübelt er, stammen seine Zweifel von seiner Mutter, die immer depressiv war und Alkoholikerin wurde. Er fühlt sich für ihren Niedergang verantwortlich; seine Besuche bei ihr sind schmerzhaft, doch fährt er regelmäßig und bewußt hin, ordnet geduldig ihre kleinen Probleme, die sie sich selbst aufbürdet. Seine Zweifel wurden durch das Scheitern seiner Ehe noch verstärkt. «Ich glaube, daß mein Leben vergeudet ist, denn fünfundzwanzig Jahre habe ich versucht, ein Familienleben zu führen, und versagt... Ich bin stolz, daß ich zugeben kann, ein Versager zu sein, auch wenn es weh tut.» Seine Frau, so erzählt er, war härter als er, sie hätte keine Ahnung von den Leiden gehabt, die sie anderen zufügte. Ihre Kritik konnte er nicht ertragen. Er war schnell beleidigt. Sie zankten sich ständig (nur nicht in der Öffentlichkeit, Außenstehenden erschienen sie als perfektes Ehepaar). Estèbe zeigt, daß die Selbstbewußten und die Zweifler, die Ehrgeizigen und die Hoffnungslosen auf ganz unterschiedliche Weise aggressiv, chauvinistisch und französisch sind. Aber zumindest war Frankreich ein Land, in dem Estèbe akzeptiert wurde, wie er war.

Nicht ganz. Estèbe spricht mit deutlichem Toulouser Akzent. «Früher lachten die Leute mich wegen meines Akzents aus; sie hörten dem Klang meiner Sprache zu, aber nicht dem, was ich zu sagen hatte.» So schloß er sich der regionalistischen Occitan-Bewegung an, «um uns unsere Würde zu verleihen», in der gleichen Art, wie die Frauenbewegung Frauen eine neue Würde gebracht habe. Heute sagt er nicht, daß er «aus dem Süden» kommt, sondern «ich bin ein Occitan: das gibt mir Selbstbewußtsein». Er hoffte einst, die Occitan-Bewegung, die für die Anerkennung der kulturellen Eigenständigkeit des Südens Frankreichs, alias Occitanien, kämpft, würde politisch so wichtig werden wie die Bewegung im benachbarten Katalonien. Doch er unterstützt sie heute nicht mehr: Er gibt zu, «sie hat die Massen nicht angesprochen». Auch wenn er noch einen Groll gegen jene hegt, die auf die Menschen aus dem Süden herabschauen, so betrachtet er sich jetzt als Franzosen, wenngleich als Südfranzosen.

In Toulouse steht Claude Sicre in dem Ruf, einer der härtesten Verfechter des Occitan-Regionalismus zu sein. Ihn in seiner einfachen Zweizimmerwohnung an der Rückseite eines verfallenden alten Hauses in der Stadtmitte zu besuchen und am Küchentisch emsig schreiben zu sehen, vermittelt das Gefühl, einem jener dunklen, unerschrockenen, vereinsamten Revolutionstheoretiker des 19. Jahrhunderts gegenüber zu stehen. Sicres Unterhaltung ist wie eine Serie schneller Explosionen; man erwartet, daß er jeden Moment vor lauter hitziger Beredsamkeit und Überschwang in Flammen aufgeht; doch alles, was er sagt, ist kristallklar und vollkommen logisch geordnet. Sein Leben lang hat er, von anderen verachtet, mit Widerständen gekämpft. Vielleicht hat ihm seine Intelligenz die Konflikte auch bewußter gemacht als anderen. Als Sohn eines Arbeiters machte er seinen Weg durch die beste Schule von Toulouse, das Lycée Fermat, nur um herauszufinden, daß er dort nicht hinpaßte; seine Klassenkameraden kamen größtenteils aus der Mittelschicht; die französische Literatur, die dort unterrichtet wurde, spiegelte weder die Probleme noch die Gefühle seines Milieus wider. Er wurde bereits als Jugendlicher intellektuell zum Aussteiger. Er wurde süchtig nach amerikanischen Krimis, Comics, Filmen und Rockmusik. Er konnte sich eher mit der Kultur der Armen und der Schwarzen Amerikas identifizieren als mit der höflichen, konventionellen französischen Kultur der Mittelschicht, die ihm in seiner Schule zur Bewunderung und Nachahmung vorgeführt wurde.

Sobald er konnte, ging er in die Vereinigten Staaten und trampte ein Jahr lang durch das ganze Land. Doch wurde er nicht zum Hippie; das verwarf er als Eskapismus der Kinder des Mittelstands, und er wollte sich nicht aus der Welt zurückziehen. Er hoffte, er könne sich in Amerika zu Hause fühlen, wurde aber enttäuscht. Er war natürlich von der amerikanischen Art begeistert, etwas ganz allein auf die Beine zu stellen, neue Dinge in Angriff zu nehmen; es gefiel ihm, wie Amerikaner ihre Häuser bauten oder einen Pickup-Truck kauften und herumreisten, um ihr eigenes Leben zu leben; es gab mehr Gemeinsamkeiten zwischen dieser Einstellung und der Art, wie arme Arbeiter in Toulouse ohne Geld auskamen und wie ihre Kinder auf ungenutztem Bauland tobten, ganz so wie amerikanische Schwarze Basketball auf der Straße spielen. «Der Selfmademan faszinierte mich. Ich hatte den großen Wunsch, zusammen mit meiner Familie und meinen Freunden etwas zu schaffen. Aber das wollte ich zu Hause tun. Ich wollte, daß Toulouse die Vereinigten Staaten von Frankreich sind.» Wieder zu Hause, war er von den aus Algerien heimgekehrten Juden beeindruckt, die schnell Karriere machten: «Ich glaube, ich hatte viel mit ihnen gemein.»

Sein akademischer Erfolg änderte daran nichts grundlegend, denn obwohl er eine gute Stellung als Lektor beim renommierten Verlag Gallimard in Paris fand, gab man ihm bald zu verstehen, daß er kein echter Pariser war. Eine seiner Aufgaben war es, für Übersetzungen amerikanischer Krimis zu sorgen und angemessene französische Titel zu finden. Das machte ihm Spaß, doch er stellte zu seinem Erstaunen fest, daß er nicht die gleiche Sprache wie seine Pariser Kollegen sprach: wenn es um den Slang ging, war ihm das Pariser Französisch unverständlich, und die ganze Mythologie, die den Pariser Gangster umgibt, hatte für ihn keine Bedeutung. Paris setzte sich aus einem Netz von Beziehungen zusammen, an denen er keinen Anteil hatte. Er lehnte eigentlich die Vorstellung ab, daß Provinzler in Paris nicht zum Erfolg kommen könnten: «Das ist ein Mythos, um die Durchschnittlichen zu beschwichtigen.» Aber «in Paris erkannte ich mein Anderssein». Er wurde regelmäßig daran erinnert, ein Außenseiter zu sein, indem man seinen südlichen Akzent kommentierte und ihm überflüssige Fragen über seine sonnige Heimat stellte. «Ich war kein gewöhnlicher Arbeiter aus der Provinz, der sich in Paris nicht wohlfühlt. Ich war unter Intellektuellen. Sie erzählten mir von Occitanien». Dabei war er gar nicht in der Sprache Occitan aufgewachsen. Seine Familie lebte zwar seit drei Generationen in der Stadt Toulouse als Arbeiter, hatte aber keine Verbindung zu Bauern, sprach «Francitan», Französisch mit ein paar Occitanismen. Erst 1976 beschäftigte er sich näher mit seiner Region, doch weigerte er sich, die Sprache akademisch aus Büchern zu lernen. Er lernte vor allem im Gespräch mit Bauern, die die Sprache ererbt hatten, und unterhält sich seitdem gern mit ihnen, wenn er sie gut kennt; ansonsten spricht er es selten, weil schlecht, und vor allem, weil er noch immer in Französisch denkt.

«Im Grunde hat mich die Musik zum Occitan gemacht. So, wie die Jugend der Welt durch amerikanischen Rock zu sich selbst gefunden hat.» Sicre versucht nun herauszufinden, ob die Occitans durch ihre traditionelle Musik zu sich finden können. «Es gibt eine große Ähnlichkeit zwischen Oc (der Sprache und der Musik der Region) und der Musik der amerikanischen Schwarzen», beide stehen in Verbindung zum Tanz, beide schließen die Zuhörer mit ein – das Stampfen der Füße, das Schnippen der Finger, das Nachahmen tierischer Schreie – beide bieten Raum für Improvisation in der Liedmitte, beide versuchen, die Menschen zusammenzubringen. Natürlich sind dies Eigenschaften, die man auch in der Volksmusik zahlreicher anderer Länder findet. Sicre begann, die Volksmusik Italiens, Griechenlands, der Berber, des Mittelmeerraums insgesamt zu studieren, und lernte so die Musik seiner Heimat schätzen. Er fragte sich, ob er der Oc-Musik den Vorzug geben solle. «Ich erkannte, daß der Grund, warum ich ausländische Musik so vielfältig fand, darin lag, daß ich meine eigene Musik nicht zu bewerten wußte, doch heute finde ich sie sehr ergiebig.» Es gibt nicht nur eine Art von Oc-Musik. Sieben verschiedene Oboen werden verwandt, während andererseits die Flöte und das Tambourbourdon nicht nur im südlichen Occitanien, sondern auch in Katalonien, Portugal und Spanien anzutreffen sind. «Ich möchte keine nationale Oc-Musik begründen oder ein großer Musiker werden. Ich möchte ein Volksmusiker sein und entsprechend der örtlichen Tradition spielen, am liebsten an Tanzabenden. Wir geben Konzerte, spielen auf der Straße, zu Hochzeiten, zu Weihnachten in großen Kirchen, auf Beerdigungen, auf Festen. Am beliebtesten ist Tanz- und Karnevalsmusik; wir haben Lieder für jede Lebenslage, satirische, politische, für Verlobungen und für den Hahnrei, für Arbeit und Trauer.» Doch die Worte sind nicht so wichtig. «Sie sagen kaum etwas über unsere Zeit aus.» Es ist wie mit amerikanischer Musik. «Wir mögen amerikanische Musik, ohne die Worte zu verstehen. Einige singen amerikanische Songs mit einem englischen Text, den sie nicht verstehen.»

Für Sicre ist es wichtig, dem Gefühl entgangen zu sein, im

Provinzialismus eingesperrt zu sein: «Wir sind nicht länger Empfänger milder Gaben.» In der Oc-Musik, meint er, «wartet alles nur darauf, erfunden zu werden». Volksmusik baut auf der Wiederbelebung eines traditionellen Repertoires für moderne Zuhörer auf. Es ist nicht die Wiederbelebung der Troubadours, deren Musik nicht für die einfachen Leute, sondern für den Adel bestimmt und eher lyrischer Gesang als volkstümliches Lied war. «Ich trat vor zwei Jahren der Oc-Bewegung bei, weil ich nicht intellektuell isoliert sein wollte. Ich habe den großen Wunsch, etwas zu machen – eine Reaktion auf den Mangel an Kreativität in meinem Milieu – und zwar mit anderen zusammen. Ich kämpfe in der Oc-Bewegung in der Hoffnung, daß sie einfallsreicher wird. Und ich glaube, daß die traditionellen Musiker der Oc die einfallsreichsten sind. Wir können in Frankreich nicht anerkannt werden, weil wir hier immer Provinzler bleiben, doch wir können auf internationale Anerkennung hoffen. Ich versuche, das wissenschaftlich anzugehen und belege Seminare in Linguistik und Soziologie an der Universität; aber ich möchte noch herausfinden, was die verschiedenen Musikarten Occitaniens verbindet. Mein Ziel ist, einen Beitrag zur ethnomusikalischen Wissenschaft auf einer allgemeinen Ebene zu leisten und der Welt das musikalische Erbe Occitaniens zu zeigen.» Was für eine Art Nationalismus sich daraus ergeben wird, weiß er nicht; das muß erst noch erarbeitet werden. Er weiß, es gibt außerhalb einer kleinen Minorität kein politisches Occitan-Bewußtsein. Das macht ihm wenig aus. Ihm kommt es darauf an, daß es ein kulturelles Occitan-Bewußtsein gibt.

Viele Länder weisen Unterschiede in der Mentalität ihrer nördlichen und südlichen Einwohner auf, wobei eine der Regionen gewöhnlich ärmer ist als die andere. Occitanien erstreckt sich über ein Drittel des französischen Territoriums, doch das macht es politisch nicht stärker. Die Führer regionalistischer Bewegungen akzeptieren, daß es fast so vielschichtig ist wie Frankreich selbst. Die Verbreitung der Sprache (*Oc* bedeutet ja) reicht bis nach Italien und Spanien und wird von Katalanen, Italienern, Spaniern und Portugiesen eher verstanden als von Franzosen. Die Römer hinterließen im Gebiet des heutigen Frankreichs die Grundlage für zwei Sprachen: Französisch und Provençal. Im 12. Jahrhundert wurde Provençal zu einer internationalen Sprache, deren Lieder von gefeierten Minnesängern in ganz Europa verbreitet wurden, ungefähr so wie die Pop-Musik heute überall mit amerikanischem Einschlag gesungen wird. Aber Occitanien wurde nie zu einem Staatsgebiet vereinigt, und es entwickelten sich mindestens drei verschiedene Dialekte: Mittel-Oc (im Languedoc und in der Provence), Nord-Oc (im Limousin und in der Auvergne) und West-Oc (Gascogne). Im 19. Jahrhundert versuchten Oc-Regionalisten, diese Dialekte zu vereinen und ein Hoch-Oc zu bilden, was man heute ablehnt; linguistischer Pluralismus wird von den Regionalisten akzeptiert. Sie meinen, es wäre absurd, den Bewohnern von Marseille Provençal aufzudrängen; Marseille ist eine Weltstadt, in der Arabisch genauso häufig gesprochen wird wie Provençal oder Französisch. Marseille besitzt auf Grund seiner Größe tatsächlich eine eigene Identität, die kaum Platz läßt für Sympathien gegenüber allzu geplagten Bauern in dem öden Umland.

Die Fußballspieler von Olympique de Marseille (O. M.) zum Beispiel, dem Profi-Team der Stadt, sind alle in den Zwanzigern, doch ihre Loyalität gehört Marseille, nicht Occitanien. Viele haben ausländische Namen, auch wenn sie hier geboren wurden – sie wuchsen als leidenschaftliche Anhänger ihrer Mannschaft auf und bemühen sich vor allem, für ihre Freunde und Familien zu gewinnen. Christian Caminiti, einer ihrer Stars, beteuert, daß allein O. M. «den wirklichen herzlichen, mediterranen Geist» besitzt: Nizza und Menton sind «zu versnobt»; er meint, mehr mit Rom und Barcelona zu teilen; wenn seine Fans ihm nach einem Tor zujubeln, «fühlen wir uns, als wären wir in Argentinien.» Monsieur Lopez, ein kleiner Geschäftsmann und einer der treuen Fans der Mannschaft, betont: «Wir sind eine gemischte Rasse, wir Mediterranen», mit einer Wesensart, die man in allen großen Hafenstädten wie Barcelona und Genua finden kann; «wir sind ganz anders als die Leute von Bézier und Montpellier.» Ein anderer Spieler, José Anigo, erzählt, daß sie nie mit den anderen Mannschaften sprechen können, wenn sie in anderen Städten Frankreichs um die Meisterschaft kämpfen. Die Begeisterung der Anhänger und Spieler hat einen neuen Höhepunkt erreicht, denn das letzte Team mit älteren Profis wurde gefeuert, nachdem sie den Verein in die zweite Liga hatten absacken lassen. Eine neue, verjüngte Mannschaft soll das Renommee der Stadt wieder herstellen. Roland Gransart, einer der jüngsten Trainer einer der wichtigsten Fußballmannschaften, bekräftigt, daß Leidenschaft das einzige Wort ist, das die Verbundenheit zwischen den Marseillern und ihrem Fußballteam beschreibt. Schulkinder verbringen eine ganze Woche, um sich auf ein Spiel vorzubereiten – als kleiner Junge hat er das früher selbst mitgemacht –, und ein Spiel ist stets Anlaß zum Feiern, zu Gaudi und ausgelassener Freude: «Wenn Sie die Massen vor dem Anpfiff sehen, steigt Ihr Blutdruck, ein großartiges Gefühl.» Ein anderer Fußballfan, dessen Familie seit 120 Jahren in Marseille lebt, und der jeden Sonntag ins Stadion geht, sagt: «Ich bin in erster Linie Marseiller und Franzose aus Zwang.» Er fügt hinzu, daß er die Algerier nicht als Mitbürger akzeptieren könne: ihre Anwesenheit in Marseille «kann nicht so bleiben, es wird mit einer Schießerei enden. Sollen sie doch nach Hause zurückkehren oder in ihren eigenen Vierteln leben, so wie die Schwarzen in Amerika».

Insgesamt behaupten 21 Prozent der Franzosen, eine Regionalsprache oder einen Dialekt gut, weitere 14 Prozent recht gut zu beherrschen. Aber diese Minderheit nimmt ab, weil es hauptsächlich Menschen über 50 und die Landbewohner sind, die Dialekt sprechen; die junge Generation wird ihn verlernen, es sei denn, die Lehrpläne der Schulen änderten sich. Die Regionalisten fordern auch «das Recht, in unserem eigenen *pays* zu leben», und nicht gezwungen zu sein, auf der Suche nach Arbeit in andere Gegenden Frankreichs auszuwandern. Sie protestieren gegen das Ideal der Technokraten von einer mobilen Gesellschaft; doch sie protestieren ebenso, wenn Arbeitsplätze von Firmen aus dem Norden oder dem Ausland bei ihnen geschaffen werden, denn sie bringen zwar Arbeitsplätze, doch die höheren Positionen gehen meist an Kräfte aus anderen Gegenden Frankreichs. So vollziehen sie einen schwierigen Balanceakt zwischen ökonomischer Wiederbelebung und der Entwicklung eines eigenen Chauvinismus. Das einzige, was man über diese Suche nach Identität voraussagen kann, ist, daß sie sich wahrscheinlich in zunehmend unterschiedlicher Ausprägung niederschlagen wird; fast jeder neue Anhänger scheint seine eigenen Vorstellungen zu haben, und so wie Programm und Möglichkeiten werden sich auch die Gegenbewegungen entfalten.

Die Lösung besteht nicht darin zu meinen, die Franzosen setzten sich aus Bretonen, Elsässern, Korsen, Auvergnaten, Normannen usw. zusammen, und nun sämtliche alten Provinzen aufzuzählen. Der Mann, der den Franzosen mehr als alle anderen erklärt hat, was es heißt, Bretone zu sein, Pierre-Jakez Helias, beteuert, daß Bretonen sich nie bewußt waren, zu einer Einheit, genannt Bretagne, zu gehören, und sich nur dann Bretonen nennen, sobald sie außerhalb der Bretagne sind. Sie sehen sich als Einwohner einer bestimmten Stadt oder eines Bezirks und verhalten sich wie Mitglieder eines Clans oder Stammes. Ihre Freude am Bretonischen entspringt der Tatsache, daß fast jedes Dorf die Sprache verschieden artikuliert und somit zum Ausdruck örtlicher Besonderheiten macht. Die Unterschiede sind so gravierend, daß sie Französisch benutzen, wenn sie mit Bretonen aus einem anderen Distrikt zusammentreffen: würde Bretonisch vereinheitlicht, «wäre es nicht mehr Teil ihres Privateigentums».

Bretone zu sein bedeutete früher zumeist, ein armer Bauer

zu sein, auf den die angeblich zivilisierten Pariser herabschauten. Der Reiz modernen Wohlstands und etwas mehr Weltläufigkeit haben aus den meisten Bauern nun Pseudo-Pariser gemacht. Die Mehrzahl der bretonischen Nationalisten stammt aus der Mittelschicht und wuchs in Städten auf. Die Rollen werden vertauscht, und Bretone zu sein heißt heute, sich der Schaffung einer neuen Kultur zu widmen und zur Erhaltung der alten beizutragen.

Es gibt eine kleine Minderheit von Bretonen, die sich von Frankreich trennen will. Einige verweisen darauf, daß, wären die Föderalisten 1789 nicht geschlagen worden, Frankreich heute ähnlich dem Verfassungsmodell der Vereinigten Staaten organisiert wäre, und die Bretagne mehr von ihrer Einzigartigkeit hätte bewahren können, wie Texas oder Kalifornien. Es gibt keinen zwingenden Grund, warum die Bretagne zu Frankreich gehören sollte: die geographische Nähe, so wird argumentiert, sei nicht genug; die Bretagne liegt näher an Washington als Hawaii oder Alaska. Wohlstand beruht nicht notwendigerweise auf der Zugehörigkeit zu einem großen Land, siehe die Schweiz, die bretonische Autonomisten dem Zentralstaat als Modell vorhalten. Sie lehnen die Jakobinische These ab, jede Provinz müsse gleich behandelt werden. Italien hat unlängst seine zentralistische Tradition aufgegeben und verschiedene Regionen mit autonomen Befugnissen ausgestattet. Der Trend geht in Europa sicherlich in Richtung regionaler Selbständigkeit. Sollte Brüssel dereinst mehr Macht als Paris haben, könnte die französische Einheit zerfallen. Doch dann wäre zu sehen, ob die Bretagne nicht eine ähnliche künstliche Einheit werden würde wie Frankreich heute. Die Schweizer Verfassung gestattet Kantonteilen, unabhängig zu werden, und der Jura hat sich kürzlich von Bern losgesagt. Selbst Einheiten von zwei bis fünf Millionen Einwohnern, wie sie bretonische Autonomisten als wünschenswert für ein Europa der Regionen sehen, das ein Europa der Staaten ersetzen soll, sind nicht heilig.

Im Zuge der Anpassung führten Bretonen ein Dopelleben, sie waren Bretonen zu Hause und Franzosen im Kontakt mit der restlichen Welt, so wie die Japaner zwischen ihrer herkömmlichen und der westlichen Zivilisation schweben. Die Elsässer führten drei Leben. Die Älteren unter ihnen wuchsen in ihrem eigenen Dialekt auf; dann mußten sie Französisch und Deutsch lernen, je nachdem, ob ihre Provinz von Paris oder Berlin aus regiert wurde. Das Ergebnis von Anschluß und Neuanschluß war, daß sie eine starke Autonomiebewegung entwickelten: sie glaubten, daß sowohl Frankreich als auch Deutschland ihre Individualität gewaltsam verletzt hätten. Aber die Generation unter 40 erinnert sich an diesen alten Streit nicht mehr. Heute sprechen 85 Prozent der Elsässer Französisch als Hauptsprache. Autonomisten erhalten bei Wahlen nur 1 Prozent. Die oberflächliche Anpassung verbirgt jedoch eine neue Art elsässischer Kleinstaaterei. Das Elsaß ist sicher nicht mehr das, was es einst war: zwei Drittel der Bevölkerung waren früher Bauern, und heute sind es nur noch 4 Prozent. Früher gehörte es zu den wichtigsten Zentren der Textilindustrie, verlor jedoch an Rang. Seit dem Krieg hat es sich durch ein Bevölkerungswachstum von 33 Prozent verändert, und die meisten Arbeitsplätze wurden von multinationalen Unternehmen geschaffen. Straßburg ist eine von Europas Hauptstädten geworden. Elsässer empfangen französisches, deutsches und schweizerisches Fernsehen. Das Elsaß entwickelt sich als Teil der Rheinregion, der Brücke zwischen einer Reihe von Zivilisationen und als Zentrum Europas. Englisch als zweite Sprache ist im Kommen. Wenngleich von den Lehrern behindert, die darauf beharren, sich als Boten des französischen Bekehrungseifers zu betrachten, lebt der Wunsch, Deutsch zu lernen, wieder auf, und die Hälfte der Schulkinder nimmt Deutschunterricht. Einige junge elsässische Dichter schreiben in drei Sprachen – Elsässisch, Französisch und Deutsch – und drücken so die verschiedenen Aspekte ihrer Gedanken aus. Sie sehen ihre traumatischen Erfahrungen als

Berechtigung an, ein neues Frankreich und Europa zu formen, das Gleichmacherei ablehnt, für äußere Einflüsse der übrigen Welt offen ist und dabei den Stolz auf die eigenen historischen Wurzeln entwickelt. Daraus folgt nicht, daß das Elsaß eine Provinz ist, die ihre Identität gefunden hat. Es ist auch selbst zwischen Nord und Süd geteilt, wobei im Norden die größte Konzentration von Protestanten in ganz Frankreich lebt. Die Präsenz der Eurokraten in Straßburg erfüllte die Einwohner einst mit Stolz, weil sie so die Isolation überwanden (vor dem Bau des Europaparlaments reiste man von europäischen Hauptstädten leichter nach Reykjavik in Island als nach Straßburg). Doch heute verursacht die europäische Präsenz eher Ernüchterung, hohe Mieten und schmierige Nachtklubs: «Straßburg ist zu einer fremden Stadt geworden», sagte ein elsässischer Nationalist, «Straßburg gehört nicht mehr zum Elsaß.»

Und Korsika? Sind Korsen Franzosen? Erst seit zweihundert Jahren gehört die Insel zu Frankreich. Sie liegt näher an Italien (83 km) als an Frankreich (170 km) und gehörte einst zu Genua. Im 18. Jahrhundert begann sie einen Unabhängigkeitskrieg, erklärte sich zunächst zur Monarchie, dann zur Republik und fand ihren politischen Führer in Pascal Paoli, der seinerzeit als einer der modernen europäischen Helden gefeiert wurde. Paoli glaubte, Korsika sei zu klein, um unabhängig zu bleiben. Als Frankreich Korsika 1768 von Genua abkaufte und den Korsen dann gleiche Rechte zusicherte (1789), akzeptierte er, doch als die konstitutionelle Monarchie in Frankreich fiel, bot er an, Korsika in das Britische Empire zu integrieren, was auch für kurze Zeit geschah (Paoli wurde in Londons Westminster Abbey begraben). Die Korsen überraschten dann die Franzosen, indem sie die Macht übernahmen. Napoleon war einer der ersten Korsen, die von Stipendien und Fördermaßnahmen profitierten, die in allen französischen Provinzen galten. Korsen mußten schon immer auswandern, um ihr Glück zu suchen (Paoli hatte dem König von Neapel gedient), nun standen ihnen sämtliche Karrieren in Frankreich offen. Sie haben sich auf Regierungsdienste verlegt, besonders auf die Polizei (15 Prozent aller französischen Polizisten sind Korsen), die Armee und die Kolonien. Sie besitzen eine durchschnittlich höhere Ausbildung, weil sie nur so in ihren Berufen auf dem Festland vorankommen können – mit den Folgen, daß Korsika die meisten seiner Talente exportiert hat und eine sehr arme Insel blieb. Kürzlich wurden enorme Subventionen bereitgestellt, um die rückständige Landwirtschaft zu entwickeln: doch vor allem die Bauern aus Algerien, die nach Korsika zogen, als Algerien unabhängig wurde, profitierten davon.

Korsen sind schon immer ein mobiles Volk gewesen; nur in den Sommerferien kann man die Korsen auf ihrer Insel antreffen. Wenn ein Korse jemand ist, der in Korsika geboren wurde oder dessen Vater dort zur Welt kam, dann gibt es 400000; doch nur ein Drittel davon lebt auf der Insel. Lediglich 72 Prozent der Inselbewohner sind Korsen, der Rest setzt sich aus Einwanderern aus Algerien und anderen ehemaligen Kolonien und ausländischen Arbeitern zusammen (Korsika hat mit 13 Prozent den größten Ausländeranteil Frankreichs). Die Korsen hören langsam auf, Korsen zu sein, 82 Prozent von ihnen sind mit Festlandfranzosen verheiratet. Ihren Laufbahnen stand in Frankreich in den meisten Bereichen des Lebens nichts im Wege: Frankreichs größter moderner Dichter Paul Valéry war Sohn eines korsischen Zöllners (und einer Genueser Mutter). Tino Rossi war lange Zeit Frankreichs populärster Sänger. Nichtsdestoweniger haben Korsen heute eine der aktivsten und gewalttätigsten Autonomiebewegungen. Ungefähr einer von zehn Korsen ist Autonomist, und 2 Prozent sind für völlige Unabhängigkeit. Sie beklagen, daß Korsen aufs Festland gehen mußten, um ihren Lebensunterhalt zu verdienen, und daß die Insel in zu großer Armut gehalten wurde. Es gibt keine bedeutende Industrie; es wird viermal so viel importiert wie exportiert, und man ist auf Touristen angewiesen, um zu überleben (eine Million pro Jahr bei einer Bevölkerung von 220000). Die Autonomiebewegung muß noch eine praktikable Alternative für ökonomisches Wachstum entwickeln; die Nachbarinsel Sardinien war gezwungen, auf ausländische Investitionen für ihre Entwicklung zurückzugreifen und wurde so zu einer Art Dritte-Welt-Insel.

Die Gegner der Autonomiebestrebungen sagen, Korsika haben keine einheitliche Kultur aufzuweisen; erst Mitte des 19. Jahrhunderts erschienen die ersten literarischen Werke auf Korsisch, und die Sprache müsse sich erst noch entwikkeln; Rechtschreibung, Aussprache und Vokabular variieren von Bezirk zu Bezirk, und Französisch ist die einfachste Art für Korsen, sich außerhalb ihrer Gegend verständlich zu machen. 1980 lernten nur 10 Prozent der Schulkinder Korsisch als zweite Sprache. Korsen haben eine lange Tradition interner Konflikte. Sie akzeptieren die französische Herrschaft zum Teil, weil «kein Korse jemals einem anderen gerecht werden kann» – wie einer von ihnen es formulierte. Sie haben sich nie so richtig für politische Ideologien erwärmt und ziehen personen- oder familienbezogene Bündnisse vor. In ihrer Sprache, wie in ihren Bindungen, fühlen sie sich ebenso als Bastianer, Corteaner usw. wie als Korsen.

Lokale Identität ist nicht nur eine Erinnerung, sie ist ein Prozeß von Entwicklung und Neuschöpfung, und ihre Formen ändern sich ständig. Die Nuancen, die die Franzosen voneinander unterscheiden, vermehren sich daher unaufhörlich.

3 Wie man sie unterscheidet

Nach General de Gaulle ist Asterix der bekannteste Franzose unserer Tage. Der General war so ungewöhnlich, daß es falsch wäre, von seinen Qualitäten und Verschrobenheiten Schlüsse auf seine Landsleute zu ziehen. Er hat jedoch einmal, in einem ungewohnten Anfall von Bescheidenheit, zugegeben, daß es vielleicht doch eine Person gäbe, die in der Lage wäre, es mit ihm aufzunehmen – der Comic-Held Tintin. Tintin ist jetzt von Asterix in seiner Beliebtheit überrundet worden, der zwar nicht gerade das Gegenstück zu de Gaulle ist, aber es den Franzosen augenzwinkernd ermöglicht, dem General Beifall zu spenden und ihn gleichzeitig lächerlich zu machen; damit ist er in mancher Hinsicht ein komplexerer Franzose, auch wenn er sich über all das lustig macht, was die Franzosen angeblich achten und bewundern sollen. Asterix ist klein und häßlich, dafür aber gerissen, mutig und nicht kleinzukriegen. Kein kultivierter Pariser Technokrat, sondern ein absurder Hinterwäldler, hat er keine Ambitionen, ein Star zu werden (er ist lediglich ein Sternchen). Er ist beinahe Micky Maus und manchmal auch ein wenig Superman. Er symbolisiert Frankreich (Gallien), das quasi mit der linken Hand der ganzen Welt die Stirn bietet. Er lacht über alles Fremde, aber auch über seine eigenen dummen Klischees von Ausländern. Wenn Ausländer versuchen, ihn mit ihren gigantischen Hochhäusern aus Glas und Beton einzuschüchtern, wehrt er sie ab, indem er den beliebtesten Sänger seines Landes auf sie losläßt, der so gräßlich quietscht, daß alle die Flucht ergreifen.

Asterix parodiert alles, was französische Kinder in der Schule über die Tugenden ihrer Vorfahren lernen, so daß sie nie wieder ernst genommen werden können. Er ist stolz, logisch und rational zu handeln, wie es einem Franzosen gebührt. «Was uns auszeichnet», sagt er, «ist, daß wir so voller Ideen sind.» Aber sein bester Freund Obelix ist naiv, dumm, streitsüchtig und hauptsächlich am Essen interessiert. So zeigt sich, daß der Charakter der Franzosen mindestens zwei Seiten hat. Was sie noch mehr als Ausländer hassen, sind diejenigen ihrer Landsleute, die aufgeblasene Heuchler, unechte Nachäffer fremder Schrullen oder angeblich große Denker und Volkshelden sind. Der Stolz der Franzosen auf ihre Unabhängigkeit zeigt sich als extreme Empfindlichkeit; diese wird zur Tugend erhoben, doch die Schlußfolgerung lautet: «Alle Menschen spinnen.» «Was sollen wir machen?» fragen sie sich, sobald sie in Schwierigkeiten sind. «Laßt uns essen gehen», lautet die Antwort, und sie zerstreiten sich darüber, was sie denn nun essen sollen.

Asterix ist bei weitem Frankreichs größter Bestseller: Zwei Millionen Exemplare werden von jedem seiner Abenteuer gedruckt, mittlerweile gibt es deren über zwanzig. Er beweist, daß jede anscheinend französische Tugend entweder von den Franzosen selbst veralbert oder von einer gegensätzlichen Eigenschaft ausgeglichen wird. Das erklärt auch, warum Asterix in einundzwanzig Sprachen übersetzt wurde. Bei weitem am beliebtesten ist er in Deutschland, landläufig als Inkarnation entgegengesetzter Werte angesehen. Die Auflagen in Deutschland sind fast genauso hoch wie in Frankreich. Die Deutschen lachen über französische Witze entschieden mehr als Engländer oder Amerikaner. Natürlich nicht alle Deutschen, aber auf beiden Rheinseiten gibt es eindeutig sehr viele, die die gleichen Witze mögen. Es ist also kein Zufall, daß laut Meinungsumfragen die Franzosen sich die Deutschen herausgesucht haben, mit denen sie sich am freundschaftlichsten verbunden fühlen. Wie arg Franzosen und Deutsche auch politisch verfeindet gewesen sein mögen, es existiert eine Haßliebe, die sie enger miteinander verbindet, als es die nationalen Klischees erlauben.

Asterix ist auch deshalb so populär, weil er in eine lange Tradition von Schriften über Frankreich paßt; der Boden war für ihn vorbereitet. Er paßt haargenau zu den Vorurteilen der Welt über Frankreich, und seit langem gibt es viele Franzosen, die sich so sehen, wie Asterix es verkörpert. Im 18. Jahrhundert behauptete die «Enzyclopaedia», daß jede Nation ihren Charakter habe. Frankreich wurde als *léger* beschrieben, was sowohl leicht und unbeschwert heißt als auch, sich selbst und andere nicht zu ernst zu nehmen. Der legere Franzose stand so dem eifersüchtigen Italiener, dem stolzen Schotten, dem betrunkenen Deutschen, dem faulen Iren und dem verschlagenen Griechen gegenüber. Ein Jahrhundert später definierten die Gelehrten noch immer das Wesen der Franzosen als die Fähigkeit, sein Leben in einer besonders vollkommenen Weise zu genießen, sowohl intellektuell wie sinnlich, mit Ideen zu spielen, brillant, höflich und witzig Konversation zu führen, Traurigkeit durch Kunst zu vertreiben, Kunst in allen Lebensbereichen anzuwenden, vom Sex bis zum Garten; denn Franzose zu sein hieß in erster Linie, kunstvoll zu sein. Das machte sie ihrer Meinung nach zum Gegenstück der puritanischen, versnobten Engländer und der praktischen, unersättlichen Amerikaner. Die Franzosen stritten untereinander und waren weit entfernt, sich darauf zu verständigen, daß die Eigenschaften, die sie sich selbst zuschrieben, auch nur mehrheitlich vorgefunden wurden; sie hatten ihr eigenes Kontingent an Miesmachern, Langweilern und kleinkarierten Geldschneidern. Die Definition ihres Charakters war keine Beschreibung dessen, was sie im wirklichen Leben waren, sondern dessen, was sie (oder zumindest die helleren Köpfe unter ihnen) sein wollten. Franzose zu sein war ein Ideal, ein Streben. Es wäre unangemessen zu versuchen, die verschiedenen Meinungen zu versöhnen, indem man zu der Feststellung gelangte, Franzosen seien eben paradox und widersprüchlich, manchmal ernsthaft, manchmal spöttisch, vereint oder gespalten, und daß, so man all diese Eigenschaften verpansche, ein Franzose dabei herauskomme. Es gibt in der Tat einige Rezepte, wie man einen Franzosen herstellt. Doch keines dieser Rezepte gelingt heute noch.

Am Anfang gab es überhaupt keine Franzosen. Frankreich ist das Ergebnis einer monarchischen Dynastie, die langsam ihre Domänen durch Gewalt, diplomatische List und eheliche Verbindungen ausweitete. Es ist keine naturgegebene geographische Einheit, weder ein Kontinent noch eine Insel. Seine Grenzen haben sich vielfach verändert, und die heutigen stammen von 1919 oder sogar von 1953, als das Saarland gegen Frankreich votierte. Es umfaßt Regionen, die einst unabhängige Staaten waren, wie die Bretagne, das Languedoc und Navarra; Aquitanien gehörte einst zu England; Nizza und Savoyen wurden erst 1860 annektiert; die ältere Generation der heute französischen Elsässer wurde als deutsche Bürger geboren. Belgien und Luxemburg entkamen um Haaresbreite. In der Entstehung dieser eigenartigen Koalition der Völker lag nichts Unausweichliches, und die Vorstellung, «eins und unteilbar» zu sein, ist erst zweihundert Jahre alt. Genaugenommen bedeutete Frankreich nur die Region um Paris, die Ile de France. Es dauerte einige Jahrhunderte, bis sicher dieser Kleinstaat ausgedehnt hatte und einen zentralistischen Despotismus einführte. Als die Könige nach dieser diplomatischen Glanzleistung 1789 von der Revolution gestürzt wurden, hielt das Land noch nicht aus gegenseitigem Zutrauen oder Übereinstimmung zusammen. Die meisten Untertanen des Königs hielten sich nicht für mehr als eben das, und Treue zur französischen «Nation» war ihnen noch fremd, denn «Nation» hieß für die meisten Menschen Region oder Provinz. Die Studenten der Sorbonne organisierten sich in «Nationen», je nach der Provinz, aus der sie stammten.

Im 18. Jahrhundert war Frankreich wahrscheinlich das reichste Land der Welt. Es glänzte nicht nur durch militärische Überlegenheit, sondern durch materiellen Luxus, Literatur und Kunst. Seine Sprache ersetzte Latein als universale Sprache der Gebildeten. Frankreich wurde quasi zum Synonym für Zivilisation und Nachfolge des Römischen Reiches. Ludwig XIV. war der Sonnenkönig. Napoleon gelang es *beinah*, ganz Europa zu unterjochen, und er setzte seine Familie oder Marschälle auf die Throne Italiens, Spaniens, Schwedens und der Niederlande und anderswo. Zu diesem Zeitpunkt hieß, Franzose zu sein, weitaus mehr, als einfach in einem bestimmten Teil der Welt geboren worden zu sein, und ein französischer Patriot war nicht lediglich jemand, der sich seiner Heimat verbunden fühlte. Patriotismus bedeutete eher Hingabe an das Ideal menschlicher Glückseligkeit, an die Menschenrechte. Ein Patriot war deshalb weder Chauvinist noch blinder Gefolgsmann irgendeiner Regierung, sondern ein Bürger von Utopia, ein universaler Mensch. Die Attraktion Frankreichs für Europa ergab sich zum Teil aus dieser Interpretation seiner Mission: es repräsentierte die Befreiung der Menschheit und strebte die Schaffung einer neuartigen Gesellschaft an, in der die Menschen von Verstand, Prinzipien und Nächstenliebe regiert werden sollten.

Frankreich hielt also in der Welt eine Stellung, die sich kaum von der unterscheidet, die Amerika später übernahm: Asyl der freien Menschen, Quell unbegrenzter Möglichkeiten, neuen Reichtums, neuer Ideen – bis dieses Bild durch die Vorwürfe des Imperialismus und der Nicht-Einhaltung dessen, was es predigte, zerstört wurde. Nach diesem Rezept also setzte sich ein Franzose aus Bildung und Großzügigkeit zusammen; er tat sich hervor durch eine Kultur, die alle Menschen anstreben konnten und die viele gebildete Menschen in der ganzen Welt wie eine Religion auslegten. Paris war ihr Mekka. Aber die Formel stimmt nicht mehr. Frankreich ist keine universale Zivilisation mehr. Seine alte Kultur hat sich für das demokratische Zeitalter als zu elitär erwiesen, seine Sprache ist vom Englischen überholt worden. In diesem alten Sinne ein Franzose zu sein erscheint wie die Mitgliedschaft in einem alten Club mit etwas seltsamen Aufnahmebedingungen.

Das Alternativrezept ist älteren Ursprungs und betont eher Unterschiede als Gemeinsamkeiten mit anderen Völkern. Es hieß, Franzosen nach einem einheitlichen Typus zu formen, und basierte auf ungeteiltem Nationalismus und ausschließlicher Treue. Napoleons Traum, jedes Kind dasselbe Stück lateinischer Prosa zur selben Zeit erlernen zu lassen, war ein Ausdruck des Wunsches nach einer Übereinstimmung, auf die man sich unfehlbar verlassen konnte. Das förderte das Klischee von Franzosen als klar erkennbarem, lokalem Phänomen. Doch es dauerte überraschend lange, bevor sich dieses Klischee vollständig entfaltet hatte, denn die Franzosen hatten niemals die Illusion, daß sie zu einem einzigen Typus verschmolzen werden könnten. Sie hatten anfangs auch weder eine Entsprechung für John Bull, der 1712 entstand, noch für Bruder Jonathan, wie Amerikaner im 19. Jahrhundert bezeichnet wurden (Uncle Sam kam mit dem ersten Weltkrieg auf). Jacques Bonhomme war ein abfälliger Spitzname, den der Adel vor der Revolution für einfache Leute und besonders für die Bauern benutzten; die feinen Damen und Herren konnten sich nicht vorstellen, irgendetwas mit ihm gemein zu haben. Monsieur Prudhomme hießen die Spießbürger.

Erst im frühen 20. Jahrhundert wurde Monsieur Dupont oder Monsieur Durand erfunden. Es ist merkwürdig, daß diese Symbolnamen für den Durchschnittsfranzosen benutzt werden; keiner der beiden ist besonders geläufig, wie Computeranalysen kürzlich offenlegten. Durand kommt im Norden und Osten selten vor. Der geläufigste Nachname in Frankreich ist Martin, gefolgt von Bernard und Thomas. Jungen werden oft Jean, Pierre oder Michel, Mädchen Marie oder Françoise genannt. Die häufigsten französischen Namen sind also europäisch und nicht ausschließlich französisch; und keiner kann als typisch gelten, denn wenn man alle Personen mit den hundert typischen Namen addiert, machen sie nur ein Zehntel der Bevölkerung aus. Der «Durchschnittsfranzose» wurde wahrscheinlich erst am 19. April 1924 geboren, als der Ausdruck *le français moyen* in der Zeitung *Le Temps* erstmals verwandt wurde – eine Schöpfung der modernen Statistik.

1980 erschien Monsieur Superdupont. Er war ein Comic-Held und Frankreichs Antwort auf Amerikas Supermann. Der Karikaturist Gotlib ließ ihn an Stelle des Gewehrs ein Baguette schwingen, Hausschuhe und Baskenmütze tragen, ein Camembert und eine Flasche Wein baumelten am Gürtel. Die Baskenmütze datiert die Idee hinter der Karikatur genau. Die Baskenmütze war früher nie Insignie der Franzosen; bis 1923 wurde sie von Basken getragen und nur in den Pyrenäen. Dann avancierte sie plötzlich zur Modeerscheinung und wurde 1932, als dreiundzwanzig Millionen Exemplare produziert wurden, eine für jeden männlichen Kopf, zur eigentlichen Nationaltracht. Doch die Mode wurde in den fünfziger Jahren fast ganz abgelegt, und heute werden pro Jahr weniger als eine Million gekauft. Die Kopfbedeckung überlebte nur in der Armee, die versucht, korrekt und bescheiden auszusehen, indem sie sich an alte Kleidermoden hängt; auch das ist recht neu, denn als martialische Tugenden noch bewundert wurden, taten Soldaten ihr Bestes, um aufzufallen. Kein geringer Stolz des alten Frankreichs waren seine Hutgeschäfte, die eine fast unendliche Vielfalt der Stile in verschiedensten Materialien anboten. Nur wenige dieser Geschäfte haben im Sentier Viertel in Paris überlebt. Der Mann mit Baskenmütze spiegelt also nur eine kurze Episode der französischen Geschichte, eingefangen in den Filmen aus der Zeit Renoirs.

Die Krux solcher Stereotypen ist, daß sie bereits überaltert sind, wenn sie ins öffentliche Bewußtsein eindringen. Heute kann die Statistik keinen Durchschnittsmenschen mehr konstruieren, der nicht absurd erscheint. Nach dem letzten Stand verbringt der Durchschnittsfranzose die Hälfte seiner Zeit allein, ohne auch nur ein Wort zu sprechen, kauft alle drei Tage eine Zeitung, reist alle elf Tage mit dem Bus, einmal im Monat mit dem Zug, alle paar Jahre mit dem Flugzeug; er kauft alle zwei Jahre ein Paar Jeans und jeden Tag eine Plastiktüte; er verbringt alle sechs Monate genau einen Tag im Krankenhaus und alle vier Jahre zieht er vor Gericht; er lebt in einer Stadt von 20000 Einwohnern und stirbt im Alter von 69 an Herzversagen. In der Praxis ist der ganz durchschnittliche Franzose natürlich eine Seltenheit, und als durchschnittlich gelten zu wollen, ist reine Markierung oder Ausrede, da der Durchschnittsfranzose nur äußerst vage Vorstellungen davon hat, was Durchschnitt ist.

Durch praktische Beobachtung habe ich versucht herauszufinden, was man widerspruchslos über die Franzosen aussagen kann. Allem Anschein nach unterscheiden sich die Franzosen von Ausländern am deutlichsten dadurch, wie sie sprechen, nicht nur, daß sie eine andere Sprache sprechen, sondern, wie ihre Gesichtszüge durch ihre Sprache geformt werden. Ihre Lippen müssen etwas vorstehen, denn Französisch hat mehr Laute, die verlangen, daß man die Lippen rundet als andere Sprachen. Neun der sechzehn französischen Vokale werden mit gerundeten Lippen gesprochen, im Vergleich mit nur zwei von zwanzig englischen Vokalen. Deutsch hat fünf lippenrunde Vokale. Der Grad der Lippenrundung im Französischen ist darüber hinaus größer, weil Vokale, die auf Konsonanten folgen, vorbereitet werden müssen, noch bevor der Konsonant abklingt. Vokale hinterlassen auch einen größeren Eindruck als etwa im Englischen, weil Französisch wesentlich weniger Konsonanten im Sprachverlauf aufweist. Und Franzosen sprechen ihre Konsonanten mit weit vorgeschobener Zunge aus.

Ihrem Ruf, mit den Händen zu gestikulieren, wenn sie sprechen, werden sie allerdings nicht mehr gerecht. Lebhafte Gesten nehmen in Europa zu, je weiter man nach Süden fährt, nehmen aber ab, je weiter man in der Gesellschaft aufsteigt. Vielleicht befinden sich Gesten insgesamt auf dem Rückzug, weil die Bildung zunimmt oder nur noch bestimmte Gesten von einzelnen Gruppen beibehalten und entwickelt werden. Die einzige ausführliche Studie zu diesem Thema wurde von einem Team um den Oxford-Psychologen Desmond Morris durchgeführt. Sie fand heraus, daß entgegen der weitverbreiteten Meinung, es gäbe typisch nationale Gesten, in Europa nur wenige auf ein Land beschränkt sind. Die Geste, die von Ausländern mit Frankreich so sehr assoziiert wird, daß man sie verwendet, wenn man Franzosen nachahmen will, ist die Kußhand. Sie kommt tatsächlich in Großbritannien sehr selten vor, und ist auch in Italien selten, wird aber in Spanien, Holland, Jugoslawien, Griechenland und der Türkei ebenso häufig wie in Frankreich angetroffen.

Ein gebürtiger Provençal wird seine Gesten ändern müssen, wenn er nach Paris zieht: die Ringgeste etwa – Daumen und Zeigefinger formen einen Ring – bedeutet in England spätestens seit dem 17. Jahrhundert «in Ordnung, gut» und hatte schon im alten Rom, laut Quintilian, die gleiche Bedeutung. Doch in manchen Gegenden Frankreichs, besonders im Süden, kann sie auch «Null, schlecht» bedeuten. Morris fragte zwei Angler, die nebeneinander am Flußufer saßen, was die Geste bedeutete; der eine meinte: *«C'est bon»*, der andere sagte: *«Zéro»*. Sie schauten sich verwundert an und entbrannten in Streit.

Gestikulation kann ebensoviel mit Nervosität wie mit Nationalcharakter zu tun haben. Es gibt zwei Gesten, die heute als typisch französisch angesehen werden: der Kuß zur Begrüßung und der häufige Handschlag. Beide waren einst typisch englisch und lösten bei französischen Reisenden große Verwunderung aus. Unter Elisabeth I. war der Begrüßungskuß in England die Norm. Im 19. Jahrhundert wurde «le handshake» durch die Dandies aus England importiert, und in Paris gaben sogar Lehrer Unterricht im Händeschütteln.

Der Harvard Professor Lawrence Wylie untersuchte die Bewegungen und Körperhaltung der Franzosen, indem er Filmstudien machte, und kam zu dem Schluß, daß sie durchaus ausgeprägte Merkmale aufweisen. Franzosen, so folgert er, scheinen auf eine Art und Weise ihre Muskeln zu kontrollieren, zu der Amerikaner nicht fähig seien. Sie halten ihre Schultern gerade. Die traditionellen französischen Stühle sind gerade und unbequem, als wären sie für Menschen gemacht, die sich beim Sitzen aufrecht halten können. Amerikaner dagegen strecken gern ihre Beine aus, legen sie auf einen Stuhl oder Schreibtisch, vergraben ihre Hände in den Hosentaschen, was Franzosen, wie Wylie sagt, selten tun. Franzosen scheinen «mit der Anziehungskraft der Erde besser zurechtzukommen»; sie halten ihre Füße eng beieinander, wobei ein Fuß etwas nach vorn steht. Statt seitwärts zu schwingen, bewegen sie sich nach vorn, wenn sie etwas in der Unterhaltung betonen wollen, und bewegen sich nach hinten als Zeichen der Zustimmung, oder wenn sie lachen. Sie gehen mit ihrem Kopf leicht nach vorn gebeugt und halten an sich, als durchschritten sie einen engen Korridor. Jacques Tatis Gang, so behauptet Wylie, sei eine zutreffende Übertreibung.

Der Körperbau der Franzosen war natürlich schon immer höchst unterschiedlich. Ein Physiognomiespezialist schrieb 1830: «Man kann Bewohner der Provence nur höchst selten mit denen der Normandie verwechseln oder die der Picardie mit denen der Gascogne.» Bretonen waren früher kleinwüchsig (um 1900 fast durchschnittlich siebeneinhalb Zentimeter kleiner als die Einwohner von Cornwall auf der anderen Kanalseite). Die Menschen im Norden und Osten waren die größten, die in der Dordogne für ihre ungewöhnlich große Kopfform bekannt, und die der Auvergne und Burgunds für ihre selten flachen Köpfe. Heute wirkt sich der soziale Unterschied auf die Körpergröße aus. Besserverdienende sind im Durchschnitt größer (Kinder im 15. Arrondissement in Paris sind größer als ihre Altersgenossen im 12.). Bauern und Angestellte in Handel und Industrie machen mit ihren Frauen die schwergewichtigste Klasse aus. Es gibt jedoch genügend Unterschiede in Frankreich, die es unmöglich machen, Franzosen von anderen Völkern zu unterscheiden. Wenn Angehörige verschiedener Nationen die gleiche Tätigkeit ausüben und in ähnlicher Weise aufgezogen und ausgebildet wurden, wie zum Beispiel Flugzeugpiloten, zeigt ein Vergleich, daß für Frankreich, Deutschland und Großbritannien fast identische Körpermaße gelten. Die NASA hat solche Vergleiche durchgeführt, um den idealen Astronauten zu finden. Unter amerikanischen Piloten gibt es einige, die vielleicht etwas schwerer sind, unter italienischen einige, die leichter und kleiner sind. Doch in der Mehrzahl gleichen sich alle. Der gigantische Amerikaner, der fette Deutsche oder der kleine Italiener, sie mögen zwar den Ruf eines Landes bestimmen, doch sind sie nicht die Norm. Die Wahrheit, die sich auch auf viele andere Bereiche übertragen läßt, lautet also: Minderheiten begründen den Ruf eines Volkes.

Es ist illusorisch zu glauben, die Franzosen würden sich immer ähnlicher. Seitdem Ehen Familien aus verschiedenen Teilen des Landes zusammenführen und bei einem Zehntel der Franzosen ausländisches Blut in den Adern fließt, multiplizieren sich die genetischen Variablen von Generation zu Generation. Das französische Volk trägt längst kein gemeinsames Erbe mehr. «Mein Freund Lampa, ein Bauer aus Ost-Senegal», schrieb der französische Genforscher Albert Jacquard, «ist sehr dunkelhäutig, und ich bin mehr oder weniger weiß, aber seine Blutdaten ähneln meinen wahrscheinlich mehr als die von Monsieur Dupont in der Wohnung gegenüber.» Während nationale Einrichtungen versuchen, die Franzosen einander immer stärker anzugleichen, ist die Vorstellung von einem nationalen «melting pot», der einen einheitlichen Menschenschlag hervorbringt, ein Mythos: Gene behalten ihre Individualität bei, und die Mischung steigert lediglich die Vielfalt genetischer Ausprägungen. Die Franzosen werden einander immer weniger ähnlich. Ihre persönlichen Gegensätze sind größer als die Unterschiede zwischen den Gruppen, in die die Menschheit sich aufteilt.

Französisch auszusehen ist inzwischen eine Sache der freien Entscheidung: es ist heute schwieriger, Franzosen als solche zu erkennen, weil die Auswahl ihrer Möglichkeiten wesentlich größer ist denn je. Französisch zu sein, hat nicht für jeden die gleiche Bedeutung. Es ist nicht länger möglich, die Schlußfolgerung zu ziehen, daß Franzosen einfach jene sind, die sich als solche betrachten; auch das ist problematisch. An dem Fall von Albert Jacquard kann man das verdeutlichen. Er gehört zur internationalen Gemeinschaft von Wissenschaftlern und hat sich dem Kampf gegen Rassenvorurteile verschrieben. Doch er erklärt vehement: «Ich fühle mich ausgesprochen französisch und ganz als Pariser. Woanders fühle ich mich nicht zu Hause. Ich muß Französisch sprechen, denn wenn ich Englisch spreche, fühle ich mich dumm oder wie ein Kind, unfähig meine Gedanken nuanciert auszudrücken.» Es ist jedoch mehr als nur eine Frage der Sprache. Jacquard hat neun Monate an der Stanford Universität in Amerika zugebracht, lebte dort mit Frau und Kindern. Er verdiente mehr als zu Hause, traf ideale Bedingungen an, und seine Arbeit war äußerst interessant. Doch dort «träumten wir von nichts anderem, als nach Frankreich zurückzukehren». Heute blickt die ganze Familie auf den Ausflug als wunderbare Erfahrung zurück, doch Jacquard entdeckte, daß er «Franzose sein muß». Er sagt, er brauche Freunde. Das Paradox ist, daß er Frankreich als entsetzlich kompetitiv und unfreundlich empfindet. Amerikanische Wissenschaftler, sagt er, gingen viel großzügiger mit ihren Ideen um als ihre französischen Kollegen, die sich besitzergreifend und eigenbrötlerisch wie Kleinbürger aufführten. Erst in Stanford lernte er schätzen, was es heißt, in einem Team zu arbeiten. Er hatte an der Polytechnique studiert und so die bestmögliche mathematische Ausbildung genossen, doch seine Kritik an den Auswirkungen seines Studiums ist vernichtend; sie fördere Anpassung, stehe kreativem Denken im Weg und bilde Technokraten heran, die mit lösbaren Problemen wohl fertig werden könnten, aber nur selten Nobelpreisträger würden. Das intellektuelle Leben von Paris sei oberflächlich prickelnd, eine Art Champagner, der einen bitteren Geschmack hinterläßt, weil «dir keiner hilft».

Welche Art Solidarität findet Jacquard dann in Frankreich vor? Als Volk sind die Franzosen auch nicht viel herzlicher. Er lag vor einiger Zeit in einem walisischen Krankenhaus und erzählt mit erstaunter Begeisterung von der herzlichen Betreuung und der Freundlichkeit der anderen Patienten. Dort herrschte wesentlich mehr Solidarität, als er je an der Polytechnique erfahren hat. Das Netz von Beziehungen unter den ehemaligen Absolventen, das die Universitäten angeblich fördern, ist dagegen kaltes Elitedenken, und Jacquard haßt Elitedenken. Er haßt auch Antisemitismus und glaubt, der sei in Frankreich besonders ausgeprägt. Ein befreundeter Arzt erzählte ihm einst, ein ganz durchschnittlicher Patient mit *baccalauréat* habe ihn gefragt, ob das Kind, das seine Frau erwartete, «gezeichnet» sei, weil er fünf Jahre zuvor mit einem jüdischen Mädchen geschlafen habe. Jacquard glaubt, daß diese Haltung, ein Überbleibsel abergläubischer Hundezucht, unter der Hälfte der französischen Bevölkerung verbreitet ist. Für sie sind die Juden noch immer eine Art Teufel. Jacquard stört sich auch an der französischen Manie, jedem ein politisches Etikett aufzukleben. Weil er kommunistische Freunde hat und einige antirassistische Artikel in der kommunistischen Presse veröffentlichte, wurde er «kommunistisches U-Boot» genannt. Er haßt Menschen, die meinen, intelligenter als andere zu sein, und lehnt jede Form von Verabscheuung ab, wobei Rassismus die grausamste ist, «weil ich auf Verachtung allergisch reagiere».

Es liegt Jacquard viel daran, geliebt und geschätzt zu werden. Er hat verschiedene Wege versucht, um Anerkennung zu finden. Zunächst erreichte er akademische Würden und ging dann in den Staatsdienst, wo er im Gesundheitsministerium stellvertretender Regierungsdirektor wurde. Er wäre wohl lieber Arzt geworden, doch hatte er nicht den Mut, noch einmal von vorn anzufangen, bis politische Meinungsverschiedenheiten mit seinem Minister ihn veranlaßten, im Alter von 39 Jahren den Hut zu nehmen. Er studierte Genetik und machte noch einmal, im Alter von 42, sein Examen. Zehn Jahre lang war er zufrieden, zu forschen und gelehrte Bücher zu verfassen, die der einfache Mann auf der Straße nicht verstehen würde. Er hatte das Gefühl, an vorderster Front der Wissenschaften zu kämpfen. Doch dann entdeckte er, zum Teil durch Gespräche mit seinen Kindern, daß er nichts Wesentliches, nichts Nützliches tat und daß im Namen seiner Wissenschaft Menschen unterdrückt wurden, daß er in einer ungerechten Gesellschaft lebte. So sah er sich verpflichtet, Publizist zu werden und der Öffentlichkeit zu berichten, daß die Wissenschaft eine große Befriedigung für Forscher ist und eine Gefahr für diejenigen, die daran nicht teilhaben. Er will den Mythos von der Ungleichheit aus der Welt schaffen und verfaßte mehrere Bücher «über die Gefahren der Wissenschaft» und «ganze Lobeshymnen auf das Anderssein». Schreiben ist für ihn eine neue Bereicherung, eine neue Art des Überlebens. Seinen Namen auf einem Buchdeckel zu sehen bereitet ihm große Freude, die Zuneigung seiner Leser reiche Belohnung. Doch wenn er auf seine Laufbahn zurückblickt und abschließend überlegt, dann war ihm nichts so wichtig wie seine Familie.

Was ist so französisch an diesem Mann? Nicht seine Bindung an bestimmte Ideen oder Vorurteile seiner Landsleute. Er lehnt vieles in Frankreich ab und folgt keinem vorgebenen Muster. Sein Leben besteht aus der Teilnahme am Kreuzzug der Minderheiten, aus begrenzten Freundschaften, aus Familienleben und aus ganz persönlichen Abenteuern. Er verbindet diese verschiedenen Bereiche in Frankreich, und nur so vermeidet er dort Einsamkeit. Franzose zu sein ist also stets eine unterschiedliche Kombination von Minderheitsbeziehungen. Um einen Franzosen zu erkennen – das zeigt Jacquard –, muß man nicht nur eine Bindung kennen, sondern viele. Das führt uns zum dritten Rezept, wie man Franzosen formt. Das Frankreich der Übereinstimmung ist vom Frankreich der Minderheiten verdrängt worden. Pluralismus ist ein allseits anerkanntes nationales Merkmal und für viele ein Ziel. Die Rechte der verschiedenen ethnischen, regionalen, sexuellen und Generationsminderheiten werden als berechtigt anerkannt. Und die Politik wird heute von der Verwirklichung dieser Ansprüche bestimmt. Damit gehört Frankreich zu den Ländern, die von vielen Kulturen belebt werden.

Doch ich glaube, daß auch dieses dritte Rezept sich bereits als unpassend erweist, denn die Minoritäten setzen sich aus vielen noch kleineren Minderheiten zusammen, und vor allem, weil Individuen gleichzeitig stets rivalisierenden Gesellschaftsgruppen angehören. Das bringt eine ganz neue Art des Französisch-Seins hervor und endet nicht im Rückzug in irgendeine Subkultur. Das ist auch der Grund, warum ich mich in diesem Buch so sehr Einzelpersonen widme. Sie gestalten heute ihre eigene Zukunft wesentlich bewußter und unabhängiger, treffen ihre Wahl, weisen manche ihnen offenstehende Möglichkeit zurück und bestimmen ihr Leben auf ihre Weise. Nach Tocquevilles Demokratiekritik glaubte man lange Zeit, daß die Menschen sich immer ähnlicher werden. Den Medien wird nachgesagt, Uniformität und Konformität zu unterstützen. Ich stimme dem nicht zu. Ich glaube, daß Tocqueville Unrecht hat. Wie so viele andere Propheten wird er widerlegt von Menschen, die sich hartnäckig, schlau und unvorhersehbar den Mächten, die sie umgeben, widersetzen.

Zweiter Teil
Wie man sie liebt

4 Wie man eine Großmutter zu schätzen weiß

Die Bourrels lebten seit zweieinhalb Jahrhunderten in demselben Haus inmitten der sonnigen, weinbestockten Ebene der Aude. Madame Bourrels Familie, die Amiels, lebte in ihrem, nur ein paar Kilometer entfernten Haus seit 115 Jahren. Die Bourrels sind sich der Kontinuität, die die Generationen miteinander verbindet, sehr bewußt und auch der Ähnlichkeit zwischen alt und jung. Vererbung ist die Kraft, der sie sich am stärksten bewußt sind. Das älteste Familienmitglied, Pierre Amiel, hoch in den Neunzigern, erinnert sich an seinen Urgroßvater, der mit Napoleons Armee nach Moskau zog und von dort zu Fuß nach Hause lief. Die Muster der Vererbung haben sich allerdings nicht vollständig erhalten können. Pierre Amiel hätte wie seine Vorfahren Notar werden sollen, doch sein Leben bestand aus einer Kette von Enttäuschungen. Er wurde schon sehr jung auf ein Internat geschickt. «Das war das schlimmste, was mir je passierte. Es war wie ein Gefängnis ohne Gitter. Ich war so sehr verstört, daß mir meine Zeit beim Militär wie eine Befreiung erschien.» Er fiel beim Abschlußexamen durch und wurde Weinhändler. Doch seine Kunden ließen ihn im Stich. Die Tätigkeit erlaubte ihm zwar, zu Hause zu arbeiten, doch war die Branche von boshaften Eifersüchteleien beherrscht. Die Inflation brachte die Familie um ihr Erspartes, nach und nach mußte Land verkauft werden, bis nur noch ein Zehntel des ursprünglichen Besitzes in Familienhand blieb.

Pierre wäre gern Schriftsteller geworden. Für die örtliche Tageszeitung schrieb er häufig, und ein Roman von ihm wurde veröffentlicht, doch keiner wollte seinen zweiten herausbringen. Sein Bruder traf es in Paris besser, wo er sich als überaus produktiver, zweitklassiger Bühnenautor etablieren konnte. Pierre aber, ebenso begabt und fähig sich ungewöhnlich elegant und differenziert auszudrücken, hatte wahrscheinlich nicht die Willenskraft zum Erfolg. Er rühmt sich daher, mittelmäßig zu sein. Und da er nun einmal in so vielen Dingen mittelmäßig war, behauptet er, die Mittelmäßigkeit zur Vollendung gebracht zu haben, so daß er im Endeffekt überhaupt nicht mehr mittelmäßig ist. Er akzeptiert das Leben so, wie es ist: «Man muß seinem Schicksal folgen. Man muß seine Wurzeln respektieren, auch wenn man nicht mehr an sie glaubt.» Er kämpfte gegen seine Depressionen an, indem er versuchte, sinnvolle Beschäftigung zu finden – «die Arbeit ist das Chloroform des Lebens» –, anderen zu helfen, seine Kinder zu unterrichten und Konflikte zu vermeiden: «Die neuralgischen Punkte für Familienkonflikte sind die Mahlzeiten.» Die Lösung war: nicht lachen, denn «Lachen ist eine Sünde, sicher eine kleine, gegen die Seele. Man lacht über den Schaden anderer, die dadurch herabgewürdigt werden.» Pierre Amiel zieht es vor zu lächeln. Nicht, daß er meint, es gäbe vieles, über das man lächeln könnte. Die Menschen werden immer unehrlicher, wenn auch nur, weil sie mehr Gelegenheit dazu haben. Der Fortschritt bewirkt, daß die Menschen mehr Geld brauchen, was sie wiederum zwingt, härter zu arbeiten. Das ist kein Fortschritt. Und Kinder schimpfen heute mit ihren Eltern, anstatt sich ihnen unterzuordnen.

Seine Tochter Colette, mit ihren über sechzig Jahren noch voller Energie, ist das wirkliche Oberhaupt der Familie. Auch sie hat ihre Enttäuschungen hinter sich. Sie hätte gern studiert, aber ihre Eltern waren dagegen, daß Mädchen zu gebildet werden. «Man tat das eben nicht.» Sie wollte in die Nachbarstadt Toulouse ziehen, um entweder Ärztin oder Schauspielerin zu werden, aber «das war undenkbar.» Sie wollte immer jemand anderer sein. Sie liebt es, sich herauszuputzen, zu schminken, eine Rolle anzunehmen, in der sie nicht sich selbst darstellt, am liebsten die Rolle eines Mannes. Sie verkleidete sich als Bettler und ging um Almosen bittend durch das Dorf oder gab vor, eine Nonne zu sein. Sie nahm die Theaterrolle des Judas an, lehnte es aber ab, die Jungfrau zu spielen. Sie hat diese Seite in sich dadurch erfüllt, indem sie ihre Kinder anregte, zu schauspielern und ist selbst in ihrem Hause der Theaterproduzent. Dann, im Krieg, sah sie die Möglichkeit, Lehrerin zu werden, aber alle waren wieder dagegen, und es wurde ihr verboten. «Man hat mich immer davon abgehalten, das zu tun, was ich wollte. Doch heute lasse ich das nicht mit mir machen.» Sie heiratete mit achtzehn und erkannte bald, daß ihr Mann gern unter dem Eindruck lebte, als würde er bestimmen: «Er wollte immer recht haben. Er war ein verwöhntes Kind gewesen. Ich gebe ihm das Gefühl, doch ich bekomme, was ich will.» Sie hat ihre Berufsenttäuschungen überwunden, indem sie ein Familienleben aufbaute, das sich um sie herum bewegt. Ihre Tochter lebt auf der anderen Straßenseite, ihre zwei Söhne nur wenige Kilometer entfernt, und alle, auch die Enkel, kommen ständig zum Essen oder zum Übernachten. Und fast jeden Sonntag sitzen alle fünfzehn zusammen an einem Tisch. «Ich bin nicht von Natur aus gutmütig», sagt sie, «aber ich versuche, verständnisvoll zu sein.»

Ihr Ehemann Pierre sieht seine Hauptaufgabe darin, ein Beispiel für andere zu sein. «Ich bin ein *Bourgeois*. Ich wurde als *Bourgeois* geboren, ich habe nie diejenigen verachtet, die nicht *bourgeois* sind, aber ich habe immer versucht, nur mit anderen *Bourgeois* zu verkehren, weil es weniger Unterschiede zwischen uns gibt. Ein *Bourgeois* ist jemand, der eine gute Erziehung genossen hat, mehr Pflichten als Rechte kennt und anderen ein Beispiel ist. Ich habe dadurch keinen Vorteil: es bedeutet Würde, Treue, Ehrlichkeit, sogar Opfer und Edelmut des Geistes. Man muß nicht unbedingt reich sein. Ich kenne alte Familien, die, wenngleich sehr arm, immer noch mit Würde leben, und ich kenne Reiche, deren Lebensweise ich ablehne. Es ist wie mit der Reinlichkeit. Man muß nicht reich sein, um sauber zu sein. Ich bin nicht gerade in den Titel *Bourgeois* verliebt. Ich habe einfach immer versucht, ein anständiger Mensch zu sein. Und ich glaube, daß die Leute im Dorf mich respektieren. Aber ich halte mich um so mehr für einen *Bourgeois*, als es in diesem Land eine Tendenz gibt, alles herabzusetzen, und das paßt mir nicht. Die Regierung zerstört Frankreich, was Frankreich sein sollte. Es ist traurig. Ich gebe zu, die Sozialisten sind Franzosen – nicht die Kommunisten, das sind Moskowiten –, doch sie sehen die Dinge nicht so wie ich. Das ist ihr Recht. Ich bin ein Demokrat, ein Republikaner. Ich diskutiere nie über Politik.»

Die Welt bewegt sich nicht, wie Pierre Bourrel es gerne sähe. Er hat eine ehrbare Karriere hinter sich, wenn auch nicht unbedingt das, was er sich erträumt hatte. Nach seinem Chemiestudium an der Universität von Toulouse richtete er sich ein landwirtschaftliches Labor ein und erstellte chemische Analysen. Er sah einer glänzenden Zukunft entgegen. Doch der Krieg bereitete allem ein Ende. Er wurde Chemiker in einem staatlichen Landwirtschaftsdienst, stieg zu dessen örtlichem Leiter auf und ging 1975 im Alter von 60 Jahren in den Ruhestand. Er hätte lieber sein eigenes Unternehmen geführt. Er genoß seine frühen Jahre, als er noch mit chemischen Analysen und weniger mit Verwaltungsarbeit zu tun hatte. «Ich erledigte meine Arbeit sehr gewissenhaft», aber der Funke fehlte. Er bedauert, daß seine Pension nicht größer ist. Im Ruhestand ist sein Ziel, gesund zu bleiben und seinem jüngsten Sohn zu helfen, eine bessere Stellung zu finden. Das

Familienleben ist sein ein und alles. Seine eigenen Eltern starben jung, und er konnte nie mit ihnen zärtlich sein. Das macht er heute an seinen eigenen Kindern wett. «Als die Kinder klein waren, ging er mit ihnen sehr nachsichtig um», sagt seine Frau. «Er war schwach», sagt sein ältester Sohn. In seine Enkel ist er vernarrt, spielt mit ihnen, küßt sie mit unendlicher Freude. Mit ihnen ist er genau das Gegenteil von dem, was er der Außenwelt zeigt. «In der Eisenbahn», berichtet seine Frau, «spricht er zu niemandem.» Er bewahrt ein kühles Äußeres. Das ist seine Rüstung gegen die Welt, aber auch seine Art, die anderen ihren eigenen Weg gehen zu lassen.

Zu Hause hört er klassische Musik und liest Geschichtsbücher, zumindest solche, die die Vergangenheit nicht allzu schlecht machen. Er ist mit den Traditionen, die er ererbte, zufrieden und vermeidet Diskussionen über sie. Er gerät in Rage, wenn jemand die Tradition angreift, wenn er spürt, daß seine Grundwerte nicht geachtet werden. Er mußte aber akzeptieren, daß seine Kinder nicht so denken wie er. Doch haben ihre Ansichten keinen Eindruck auf ihn gemacht. Er sieht es als seine Pflicht an, den Kindern Respekt vor ihren Eltern einzuflößen und sie zur Nachahmung anzuregen. Doch individuelle Persönlichkeiten bringen solche Pläne oft durcheinander, und dagegen kämpft er nicht an, weil er Charakter ebenso als erbliche Eigenschaft interpretiert, die auf Eigenheiten eines der Vorfahren zurückgehen: So entstehen in Familien unausweichlich Unterschiede und Spannungen. Seine religiöse Demut konnte er seinen Kindern nicht weitergeben; vielleicht geschieht das noch später. Er selbst kehrte nach zwei Krisen zum Glauben zurück. Zuerst ließen die Bomben im Krieg ihn inständig beten wie nie zuvor, dann brachte ihn eine Operation nicht nur näher an Gott, sondern auch an die konventionellste Auffassung von Religion. Er glaubt, daß es auch mit der Religion bergab geht, Priester vulgär werden und ihre Würde verlieren, indem sie das Priestergewand ablegen. «Ein

Priester ist kein Mensch wie jeder andere.» Er ist angewidert von der jungen Generation, die ein einfaches und «freizügiges» Leben den Beschränkungen vorzieht. «Glaube ist Beschränkung und zugleich Befreiung der Seele.» Er mag Beschränkung: «Sie ist eine Verpflichtung, die ich akzeptiere, weil sie mir Würde und Stolz verleiht.»

Der Verfall des Glaubens bekümmert ihn ebenso sehr wie der seines Landes. «Ich bin ein überzeugter Patriot und Nationalist. Ich bin Franzose bis in die Fingerspitzen.» Tränen steigen in seine Augen, wenn er von dem Prestigeverlust Frankreichs spricht. Die Niederlage von 1940 hat er noch nicht überwunden: «Frankreich wurde damals entehrt, ich schäme mich noch heute, daß sich die französische Armee zurückgezogen hat.» Er weiß, wer schuld daran war: Der militärische Geist war von den Lehrern zerstört worden – noch ein sozialistisch-kommunistisches Desaster. Seine Kindern sagen, daß man dem Statusverlust Frankreichs nichts entgegensetzen kann. Doch das regt ihn nur noch mehr auf. «Für mich wird Frankreich immer Frankreich bleiben.» Seine Frau erzählt, er könne es nicht ertragen, japanische Autos oder Motorräder auf den Straßen zu sehen, und sie selbst gibt zu, etwas rassistisch zu sein. Vergeblich versucht ihr Sohn, ihnen klarzumachen, daß spanische Einwanderer in ihrer Bereitschaft, hart zu arbeiten, oft «französischer sind als die Franzosen». Ausländer beunruhigen Pierre Bourrel: «Ich sehe keinen Grund, warum wir unser Leben verändern sollten, nur wegen der Algerier.» «Wir können uns nicht zu dem beglückwünschen, was aus Amerika kommt.» Sein Sohn erwidert, Amerika habe viele gute Dinge bewirkt. Der Vater antwortet, daß Frankreich Ausländer stets willkommen heißen muß, doch daß es sich deswegen nicht verändern dürfe. Er befürchtet, daß Frankreich seine alte Identität verliere. Er mag die Spanier, zumindest diejenigen, die in ihrem Land leben, wo er, nur ein paar Autostunden entfernt, häufig seine Ferien verbringt. Doch die Spanier, die nach Frankreich kommen, sind

«Bastarde». Die Welt setzt sich aus abgrenzbaren Einheiten zusammen, wie Tier-oder Pflanzenarten, und er mag es nicht, wenn sie sich vermischen. Er weiß, welche Rolle er als Franzose zu spielen hat, und reagiert empfindlich, wenn man ihm sagt, er müsse sich ändern.

Sein Sohn Christian ist Arzt, wie viele Familienmitglieder vor ihm. Christians Sohn, elf Jahre alt, möchte ebenfalls Arzt werden und seine achtjährige Tochter Apothekerin. Christian liebt seine Arbeit und nimmt seinen Sohn häufig mit zu den Patienten. Doch wenn es darum geht, seine Kinder zu ermutigen, in seine Fußstapfen zu treten, reagiert er eher instinktiv als überlegt, denn er glaubt, daß die Medizin, wie er sie schätzt, der praktische Arzt, der für seine Konsultationen privat bezahlt wird, langsam ausstirbt. Christian ist nicht so pessimistisch wie sein Vater, doch auch er stimmt ein Klagelied an, über «die Weigerung der Menschen, sich die Hände schmutzig zu machen, *je m'en foutisme»*, die Geht-mich-nichts-an-Haltung und den Standpunkt, Änderungen als unvermeidlich hinzunehmen. Politisch eher zurückhaltend, ist er vom Temperament her lebhaft, jovial, liebenswürdig. «Er ist ein Schmeichler, ein Verführer», sagt seine Mutter. Er sieht gut aus, ist athletisch, spielt Tennis und übt Gymnastik. Er führt stets seine Aquarellfarben mit sich im Auto und malt in den Pausen zwischen seinen Patientenbesuchen. Seine Bilder sind weitaus mehr als nur amateurhafte Versuche. Er mag alle Arten von Musik, und sein Geschmack endet nicht vor fünfzig Jahren wie der seines Vaters. Um nicht von Patienten aus dem Schlaf gerissen zu werden, bleibt er bis Mitternacht auf, hört Schallplatten und spielt Klavier. Sein großes Hobby ist Kochen. Wie ein Chirurg vor der Operation krempelt er die Ärmel auf und legt einen gegrillten Hasen in pikanter Soße vor, den er selbst erlegt hat. Seine Eltern sind verblüfft von seiner Vielseitigkeit, seine Patienten von seiner Effizienz. Und doch ist sein Familienleben schiefgelaufen. Er war glücklich verheiratet, bis er entdeckte, daß seine Frau ihn betrog. Er gesteht heute ein, daß er sich zu sehr seiner Arbeit widmete. Die Landpraxis umfaßt sechs Dörfer mit viertausend Patienten. Er hat nur einen Kollegen und war so stets den ganzen Tag unterwegs und oft noch die halbe Nacht, da Hausbesuche zu seiner Hauptaufgabe gehören. Erst seit seiner Scheidung nimmt er sich regelmäßig einen Tag für seine Kinder frei.

Das Familienleben der Bourrels überlebt, weil es nachgiebiger geworden ist. Es hat die Scheidung überstanden und sich der Persönlichkeit der einzelnen Mitglieder angepaßt. Die nach außen konservativen Bourrels sind im Alltag recht geschickt, sich der Realität des Lebens anzupassen. Paule, Christians Schwester, ist auf ihre Art auch unorthodox. Sie lebt im Dorf, doch ihr Mann arbeitet in Paris und kommt nur zum Wochenende nach Hause. Sie haßt Paris und weigerte sich, dort hinzuziehen. «Sie hat einen starken Willen», sagt ihre Mutter, «sie ändert nie ihre Meinung, wenn sie sich einmal entschieden hat. Die Leute sagen, sie sei stolz, aber nein, es ist ihr nur gleichgültig. Sie will nicht den Anschein erwekken, als wolle sie anderen gefallen, obwohl sie es tut. Die Ehe hat sie verändert. Sie ist verschlossener geworden oder – anders gesagt – sie hat ihre eigene Persönlichkeit entdeckt. In den Geschäften spricht sie mit keinem, ist nicht neugierig und mag die Neugierde anderer nicht.» (Wie auffällig das in dem Dorf sein muß, wurde deutlich, als ein Nachbar eine halbe Stunde nach meiner Ankunft die Bourrels besuchte, angeblich um etwas auszuleihen, in Wirklichkeit aber um zu sehen, wer der fremde Besucher war.)

Paule heiratete mit achtzehn und ging mit ihrem Mann nach Afrika. Er ist ganz anders als sie, ein redseliger Computerverkäufer; «nicht so intelligent wie sie», sagt Madame Bourrel, aber er liebt seine Arbeit. «Sie ist sein Hauptinteresse», bemerkt Paule, «wahrscheinlich mehr als seine Familie, er liebt es, gut im Beruf zu sein.» Mit ihrem Arrangement, das beiden viele Freiheiten gibt, ist er sehr zufrieden. Sie kommen gut miteinander aus, wenn er zu Hause ist. Ob die Ehe Bestand hätte, wenn sie die ganze Zeit zusammenlebten, ist nicht gewiß, denn sie hat sich sehr an ihre Unabhängigkeit gewöhnt. Paule hat in der Ehe wahrscheinlich die Oberhand; zumindest kann sie machen, was sie will. Wenn die Kinder groß sind, will sie an der Sorbonne studieren. Ihr Hauptinteresse gilt den östlichen Religionen und dem Umgang mit der Vergangenheit. «Ich bin fast ein echter Hindu», sagt sie. Sie glaubt an Reinkarnation, ohne sich viel Gedanken darüber zu machen, wer sie einst war oder was sie im nächsten Leben sein wird.

Sie fragt sich nicht, ob die Leute sie «merkwürdig» finden. «Es ist mir egal, was die Leute denken.» Ihre Eigenarten sind um so offensichtlicher, als im Dorf «die Menschen sich immer darum sorgen, was die anderen von ihnen halten». Sie aber hat nur eine Freundin im Dorf, mit der sie über Bücher spricht. Sie genießt ihre Ruhe, ohne einsam zu sein. «Ich möchte mich nicht verändern.» Sie glaubt, ihre Eltern seien über ihre exzentrischen Interessen entsetzt. Doch sie akzeptieren es, weil ihre Mutter in ihrer Willensstärke und Unabhängigkeit etwas von sich selbst erkennt. «Ich sage, was ich denke», sagt Madame Bourrel. Sie gibt zu, Paules Charakter sei «nicht einfach». Aber so sind sie eben.

Philippe, das dritte Kind der Bourrels, macht ihnen mehr Kummer. Sein Problem ist, daß er noch nie im Leben Glück hatte. Sie können es nicht erklären. Er studierte Chemie wie sein Vater, doch seit seinem Examen ist alles schiefgegangen. Er hätte gern ein landwirtschaftliches Analyselabor gegründet, doch scheiterte er. Er ist verbittert, daß seine Ausbildung sich als praktisch wertlos herausgestellt hat, denn in der Gegend gab es für Chemiker keine Stellen. So begann er einen landwirtschaftlichen Maschinenhandel, der jedoch zusammenbrach, weil seine Kunden nicht zahlten. Er hat sich an verschiedenen Geschäften versucht, ohne Erfolg. Heute arbeitet er für einen Freund, der eine Möbelfabrik besitzt, doch er ist nicht allzu optimistisch, was deren Zukunft anbelangt. Das

Geschäftsleben liegt ihm eigentlich nicht. Er mag den Konkurrenzdruck nicht, das Gefühl, daß «es immer Gewinner und Verlierer geben muß. Es ist nicht gerade wie ein Kampf, aber man muß Waffen einsetzen, die ich nicht gern benutze. Meine Vorstellung von menschlichen Beziehungen sieht anders aus.» Im Sport, zu Hause und im engeren Freundeskreis findet er seine Erfüllung. «Ich bin ein Individualist. Ich kann im Team arbeiten, doch ich treffe gern meine Entscheidungen allein oder ziehe einen gewissen Spielraum vor.»

Als Landwirt wäre er sicher glücklicher, mit eigenem Land und in der Lage, neue Ideen auszuprobieren, ohne in die Routine zu geraten, die unausweichlich ist, wenn man sich auf Weinbau konzentriert. Der Besitz von Land würde ihm ein Gefühl von «Sicherheit» vermitteln. Diesem Ziel kommt sein Familienleben am nächsten, das ihm auch ermöglicht hat, trotz der Schicksalsschläge sein Gleichgewicht zu halten. «Wir sind selbst für unser Familienleben verantwortlich. Niemand zwingt uns eine Ehefrau auf. Wir ziehen die Kinder groß, wie wir wollen.» Er hat eine sehr enge Beziehung zu seiner Frau, auch wenn sie in einem gemieteten Haus leben müssen und das Geld knapp ist. Vielleicht gerade darum, und weil auch sie sich ein wenig als Außenseiter fühlt. Ihre Familie zog 1968 von Algerien nach Frankreich. «Wir waren noch französischer als die Franzosen», sagt sie. «Wir waren überrascht, hier nicht den gleichen Patriotismus anzutreffen. Ich brauchte ein Jahr, um mich an Frankreich zu gewöhnen. Doch die Leute nennen uns immer noch *pieds noirs* und schauen auf uns herab. Ich fühle mich nur zu Hause, wenn ich in meinen vier Wänden bin.» Der Familiensinn wurde durch das Unglück gestärkt.

Nach all ihrem Suchen und Experimentieren heiraten die Franzosen heute mehr denn je und haben so ihr Familienleben erneuert. Sie haben diese alte Tradition in dreifacher Hinsicht verändert: Geld, Großeltern und Scheidung, aber die

Veränderungen zeigen nur, wie sehr sie sich noch immer auf die Familie verlassen.

In der Vergangenheit war die Familie häufig praktisch ein Unternehmen. Kinder galten als Einkommensquelle. Erfolg im Leben bedeutete, daß man das Vermögen und Ansehen der Familie mehrte und ihr seine persönlichen Vorlieben opfern mußte, auch wenn natürlich die meisten Familien so wenig verdienten und so geringe Ersparnisse hatten, daß sie vielfach an der Grenze des Bankrotts lebten. In diesem Zusammenhang hieß Liebe, die Kinder in die Lage zu versetzen, reicher als man selbst zu werden, ihnen ein Erbe zu hinterlassen, auch wenn es Sparsamkeit und Opfer bedeutete. Diese finanzielle Zuwendung ist längst nicht ausgestorben. Sicher, sie ist nicht mehr selbstverständlich, die Generationen bewahren ihre Unabhängigkeit in einem größeren Maß. Weniger als ein Drittel der jungen Leute wissen, wie hoch die Ersparnisse ihrer Eltern sind, am wenigsten diejenigen, die eine höhere Bildung genossen haben, als gäbe es eine bewußte Verdrängung der finanziellen Seite des Familienlebens. Eltern zeigen ihre Zuneigung, indem sie versuchen, ihren Kindern die bestmögliche Ausbildung angedeihen zu lassen, als sie nurmehr mit Vermögen auszustatten. Und der Druck, in der Schule gut abschneiden zu müssen, ist für die Kinder stärker geworden – eine neue Ausprägung des alten Drucks, gesellschaftlich aufzusteigen. Es gibt jedoch immer noch Eltern, alles in allem ein Fünftel, die die Übertragung von Besitz als ihre höchste Aufgabe ansehen. Die Mehrheit lehnt dieses alte Ideal heute ab, weil sie wünschen, daß die Ersparnisse an ihre Ehepartner übergehen. Die Familie ist kaum noch eine finanzielle Institution, seit die Kinder keine Altersversicherung mehr darstellen. Sie ist jedoch unzweifelhaft die stärkste Kraft zur Erhaltung und Ausweitung von Ungleichheit, weil Familienzuwendung ein wichtiger und ungleicher Teil von mehr als der Hälfte aller Haushaltskassen sind. Ein Drittel aller Hausbesitzer wurde durch die Hilfe ihrer Eltern unterstützt.

Dem jungen Ehemann greift der Vater beim Autokauf unter die Arme, der jungen Ehefrau die Mutter bei der Kücheneinrichtung. Eltern sind natürlich vorsichtig, um jede Andeutung zu vermeiden, sie erkauften sich die Zuneigung ihrer Kinder. Zwangsläufig sind es die Reichen, die es sich erlauben können, großzügig zu sein; Darlehen und Geschenke sind in der Arbeiterklasse selten.

Sich zu verlieben bedeutet normalerweise, daß man seine Eltern verläßt, um ein unabhängiges Leben mit einer anderen Person zu beginnen. Jede Generation meint, sie breche in diesem Moment mit alten Traditionen, und stellt sich vor, die traditionelle Familie lebe als Großverband mit verschiedenen Generationen unter einem Dach. In der Tat besteht die Großfamilie in Frankreich seit Jahrhunderten nicht mehr, jedoch erhielten sich die Familien als Clan. Das sonntägliche Mittagessen war früher Symbol dafür, wobei die herrische Großmutter ihre zehn oder sogar zwanzig Nachkommen um den Tisch versammelte. Sie kamen entweder, weil sie ihr Mißfallen fürchteten oder weil sie ihre gute Küche schätzten. Doch die Gestalt des Familienclans hat sich verändert, seit die Menschen länger leben und weniger Kinder haben. Als Ergebnis gibt es eine wachsende Zahl von Familien, die vier Generationen vereinen; es gibt mehr Groß- und Urgroßeltern, aber weniger Brüder, Schwestern und Cousins. Die Rolle der Großeltern wurde gestärkt. Wenn Großeltern gefragt werden, was sie im Ruhestand tun möchten, antworten die meisten, «den Kindern helfen». Die Hälfte der Bevölkerung weist das als Einmischung von sich und glaubt, das sei die Aufgabe der Eltern, doch die andere Hälfte glaubt, daß Großeltern hier eine Pflicht erfüllen können. Es überrascht daher kaum, daß, wenngleich die Hälfte aller Franzosen kaum Kontakt mit ihren Eltern hat, der Rest in einem Umkreis von 20 km von ihren Eltern wohnt und sie regelmäßig besucht. Ein Drittel aller Kleinkinder wird von den Großeltern gehütet, während die Mutter arbeiten geht, und die Hälfte aller Kinder verbringt regelmäßig die Ferien bei den Großeltern. Je größer die Stadt (Paris bildet hier die Ausnahme), desto häufiger sind die gegenseitigen Besuche, Hilfeleistungen und Ratschläge von Müttern und ihren verheirateten Töchtern – als wolle man die Einsamkeit ausgleichen. Die Verstädterung hat den Clan nicht verdrängt. Auto, Telefon und früherer Ruhestand haben ihn noch verstärkt. Die Balance der Zuneigung ist nicht immer ausgeglichen in diesen Clans. Eltern scheinen mehr zu geben, als ihnen erwidert wird; Großeltern kompensieren Fehler an ihren Kindern, indem sie die Enkel mit Zuneigung überschütten. Scheidungen beschäftigen sie noch mehr. Sie kümmern sich häufig um die Enkel, deren Eltern nicht mehr zurechtkommen. So vereint Liebe die Menschen nicht nur zu zweit, sondern auch zu dreiundzwanzig – die durchschnittliche Größe einer Familie heute. Der Mangel an Brüdern und Schwestern wird durch die Schwemme von Großeltern wettgemacht. Das Gerede vom Generationskonflikt ist eine natürliche Folge, aber beruht nur auf verstärktem Kontakt unter ihnen.

Die Enttäuschungen des Familienideals kann man an der Tatsache ablesen, daß nicht weniger als 7,7 Millionen Erwachsene sich entweder entschlossen haben, allein zu leben oder durch den frühen Tod ihres Partners dazu gewzungen wurden. Frankreich hat eine Million Geschiedene, fast vier Millionen Witwen und Witwer und ungefähr 2,7 Millionen Junggesellen und Ledige über 30 Jahre. Zusammen machen sie fast ein Viertel der Bevölkerung über 30 aus. Das ist das Ausmaß von Einsamkeit oder Unabhängigkeit, das der Liebe die Waagschale hält.

5 Wie Kinder mit ihren Eltern umgehen

Manche würden gern die Schwierigkeiten im Familienleben mit den Erfahrungen erklären, die Franzosen als Kinder machen. Doch es gibt keine typisch französische Eigenart, Babies zu lieben oder aufzuziehen. Jede Generation, jede Gesellschaftsschicht, jede Familie hat ihre Gewohnheiten ererbt und sucht nach neuen Lösungen. Der einzig beständige Faktor ist der zuversichtliche Rat, den Ärzte, Psychiater und *puericulturists* endlos angeboten haben, mit einem Selbstbewußtsein, das nie getrübt wurde, auch wenn regelmäßig dem Rat der Vorgänger widersprochen wurde. Kinder aufzuziehen ist in Frankreich von einem Wirbelwind widersprüchlicher Meinungen und Gewohnheiten umgeben. Ein Professor der Sorbonne betitelt sein Buch, das Weisheiten seiner Zeitgenossen zusammenfaßt, folgerichtig: «Es ist nicht einfach, seine Kinder zu lieben».

Bis ungefähr 1960 war das führende Baby-Buch Mme. Francisque Gays «Wie erziehe ich mein Kind» aus dem Jahr 1924. Es wurde von Mme. Laurence Pernoud entthront, die das Feld seit nunmehr 20 Jahren beherrscht, doch sie hat ihren Ratgeber fast jährlich überarbeitet und mehrfach grundlegend verändert. Seit 1970 haben zahlreiche Rivalen die Szene betreten, einige wurden aus dem Amerikanischen übersetzt. Die gebildeten Schichten schenken dieser Art von Ratschlag wesentlich mehr Aufmerksamkeit als Arbeiter, und ausländische Ratgeber werden nur von einer sehr kleinen, nonkonformistischen Minderheit geschätzt. Doch die Regierung sorgt dafür, daß jede Mutter ein Durcheinander dieser alten und neuen Ideen durch das kostenlose Pamphlet «Das Goldene Buch für werdende Mütter» vorgesetzt bekommt. Die Regierung zahlt kräftig, damit Eltern mehr als drei Kinder haben und warnt, daß Einzelkinder zu Monstern heranwachsen könnten. Aber die Bestechungsgelder üben wenig Einfluß aus auf die Entscheidung der Eltern, ob sie ein Kind haben wollen oder nicht. Die übliche Familiengröße hat sich rapide verändert. Das Einzelkind, vor dem Krieg noch sehr häufig, ist nicht mehr die Ausnahme. Nach einer Zeit größerer Familien in den fünfziger und sechziger Jahren haben die Franzosen ihr Verhalten plötzlich verändert und ziehen heute, statistisch gesprochen, 1,8 Kinder pro Ehepaar groß.

Bis auf die «fortschrittlichsten» Ratgeber werden Väter beim Kinderkriegen immer noch als Randfiguren betrachtet. Laurence Pernoud behauptet standhaft: «Der Vaterinstinkt existiert nicht – zumindest nicht vor der Geburt. Wenn ein Mann erfährt, daß er Vater wird, hat die Nachricht keine emotionellen Auswirkungen und keinen Wirklichkeitsbezug.» Das Kind braucht die Mutter in seinem ersten Jahr: «Es wird keinen Schaden nehmen, wenn es den Vater nicht kennt.» Der Vater ist nur nützlich, indem er der Mutter beisteht und sie ermutigt: «Seien Sie der Hüter ihrer Nerven.» Die Windeln zu wechseln, erzeugt bei Männern instinktiv Übelkeit, und es ist nur natürlich, wenn sie es der Mutter überlassen, sagt. Dr. Cohen-Salal, der neueste Experte zum Thema «Kinderkriegen». Die Rolle des Mannes beginnt im siebten oder achten Monat, wenn er «in seltenen, privilegierten Augenblicken» anfängt, mit dem Kleinkind zu spielen. Doch viele Väter bezweifeln offensichtlich diese Binsenweisheit. Auch Großmütter verteidigen sich gegen die medizinischen Experten, die sie früher als Vertreter altmodischen

Aberglaubens betrachteten. Sie helfen, aber sie widersprechen auch ihren Töchtern.

Es gab eine Zeit, da erschien das Kinderkriegen als ganz natürliche Sache, die Mütter instinktiv zu nehmen wußten. Die Ausdehnung des medizinischen Berufsstands setzte dem ein Ende. Ärzte wurden unersetzlich, legten fest, was erlaubt, was verboten war. Aber seit 1960 setzte eine Reformbewegung ein, und heute bestimmt der führende Kinderarzt Professor Debré: «Die Mutter hat immer recht.» Mütterlicher Instinkt triumphiert erneut. Launen während der Schwangerschaft, früher abgetan als abergläubische «Begierden», werden höchst offiziell anerkannt und müssen befriedigt werden. Lange Zeit war Stillen sehr populär in Frankreich. Wenn Mütter nicht selbst stillen konnten, schickten sie die Kinder aufs Land zu Ammen. 1966 beharrte Pernoud: «Sie müssen auf jeden Fall stillen.» Heute sieht sie das anders und sagt, man könne wählen. Die Milchflasche wird immer populärer und verbreitet sich langsam auch in den unteren Gesellschaftsschichten – zu einer Zeit, da sich in England und Amerika eine entgegengesetzte Strömung ausbreitet. Der empfohlene Zeitraum für das Bruststillen, vor dem Krieg noch sechs Monate, hat sich offiziell auf drei reduziert. Im Verlauf von einer Generation hat sich ein Wechsel der Ansichten vollzogen, wann Babies regulär zu essen anfangen können. Im 19. Jahrhundert wurden Kleinstkinder geschwind zu Gourmets und Weintrinkern gemacht. Dann kam als Reaktion besondere Babynahrung. Jetzt schlägt das Pendel in die andere Richtung. Vor dreißig Jahren etwa hielt man Eier für gefährlich für Kleinkinder unter zehn Monaten, heute können sie mit dreieinhalb Monaten verabreicht werden.

Auch in bezug auf Schnuller hat sich die Meinung verändert. 1910 wurde ein Gesetz gegen ihre Herstellung und Verkauf verabschiedet. Kinder mit Schnuller galten als Zeichen von Rückständigkeit. Heute erlebt der Schnuller sein Comeback. Das Gegenargument betraf nicht nur die Hygiene: An

Schnullern zu saugen galt als «orale Selbstbefriedigung», ein Mangel an Selbstdisziplin. Aber die Hexenjagd gegen Onanie ist ebenfalls vorüber, und Psychiater wie Philippe Nahoun behaupten sogar: «Zu masturbieren bedeutet, seinen eigenen Körper in Gänze lieben zu lernen.»

Vor dem Krieg wurde Müttern geraten, nie ihre Kinder zum Vergnügen in den Arm zu nehmen. Weinen galt als Zeichen einer natürlichen Aktivität und nicht als Zeichen von Unwohlsein oder Unglück. Das hat sich geändert. Auch die alte Gewohnheit, Kinder nur an festgesetzten Tageszeiten zu füttern. Heute sind Babies Individuen und keine Maschinen mehr. So werden jeder Generation neue Theorien eingebleut.

Die verschiedenen Gesellschaftsschichten folgen solchem Rat sehr unterschiedlich. Ein französischer Soziologe berichtete 1969, daß nur ein Drittel der Mütter aus der Arbeiterklasse glaubte, ihr drei Monate altes Kleinkind sollte jeden Tag gebadet werden, während zwei Drittel der Oberschicht dem Rat folgten; sie suchten den Kinderarzt auch zweimal so oft auf. Die Armen folgen den ererbten Vorstellungen eher; sie gehen mit ihren Babies auch wesentlich zwangloser um, weil sie weniger Zeit haben, sich mit ihnen abzugeben, aber auch, weil sie in ihnen süße kleine Tiere sehen, die zu disziplinieren unfair und nutzlos wäre. Die Kleinbürger haben mehr Prinzipien und Ansprüche. Sie sind bemüht, Ordnung, Regelhaftigkeit und Routine einzuführen. Die Oberschicht betrachtet den Nachwuchs als für sich selbst verantwortliche Individuen, die lernen müssen, sich von anderen zu unterscheiden. Und sie sind geneigt, jeden Sprößling mit einem bestimmten Charakterzug zu umschreiben, denn sie schätzen Individualität. Dies sind Verallgemeinerungen, und die Zeit hat sicher die Richtigkeit dieser wie immer ernst zu nehmenden Unterschiede verwischt. Doch ein amerikanischer Soziologe kam 1979 zu dem Schluß, daß «französische Eltern eher englischen, italienischen, amerikanischen oder japanischen Eltern der gleichen Gesellschaftsschicht ähneln als französischen

Eltern aus einer anderen gesellschaftlichen Sphäre». Das heißt, daß Eltern ihre Zuneigung eher von ihren Ambitionen für sich und ihre Kinder abhängig machen als von nationalem Brauchtum oder medizinischen Theorien.

Die Moden der Einstellung zu Kindern bewegen sich wahrscheinlich im Kreis. Sobald arme Eltern in der Welt aufsteigen und Verhaltensregeln der Gebildeten und Reichen anstreben, fordern sie mehr von ihren Kindern. Doch wenn diese Kinder dann gegen die Disziplin rebellieren, die ihnen die strebsamen Eltern auferlegt hatten und ihre Ideale zurückweisen, entdecken sie die Nachsicht der Armen wieder. Besonders seit 1968 bemühen sich die «neuen Eltern», eine andere Art von Beziehung zu ihren Kindern aufzubauen, die sich von ihrer eigenen Erfahrung wesentlich unterscheidet. Väter und Mütter, so glauben sie, sollten die Kinder gemeinsam aufziehen; ihr Ziel sollte rein hedonistisch sein. Sie sehen Kinder als geplante und gewollte Investition, die allen das höchste Glück ermöglichen soll. Das Kind hat seine Rechte. Es ist von Anfang an eine Person und alles muß getan werden, damit es seine eigenen Vorlieben finden kann. Sie bestechen ihre Kinder nicht mehr mit Süßigkeiten, verbieten ihnen nicht länger, zu viel Fernsehen zu schauen, gestatten ihnen zu essen, was immer und wann immer sie wollen. Die Familie ist eine Kommune ohne Hierarchie, Autorität oder Förmlichkeit.

Welche verhängnisvollen Konsequenzen ergeben sich aus diesen entgegengesetzen Rezepten zum Glücklichsein? Wie können französische Eltern weiterhin ihren Nachwuchs lieben, während dieser zu unabhängigen Persönlichkeiten und nicht vorher einschätzbaren Jugendlichen heranwächst? Wie erwidern Kinder die Liebe ihrer Eltern? Es gibt viele Diskussionen um diese Fragen, doch das Verhalten hat sich wahrscheinlich weniger radikal verändert, als man meinen könnte. Liebe bedeutete einst in erster Linie Gehorsam und Pflicht. Am Ende des letzten Krieges antworteten französische Schulkinder auf die Frage, welches der Zehn Gebote das wichtigste sei, noch immer: «Ehre deine Eltern.» Das war der Drill, in dem sie aufgewachsen waren. Das Ideal der Familie orientierte sich an der Monarchie; der Vater galt als gütiger, aber furchterregender König, der am besten wußte, was für seine Untertanen richtig war. Das Heim war der einzige Ort, an dem der drangsalierte, schlecht bezahlte Schreiber und der überarbeitete Fabrikarbeiter endlich Herr sein konnten. Doch dieses seltsame Ideal konnte sich nicht entfalten; in Wirklichkeit war der Wunsch, Frau und Kinder zu unterjochen, nur selten erfolgreich. Wenn Väter sich heute beklagen, daß sie nicht den gleichen Respekt genießen wie ihre Väter oder Großväter, dann haben sie unrecht, daraus zu schließen, daß der grundsätzliche Wandel in der Familie der Niedergang väterlicher Autorität sei. Die Bauern, die angeblich das Patriarchat verkörperten, waren bekannt dafür, ihre Kinder zu vernachlässigen und im Gegenzug im hohen Alter schlecht behandelt zu werden, trotz all der Vorsichtmaßnahmen, die sie trafen, um ihren Besitz so lange wie möglich zu halten. Die Bourgeoisie beklagte sich schon vor mehr als einem Jahrhundert, daß ihre Kinder freche Widerworte gaben, rauchten und schon in frühester Jugend den Haushalt herumkommandierten. Elterliche Macht konnte in der Vergangenheit nicht lange aufrecht erhalten werden, weil Eltern früher starben. Zu Beginn dieses Jahrhunderts war fast die Hälfte aller Jugendlichen Waisen. Das alte Ideal von Liebe implizierte, daß der Wille der Kinder gebrochen werden mußte, ihre ursprüngliche Sündhaftigkeit ausgerottet werden sollte und daß sie von allerlei Versuchungen abzuhalten seien. Aber die traditionelle Familie repräsentierte in der Wirklichkeit auch den Brauch, daß Väter sich nicht um ihre Kinder kümmerten, entweder weil sie den ganzen Tag arbeiteten oder weil sie betrunken waren oder die Kinder der Verantwortung ihrer Frauen überließen.

Autoritäre Behandlung und Vernachlässigung sind wahrscheinlich die häufigsten Klagen, die Kinder über ihr Familienleben äußern. Sie würden gern die Beziehung zu ihren Eltern ändern, doch sind sie deshalb nicht unbedingt der Familie als Institution feindlich gesinnt. Tatsächlich möchten die meisten sie noch stärken. Sie wünschen sich häufig mehr, nicht weniger Familienleben, vorausgesetzt es gibt ihnen sowohl Freiheit als auch Sicherheit. Eine Umfrage unter Sechzehn- bis Achtzehnjährigen zählte nur 22 Prozent Familiengegner (10 Prozent unter Erwachsenen). Ihre Opposition gegen Autoritarismus ist nicht revolutionär, denn 60 Prozent akzeptierten das Prinzip, daß Kinder ohne erhebliche Strafen nicht richtig erzogen werden könnten (die gleiche Anzahl Erwachsener teilt diese Meinung). Die Mehrheit der Eltern sieht mehr «Disziplin» als Mittel gegen Gewalt und Chaos in der Welt an; aber zu Hause können sie es nicht selbst anwenden, weil sie zu sehr von der Zuneigung ihrer Kinder abhängig sind. Bislang gibt es in den zahllosen Kämpfen zwischen Eltern und Kindern auf keiner Seite einen klaren Gewinner, auch wenn die Eltern sich stets beschweren, daß sie verlieren. Der französische *père de famille* mag in der Defensive und gezwungen sein, zu argumentieren, um seinen Willen durchzusetzen, aber dafür erreicht er es überraschend häufig. Und nicht nur in traditionellen, katholischen Familien.

Ein Arbeiter mit fünf Kindern in Vallourec im Norden, der sich als politisch fortschrittlich beschreibt, ist unumschränkter Herrscher seiner Familie. Seine Frau macht den Haushalt. Er tut nichts zu Hause. Sicher, in den ersten Jahren ihrer Ehe deckte er den Tisch, weil sie damals noch arbeitete und eine Stunde später nach Hause kam als er. Heute empfindet sie es als ganz selbstverständlich, daß alle Hausarbeit getan und das Essen gekocht ist, wenn er nach Hause kommt. «Denn die Fabrik ist so eine Art von Gefängnis», erklärt sie, «ich bin dort gewesen, ich weiß, wie es ist. Ich fühle mich nicht als Sklavin, so wie er in der Fabrik. Das sage ich ihm immer. Ich bin privilegiert im Vergleich mit Fabrikarbeitern. Das einzige, was ich von der Fabrik vermisse, ist, daß ich in der Fabrik Freundinnen hatte.» Darüber hinaus verbrachte ihr Mann eine unglückliche Kindheit:

«Er kommt nicht aus dem gleichen Milieu wie ich.» In der ersten Zeit ihrer Ehe «neigte ich dazu, ihn zu sehr in Watte zu packen. Ich sah ein, das war falsch. Ich brachte ihm immer seine Puschen, und ich glaube, ich habe ihn zum Egoisten gemacht. Die Dinge zwischen uns sind nicht gleich verteilt, aber das ist ausschließlich mein Fehler. Ich wollte ihn doch nur ein bißchen glücklicher machen. Er kam immer an erster Stelle für mich. Ich habe ihm ein angenehmes Leben bereitet.»

Ihr Ehemann interessiert sich kaum für die Ausbildung seiner Kinder. Er diskutiert manchmal mit ihnen fünf Minuten lang, aber sobald er sich vor den Fernseher setzt, darf sich keiner bewegen. Er nimmt seine Kinder mit zum Angeln, weil er möchte, daß sie daran genauso viel Freude finden wie er, aber «mit ihnen zu spielen oder sonst was zu machen, nein, das gibt's nicht». Von Zeit zu Zeit legt er sie übers Knie. Zum Beispiel klopfte einmal eine Nachbarin an die Tür und beschwerte sich, daß die Kinder die Luft aus ihren Reifen gelassen hätten. Er holte sofort seinen Gürtel. «Ich will nicht, daß sie zu Vandalen werden und anderer Leute Eigentum zerstören. Es ist schwer genug, das Geld dafür zu verdienen.» «Sehen Sie», fügt seine Frau hinzu, «wir sind zwar Revolutionäre, aber dennoch glauben wir, daß man das Eigentum anderer Leute respektieren muß.» Aber das war das einzige Mal, daß die Kinder richtig versohlt wurden, und sie bedauerten es hinterher. Einer der Jungen bekam Schwierigkeiten mit der Polizei, weil er etwas aus der Schulkantine gestohlen hatte. Doch die Eltern machten sich keine großen Sorgen. Sie glauben nicht, daß sie sich in die schulischen Dinge ihrer Kinder groß einmischen sollten. Für die Hausaufgaben reicht ihre Bildung eh nicht aus: «Das geht über unsere Köpfe.» Sie gehen nicht zu den Elternversammlungen, weil sie die Lehrer als unangenehm empfinden, selbst den kommunistischen. Die Kinder bekommen nur Taschengeld, wenn sie es durch Mitarbeit im Haushalt verdienen.

Der Älteste ist heute verheiratet und benimmt sich genauso wie sein Vater. Er flezt sich im Sessel und überläßt den Haushalt seiner Frau. Er bedauert, daß er sich nie mit seinem Vater richtig unterhalten hat und hofft, das bei seinen Kindern besser zu machen. Wenngleich seine Eltern den Anschein geben, als wären sie großzügig mit ihren Kindern, glaubt er, sie seien sehr streng zu ihm gewesen. Es ist die übliche Geschichte. Der traditionelle Vater richtet sich so ein, daß er in Ruhe gelassen wird. Das heißt, alles geschieht, damit es ihm gefällt. Er meint, er sei großzügig, weil er sich um nichts kümmert, was ihn nichts angeht.

Um zu beurteilen, wie autoritär Eltern wirklich sind, muß man die Kinder fragen und nicht einfach den freimütigen Behauptungen der Eltern Glauben schenken. Einige Dreizehnjährige in einer Realschule sollten Aufsätze über ihre Familien verfassen. Ein Mädchen schrieb: «Meine Beziehung zu meinen Eltern ist durchschnittlich. Mit meiner Mutter klappt alles, aber mit meinem Vater komme ich nicht so gut aus. Er interessiert sich nicht für uns. Er versucht nicht gerade, Ärger zu machen, aber er schreit, um uns einzuschüchtern. Wir dürfen nie was sagen, wenn ihn was interessiert. Aber wenn uns etwas interessiert, müssen wir den Mund halten.» Dennoch kommt sie zum Ergebnis: «Meine Kinder werden ihre Eltern respektieren.» Manchmal ist es gerade umgekehrt. «Mein Vater spielt mit uns, als ob er ein gleichaltriges Kind wäre. Meine Mutter ist anders, sie hat mir verboten, mit Jungen zu sprechen, sie mag nicht, wenn ich raus gehe, und wenn sie sieht, daß mein Vater Spaß mit uns hat, schreit sie immer: ‹Du bist schlimmer als die Kinder.› Sie wird schnell böse.» Selbst ein Vater, der offensichtlich sein Familienleben genießt, der mit seinen Kindern jedes Thema frei und offen bespricht und der ihnen fast völlige Unabhängigkeit zugesteht, wird beschuldigt, seine Kinder zu vernachlässigen. Gérard Barthélemy – er taucht in einem späteren Kapitel auf – ist wie ein Freund zu seinen Kindern, doch sie beklagen sich, daß er mit zu vielen Menschen befreundet ist, zu viele andere Interessen hat und immer Gäste zum Essen mit nach Hause bringt. Sie wünschen sich, daß er mehr Zeit für sie hätte. Sie möchten mehr als Familie zusammen sein, ohne Besuch. Aber wenn die Kinder sich vorstellen, wie sie ihre Kinder dereinst behandeln wollen, dann sind ihre Vorstellungen sehr begrenzt: sie schweben zwischen der Kopie des elterlichen Ideals und großen Versprechen, sie wollten ihren Kindern alles ermöglichen, worum sie bitten, und zugleich streng, aber fair sein, um ihnen beizubringen, was richtig, was falsch ist – als ob sie dies wüßten.

Der Druck, dem Kinder besonders bewußt unterliegen, ist die andauernde Obsession ihrer Eltern mit Prüfungen und Abschlußexamen. Hier der Aufsatz eines Vierzehnjährigen, der ein Gymnasium in einem Pariser Vorort besucht: «Ich mag meine Familie. Meine Eltern sind stets um mich, sie unterstützen alle meine Wünsche. Sie sind immer bereit, mir zu helfen, auch wenn es außerhalb der Familie nichts nützt, etwa in der Schule. Wenn es um die Schule geht, dann reiten sie ihr Steckenpferd. Sie wollen, daß ich hart arbeite, um im Leben später etwas zu leisten. Wenn ich nicht arbeite: Strafe! Sonntags darf ich dann nicht ausgehen, ich darf dann nicht mehr tun, was ich will. Sie geben mir Freiheit, vorausgesetzt ich leiste etwas in der Schule. Da ich im Moment nichts tue, sitze ich zu Hause und drehe Däumchen. Im Unterricht sage ich kein Wort mehr, um bessere Zeugnisse zu bekommen und damit meine Eltern wieder zufrieden sind und ich ausgehen darf. Zur Zeit rede ich kaum, weder mit meinem Vater noch mit meiner Mutter. Sie sind mir böse, wir haben uns über die Schule gestritten, und so führe ich mein eigenes Leben. Am Abend gibt's Essen mit langen Gesichtern. Ich hoffe sehr, daß eines Tages wieder Ordnung einkehren wird. Zu Hause ist das Leben unmöglich, wenn es um die Schule geht. Meine Eltern tun ihr Bestes, um mir die bestmögliche Ausbildung zu geben. Ich bin nicht unabhängig. Ich esse mit ihnen zusammen, sie bestimmen, wann ich schlafen gehe. Ich muß tun, was sie mir sagen. Abgesehen davon mag ich mein Familienleben und meine Eltern sehr und auch, wie sie leben. Wir sind eine vereinte Familie, verstehen uns recht gut.»

Es gibt sicher Kinder, die Opfer der Probleme und Verwirrungen ihrer Eltern sind. Gaby, ein Schweißer in den Marinedocks von St. Nazaire, steckt voller utopischer Pläne, um Wirtschaft und Gesellschaft zu verbessern, aber er akzeptiert weise, daß der Krieg, den seine Frau Michèle gegen seinen elfjährigen Sohn führt, unausweichlich ist. Michèle beklagt sich, «der Junge mißhandelt mich. Er nennt mich eine Hure.» Sie sagt dem Jungen, «Du darfst so mit mir nicht sprechen, wir sollten Freunde sein.» Wenn sie ihm eine Ohrfeige verabreicht, reagiert er sehr hart darauf und beklagt sich: «Du knallst mir eine, weil du stärker bist als ich.» Und sie bringt es nicht über sich zu sagen, «Es tut mir leid, ich habe mich vergessen.» Gabys politische Ansichten verbieten es ihm, Autorität gegen seine Kinder auszuüben, aber er hat Verständnis für Michèles Verhalten. Wenn sie zu Hause keine Macht hat, dann wäre sie rein gar nichts. Gaby ist betrübt, daß er seine schönen, hehren politischen Ansichten nicht zu Hause in die Tat umsetzen und sein Familienleben nicht aus dem Trott von Zank und Machtkämpfen bringen kann. Michèle meint, sie könne die Probleme lösen, wenn sie einen Job hätte, aber sie hat keine Berufsausbildung, will nicht wirklich arbeiten und ist eher ängstlich vor der Außenwelt.

Ein neuer Punkt in den Beziehungen von Eltern und Kindern ist, daß Sex aufgehört hat, unaussprechlich zu sein. Michèle traf ihre Kinder im Alter von sechs beim «Liebesspiel» mit ihren Freunden an. Sie ahmten ihre Eltern nach, küßten sich auf den Mund, onanierten gegenseitig und lagen aufeinander. Sie entschied, daß sie kein Recht hatte einzuschreiten. Das geschah zum Teil, weil sie selbst als Jugendliche sexuell aktiv war, wenn auch im Verborgenen. Ein Techniker erzählte, daß er als Junge sich «eher in Stücke zerrissen hätte, als über Onanie zu sprechen. Darüber haben wir nie gesprochen, auch unter Freunden nicht.» Heute hat er einen Sohn von vierzehn und eine Tochter von zehn Jahren. Er spricht frei und ungezwungen mit ihnen über Sexualität, sagt ihnen, es sei ganz normal, einen sexuellen Drang zu verspüren. Als sein Sohn dreizehn Jahre alt wurde, gab er ihm ein Päckchen mit Verhütungsmitteln. Seither hat er ihm ein weiteres gegeben und «Ich werde ihm ein drittes zustecken, wenn er nach England fährt. Meine Tochter weiß, daß ich ihr welche geben werde, wenn sie mit ihrer Periode anfängt.» Zu Hause unter sich stört die Familie sich nicht an Nacktheit. Aber solches Verhalten ist wahrscheinlich immer noch das einer Minderheit. *Pudeur* regiert nach wie vor. Ein sechsundvierzigjähriger Hühnerbauer beichtete, daß er erst nach zehn Jahren Ehe mit seiner Frau über Sexualität sprechen konnte. Sie erklärte, daß die Frauen im Dorf noch nicht einmal über die Pille sprechen, und ihre Tochter fügt hinzu, sie wäre sicherlich schockiert, wenn sie ihre Eltern nackt sähe. Die Tochter ist sich sicher, daß in der Schule zumindest die Hälfte aller Mädchen sich schämt, wenn sie sich voreinander ausziehen müssen. Eltern, die behaupten, ihre Kinder aufgeklärt zu haben, reagieren häufig verstört, wenn ihre Kinder das verneinen.

Gelingt es den Franzosen, ihre familiären Reibereien durch körperliche Wärme zu lindern, durch das Fehlen von Hemmungen sich anzufassen? Das haben sie wahrscheinlich erst in letzter Zeit gelernt. Der Kuß zur Begrüßung war einst nicht typisch für Franzosen, sondern für Engländer. «Einen Fremden mit einem Kuß zu empfangen, wird nur in England als Höflichkeit ausgelegt, doch andere Nationen empfinden ihn als Aufdringlichkeit», schrieb ein Engländer 1620. Die Engländer küßten sich auf die Lippen. Französische Reisende wunderten sich darüber. Es gibt Menschen in der Bretagne, die sich daran erinnern, daß unter Bauern «Liebe nicht nach außen gezeigt wurde». Kinder und Eltern küßten sich nur zu besonderen Gelegenheiten ein- oder zweimal im Jahr, zu

Weihnachten oder an Familienfesten. Doch ob die herzliche Berührung und Umarmung, die den Südfranzosen, auch die Männer, kennzeichnen, wirklich auf die Römer zurückgehen oder wesentlich jünger sind, ist nicht bekannt, noch hat bislang jemand feststellen können, welchen Einfluß die Hygieneapostel hatten, als sie Müttern verboten, ihre Kinder zärtlich in den Arm zu nehmen.

Die junge Generation bewegt sich nicht unbedingt in Richtung von mehr körperlicher Wärme. Mädchen zwischen vierzehn und achtzehn sind die erste Generation, die ihr ganzes Leben auf gemischten Schulen zugebracht hat. Man beobachtet, «daß die Jungen sich nach außen hart zeigen. Man macht sich nicht mehr den Hof, zeigt keine Gefühle. Alles bewegt sich viel zu schnell: drei Komplimente, einen Sprudel, und sofort kommt man auf den Punkt.» Die Pille verursacht, daß die Mädchen sich austauschbar fühlen. Liebe unter Jugendlichen ist dadurch nicht einfacher geworden. Die Mädchen möchten, daß ihre Männer Freunde sind. Fast alle (91 Prozent) streben an, ökonomisch unabhängig zu sein. Sie wollen Jobs, die ihnen darüber hinaus viel «menschlichen Kontakt» geben. Sie bewegen sich auf eine Gesellschaft der Kumpel zu, weg vom alten Ideal der Leidenschaft.

6 Wie sie heiraten

Sie trafen sich 1967 in Paris. Beide waren fremd in der Stadt. Alains Familie war bürgerlich, atheistisch und kam aus dem Süden. Monique stammte aus der Bretagne, ihre Eltern waren Bauern und streng gläubige Katholiken. «Wir hatten keine Gemeinsamkeiten», sagt Alain, «wir waren nicht dazu bestimmt, aufeinander zu treffen.» Aber sie waren einsam. Nach einem Jahr, als sie sich noch kaum kannten, hatten sie ein Kind. «Wir sind eines der wenigen Paare unter unseren Freunden, die noch immer zusammen sind.» Lange Zeit war ihre Ehe ein ständiger Krieg. Ihre Hochzeit war «schrecklich». Monique hatte ihr ganzes Leben lang von einer wunderschönen Zeremonie geträumt, doch als die beiden Familien sich in der Kirche trafen, verheimlichten sie nicht ihre gegenseitigen Abneigungen. Monique hatte mit ihrem atheistischen Mann einen Handel schließen müssen: sie willigte ein, die Kinder in keiner Religion aufzuziehen, dafür stimmte er einer katholischen kirchlichen Trauung zu. Aber sein Vater war jüdischer Abstammung und seine Mutter eine ehemalige Protestantin, Mitglied der kommunistischen Partei, die glaubte, ihr Sohn sei durch diese Maskerade «verloren». Auch Moniques Eltern glaubten, ihre Tochter verloren zu haben. Als sie schrieben, sie freuten sich, zur Taufe des Kindes zu kommen, mußten sie antworten, daß die Taufe nicht stattfinden würde. Das war ein tiefer Schlag: es bestätigte das Gefühl in Moniques Mutter, als Elternteil versagt zu haben. Bis heute haben sie sich nicht versöhnt.

Anfangs war sie von dem Umzug nach Marseille, wo Alain eine Stellung annahm, völlig niedergeschlagen. Er bestand darauf, in den Süden zu ziehen, meinte, daß all das Geld, was man in Paris verdienen könne, kein ausreichender Trost sei. Er mochte und mag Paris nicht. Für sie war es eine «große Krise». «Ich zog in den Süden ohne Familie, Freunde, Arbeit und mit einem Kind, das ich kaum wollte. Ich war zweiundzwanzig. Ich war noch nie von zu Hause weggewesen, meine Eltern hatten keine Freunde. Nur ganz langsam lernte ich Marseille kennen. Ich war vollkommen fremd, das hieß, daß ich mich erklären mußte, ‹wer sind Sie?› So mußte ich mich erfinden. Ich fing an mit einem Minderwertigkeitskomplex und fühle mich noch immer Menschen unterlegen, die mehr Kultur haben als ich.» Sie qualifizierte sich als Technikerin in der Chemie. Alain gründete eine Gewerkschaft unter seinen Kollegen, und das brachte ihnen neue Freunde. Sie fing an, für Zeitungen zu schreiben und verdient heute ihr Geld als Journalistin. Aber ihren Arbeitgebern hat sie nie etwas über ihren Hintergrund erzählt. «Ich will beweisen, wer ich bin, erst dann können wir darüber sprechen.»

Zwei Krisen haben sie in letzter Zeit deutlicher erkennen lassen, was sie von ihrem Leben will. Sie hatten einen Hund gekauft, einen Schottischen Collie, der fast zu einem dritten Kind der Familie wurde. Sie ließen ihn kommen und gehen, wie er wollte, und weigerten sich, sich sklavenhaft um ihn zu kümmern. Er wurde überfahren. Das traf sie so tief wie der Tod eines Familienmitglieds. Dann meinte ihr Arzt, sie habe Krebs. Sechs Monate lebte sie unter der Angst vor dem Tod. Es war falscher Alarm, doch diese Begegnungen mit dem Tod machten sie entschlossen, ihr Leben voll auszuschöpfen, jede Gelegenheit wahrzunehmen. «Meine Tochter lehnte früher meine Arbeit schroff ab. Aber es ist sinnlos, daß ich mich meinen Kindern aufopfere. In zwei Jahren ist meine Tochter aus dem Haus. Meine Eltern haben sich für uns aufgeopfert. Sie kamen aus bescheidenen Verhältnissen. Ihr einziges Ziel war, daß wir es zu etwas bringen sollten, das hieß zu studieren und in die Mittelschicht aufzusteigen, so wie meine Brüder. Aber wir behandelten unsere Eltern mit Verachtung, wir benutzten sie. Wenn deine Eltern streng mit dir sind, reagierst du, indem du deine Kinder in Ruhe läßt. Meine Eltern haben uns nicht wirklich erzogen, sie flößten uns keinen Respekt ein, weil sie für uns eher wie Dienstboten waren. Das werde ich bei meinen Kindern nicht zulassen.» Monique läßt sich nicht so schnell einschüchtern. Als Journalistin hat sie die besten Berichte über den Mord an dem Richter Michel in Marseille verfaßt, weil sie nicht zögerte zu berichten, was sie gehört hatte. Während andere konventionelle Loblieder auf den Richter anstimmten, veröffentlichte sie, was die Leute im stillen sagten.

Monique und Alain sind kein Ehepaar mit festen Vorstellungen von der Ehe. Sie entwickelten ihre Ansichten über Familie und Kinder erst im Laufe der Zeit. Alain sagt, daß er nicht wirklich an das Paar als Institution, vielmehr an den Clan glaube, das heißt, ein Paar umgeben von Freunden mit starken emotionalen Banden, «ein Gewebe aus Beziehungen, die sich ständig erneuern», zusammengehalten durch «Treue», Vertrauen zueinander. Er sieht die Familie wie eine Art von Mafia. Das mag seine Art von Theorie sein. Er hat seinen Job als Werbemann aufgegeben, um Theoretiker und Künstler mediterranen Lebens zu werden. Sein Vater war ein photographierender Künstler gewesen; sein Bruder wurde Kameramann. Mit seinem Bruder hat er eine Firma gegründet, mit ihm als Geschäftsführer, um Filme zu produzieren, «die zeigen, was der Mittelmeerraum ist – nämlich ein Treffpunkt für viele Kulturen». Alain will, daß seine Filme von Arabern wie Franzosen gleichermaßen gesehen werden. Vielleicht werden durch solche Mittel neue Kulturen geschaffen, aber unterdessen stellen ein bretonisches Mädchen und ein Junge aus Cevennes immer noch fest, daß sie zwei verschiedenen Zivilisationen angehören, auch wenn sie eine Familie gegründet haben.

Die radikalste Änderung in bezug auf die Ehe ist nicht die wachsende Scheidungsrate, sondern die wachsende Zahl vorehelichen Zusammenlebens. Fast vier von zehn Ehepaaren leben durchschnittlich eineinhalb Jahre lang zusammen, bevor sie heiraten. Das ist eine Erscheinung, die sich erstaunlich schnell verbreitet, seit 1968 sogar verdoppelt hat. Das alte Ideal der Braut als Jungfrau ist somit tot: nur eine kleinere Minderheit hält sich noch daran, und selbst ihre Anhänger geben zu, daß es heute unrealistisch ist. Die meisten der Dreißigjährigen meinen, daß sexuelle Beziehungen vor der Ehe wünschenswert sind und mit achtzehn oder früher beginnen können. Aber es ist falsch, daraus zu schließen, daß die Institution der Ehe gefährdet ist oder die Promiskuität ansteigt. Im Gegenteil: erstens hält sich die voreheliche Lebensgemeinschaft in strengen Grenzen. In Schweden werden die Ehegesetze weitgehend ignoriert. Zwei Fünftel der eheähnlichen Paare haben unter vierundzwanzig ein Kind, drei Fünftel von ihnen sind fünfundzwanzig- bis neunundzwanzigjährig. In Frankreich folgt auf die Schwangerschaft gewöhnlich die Hochzeit. Darüber hinaus sind voreheliche Beziehungen keine Neuheit. In der Vergangenheit wurde ein beträchtlicher Teil der Kinder vor der Ehe gezeugt. Nur während der Periode eines zeitweiligen viktorianischen Puritanismus war dies anders, dieser hat nunmehr ausgespielt. Auch die schwedische Einstellung ist nur ein oberflächlicher Wechsel, denn unverheiratete Paare leben ziemlich genauso wie verheiratete. Das einzige, was weggelassen wurde, ist die Trauungszeremonie, und das ist in der Tat eine alte Tradition in Schweden. Schließlich heiraten zwischen 70 und 80 Prozent der Franzosen in der Kirche, auch wenn die meisten sonst nie einen Fuß in die Gotteshäuser setzen. Unverheiratete Paare sind also nur eine Alternative für die altmodische Verlobung – nicht, daß diese völlig verschwunden sei: Verlobungsfeiern finden nach wie vor statt.

Wenn ein Junge und ein Mädchen sich entschließen, zusammen zu leben, hat ein Drittel von ihnen sich bereits entschlossen, daß sie heiraten werden, ein Drittel ist sich nicht sicher, das Zusammenleben stellt eine Art von Generalprobe dar. Nur ein Viertel hat die Ehe nie diskutiert und lediglich 7 Prozent sind völlig gegen die Ehe. In sieben von zehn Fällen lebt ein Mädchen nur mit einem Jungen zusammen und heiratet ihn schließlich. Das ist zweifellos der Grund, warum Eltern diese neue Institution akzeptiert haben und sie nur selten als unmoralisch verwerfen; Eltern sehen sie als Vorbereitung auf die Ehe. Die jungen Leute meinen, sie bewahrten sich so ihre Entscheidungsfreiheit, ihre Unabhängigkeit; und wenn sie heiraten, rechtfertigen sie ihren Rückfall in die Konventionalität als reine Formsache und sehen die Ehe als Fortführung ihrer vorehelichen Beziehung. Die Ehe wurde dadurch gerettet. Die Promiskuität hat durch das Zusammenleben zweifelsohne abgenommen, weil der Zeitraum, in dem junge Männer für gewöhnlich sich die Hörner abstießen, kürzer geworden ist. Jetzt bleiben sie einem Partner wesentlich früher treu. Das sexuell freie Kommunenleben wird theoretisch von zwei Dritteln der jungen Leute befürwortet, aber nur wenige haben es selbst ausprobiert, und nur ein Drittel der Jungen und ein Viertel aller Mädchen meinen, sie persönlich würden sich für solche Erfahrungen eignen.

Voreheliches Zusammenleben ist eine Mode, die die gebildete und die Managerschicht einführten und der die meisten anderen Gesellschaftsschichten folgten. Einst war sie eine von der Bourgeoisie verworfene Erscheinung der Arbeiterklasse, ganz ähnlich den Jeans, die als Arbeitertracht galten. Heute blicken 50 Prozent der jungverheirateten Paare der Oberschicht auf voreheliches Zusammenleben zurück, in der Arbeiterklasse aber nur ein Viertel. Im Proletariat und in der altmodischen, konservativen Bourgeoisie ist der Widerstand gegen die Praktik am größten. Unverheiratete Paare sind, oberflächlich betrachtet, ein Anzeichen für die Ablehnung der Konvention. Die meisten Menschen denken, daß die Ehe eine der Institutionen ist, die am stärksten fehlgelaufen ist. Nur ein Viertel der Ehepaare der vorigen Generation, so glaubt man, bleiben heute durchschnittlich 45 Jahre zusammen – so viele Jahre, wie heute eine Ehe andauert –, weil ihre Ehe wirklich erfolgreich war. Die junge Generation sieht ihre Eltern bestenfalls durch Routine aneinander gebunden, unterdrückend oder unterdrückt, zornig oder ergeben. Aber was wollen die jungen Leute für sich selbst? Sie verwerfen sicher nicht die Vorstellung vom Leben als Paar, im Gegenteil, sie wollen ihm mehr abgewinnen als ihre Eltern. Junge Männer suchen einen Partner im umfassendsten Sinne des Wortes, einen Freund, der mit ihnen soweit als möglich ihre Vorlieben und Vorstellungen teilt, der sie vor der Einsamkeit schützt. Junge Frauen bewegen sich zunehmend auf die gleiche Konzeption der Ehe zu, statt sich mit Sicherheit und einem Heim zufrieden zu geben. Sie betonen ihr Bedürfnis nach Zärtlichkeit, aber darüber hinaus sagt mindestens die Hälfte von ihnen, sie wünschten sich, von einem Mann hingerissen zu sein. Das sind oft gerade diejenigen, die sich gleichzeitig einen gewissen Grad an Unabhängigkeit bewahren wollen. Für die Privilegierten gibt es die Wahl, ihre Ausbildung voranzutreiben, sich in ihrem Beruf zu etablieren oder eine Familie zu gründen. Mit all diesen Unsicherheiten vor sich verwundert es kaum, daß viele nicht sofort das finden, wonach sie eigentlich suchen. Sie können gar nicht genau wissen, was sie suchen, denn ihr Leben ändert sich zu schnell. Ihre Partner müssen daher bemerkenswerte Eigenschaften haben. Da zusätzlich Sexualität auch ohne Ehe genossen werden kann, muß der Ehepartner auch ein sexueller Athlet und vielseitiger befriedigend sein, als man das von der traditionellen Jungfrau erwartete.

Es gibt immer noch junge Menschen, die in sehr konventionellen Bahnen denken. Ein Mann in den Zwanzigern, «aus gutem Hause», sagt, «die körperliche Seite der Frau ist wichtig für das Vergnügen des Mannes, aber auch, damit die Kinder gut aussehen. Was den Charakter anbelangt, so schätze ich eine gewisse Zartheit; ich würde nicht gerade Unterwerfung sagen, aber eine gewisse Liebenswürdigkeit, aber auch Lebhaftigkeit, Güte sind vielleicht wesentlich. Vom gesellschaftlichen Standpunkt aus stelle ich mir vor, daß das Mädchen, das ich mir schließlich aussuche, den gleichen Hintergrund hat wie ich, und das heißt, daß sie entweder eine Ausbildung hat, die ihr ein gutes Leben ermöglicht, oder ausreichend Mittel geerbt hat, um nicht arbeiten zu müssen.» Es gibt immer noch Menschen, die ihren Jugendschwarm heiraten. «Ich mag ihn, und er mich erst. Er ist nett, also sehe ich nicht ein, warum ich mich anderwärts umschauen sollte.» Die Kassiererin eines Supermarkts, das siebte von zwölf Kindern sagt, ihre Familie erwarte von ihr, daß sie bald heirate. Sie will das auch bald tun und fügt hinzu, daß sie sich glücklich schätzt, weil ihr Freund nett ist.

Die Franzosen heiraten weiterhin, auch wenn dagegen angepredigt wird. Ihre Philosophen und Romanschriftsteller sind vielfach Feinde der Ehe gewesen. «Diejenigen, die sich lieben, sind Mann und Frau», sagte der Revolutionär St. Just. «Die Vorsehung wollte, daß die Vereinigung von Mann und Frau zeitlich begrenzt sei. Alles ist gegen eine dauernde Verbindung ausgerichtet, und der Wechsel ist notwendiger Teil ihrer Natur», schrieb die Feministin George Sand. Jean-Paul Sartre und Simone de Beauvoir symbolisierten für die letzte Generation die Verkörperung dieser Vorstellungen: sie praktizierten *union libre*, unverheiratetes Glück. Mit ihren anderen Theorien übten sie großen Einfluß auf die Intellektuellen aus, aber in Sachen Ehe folgten nur wenige ihrem Beispiel. Die freie Liebe hat in Frankreich kaum Fortschritte gemacht – und in der Tat gibt es heute wahrscheinlich weniger unverheiratete Paare als noch im 19. Jahrhundert, als es vielen Arbeitern zu lästig war zu heiraten. Es gibt ungefähr eine halbe Million unverheirateter Paare, aber die meisten sind noch sehr jung und werden im Laufe der nächsten Jahre in den Bund der Ehe treten. Das erstaunt um so mehr, als das Gesetz dahingehend erweitert wurde, daß verheiratete und unverheiratete Paare praktisch gleiche Rechte haben. Seit 1978 reicht die schriftliche Erklärung «auf Ehre», «ganz und dauernd» zusammenzuleben, aus. Der Ausdruck «ehelich leben» wird rechtlich als unverheiratetes Zusammenleben verstanden. 1970 bestimmte der oberste Gerichtshof in einem Urteil, daß dies nicht länger «unserem heutigen Moralverständnis» widerspricht. Seit 1972 haben uneheliche Kinder die gleichen Rechte wie eheliche. Die unverheiratete Mutter genießt gegenüber der Ehefrau den Vorteil, daß sie im Fall der Trennung automatisch das Sorgerecht für ihre Kinder bekommt. Von ihrem Liebhaber kann sie einen Unterhalt für ihr Kind fordern, ganz so, als wäre sie verheiratet gewesen. Sie muß nicht einmal nachweisen, daß er der Vater ist, nur daß sie im fraglichen Zeitraum sexuellen Verkehr mit ihm hatte. Wenn er sich mit Hilfe eines Bluttests nicht als unschuldig erweisen kann, bleibt ihm als Verteidigung nur der Nachweis, daß sie ein zügelloses Leben geführt hat. Um das zu beweisen, reicht es nicht aus zu zeigen, daß sie mit vielen Männern schlief. Sie muß sich als Prostituierte betätigt haben. Seit 1978 kann eine «Konkubine» wie eine Ehefrau durch ihren Liebhaber sozialversichert werden. Es gibt sogar einen steuerlichen Anreiz, nicht zu heiraten: wenn beide Partner arbeiten und zwei Kinder haben, stehen sie sich geschieden besser. Eine Frau muß nicht mit einem Mann verheiratet sein, um sein Geld ausgeben zu können. Tragen sich beide als Monsieur und Madame in einem Hotel ein und geht sie zum Großeinkauf, ist er für ihre Schulden verantwortlich, wenn die gekauften Gegenstände für beide bestimmt sind. Der einzige finanzielle Nachteil der freien Liebe ist, daß die Partner nicht als

Erben gelten und keine Pension erhalten, wenn der andere stirbt.

Union libre war in der Generation von 1968 nur sehr kurze Zeit in Mode. Insgesamt scheinen die Franzosen zu glauben, daß die Ehe ein Teil der Liebe ist und sie eher beflügelt als ihr im Wege steht.

7 Warum es immer schwieriger wird, einen Ehepartner zu finden und zu halten

«Leitender Angestellter, beste Stellung, 49, höchst attraktiv, 177 cm, Sinn für Humor, sucht sehr attraktive junge Frau bis 37, mindestens 167 cm, kultiviert.» Diese kleine Zeitungsanzeige zog achtzig Antworten an. Der Auftraggeber zerriß die meisten, weil die Absender nicht seinen Anforderungen entsprachen. Er selbst trifft auf seine Beschreibung auch nicht zu. Er hat keine ausgezeichnete Stellung, ist vielmehr sechsundfünfzig, hat seiner Frau zufolge keinen Sinn für Humor, ist nicht frei zum Heiraten, und eine Ehe ist das letzte, was er will. Aber wenigstens war er ehrlich, was seine Attraktivität anbelangt, er glaubt es wirklich. Warum die Verstellung? Weil das Alter ihm Angst macht: «Alt zu werden, ist das Schlimmste, was mir in meinem Leben passierte.» Weil er von Jugend an davon träumte, eine hochgewachsene, skandinavische Schönheit würde ihn auf eine Art glücklich machen, die er nicht beschreiben kann; weil sein Leben ein wenig enttäuschend verlief und er die Hoffnung noch nicht aufgegeben hat; weil er stets in geistreichen, zivilisierten Unterhaltungen glänzen möchte. Nicht daß er sich selbst bemitleidet, aber die Liebe ist irgendwie an ihm vorbeigegangen, oder zumindest hat er sie nicht erkennen können.

Er gibt die Schuld seiner religiösen Erziehung. Seine Lehrer brachten ihm bei, die größte Sünde sei es, irgendetwas mit Frauen zu tun zu haben, bis er verheiratet sei. Erst mit zweiundzwanzig hatte er seine erste Freundin. Als Student wußte er nicht, was man einer Frau erzählt, selbst wenn Freunde ihm sagten, jemand verschlinge ihn mit den Augen. Er brauchte fünf Jahre, bis er sich entschließen konnte, wen er heiraten solle, und er war sich nie sicher, ob er die richtige Wahl getroffen hatte. Seine Frau kann nicht begreifen, warum er sie heiratete, da er große Mädchen vorzieht und sie klein ist. Und nach dreißig Jahren sagt er noch immer, daß er seine Frau nicht verstehen kann. Er sieht in ihr im wesentlichen eine gerissene Schauspielerin und weiß nie, was sie gerade plant. Sie wollte ständige Aufmerksamkeit von einem Mann, sich geborgen fühlen, von ihm anerkannt werden, einen Ausdruck seiner Wertschätzung. Sie war sich bewußt, daß sie kaum gebildet war und weniger im Kopf hatte als er, Absolvent einer *grande école*: «Ich mochte seinen unkonventionellen Charakter, ich mochte, wie er über Literatur, Musik und Theater sprach. Er war der Mann meines Lebens, ich bewunderte ihn.» Aber verheiratet oder nicht, er schaute sich immer nach Frauen um, drehte sich um die eigene Achse, wenn eine Schönheit an den beiden vorbeiging. «Es ist natürlich, wenn ein Mann andere Frauen anschaut,» sagt sie, «aber das systematisch zu tun, war doch zu viel.» Es war eher Vernachlässigung als Untreue, die sie ihm vorhielt: er bemerkte nie das neue Kleid, die neue Haarfarbe. «Als verheiratete Frau existierte ich nicht.» In den ersten sechs Monaten ihrer Ehe sagte er ihr jeden Tag: «Ich habe dich geheiratet, also solltest du glücklich sein» – was sie völlig außer sich brachte. Sie akzeptierte, daß er andere Frauen liebte. Für sie ist er ein typisch südländischer Macho, nicht gerade ein Don Juan, denn er ist weder böse noch fehlt es ihm an Männlichkeit, aber er ist ein Verführer, der mit Frauen ausgehen muß, so wie er Wasser trinken muß, der seinen eigenen Ruhm in den Augen eines jeden Mädchens, vor allem der schönen, reflektiert sehen muß. Er sagte ihr, sie solle nicht eifersüchtig sein, es wären viele Mädchen, nicht nur eines, und sie lernte ihre Eifersucht zu überwinden. Aber er war natürlich nicht ganz so Macho, wie er meinte. Er war nie so entscheidungsfreudig, wie sie ihn gern gesehen hätte. Sie konnte nur selten eine direkte Antwort von ihm erhalten, wie Probleme des Haushalts zu lösen seien. Ihm wiederum erscheint sie zu hart, autoritär, kleinlich. Sie fand ein wenig Trost, indem sie ihn wie ein Kind behandelte, was er sehr mochte, aber für sie war es nie ein perfektes Arrangement.

Er erwidert, daß das Leben als Verheirateter mit ihr «wie eine Lähmung für mich war». Sie gab ihm nicht das Vertrauen, das er brauchte. Er fand seine Arbeit anstrengend, zu konkurrenzreich und konnte vor Sorgen nicht schlafen. Ein halbes Dutzend mal wechselte er die Stellung und entschloß sich schließlich im Alter von achtunddreißig, daß er genug hatte von den ständigen Auseinandersetzungen im Geschäft und hängte seine Ambitionen an den Nagel. Er nahm den Posten eines mittleren Managers mit Ansprüchen sehr technischer Art an, so daß nur wenige bestrebt sind, ihn zu ersetzen. Damit ist er nicht ganz zufrieden, denn er hat, wie er es ausdrückt, sich mit dem Rang eines Majors zufriedengegeben und wird nie General werden. Aber der Vorteil ist, daß er ein wesentlich ruhigeres Leben führen und sich seinen grundsätzlicheren Bedürfnissen widmen kann, der Suche nach «der Frau seines Lebens».

Als seine Frau ihm untreu wurde, traf ihn das sehr, doch es gab ihm auch seine Freiheit. Seither, im Laufe von sechs Jahren, hat er mindestens hundert Frauen verführt. Zur Zeit hat er acht Geliebte gleichzeitig. Eine ist achtzehn, die Freundin seiner Tochter; eine andere war früher Mätresse des Schahs; eine ist eine geschiedene, leitende Angestellte, die meisten sind blond und blauäugig, alle unter fünfunddreißig – er geht nie über vierzig. Keine ist verheiratet, weil er Komplikationen vermeiden will. Aus dem gleichen Grund gehört keine seinem Büro an. Irritiert glaubt er, Frauen wollten Sicherheit von ihm und von ihm lernen, doch auf Grund der Erfahrungen mit seiner eigenen Frau mißtraut er allen Frauen. Mit amerikanischen Frauen muß er seine «Persönlichkeit verändern»: alle Amerikanerinnen stellen sich Clark Gables Rhett Butler aus «Vom Winde verweht» als ihr geheimes Ideal vor. Der Mann, der wußte, wie man amerikanische Frauen dominiert. Er fühlt sich am meisten von Frauen «aus dem Osten» angezogen, aus Rußland, Polen, Skandinavien, «die alle einen Sinn für das Geheimnisvolle haben», als wären die Mysterien der Frauen nicht das Verderben seines Lebens. Wenn eine Frau auf ihn zugeht, reagiert er nicht. Er sucht eine schwierige Herausforderung. Wenn ein Mädchen sich als dumm herausstellt, schläft er einmal mit ihr, und der Fall ist erledigt.

Ein Kollege brachte ihm bei, wie man Mädchen anmacht: es ist wichtig, nicht zu ernsthaft zu sein. Man muß leicht und fröhlich sein wie Champagner, unerwartete Komplimente machen. Ein hübsches Mädchen will vor allem hören, daß sie intelligent sei. Er beherrscht seine Kunst so gut, daß er garantieren kann, innerhalb von fünf Minuten die Telefonnummer zu bekommen. «Eine schöne Frau stimuliert meine Gedanken. Sie veranlaßt mich, Dinge zu sagen, die sie vorher nie gehört hat. Ich gehe in den Louvre, und keine Frau kann mir mit meiner Latein- und Griechischausbildung widerstehen.» Gewöhnlich ist er nervös, doch bei dieser Jagd ist er unbeschwert. Für den nächsten Abend plante er mit einem unverheirateten Kollegen, der «verrückt nach Frauen» ist, zum Flughafen Orly zu fahren; normalerweise ist er zu erschöpft in Orly, um irgend etwas mit all den hübschen Mädchen dort anzufangen. So wollen die beiden mit ihren Diplomatenkoffern hingehen und so tun, als wären sie gerade von einer internationalen Konferenz zurückgekehrt, und schauen, was sie finden können. So kann er ein- oder zweimal in der Woche mit einer Frau schlafen; den Rest der Zeit verbringt er allein.

«Meine Frau ist auf mich eifersüchtig», behauptete er, «weil sie ihr gutes Aussehen verliert.» Sie hat tatsächlich schreckliche Angst vor dem Alter, noch mehr als er. «Ich werde richtig krank, wenn ich daran denke, daß ich über fünfzig bin. Von einem bestimmten Alter an ist eine Frau nicht mehr Frau. Es gibt nichts Schlimmeres, als sich körperlich herabgesetzt zu fühlen. Man wird nicht mit der Sünde geboren; das Alter ist die wahre Sünde, die größte Strafe.» Sie hatte eine Großmutter, die sich nie über ihr Aussehen Sorgen machte, aber «ich habe nicht die Charakterstärke, ich bin eine einfache Frau. Ich habe nie etwas Außergewöhnliches getan.» Sie hatte es aber einmal versucht: Ihr großer Ehrgeiz als Kind war, Tänzerin zu werden, aber ihre gezierten Eltern meinten, das gehöre sich nicht; so hat sie nie etwas gelernt. Aber vor Jahren traf sie einen Judolehrer und lief mit ihm davon, um einen Gymnastikklub zu gründen. Das gab ihr den Mut, ihren Mann zu verlassen. Sie nahm sich eine eigene Wohnung, die eheliche war stets «seine Wohnung gewesen, und ich habe mich dort nie richtig zu Hause gefühlt». Seit ihre Kinder erwachsen sind, hat sie einen neuen Lebensinhalt gefunden, gibt Tanzstunden für Frauen mittleren Alters, die sich körperlich ausdrücken wollen. «Ich fühle, ich war zu keiner Kopfarbeit fähig. Mein Mann denkt, Intelligenz ist das Wichtigste, und ich habe keinen Verstand. Ich fühlte mich ausgeschlossen, wenn er mit den Kindern sprach, die sehr helle sind. Ich habe nur gesunden Menschenverstand.» Der Tanz gibt ihr das Gefühl, anderen zu helfen, sich wohl zu fühlen, und wenn sie tanzt, fühlt sie sich für ein paar Stunden wieder als Zwanzigjährige. Aber sobald sie aufhört, «wird der Körper kalt, das Leben geht weiter». Es ist nur die halbe Antwort.

Sie hat mit ihrem Mann nicht ganz gebrochen. Sie leben getrennt, aber er kommt ein- oder zweimal die Woche zu Besuch. Die Familie trifft sich weiterhin zum gemeinsamen Mittagessen sonntags; sie will sich nicht scheiden lassen. Einige ihrer Freunde sagen, er würde schließlich doch noch zu ihr zurückkehren, aber sie bezweifelt das. Würde sie ihn im hohen Alter zurückhaben wollen? Allein zu sein, beängstigt sie und sie weiß nicht, ob sie stark genug ist, die Einsamkeit zu ertragen. Er behandelt sie noch immer wie früher, ruft plötzlich an, um ihr mitzuteilen, daß er zum Abendessen kommt. Anfangs war sie erfreut, doch dann begann sie «nein» zu sagen, es tue ihr leid, aber sie wolle ausgehen, um ihm abzugewöhnen, sie als selbstverständlich zu betrachten. Aber sie bemüht sich, seine Freundschaft zu bewahren, auch wenn die Liebe abgenommen hat. Wenn er zu ihr in die Wohnung kommt, sich einfach hinsetzt und Zeitung liest, ohne irgend etwas zu sagen, dann weiß sie, daß er eine gute Woche hatte; wenn er mit Champagner auftaucht, weiß sie, er hat kein Mädchen gehabt. Es ist immer noch etwas zwischen ihnen, eine Mischung aus Flirt und Krieg.

Für den Statistiker sind solche Eltern ein verheiratetes Ehepaar, weshalb Zahlen über Scheidungen so wenig bedeuten. Für den Statistiker zählen Scheidungen wie Fälle von Pocken. Und jedes Jahr ist die Öffentlichkeit über die gestiegene Scheidungsrate entsetzt, selbst wenn sie nur die Hälfte der amerikanischen ausmacht (ein Sechstel der französischen Ehen endet in der Scheidung, im Vergleich mit einem Drittel in den Vereinigten Staaten). Diese Scheidungen sind jedoch eher Zeichen für die anhaltende Anziehungskraft der traditionellen Familie als für ihren Verfall. Menschen, die sich scheiden lassen, unterscheiden sich vom Rest der Bevölkerung. Es sind nicht nur die, die an Freiheit in der Ehe glauben, sondern auch eine ungewöhnlich große Zahl von Menschen, die die Familie als grundlegende menschliche Form von Beziehungen in ihrem Leben gestalten wollen, die außerhalb der Familie keine Freunde haben und deren Aufmerksamkeit sich ausschließlich auf die Familie konzentriert. Sie trennen sich, weil sie ihre Vorstellung von Familie zu hoch gesteckt haben und nicht in die Tat umsetzen können. Sie bejahen häufig extreme Positionen, warum es gut ist, daß Frauen zu Hause bleiben sollen. Frauen, die arbeiten, lassen sich öfter scheiden, zum Teil, weil diejenigen, die nicht arbeiten, es sich nicht erlauben können. Sie zeichnen sich auch dadurch aus, daß sie nur halb so häufig wie die Bevölkerung insgesamt gemeinsam über Fragen der Kindererziehung entscheiden.

Die wachsende Scheidungsrate wird unausweichlich eine andere Art französischer Kinder hervorbringen, oder zumindest eine neue (noch eine) Minderheit von Kindern, die sich neuen Problemen gegenübersieht. Die Kinder geschiedener Eltern lernen in jungen Jahren, spezielle Kämpfe auszutragen. Etwa die eines Richters, der während des Krieges eine Bildhauerin heiratete. Sie kamen miteinander nicht zurecht. Zunehmend lebten sie in Streit oder regelrechten Kämpfen. Sie taten alles, um ihre Zwistigkeiten vor den Kindern zu verbergen, aber die gegenseitige Zurückhaltung bewirkte nur, daß sie auf die Kinder einschlugen, wenn sie sich nicht gegenseitig schlugen. Sie schickten die Kinder im Alter von sechs Jahren auf Internate und beließen sie dort auch während der Ferien. Großeltern und Vettern taten so, als sei alles in Ordnung: das äußere Erscheinungsbild wurde aufrechterhalten. Aber jeder wußte in Wahrheit, daß der Richter Mätressen hatte, auch wenn seine Abwesenheit von zu Hause durch die Anforderungen seines Berufs erklärt wurde, und daß die Bildhauerin sich Liebhaber hielt. In einer Kleinstadt führt solches Benehmen nicht nur zu geflüsterter Ablehnung; andere Eltern verboten ihren Kindern, irgend etwas mit der Familie zu tun zu haben. Die Tochter sagt: «Ich wurde als Kind einer Schlampe angesehen, die nicht besucht werden durfte.» Ihre Klassenkameradinnen kamen nur heimlich samstags, wenn die Eltern aus waren. Sie konnte sie zu Hause nie besuchen. Diese soziale Ächtung verletzte sie so sehr wie die Abweisung ihrer Eltern; selbst als erwachsene Frau weinte sie noch in der Nacht. Der Richter zog im Laufe der Zeit in eine andere Stadt, um einen Skandal zu vermeiden. Die Bildhauerin lebte lange Zeit im Ausland. Die Kinder wurden sich selbst überlassen, mußten mit den Problemen so gut wie möglich allein fertigwerden. Oft wurden Gas und Strom abgeschaltet, weil die Eltern die Rechnungen nicht bezahlt hatten. Doch die Ansichten des Richters als Vater waren dergestalt, daß er seiner Tochter verbot, Musik zu studieren und ihr sagte, daß sie tun könne, was sie wolle, wenn sie einundzwanzig sei, daß bis dahin er aber für sie entscheiden würde, was richtig für sie sei. Die Musik war ihre einzige Liebe. Er kehrte nach Hause zurück, um ihr die Harfe wegzunehmen und zu verkaufen. Als sie mit einem Mann zusammenleben wollte, drohte er ihr, sie vor Gericht zu zerren und sie in ein Heim für Schwererziehbare zu stecken. Sie reagierte, indem sie ein Kind bekam. Daraufhin mußte er der Hochzeit zustimmen, um das äußere Bild zu wahren. Er selbst hatte gerade ein Kind von einer Mätresse bekommen, was ihn veranlaßte, sich von der Bildhauerin scheiden zu lassen, um respektabel zu bleiben. Es ist eine Geschichte wie aus dem 19. Jahrhundert, bis auf ihr Ende. Die Tochter ließ sich bald scheiden und lebt heute allein mit ihrem Kind: als alleinstehende Mutter mit eigenem Beruf hat sie endlich Frieden gefunden.

Ein «moderneres» Beispiel ist die Geschichte von Martin, einem bekannten Ethnologen, Journalisten und Schriftsteller. Er kommt aus einer bürgerlichen, protestantischen Familie, von der er sich völlig trennte. Er kämpfte als Junge im kommunistischen Widerstand, war ein brillanter, leidenschaftlicher Student. An der Universität traf er Benoite, die Tochter eines ehrwürdigen Beamten. Sie lebten zwei Jahre lang zusammen, bis sie schwanger wurde, dann (1949) heirateten sie. Von da an bestimmten Gastlichkeit und Diskussionen ihr Leben. In ihrer Wohnung im 5. Arrondissement von Paris waren ständig Freunde, die über Politik, Sex und internationale Beziehungen diskutierten. Martin schlief mit den Frauen, die zu den Diskussionen kamen, und Benoite mit den Männern. Unter sich diskutierten sie hauptsächlich, wie ihr Junge und ihr Mädchen aufzuziehen seien. Benoite beklagte sich, Martin habe den Jungen Stéphane ruiniert; sie machte sich daran, das Mädchen Ariane zu verwöhnen. Die Kinder waren, so wie die Dinge lagen, unter den beiden aufgeteilt. Schließlich setzte Benoite Martin vor die Tür. Er bezog eine eigene Wohnung, nahm zunächst eine schöne Eurasierin zu sich, dann eine rothaarige Rumänin, die er schließlich heiratete. Die Kinder lebten in zwei Wohnungen, wenngleich mehr mit ihrer Mutter, aber die Mutter beschwerte sich ständig über das schlimme Benehmen des Vaters, der wiederum die Mutter beschuldigte, ihn zu zwingen, getrennt von seinen Kindern leben zu müssen. Zu guter Letzt mußten die Kinder die Besuche bei ihrem Vater einstellen, weil Benoite ihn in ein Scheusal verwandelt hatte. Jahre später, nunmehr Student an der Hochschule für Politische Wissenschaften, während der Unruhe von 1968, drängte Stéphane den Angriff von Polizisten zurück, als plötzlich ein Mann mit blutüberströmtem Gesicht aus dem Handgemenge auftauchte: es war Martin. Die emotional aufgewühlte Versöhnung auf den Barrikaden ließ Stéphane erkennen, daß es keinen Grund gab, seinen Vater nicht zu sehen. Er hörte nun Martins Seite der Trennungsgeschichte seiner Eltern. Er hat sich von der Notwendigkeit freigemacht, zwischen Vater und Mutter wählen zu müssen. Er sieht ein, daß, wenngleich Benoite eine ausgesprochene Feministin ist, sie auch eine typisch besitzergreifende Mutter ist. Stéphane hat alle möglichen nervlichen Krisen hinter sich, indem er versuchte, mit seinen Eltern zurechtzukommen, bis hin zum Selbstmordversuch. Heute, im Alter von dreißig, verheiratet, mit zwei Kindern, ist er ein leitender Beamter mit guten Aussichten, aber seine zerrissene Kindheit hat Spuren hinterlassen.

In Frankreich gibt es mehr Alkoholiker als Geschiedene. Zuviel Alkohol kann durchaus eine stärkere Wirkung auf das Familienleben ausüben als die Scheidung, wird aber weniger beachtet, weil es sich schon seit Jahrhunderten so abspielt. Welcher Haß sich daraus entwickelt, zeigen Raymond und

Monique. Ihr Vater ist die Verkörperung des erfolglosen Kleinbürgers. Er war Gemüsehändler, hatte zwei Geschäfte. Drei Tage lang arbeitete er, verbrachte den Rest seiner Zeit mit Angeln und Jagd. Aber er trank zu gern, und ein Konkurrent zeigte ihn bei der Polizei wegen Alkohol am Steuer an. Er wurde verhaftet, der Führerschein auf drei Jahre entzogen. Das brachte ihn ganz an die Flasche, weil er nunmehr seine Auslieferungen nicht mehr durchführen konnte. Er weigerte sich, andere Arbeit anzunehmen, befahl seiner Frau zu arbeiten, und sie weigerte sich ihrerseits. Er nahm es ihr sehr übel, daß sie ihm nicht gehorchte. Ganz Familienoberhaupt, erwartete er, am Tisch bedient zu werden. Seine Kinder mußten um Erlaubnis bitten, um vom Tisch aufzustehen, aber erst nachdem sie gefragt hatten, ob er etwas brauche. Er war ein stolzer Mann und er erlaubte nicht, daß ihm seine Kinder Widerworte gaben. So gab es ständig Streit, der sich noch verschlimmerte, als er anfing, seine Frau zu schlagen. Er schlief nicht mehr mit ihr, zum Teil, weil er darauf bestand, seine Hunde mit ins Bett zu bringen. Seine Frau war vor der Ehe seine Sekretärin gewesen, er wurde ihr bald untreu. Auch sie begann zu trinken. Die Kinder empfinden tiefen Haß auf ihren Vater und fühlten sich machtlos, ihre Mutter vor dem Alkoholsuizid zu bewahren.

Es sind die Trümmer solcher Schlachten, die in den Zeitungen nach Partnern suchen, so wie der gutaussehende leitende Angestellte auf der Suche nach einer sehr schönen Frau. Natürlich trifft man auch auf Menschen, die sich an die Tradition klammern, besonders in «Le Chasseur Français», einer Jagdzeitschrift in mehr als einer Bedeutung, die seit 1892 Heiratsannoncen aufnimmt, die deutlich «eheliche Absichten» ausdrücken, «moralisch» und «ehrenhaft» sein müssen. Hier findet man noch Anzeigen wie die folgende: «Älteres Ehepaar wünscht eine Ehe für seinen Sohn anzubahnen, Alter 34, groß, schlank, ernsthaft, katholisch, mit gemütlichem Heim, Besitz und gesicherter Stellung, Abitur; schüchtern, als Kind einem

Trauma erlegen; wünscht sich in der Ehe zu entwickeln, sucht Glück in einer tiefen emotionalen Bindung zu einer jungen Frau, dreiunddreißig bis fünfunddreißig.» Es kommen sogar Antworten wie diese vor, in Erwiderung einer Anzeige eines Siebenundvierzigjährigen: «Es wird Sie vielleicht überraschen, daß Sie in Ihrem Alter einen Brief von einem sechsundzwanzigjährigen Mädchen erhalten. Meine Gründe hierfür sind... daß ich glaube, daß, wenn ein Mann fast fünfzig ist, er, glücklicherweise, weniger Bedürfnisse hat als mit dreißig, und daß es weniger wahrscheinlich ist, daß er untreu wird. Ich muß Sie warnen, daß ich nicht den kleinsten *faux pas* tolerieren werde.» Der «Chasseur Français» verbietet die Einsendung von Fotos. Das ist im Gegensatz dazu, was die meisten Inserenten im «Nouvel Observateur» wollen. Die Zeitung druckt «moderne» Anzeigen im Stil des «New York Review of Books» oder von «Time Out», mit geringerer Betonung von Heiratsabsichten, doch mit phantasievollen Andeutungen, geschützt durch banalen Humor. «Im ‹Chasseur› ist es möglich, Mitgefühl für sein Unglück zu suchen; im ‹Nouvel Obs› schreibt man besser, daß man eine Psychoanalyse hinter sich hat.»

Einige der pathetischen Korrespondenzen und Treffen, die solche Anzeigen hervorbringen, wurden von einer Geschiedenen sorgsam aufgezeichnet, die in ihren Vierzigern diese Methode versuchte, um ihr Glück zu finden. Die erste Antwort, die sie erhielt, waren sechs Seiten eng geschriebener, wohlformulierter, feuriger Prosa von einem älteren Herrn, der sich als vierundsiebzig Jahre alt herausstellte. Er lud sie in seine Wohnung im 16. Arrondissement in Paris ein, wo er, umgeben von Mingvasen und zwei Flügeln, Kamillentee anbot und ihr seine Träume von einer Liebhaberin erzählte, die seine Einsamkeit vertreiben solle. Der nächste war Ernest, Manager einer großen Firma, dessen Frau gerade gestorben war. Er versprach, all den Wünschen und Anforderungen einer neuen Braut nachzukommen, intellektuell, musikalisch und gesellschaftlich. Er fragte sie, wie er sich für ihr erstes Treffen kleiden solle, da er großen Wert auf Eleganz lege und seiner «Dame» gerecht werden wolle. Er traf in einem grell karierten Anzug und Fliege ein, stank nach Parfüm, lachte viel, schielte auf ihre Brüste, sagte, sein Ziel sei vor allem, Spaß zu haben. Aber er war unkultiviert, hatte kleine Schweinsaugen und, am schlimmsten, eine Glatze. (Der kahle Schädel ist ein so großes Hindernis, daß viele Heiratsvermittler den Männern raten, sich eine Perücke zu kaufen.) Da gab es noch Guy, voller Entschuldigungen, gequält von seiner Unzulänglichkeit, der aus Versehen ihre Hand berührte und sich langatmig für die unbeabsichtigte Unanständigkeit entschuldigte, stark nach Tabak und Medizin roch und nur über seine Fehlschläge sprechen konnte, seine Nachbarn, die ihn haßten, seine Krankheit, seinen schlechten Schlaf. Charles dagegen war fünfundvierzig, sah gut aus, groß und geradeaus, mit einem netten Lächeln, aber er war unfähig, sich zu unterhalten, weigerte sich, mehr als einsilbige Antworten zu geben. Michel, jung, bärtig, mit einem majestätischen Körper, fing sie mit seiner Brillanz und Feinfühligkeit ein. Sie tranken, dann aßen sie, dann tranken sie noch mehr. Mit ihm fühlte sie sich wieder wie zwanzig. Doch zum Schluß verabschiedete sie sich, denn, wenngleich er in hohen Tönen von der Reife des Alters sprach, fürchtete sie sich, weil sie zehn Jahre älter war als er. Bernard ließ sich gerade nach elf Jahren Ehe scheiden, sah seine Kinder am Wochenende: «Sie sind meine einzige gefühlsmäßige Verbindung zur Menschheit.» Er schrieb ergreifend von der Einsamkeit, die er sowohl während seiner Ehe als auch danach durchlitten hatte. Die «Tragödie meines Lebens» war, daß er zugleich die Schönheit und Zuneigung einer Frau brauchte. Als sie sich trafen, gestand er ihr, «nicht sehr viril» zu sein, aber er entschied, sich nicht mit ihr einlassen zu wollen, weil sie ihm nur Freundschaft anbot, er aber Liebe brauchte. Er schrieb ihr, er würde auf sie warten: «Ich verdiene Mitgefühl.»

Didier war ein hochrangiger Richter kurz vor der Pensionierung, der jemanden suchte, der mit ihm in sein Haus in der Charente ziehen wollte. Er sprach voller Autorität am Telefon. Aber er erwies sich als klein und unbeeindruckend; sein Haus war weniger großartig, als er angedeutet hatte, dunkel und traurig, mit Möbeln, die von den Großeltern geerbt schienen. Fünf Stunden lang erzählte er ihr von seinen Gewohnheiten und Marotten, seinen Lieblingsspeisen, wie er seine Salate angerichtet haben wollte, und gab ihr das Gefühl, als heuere er eine Haushälterin an. Er sprach nur von sich selbst und seinen Sorgen, ohne sich nach ihr zu erkundigen. Als die Nacht anbrach, erzählte er ihr von seinen Abenteuern mit seinen Geliebten und lud sie, als Beweis seiner Männlichkeit, ohne Umschweife ins Bett ein. Die Eleganz und Gefeiltheit einiger anderer Briefe, die sie erhielt, erinnern daran, daß die klassischen Gewohnheiten des Werbens noch nicht ausgestorben sind. Doch noch mehr Briefe waren voller orthographischer und grammatischer Fehler, voll mit den klobigen Formeln geschäftlicher Korrespondenz, verkrampften Versuchen, einfache Hoffnungen auszudrücken, die zeigen, daß die Brautschau häufig nicht anders angegangen wird als die Suche nach einem Job.

Die Zunahme an Heiratsvermittlern ergibt sich aus der Spezialisierung auf ständig variierte Anforderungen. Ein Büro ist so ausgestattet, um die männlichen Kunden so schnell wie möglich zufriedenzustellen. Sie werden in eine ganze Abteilung von kleinen Räumen (1,18 m mal 1,2 m) mit zwei Sesseln gesetzt, und sieben Frauen werden ihnen für Kurzinterviews vorgestellt, alle fünfzehn Minuten eine. 200 Vorstellungen finden in diesen Kabäuschen pro Tag statt. Das Supermarktprinzip wird am weitesten von einem Vermittler vorangetrieben, der behauptet, in Frankreich der größte zu sein. Er bietet sieben verschiedene Preiskategorien an, je nachdem wie wählerisch der Kunde ist. Frauen, die sich mit einem Arbeiter oder Bauern zufrieden geben, zahlen einen besonders niedrigen Preis. Dieser Dienst wird besonders von den Armen bevorzugt. Am anderen Ende der Skala steht die Hausdame, die ihre Kunden einzeln empfängt, persönlich vorstellt und den Eindruck vermittelt, als bringe sie zwei Freunde zusammen. Oder die besonders teure Agentur nahe am Elysée Palast, die ihre Kunden nicht nur danach fragt, ob sie ein Auto besitzen, sondern auch nach dem Fabrikat, ob sie eine Yacht ihr eigen nennen, wie hoch ihr Einkommen, ihr Vermögen ist, und die beteuert, «die Privilegierten, Direktoren und führende Persönlichkeiten der Geschäftswelt, aus Kunst, Diplomatie und Wissenschaft» zu bedienen. Eine computerisierte Agentur zieht besonders Manager an und gleicht ihre pseudowissenschaftlichen Methoden (darunter auch Graphologie) mit dem altmodischen Rat aus, daß ein Mann sich als «stark, elegant, hart arbeitend, mäßig und distinguiert» darstellen soll, während Frauen gedrängt werden, Eigenschaften wie Unterwürfigkeit, Großzügigkeit, Fröhlichkeit, Verständnis zu betonen und vor allem jede Andeutung von Ironie oder Sarkasmus zu unterlassen.

Ganz anders war dagegen die Art und Weise, wie der eher traditionelle Gaston Lucas, ein Schlosser, seine zweite Frau traf. Seine erste war vier Jahre zuvor, nach langer Krankheit, gestorben. Er war es leid, gekochte Eier und Salate zu essen, war einsam. Mit sechsundvierzig fühlte er sich noch jung: «Instinkt und Gefühl waren immer da. Man ist dazu geschaffen, mit einer Frau zu leben, das ist, was die Natur will.» In der Metro fiel ihm ein Exemplar von «Ici Paris» in die Hände, und er las die Anzeige eines Heiratsvermittlungsbüros. Er schrieb, daß er eine Frau suche, mit der er sich verstehen und die ihm den Haushalt führen könne. Er bestand nicht auf Schönheit und auf keiner Region Frankreichs, aus der sie stammen solle. Er schrieb an mehrere Anschriften, die er von der Agentur erhielt. Die meisten antworteten, doch nur zwei interessierten ihn näher. Die erste war von einer Frau, die sich als gelähmt herausstellte und eine blinde Mutter hatte, mit der sie weiterhin in Villejuif leben wollte. Er schrieb zurück, es täte ihm leid mit der Mutter, aber er habe seine eigene Wohnung und wolle nicht in die Vorstadt ziehen. Er hatte sich nach den langen Prüfungen mit seiner behinderten Frau geschworen, nicht noch einmal zu heiraten, es sei denn jemanden mit guter Gesundheit. Die zweite Frau, deren Brief er mochte, kam aus Lyon, hatte gerade ihre Mutter und somit ihre Wohnung verloren, in der die Mutter lebenslanges Wohnrecht hatte. Sie tauschten mehrere Briefe und Fotos aus, und sie kam nach Paris zu Besuch. Sie erklärte ihm dann, daß sie während des Krieges lange Zeit in einem Sanatorium verbracht hatte, schlecht behandelt worden war und sich nicht vollständig davon erholt hatte. Es war ihm peinlich. Aber dann hatte er Mitleid; er wußte, daß sie mehrmals aus diesem Grund abgewiesen worden war. Er überlegte sich, daß die Krankheit kein triftiger Grund sei, eine Ehe mit ihr abzulehnen: «Sie mißfiel mir nicht, schien in der Lage, den Haushalt zu führen, machte einen ordentlichen Eindruck, war sauber. Was wollte ich mehr.» Er hatte gedacht, er würde zunächst unverheiratet mit ihr sechs Monate lang zusammenleben, um zu sehen, ob es klappen würde, aber sie kam aus der Provinz, wo so etwas nicht so leicht toleriert wird. So heirateten sie. Kein Statistiker hat gezählt, wie viele Menschen es noch gibt, die menschliche Beziehungen mit solch anspruchsloser Philosophie angehen.

8 Was Liebende voneinander erwarten

Brigitte Bardot glaubt, daß ihr Ruhm einerseits verständlich ist, andererseits aber auch das Ergebnis von Mißverständnissen darstellt. Sie zog Menschen ihrer Generation in aller Welt an, weil sie einen neuen Mädchentyp zu verkörpern schien, der, vollkommen natürlich, sorgenfreier Lebensfreude hingegeben, durch keine Schminke verkleidet, mit der traditionellen, heuchlerischen Rolle der Frau brach, die man früher erwartete. Sie selbst glaubt nicht, daß sie schön ist, weil ihre Gesichtszüge nicht perfekt sind. Jane Fonda erklärte, daß Brigitte Bardot den ersten Treffer für die Frauenbewegung landete, denn «sie setzte jeden Mann, dessen sie überdrüssig war, vor die Tür und lud den nächsten, den sie wollte, ein. Sie lebte wie ein Mann.» Das ist eines von vielen Mißverständnissen. Auch wenn sie sich so verhalten hätte, sie hätte eher wie ein sehr altmodischer Mann gelebt. Ihre Natürlichkeit war in der Tat harte Arbeit. Sie machte sie herzlich einsam. Während des Höhepunktes ihrer Karriere brauchte sie ständig Menschen um sich: «Wenn ich nicht mindestens fünfzehn Menschen um mich herum hatte, wurde ich sehr unglücklich und sagte mir selbst: Großer Gott, was passiert mit mir. Ich bin ganz allein.» Sie brauchte ständig die volle Aufmerksamkeit ihrer männlichen Bewunderer, vierundzwanzig Stunden am Tag, und was schlimmer war, sie verabscheute diese, wenn sie genau das taten. Sie hatte große Schwierigkeiten, mit ihren natürlichen Impulsen fertig zu werden oder sie zu verstehen.

1934 als Tochter eines gutsituierten Herstellers von flüssigem Sauerstoff geboren, in vornehmem Stil erzogen, mit der traditionellen Mischung bürgerlicher Strenge und Verwöhnung, wurde sie vom Kino entdeckt, als im Alter von fünfzehn Jahren ihr Foto als Titelbild von «Elle» erschien. Brigitte verliebte sich sofort in den jungen Assistenten des Filmregisseurs, der losgeschickt worden war, um sie unter die Lupe zu nehmen: Roger Vadim. Sie verstand Liebe als Verlangen auf den ersten Blick. Marguerite Duras kommentierte: «Wenn ein Mann sie anzog, ging Brigitte sofort auf ihn zu. Nichts konnte sie zurückhalten. Es spielte keine Rolle, ob sie in einem Café, zu Hause oder zu Besuch bei Freunden war. Sie ging sofort auf ihn zu, ohne dem Mann einen Blick zuzuwerfen, den sie gerade stehengelassen hat. Abends kam sie vielleicht zurück, vielleicht aber auch nicht.» Brigitte selbst sagte: «Wenn ich liebe, gebe ich mich ganz.» Aber sie war nicht ganz so modern, wie sie dachte, und romantischer veranlagt, als sie glaubte. Der Wunsch, glücklich zu sein, wurde zu einer Obsession, sie sehnte sich nach Bewunderung, aber sie wußte nicht, wie man die Bewunderung aufrecht erhält, wenn sie erst einmal die Phase äußerlicher Attraktivität überwunden hat. Wie eine romantische Heldin versuchte sie sich umzubringen, als die Eltern ihr verboten, Roger Vadim zu heiraten. Daraufhin gaben sie nach, aber unter der Voraussetzung, daß er eine «ordentliche» Stelle annahm und zum Katholizismus konvertierte. Erst nach der kirchlichen Trauung, nicht nach der standesamtlichen, anerkannten sie sein Recht, mit ihr zu schlafen.

Ihre Suche nach sorglosen Lebensfreuden bedeutete, daß sie die Gesellschaft von Männern bevorzugte, die viel ausgingen, schmucke Autos hatten, gern tanzten und alberne Geschichten erzählten. Nach Vadim verliebte sie sich in mindestens zwanzig andere Männer. Aber diese Beziehungen sahen so aus, daß ihre Liebhaber zuweilen «drei Wochen lang fortgingen, ohne eine Nachricht zu hinterlassen, und mich wie einen Trottel zurückließen, dann zurückkehrten und ganz erstaunt taten, wenn ich sagte, es ist aus». Sie hat sich vielleicht ganz hingeben wollen, doch sie fügt hinzu, «wenn ich merkte, daß ich nichts zurückbekam, war ich schockiert». Vadim ermutigte sie, ihren Geschmack zu übertreiben, sogar zu verfälschen und sich der Welt als unerreichbare erotische Phantasie darzustellen. Er ließ sie ihre Intelligenz unterdrücken wie Marilyn Monroe, so daß sie zum weiblichen Gegenstück von James Dean wurde. Denn Vadim ist ein Mann, der sein ganzes Leben von dem altmodischen Wunsch gequält wurde, junge Frauen formen zu wollen, um erst, wenn sie reifer sind, zu protestierten, daß sie ihre Unabhängigkeit fordern, so wie er sich nach seiner nächsten Kreation, Cathérine Deneuve, beklagte, daß sie zu herrisch geworden war.

Brigittes nacktes Erscheinen in der Öffentlichkeit war unerhört, aber nicht wirklich neu. Das gab es schon früher. Sie mag den Eindruck erweckt haben, daß sie sich gegen die ehrbare Art von Ehe ihrer Eltern, als grundsätzlichem Arrangement von Ritual und Pflicht, auflehnte, weil Zuneigung nicht etwas war, worauf man sich verlassen konnte. Aber sie kam nach all ihren Erfahrungen zu ganz ähnlichen Schlußfolgerungen: «Heute», sagte sie, als sie fünfundvierzig Jahre alt wurde, «weiß ich, daß man sich nie auf einen Mann verlassen kann.» Sie glaubt, sie habe versagt, weil «ich nicht verstand, wie außergewöhnlich es für ein Paar ist, zusammenzubleiben». Sie hat entdeckt, was sie wirklich am liebsten macht, sich um ihr Haus zu kümmern, es zu gestalten, ganz ähnlich, wie ihre Mutter es tat. «Ich ziehe vor, eher in meinem Leben Erfolg zu haben als in meinem Beruf. Ich mag den Konkurrenzkampf nicht. Ich bin nicht dagegen, einem Mann zu gehorchen, wenn er in der Lage ist, mich gehorsam zu machen – es wäre sehr gut, wenn er es könnte.» Sie glaubt, sie sei jetzt soweit, mit einem Mann seßhaft zu werden. Sie ist weniger anspruchsvoll. Sie genießt es, «zu beobachten, was um mich herum geschieht», manchmal allein zu sein, um nachdenken zu können oder an gar nichts denken zu müssen. Sie ist somit weit entfernt, eine «emanzipierte Frau» zu sein. Sie ist zwar für die Emanzipation, aber nicht für die Frauenbewegung. Sie sagt, sie wollte nie wie ein Mann behandelt werden, denn «eine Frau muß vor allem Frau bleiben». Es ist richtig, wenn Frauen «sich weigern, sich dem Joch des Mannes zu unterwerfen, der ihnen nicht genug Geld gibt, oder wenn sie fähig sind, ihren Lebensunterhalt selbst zu verdienen, ohne sich auf andere verlassen zu müssen, aber auf der anderen Seite glaube ich, daß Frauen sich selbst zunehmend unglücklich machen, indem sie versuchen, sich zu sehr zu emanzipieren. Denn Frauen sind nicht geschaffen, das Leben eines Mannes zu führen. Eine Frau hat ihre Schwächen und ist so verletzlich. Eine Frau ist ein zärtliches Wesen.»

Die Bedeutung von Brigitte Bardot liegt nicht darin, daß sie die männliche Lust beflügelte, sondern daß sie den Versuch einer Generation repräsentierte, einen neuen Stil der Beziehungen zu finden, in dem Sexualität und Sinnlichkeit eine größere Rolle spielen. Sie stieß bald auf Hindernisse, die ebenso verblüffend waren wie die Beschränkungen der Generation ihrer Eltern, aber ihre persönlichen Fehlschläge und ihre Rückkehr zu konventionelleren Idealen bedeuten nicht, daß ihr Bemühen lediglich eine jugendliche Eskapade war. Sie muß im Gesamtzusammenhang der verschiedenen Haltungen zur Sexualität gesehen werden. Diese können nicht als eine Fortsetzung und Verschärfung Frankreichs angeblicher Tradition in Sachen Promiskuität verstanden werden. Die Studien über Sexualverhalten, die im letzten Jahrzehnt erschienen sind, zeigen in der Tat, daß viele der sexuellen Handlungen in das traditionelle Spiel oder den Kampf der Geschlechter passen. Die Reputation des französischen Liebhabers – sprudelnd vor Komplimenten, theatralisch in seiner Leidenschaft –, der eine Geliebte neben seiner Frau braucht, um seine romantischen Gelüste aufrecht zu halten, begeistert auch heute noch viele Menschen. Desgleichen der Ruf der Französin als Verkörperung der Koketterie, die ihren Charme bewußt kultiviert, um einen Mann zu erobern, und große Anstrengungen unternimmt, um mit der Entfaltung von Witz, Schönheit und häuslichem Geschick Frankreich den Titel zu sichern, den die Viktorianer ihm einst gaben: «Ein Paradies für Frauen». Doch sexuelle Beziehungen bedeuten zunehmend mehr als nur natürliche Handlungen; sie sind darüber hinaus ein Mittel zur Selbstfindung geworden, ein Willensausdruck, das Leben als reichere Erfahrung zu gestalten, und, vor allem, ein Markstein für die Qualität menschlicher Beziehungen.

Wenn gallische Liebe nur ein Zeichen körperlicher Vitalität wäre, warum sagen dann mehr als die Hälfte aller französischen Frauen, daß ihr Sexualleben unbefriedigend ist; und wie kommt es, daß drei Viertel derjenigen, die sagen, sie seien nun befriedigt, gestehen, daß sie diesen Zustand erst nach Jahren, manchmal vielen Jahren der Frustration erreicht haben? Französische Frauen beklagen sich zunächst über ihre Unkenntnis, darüber, wie sie aufgezogen wurden, und das bedeutet, daß sie zu einem gewissen Grad sich selbst oder ihre Mütter für ihre Schwierigkeiten mit Männern verantwortlich machen. Selbst Frauen über dreißig bringen Klagen wie diese vor: «Als Jugendliche erklärte mir meine Mutter ganz eindeutig, daß das Vergnügen für Männer bestimmt ist, ‹die alle Schweine sind›, und daß Frauen durch diese Prüfung hindurch müßten, um Kinder zu bekommen und ihre Männer zu halten.» Eine andere erfuhr von ihrer Mutter: «Wenn du eines Tages glücklich werden willst, mußt du dich ihm als großes Geschenk aufbewahren, unversehrt, sonst wird er dich nicht wollen. Derjenige, der dich wirklich liebt, wird dich zum Altar führen, ohne dich angefaßt zu haben.» Eine dritte sagt: «Als Kind einer sehr katholischen Familie schenke ich meiner Sexualität kaum Beachtung. Ich habe manchmal den Eindruck, als könne ich meine Lust nicht von dem Akt der Fortpflanzung trennen. Das erzeugt Spannungen mit meinem Mann, der Lust um der Lust willen mag.» Die Warnungen der Mütter, die selbst eine schwere Zeit mit ihren Ehemännern hatten, erzeugen in vielen Frauen Schuldgefühle und Sorgen über die Zärtlichkeit ihrer Männer. Daß das nicht öfter geschehen ist, liegt darin begründet, daß bis noch vor zehn Jahren nur ein Drittel der Frauen Sex mit ihren Müttern besprach und nur ein Zehntel mit ihren Vätern. Eine Dreiundvierzigjährige sagt, sie habe ihr Sexualleben so lange wie möglich hinausgezögert, weil sie nichts darüber wußte und nicht zu fragen wagte, aus Angst, die Leute würden über sie lachen. Ihr Mann war so unwissend wie sie selbst, und seine schroffe Art stieß sie noch mehr ab. Es gibt Frauen in den Vierzigern, die erst kürzlich Klitoris und Onanie entdeckten. Eine beträchtliche Minderheit ist so schüchtern, daß sie es vorzieht, im Dunkeln zu lieben. Auf der anderen Seite gibt es die Frau von achtundzwanzig, die ihre Aufklärung «Lady Chatterley's Lover» verdankt, das sie mit fünfzehn gegen den Willen ihres Vaters las, und für die Sex seither eine Serie von Enttäuschungen war.

Männer beklagen sich, häufig verständnislos, daß ihre Frauen frigide seien. Es ist eine alte Klage, die sich mit dem Mythos die Waage hält, Frauen seien sexuell unersättlich. Vor zwanzig Jahren behauptete ein Priester, Frigidität sei «das schwerwiegendste Problem in der Ehe. Frauen sind immer verwundert, wenn ihnen gesagt wird, daß es vom Standpunkt der Kirche aus ein ernsthaftes Vergehen sei, sich dem Mann zu verweigern. In den meisten Fällen sieht die Frau die Ehe nicht als Geschenk des Körpers und ist von Anfang an schockiert und angeekelt von der sexuellen Beziehung.» Es war nicht unbedingt eine größere Quelle der Freude, als die Vorstellung von der Ehe als Geschenk des Körpers akzeptiert wurde. In den fünfziger Jahren gab nur eine Minderheit von Frauen zu, von der körperlichen Liebe in ihrer Ehe befriedigt zu werden. Lange Zeit wurde Frigidität entweder als körperlicher Defekt oder als das Ergebnis einer psychischen Barriere angesehen. Seit kurzem antworten Frauen, daß es der Fehler ihres Mannes ist, nicht zu wissen, wie er sie glücklich machen kann; daß er sie so schnell liebt, daß sie sich dessen kaum gewahr werden. Zwei von fünf Männern sprechen während des Aktes kein Wort, und drei von fünf Frauen sind gleichfalls stumm. Frauen strengen sich wahrscheinlich mehr an, um ihren Partner zu befriedigen als Männer. Und um nicht den Geschlechtsverkehr mit ärgerlicher Fragerei enden zu lassen, gibt eine große Minderheit manchmal oder oft vor, einen Orgasmus gehabt zu haben.

Eine Frau erinnert sich, daß sie seit ihrer Hochzeit im Alter von fünfundzwanzig, als sie und ihr Mann noch jungfräulich waren, nie den Geschlechtsverkehr genossen hat. Sie hat fünf Kinder und ist praktizierende Katholikin. Vor einem Jahr begann ein Mann, ihr den Hof zu machen. Sie widerstand ihm so gut sie konnte, doch schließlich «fiel ich in seine Arme». Trotz ihrer Gewissensbisse entdeckte sie plötzlich den Orgasmus und fand Vergnügen am Sex. Was, so fragt sie sich, ist aus ihrer Frigidität geworden? «Ich bereue diese Erfahrung nicht, weil sie mir gezeigt hat, daß ich eine Frau sein kann.» Ehemänner lernen nur langsam dazu. «Ich war neun Jahre verheiratet», erzählte eine Frau von neunundzwanzig, «ich hatte nie einen Orgasmus. Unsere sexuellen Beziehungen spielen sich sehr, sehr schnell ab, ohne viel Gefühl oder Zärtlichkeit. Seit einigen Jahren hat er mich als frigide abgestempelt, was ihn von jeder Anstrengung losspricht. Jede Diskussion über dieses Thema endet mit Beleidigungen und Geschrei.» «Von der Verzweiflung getrieben», wie sie sagt, nahm sie sich einen Liebhaber, und heute genießen beide intensiv ihre Lust in der Liebe und fühlen sich schuldig, weil sie die Grenzen der ererbten Moral überschritten haben. Es ist die junge Generation von Frauen, die ihre Männer aufgefordert hat, mehr Zärtlichkeit und Verständnis zu zeigen. Vor zehn Jahren sagten nur 13 Prozent der Frauen, sie hätten gern mehr Sex (im Gegensatz zu 30 Prozent der Männer). Zumindest unter den höher Gebildeten sagt heute die Hälfte der Frauen, sie wünschten sich mehr, und bedauern, daß Kinder, Erschöpfung oder die Abwesenheit ihres Partners, aber vor allem ihre eigene Schüchternheit ihnen im Wege stehen. Sex, so sagen sie, ist in ihren Dreißigern, Vierzigern oder sogar Fünfzigern wichtiger geworden, was, anders ausgedrückt, heißen mag, daß Menschen mehr Aufmerksamkeit dem Grad und der Beschaffenheit ihrer Vergnügen, die sie daraus ziehen, schenken. Die Pille hat sie nicht gänzlich befreit, weil nur ein Drittel aller Frauen sie benutzt. Ein Zehntel nimmt Diaphragmen, und so lebt die Mehrheit der französischen Frauen noch immer unter der Furcht vor Schwangerschaft und verläßt sich auf den Mann, um sie davor zu bewahren.

Junge Frauen mögen glauben, ihre Männer hätten Phantasie, doch das glauben sie im Laufe der Zeit weniger und weniger; und wenn sie die mittlere Altersstufe erreicht haben, wirft ungefähr die Hälfte ihren Gatten Phantasielosigkeit vor. Es gibt Ehemänner, die bestreiten, daß Phantasie in der Ehe Platz hat. Eine Frau, die nur einunddreißig Jahre alt ist, beklagte sich: «Mein Mann war ein eingefleischter Junggeselle, ein Schmetterling, der bis zu seinem dreißigsten Lebensjahr mit einem Kalender voller Mädchenadressen lebte. Drei Jahre lang sah ich ihn an Wochenenden und einmal in der Woche. Ich brauchte sehr lange, bis ich begriff, daß er gleichzeitig andere Mädchen hatte. Ich spielte die bevorzugte Rolle einer Halb-Gattin, umgeben von Mätressen. Unsere sexuellen Beziehungen machten mir damals großen Spaß, weil er mir alle möglichen sexuellen Spiele beibrachte. Wir machten ständig neue Entdeckungen; uns waren die verschiedenen Möglichkeiten, sich zu streicheln, sehr wichtig, und wir erlebten intensive Freuden. Dann sah ich ihn eines Tages in Begleitung eines anderen Mädchens. Ich brach unsere Affäre abrupt ab. Die nächsten sechs Monate versuchte ich, ihn zu vergessen. Dann tauchte er plötzlich wieder auf, völlig verändert, und bot mir die Ehe an und gelobte Treue. Er ist der beste Ehemann, liebend, aufmerksam und treu. Aber für ihn ist die Ehe mit einem erfüllten sexuellen Leben unvereinbar. Er liebt mich wie ein Ehemann. Es gibt keine sexuellen Spiele mehr. Er streichelt mich mechanisch, immer auf die gleiche Art, ohne Abwechslung. Es ist eine langweilige Gewohnheit geworden. Und wenn ich andere Wünsche äußere, dann erklärt er mir: ‹Aber so ist die Ehe.› Kurz, er hängte die Aufregung an den Nagel, als er sich von seinen Mätressen verabschiedete. Heute bin ich seiner tiefen und hingebungsvollen Liebe wert und verliere dadurch das Recht auf meine Lust. Wie kann ich ihm klarmachen, daß er zugleich Ehemann und Liebhaber der gleichen Frau sein kann und daß nach drei Jahren Ehe sich eine ganze Menge an Frustation angestaut hat.»

All diese Menschen suchen nach etwas, das mehr ist als der Geschlechtsakt, aber auch mehr als das Allheilmittel «romantische Liebe». Diese Art von Liebe hat im Leben der Franzosen eine kleinere Rolle gespielt, als die Legende andeutet. Selbst vor zwanzig Jahren, als die Sucht nach Liebesromanen ihren Höhepunkt erreicht zu haben schien, wären nur sehr wenige Frauen bereit gewesen, alles für die Liebe aufzugeben. Die meisten sagten sogar, sie seien nicht romantisch. Auch bei Mädchen in den Zwanzigern gab es eine große Minderheit, die nicht auf die «große Liebe» wartete. Nur wenig mehr als ein Viertel aller Französinnen sagte, sie hätten eine «große Liebe» erlebt: diejenigen, die sich darauf beriefen, waren vor allem verheiratete Frauen unter fünfunddreißig mit höherer Bildung und erfolgreichen Ehemännern. Die romantische Tradition ist im wesentlichen eine literarische, die in Büchern vorkommt. Heute sind es noch immer die Gebildeten, die zumeist über die große Liebe sprechen. Bauern- und Arbeiterfrauen sagen oft, daß Liebe nur in der Jugend vorkommt und daß sie nicht erwarten, von irgendeinem fabelhaften Mann bezaubert zu werden. Ein Drittel der Bevölkerung glaubt, daß eine gute Ehe nicht unbedingt auf Liebe fußen muß. Eine andere Studie unter Frauen mittleren Alters aus der Mittelschicht, aber auch unter einigen Arbeiterinnen und Bäuerinnen, fand unlängst heraus, daß sogar drei Viertel behaupteten, nicht aus Liebe geheiratet zu haben, sondern in erster Linie, um dem Elternhaus zu entkommen.

Als Ausweg aus der Unzufriedenheit des ehelichen Lebens scheint Ehebruch wesentlich seltener infrage zu kommen als Frankreichs Ruf vermuten läßt. Vor zehn Jahren gaben 30 Prozent der verheirateten Männer und 10 Prozent der verheirateten Frauen zu, irgendwann einmal einen Ehebruch begangen zu haben. Die meisten hatten es nur ein- oder zweimal getan und nur 5 Prozent der Männer und 3 Prozent der Frauen öfter. Unter Männern mit höherer Bildung gab es wesentlich mehr Ehebrüche (40 Prozent), doch besonders bei Männern über Fünfzig in mittleren Städten (42 Prozent) – die sprichwörtlich langweilige Provinz mit ihrer doppelten Moral. Männer begehen am häufigsten im mittleren Alter Ehebruch, Frauen hingegen am häufigsten in den Zwanzigern (13 Prozent). Die vorliegenden Statistiken, was immer sie auch wert sein mögen, unterscheiden die Franzosen kaum von anderen Nationen. In der Tat legen sie eher Phantasievorstellungen als *de facto* außereheliche Abenteuer nahe. Dies wird durch eine Umfrage unter Leserinnen einer durchschnittlich anspruchsvollen Frauenzeitschrift bestätigt, in der 13 Prozent aussagten, sie hätten eine lesbische Beziehung gehabt; 58 Prozent sagten hingegen, sie wollten auf gar keinen Fall eine solche eingehen.

Franzosen mögen zwar viele erotische Bücher schreiben, doch sie sind mit ihnen nicht ganz zufrieden. Ausländer lassen sich durch französische Zweideutigkeiten eher anregen als die Franzosen selbst. Eine der bekanntesten erotischen Schriften der Nachkriegszeit, «Die Geschichte der O.», ist in den Vereinigten Staaten in mehr als vier Millionen Exemplare verkauft worden, aber «nur» in einer Auflage von 800000 Büchern in Frankreich. Der Durchschnittsverkauf pornographischer

Texte beträgt nur drei- bis viertausend und vielleicht zehn- bis fünfzehntausend, wenn sie als Paperback erscheinen. Das sind Zahlen, die ein Philosoph oder Theologe, der gerade *en vogue* ist, mehr oder weniger auch erwarten kann. Anaïs Nins Romane verkauften sich mit nur jeweils 1500 Exemplaren, aber ihr «Delta der Venus» brachte es auf 100 000 in zwei Monaten, denn damals hatte sie sich bereits als ernsthafte Romanschriftstellerin etabliert, und eine wesentlich breitere Öffentlichkeit war gewillt, auch dieses Buch zu lesen. Die meiste Pornographie kommt in kleinen, teuren Ausgaben heraus. Sie zu sammeln ist das Hobby einer ebenfalls kleinen Gemeinde. Die größte Sammlung ist wahrscheinlich die eines erfolgreichen Politikers, der Erziehungsminister wurde.

Drei Viertel der Bevölkerung behaupten, noch nie ein pornographisches Magazin gelesen zu haben, zwei Drittel, noch nie pornographische Filme gesehen zu haben. Das hängt damit zusammen, daß Pornographie sehr festgelegten Mustern folgt und jeder im voraus weiß, was er zu erwarten hat. Man kann viel mehr über die Einstellung zur Sexualität aus dem Leben der Autoren von erotischen Büchern erfahren als aus den Büchern selbst, will sagen, die Absichten der Schriftsteller haben sich in ihren Texten nur selten erfüllt; die Veröffentlichungen selbst unterscheiden sich eher durch den literarischen Stil als durch die Phantasie der Autoren.

Jean-Jacques Pauvert, in seinem Land führender Verleger auf diesem Gebiet (der sich aber auch unkonventionell und erfolgreich in anderen Bereichen als Verleger betätigt hat), favorisiert de Sade als Frankreichs Antwort auf Freud, oder vielmehr als Freuds Vorbereiter, als großen Erforscher der Leidenschaften. Pauvert wurde vor dreißig Jahren für die Veröffentlichung von de Sade gerichtlich verfolgt, doch heute steht das Buch in allen Universitätsbibliotheken, wenngleich eher in den Literatur- als in den Psychologieregalen. Wenn Pauvert Vorträge hält, besteht seine Zuhörerschaft zumeist aus Hausfrauen, die nicht wegen des Kitzels gekommen sind, sondern um sich zu bilden: sie studieren seine Bücher, so wie sie Schriften zur Psychoanalyse oder Soziologie lesen. Sein Ziel ist es, die Rolle der erotischen Literatur im ästhetischen Abseits zu beenden.

Die Autorin der «Geschichte der O.» war jahrelang Herausgeberin einer der angesehensten Literaturzeitschriften, gleichwohl besteht sie darauf, daß ihre Anonymität gewahrt wird. Sie wuchs in einer großbürgerlichen Familie auf, deren Motto lautete: «Steh gerade, die Leute schauen auf dich.» Sie begann, Pornographie zu lesen, als sie vierzehn Jahre alt war, borgte sich die Bücher aus der Bibliothek ihres Vaters und las zuerst Boccaccio. Ihr Vater sagte ihr: «Du fängst aber früh an, du wirst nichts verstehen, wir sollten dich aufklären.» Ein Vetter wurde beauftragt, ihr alles über Sex zu erzählen. Er nahm sie mit in ein Bordell, das sie zugleich angsteinflößend und komisch fand. Doch in der Familie fiel darüber kein weiteres Wort.

«Die Geschichte der O.» ist eine fast wörtliche Niederschrift der Phantasien der Autorin als Kind und Jugendliche, die sie sich selbst erzählte, bevor sie einschlief. Atmosphäre und den historischen Hintergrund verdankt sie Ann Radcliffe und Sir Walter Scott, denn die Autorin ist leidenschaftlich anglophil und in der englischen Literatur höchst belesen: ihre bevorzugte Lektüre sind die King-James-Fassung der Bibel und Shakespeare, den sie frei zitiert, daneben Proust und Baudelaire. Die ausführlichen Beschreibungen der Kleider ihrer Heroine erklären sich durch ihr Interesse an der Geschichte der Mode; ihre Besessenheit, keine Unterwäsche zu tragen, rührt daher, daß ihre Mutter erzählte, wie skandalös sie es empfand, daß die Nonnen ihrer Klosterschule nichts unter den Röcken trugen. Die Gewalt in dem Buch, sagt sie, sei wie die Gewalt eines Krimis, nicht ernst zu nehmen. Sie schrieb es für ihren Geliebten zu einer Zeit, als sie Angst hatte, er könne sie verlassen. Sie betont, daß sie es nicht wegen des Geldes veröffentlicht hat. Sie verdiente tatsächlich kaum etwas daran, bis Kritiker forderten, das Buch verbieten zu lassen. Überrascht es noch, daß ihr Liebhaber ihre Phantasien nicht teilte und daß sie nicht in gleicher Weise erniedrigt werden möchte wie die Heldin «O.»? Was soll das Ganze dann?

Zunächst dachte sie sich, es sei absurd, daß sie sexuelle Erniedrigung ablehnen solle. Sie wollte sich anders vorstellen, als sie wirklich war. Das betont sie immer wieder. Sie genießt Phantasien, weil «man von sich selbst gelangweilt wird. Ich bin meiner selbst überdrüssig.» Sie liest unentwegt Bücher, auch schlecht geschriebene, entdeckt sie doch gern den Menschen dahinter. Sie gibt zu, daß Lesen ein Alibi ist, eine andere Art, von sich selbst loszukommen und durch andere zu leben. «Ich wäre eine ausgezeichnete Nonne geworden.» Das Problem mit dem wirklichen Leben ist, daß es nie so perfekt ist, wie man sich das erhofft. Menschen machen Versprechen, die sie nicht halten, sie sagen, ich liebe dich, und auch wenn es stimmt, kommt man damit nicht allzuweit. So meint sie zweitens, daß Scheinliebe keinem weh tut. Das einzige, was in der Welt heilig ist, sagt sie, ist Liebe, aber sie ist so selten und schwierig, daß Scheinliebe nützlich sein kann und zumindest die Menschen anregt, sich anzustrengen und sich schöner, freundlicher und lustiger zu geben. Zu lieben ist gefährlich, und Gefahr ist aufregend; heimliche Gefahr um so mehr. Sie nahm an der Resistance teil, weil sie Geheimgesellschaften und Gefahr als männliches Vorrecht empfand und ihre Teilnahme fast zu einer erotischen Erfahrung wurde. Ehemann, Arbeit, Kinder, die gewöhnlichen Dinge des Lebens sind für sie kein Leben, sondern Sklaverei. Dem Alltagstrott will sie entkommen, aber das gelingt nur «im Kopf». In ihrem wirklichen Leben fühlt sie sich nie Männern unterlegen. Sie verneint, daß ihr Buch Schaden anrichten kann, und sagt: «Es sind nicht die Leser von de Sade, die die Konzentrationslager errichteten, sondern diejenigen, die ihn nie gelesen haben.»

Ihre literarischen Phantasien sind ganz der traditionellen Form verhaftet: Sie gleichen Märchen, die bei den Problemen des täglichen Lebens keine Hilfe bieten. Die Autorin aber verteidigt Pornographie als Mittel, die Menschen von Furcht schlechthin zu befreien, und daher als ein Beitrag zur Liebe der Freiheit, wenn mit Freiheit auch «Gedankenaustausch» gemeint ist.

Die Autorin von «Emmanuelle», die Frau eines Diplomaten, ist eine agressivere Reformerin: sie sieht sich selbst als Führerin «eines Kreuzzugs für die Umwälzung unserer Liebesgewohnheiten.» Erotik, so argumentiert sie, ist «die einzige moderne Gemeinsamkeit aller Menschen, welcher Rasse sie auch immer angehören, die einzige Art aber auch, die es gestattet, in unseren Unterschieden zu schwelgen und unsere Träume mitzuteilen.» Jedoch, so wie die Liebe derzeit um monogame Ehen organisiert ist, hat sie zu viele Probleme geschaffen. Sie glaubt, daß eine neue Art der Liebe erfunden werden muß, die die Probleme lösen kann, statt sie zu verursachen. Ihr Programm umfaßt das Ende der Ausschließlichkeit der Liebe als einer unnötigen Beschränkung der Erfahrung, die Abschaffung der Eifersucht, die Anerkennung der Unterscheidung zwischen Familie und erotischer Liebe. Sie singt Loblieder auf Onanie als «Autonomie des Vergnügens», auf Homosexualität, auf «die Prostitution aus Vergnügen.» Ihr Ideal ist, wie Mollusken zu sein: Lebewesen, die männlich geboren, dann hermaphrodit werden, um schließlich weiblich zu enden. Nur die Bestimmtheit, die verschiedenen Rollen annehmen zu müssen, würde den Geschlechterkampf beenden. Das heißt, sehr weit in die Zukunft zu schauen.

Der Versuch, über die herkömmlichen Antworten hinauszugehen, wird auch in den Haltungen gegenüber Prostitution gesehen. Die Hure spielt im Leben der Männer keine so bedeutende Rolle mehr wie einst. Paris konnte sich früher rühmen, Weltzentrum organisierter Ausschweifung zu sein, und jede kleine Provinz hatte einst eine kleine Ansammlung von

Bordellen, genauso wie man verschiedene Cafés und später Kinos oder Spielautomaten hatte. Aber heute scheint Frankreich (im Verhältnis zur Bevölkerung) fast genauso viele Prostituierte wie die Vereinigten Staaten zu besitzen, zweimal so viel wie Großbritannien, aber nur halb so viele wie Deutschland. Prostituierte führten früher Schulknaben in die Geheimnisse der Liebe ein. Im Simon-Report von 1972 gaben 45 Prozent der Männer an, daß sie noch nie bei einer Hure waren. Zunehmend zahlen immer weniger junge Leute für ihre frühen Abenteuer, und die Kundschaft der Prostituierten sind heute Männer, die allein sind oder von ihren Frauen nicht das bekommen, was sie wollen. Jedoch ist in den letzten zwanzig Jahren in stärkerem Maße nicht nur der Körper gefragt, die Kunden wollen «auch das Herz». Ein neuer Typ von Prostituierten hat sich entwickelt, die nicht nur den Beichten ihrer Kunden zuhören und Verständnis zeigen, sondern eher Liebe als Sex anbieten. Das markiert eine Abkehr von der Haltung, die besagte, Sex sei schmutzig, die bewirkte, daß die Prostituierte von ihren Freiern unweigerlich erniedrigt werden mußte. Doch es ist noch ein weiter Weg, bis sie eines Tages als genauso harmlos angesehen wird wie Onanie oder der Verlust der Jungfräulichkeit vor der Ehe.

Sexuelle Phantasien sind zu einem modernen Geheimnis geworden, und ihre Interpretation ist eine Herausforderung, der viele mutig zu begegnen suchen. Als Nancy Friday ihren Bericht über die Phantasien amerikanischer Frauen veröffentlichte, war eine französische Feministin höchst verwundert und überzeugt, daß französische Frauen von ganz anderen Dingen angeregt werden. Doch als sie sie dann befragte, kam sie zu einer erstaunlichen Anzahl, die mit dem herkömmlichen Ablauf männlicher Pornographie stillschweigend übereinstimmten. Eine Lehrerin für französische Literatur in Le Havre, mit einem Industriemanager verheiratet, Mutter einer zwanzigjährigen Tochter und heimlich die Geliebte eines verheirateten Mannes, sagt, sie läßt sich gerne beim Liebesakt schlagen, weil sie sich so von ihren Schuldgefühlen befreit, die ihre religiöse Erziehung ihr für immer eingeflößt haben. Auch teure Einkäufe von Kosmetika und Kleidern erregen sie; sie fährt regelmäßig und oft nach Paris. Nach solchen Reisen sehnt sie sich nach einer schnellen anonymen Verführung. Ihre Putzfrau fügt hinzu, daß sie ihre Erregung beim Kauf «nutzloser Dinge» und schöner Unterwäsche teilt, aber sie selbst haßt es, geschlagen zu werden. Sie genießt pornographische Filme mit ganz normalem Sex zwischen Mann und Frau, aber nicht, wenn zu viele Menschen teilnehmen, oder wenn es um Perversionen geht. Ihr Geschmack ist mehr auf den herkömmlichen heldenhaften Mann ausgerichtet. Sie liebt Schauspieler wie Luis Mariano und Jean Gabin, aber vor allem Männer in Uniform. Sie schwärmt besonders für Feuerwehrmänner. Ganz wunderbar findet sie, daß auch Hausputz ihr ein prickelndes Vergnügen bereitet. Je mehr sie schafft, desto mehr Erregung verschafft ihr die Arbeit. «Wenn ich den Staubsauger benutze, überkommt mich ein merkwürdiges Gefühl.»

Eine dreiunddreißigjährige Journalistin aus Paris erklärt, es bereite ihr großes Vergnügen, wenn jemand für sie viel Geld ausgebe, wenn ein Liebhaber sie in ein teures Geschäft begleite und ihr einen Ring oder Kleider kaufe, während sie gleichzeitig ihn und sich selbst verachte, aber die erotische Erregung genieße. Eine Schneiderin gestand, daß keine dieser Dinge ihr Vergnügen bereiten. Sie hat sich noch nie für hübsch gehalten und ist selbst an gerüschter Unterwäsche nicht interessiert. Ihr einziges erotisches Vergnügen erfährt sie beim Tanzen, besonders bei einer Rumba, eng an den Partner geschmiegt in schlecht beleuchteten Tanzlokalen. Geschlechtliche Beziehungen aber widern sie an. Ihr Ehemann, ein Büroangestellter, geht jeden Samstag ins Kino und schaut sich pornographische Filme an. Sie ist heute einundsechzig und pensioniert. Ihre einzige Liebe war ihr Sohn: «Ich brauche etwas, das mir ganz allein gehört, und so habe ich all meine Liebe, all meine Erotik auf ihn konzentriert.» Welten trennen sie von der Pariser Haushälterin, die, mit einem Vorarbeiter verheiratet und vierzig Jahre alt, oft mit ihrem Mann in pornographische Filme geht und durch nichts schockiert wird. «Ich will alles sehen und alles über das Leben wissen.» Sie wird erregt, wenn sie Menschen bei der Liebe stöhnen hört. «Neulich hörte ich meiner Madame im Zimmer nebenan dabei zu. Sie schrie laut, und ich hörte zu und genoß das sehr. Ich bin wie sie, ich muß schreien.» Sie geht mit ihrem Mann samstags abends auf die Terrasse des Cafés Pigalle und beobachtet die Prostituierten; es macht ihr Spaß zuzuschauen. Sie meint, man müsse sich an Sex erfreuen wie am Essen; es ist ebenso schön anzuschauen, wie zu genießen.

All dies ist natürlich in unterschiedlichem Maß für Feministinnen verdammenswert. Sie vermuten, daß Gehirnwäsche, Ausbeutung und Gewalt hinter diesen divergierenden Haltungen stecke. Sie argumentieren, daß die weibliche Sexualität nur durch Zärtlichkeit, eher durch Anfassen als durch Phantasie angeregt werden kann; und einige schließen, daß Frauen, wenn Männer ihnen nicht das anbieten können, was sie wollen, ohne diese leben sollten. Es gibt einige Männer, die darauf eingegangen sind. Sie behaupten, daß jene Frauen ihnen eine ganz neue Art zu lieben beigebracht haben. Eine Umfrage des «F. Magazine» ergab kürzlich, daß die «männlichen» Eigenschaften, die Frauen am meisten ablehnen, Brutalität und Arroganz sind, das Gefühl, daß Männer alles besser wissen. Im wirklichen Leben möchten sie gut behandelt werden. Aber was in der Liebe geschieht, ist komplizierter. Es gibt kein einstimmiges Urteil, was einen guten Liebhaber ausmacht oder einen attraktiven Bräutigam. Von zehn Frauen glauben neun, daß Männer ebenso viel Wert auf ihr Erscheinungsbild legen sollten wie Frauen; sieben möchten, daß Männer sich parfümieren; sie wollen, daß ihre Männer *soigné* sind. Drei Viertel möchten, daß Männer ihnen den Hof machen, und sie ziehen Männer vor, die das Privatleben vor den Beruf stellen. Aber es bedarf mehr als Zauber und Ritterlichkeit, um sie zufriedenzustellen. Nur vier von zehn fühlen sich von einem schönen, aber dummen Mann in den siebten Himmel versetzt. So wie das Leben spielt, meinen weitere vier von zehn, daß gutes Aussehen nur zweitrangig ist und daß es ihnen nichts ausmacht, wenn der Mann einen Bierbauch hat oder kleiner als sie ist. Und da Männer oft genug zu schüchtern sind, übernehmen sieben von zehn Frauen gewöhnlich die Initiative, und die meisten sagen, daß es ihnen sogar gefällt. Ist an dem Mythos von der französischen Verführerin also doch eines wahr, so berichtet die Hälfte aller Frauen doch, daß ihre männlichen Arbeitskollegen versucht haben, sie zu verführen. So scheint es, als seien die Franzosen doch nicht die großen Liebeskünstler, die ihrem Klischee gerecht werden, sondern eher Anfänger, aber das ist vielleicht fast dasselbe.

1961 forderte ein Meinungsforscher amerikanische Frauen auf, ihren Traummann zu nennen. Die vier, die sie auswählten, waren John F. Kennedy, Gregory Peck, Cary Grant und Yves Montand. Kurz zuvor hatte Montand den Film «Machen wir's in Liebe» mit Marilyn Monroe gedreht. Sie sagte, daß er nach ihrem Mann und gleichauf mit Marlon Brando «der verführerischste Mann ist, den ich je kennenlernte». Zwanzig Jahre später setzten französische Frauen nach derselben Frage Yves Montand an die Spitze ihrer Liste. Daraus folgt aber nicht, daß er von amerikanischen und französischen Frauen aus dem gleichen Grund geliebt wird. Beide wissen vielleicht wenig über ihn. Aber es ist kein Zufall, daß zwei Länder in der Lage sind, einen Gott anzubeten. Darüber hinaus ist Montand auch in der UdSSR sehr beliebt, wo er bis zu seinem Bruch mit der KP als Kämpfer für «das Recht auf Glück» und wegen seines unauslöschlichen «Glaubens an die Menschheit» gefeiert wurde. Montands universelle Anziehungskraft hat nichts mit seiner Staatsangehörigkeit zu tun, sondern ist das Ergebnis von drei Eigenschaften, die ihn besonders auszeichnen.

Zunächst ist er ein Selfmademan im wahrsten Sinne des Wortes. Er ist nicht nur der arme Junge, der es geschafft hat, sondern ein ängstlicher, besorgter Junge, der seine Schüchternheit besiegte und eine mehr oder weniger tüchtige Persönlichkeit aus sich selbst gemacht hat. Sein richtiger Name ist Ito Livi. Sein Vater war ein italienischer Bauer und Besenbinder, dessen Werkstatt von den Faschisten niedergebrannt wurde und der mit seiner Familie nach Marseille floh, in der Hoffnung, in die Vereinigten Staaten zu emigrieren, doch kein Visum erhielt. Als Kind sprach Montand gewöhnlich Französisch mit seinen Eltern, sie antworteten auf Italienisch. Er lernte auch Armenisch, weil in Marseille eine große armenische Bevölkerungsgruppe (heute ca. 100000) lebte. Er wuchs unter den Benachteiligten auf. Er verließ die Schule vorzeitig, weil sein Vater bankrott machte, und arbeitete als Friseur und dann als Arbeiter in einer Metallfabrik. In seiner Phantasie lebte er jedoch in den Vereinigten Staaten. Das amerikanische Kino war seine Leidenschaft. Er träumte von Harlem und dem Wilden Westen, Jazz und Fred Astaire, und er lernte, Donald Duck nachzuahmen. Er begann seine Gesangskarriere im Cowboy-Kostüm und imitierte amerikanische Lieder. Sein erster Erfolg war das Chanson «The Plains of the Far West». Doch er wollte nicht einer von jenen singenden Schönlingen werden, die damals recht modisch waren. Um sich von ihnen abzuheben, trat er in einem braunen Hemd mit offenem Kragen und schlichten Hosen auf. Das ist bis heute seine Uniform geblieben. Er hat sehr hart an seinem Erfolg gearbeitet, aber nicht um den Preis der Selbstachtung. Er hat nicht versucht, ein Schein-Image aufzubauen, um sich mit diesem Markenzeichen teuer verkaufen zu können. Er hat nicht gezögert, sich ständig zu ändern, und weigert sich, die Bezeichnung «Profi» gelten zu lassen, weil darin zuviel Routine mitklingt. Professionalität bedeutet für ihn nur, pünktlich zu sein und hart zu arbeiten. Was er vermeiden wollte, ist die Wiederholung, die ein Zeichen von Alter ist. «Wenn man sich selbst kopiert, ist alles aus, das bedeutet, man ist bereits tot. Und ich kenne Leute, die sich als Dreißigjährige selbst kopieren. Man trifft sie in allen Lebensbereichen.» Er gab den Bühnengesang auf, weil er befürchtete, dieses Schicksal würde ihn ereilen. «Weil das Publikum mir jeden Abend applaudierte, meinte ich auf einmal, ich sei Montand.» Er wollte mit jenem jungen Mann, der nicht mehr existierte, brechen. Er wollte, daß die Menschen fragten, wenn er in einer neuen Rolle auftauchte: «Wer ist dieser neue Sänger?» Er will jedesmal neu gewinnen, weshalb er auch leidenschaftlich gern Poker spielt.

Jederzeit siegen zu wollen, setzt Mut voraus, und Montand war immer schüchtern. Jeder, der ihn kennt, stimmt zu, daß er ständig ängstlich ist. Diese Schüchternheit ist die zweite Eigenschaft, die es so vielen Menschen ermöglicht, sich mit ihm zu identifizieren. Er ist nicht der erfolgreiche Mann, der Versager verlegen macht: «Ich bin schon immer fast pathologisch schüchtern gewesen. Ich habe versucht, mich selbst zu heilen. Wenn ich etwa die Straßenbahn in Marseille nahm, blieb ich draußen auf der Plattform stehen, ob drinnen Sitzplätze frei waren oder nicht, ob ich müde war oder nicht. Ich wagte nicht, die Tür zu öffnen, weil die Leute mich anschauen würden. Eines Tages sagte ich mir: ‹Jetzt reicht's. Du wirst die Tür öffnen. Wenn dich Leute anschauen, wirst du ihnen direkt in die Augen schauen.› Ich konnte meinen Vorsatz nicht sofort ausführen. Aber schließlich konnte ich doch die verdammte Tür aufmachen. Die Leute schauten mich automatisch an. Ich schaute zurück, zitternd. Sie senkten ihre Augen. Ich fühlte eine starke Welle des Stolzes. Es war mein erster Sieg. Ich nahm Platz wie ein Papst.»

Montands Rollen haben Allgemeinbedeutung, weil drittens seine grundsätzliche Philosophie, die seine Ängste ausgleicht, auf dem Glauben an «menschliche Wärme» beruht. «Ich kenne die Wärme der Familienbande, die so typisch für italienische oder mediterrane Familien ist, die Komplizenschaft der Jungenbanden im Quartier Cabucelle in Marseille, die Hitze des Publikums in beliebten Varietés, die politische Bruderschaft unter Arbeitern.» «Was für mich am meisten zählt, ist die menschliche Wärme. Ich will meine Freunde mögen, die Menschen, denen ich begegne. Es stört mich nicht, ob sie politisch rechts oder links oder in der Mitte stehen, Katholiken, Protestanten, Juden oder sonst irgend etwas sind, vorausgesetzt, es sind Menschen, mit guten und schlechten Eigenschaften, wie ich, aber sie müssen in gutem Glauben handeln. Denn was ich am meisten hasse, sind böse Absichten.»

Menschen zu mögen ist leichter gesagt als getan. Montand will dafür ebenfalls geschätzt werden, und die Art von Zuneigung, die er fordert, kann ihm nicht jeder entgegenbringen. Als junger Mann ging ihm die Sorge nicht aus dem Kopf, er sei häßlich, dumm und arm. Er träumte davon, eines Tages würde sich alles ändern, und er müßte nur in die nächstbeste Bar gehen, und die hübsche Bedienung würde sich in ihn verlieben. Die erste Frau in seinem Leben war eine siebzehnjährige Kellnerin in Marseille, die ihn faszinierte, aber sie war ein Mädchen, das wußte, wie es jedem Gast das Gefühl vermitteln konnte, er sei der einzige, den es bevorzugte. Die erste große Liebe seines Lebens war die wesentlich ältere Edith Piaf, mit der er drei Jahre lang zusammenlebte: Sie verbrachten die meiste Zeit mit Lachen. Er verjüngte sie, und sie half ihm, ein Star zu werden, half ihm, beim Singen er selbst zu sein, statt den Moden zu folgen – etwas, das er nie vergessen hat. Aber schließlich wurde sie des Lachens müde und verstieß ihn.

Er brauchte zwei Jahre, um die Grausamkeit zu überwinden, die hinter ihrem Humor lag. 1949 heiratete er Simone Signoret. «Montand», sagte sie damals, «ist zehn Jahre jünger als ich, weil wir gleichaltrig sind und er ein Mann ist.» Er bewunderte sie als die intelligenteste Frau, die er je gekannt hatte, aber auch als eine Frau, die sich nie schämte, graue Haare oder Falten zu zeigen, die sich nie mit Diäten abgab, die Essen, Trinken und das Leben liebte. Er war durchaus in der Lage, Affären mit jüngeren Frauen zu haben. «Ich suchte sie nicht, aber es kam vor, daß ich in etwas hineingezogen wurde, ganz einfach weil ich ein Mann bin. Simone hatte die Weisheit, mir niemals Fragen darüber zu stellen. Sie war eine gute Frau. Eine Frau wie sie zu haben bedeutet, daß es schwierig ist, ein Mädchen zu treffen, das mich meine Ehe in Frage stellen ließ.» Eine Zeitlang war er sehr eifersüchtig, aber bequemerweise glaubte er, daß Männer zeitweilig ihre Frauen betrügen könnten, ohne sie wirklich zu hintergehen. «Frauen sind in ihrer Liebe absoluter.»

Es geschieht selten, daß er einen wahrhaften, geistesverwandten Partner findet. Sein Enthusiasmus für Marilyn Monroe – eine Affäre war es nicht – basierte auf der Entdekkung, daß sie etwas gemeinsam hatten. Sie war ängstlich. Er tröstete sie: «Du magst beunruhigt sein, aber ich zittere vor Angst.» Doch er hat keine wirklichen Freunde unter Frauen. Menschliche Wärme, so meint er, kann man nur selten teilen. Er ist immer gut gelaunt, lacht, nimmt Probleme nicht sehr schwer; er genießt es, die Menschen zum Lachen zu bringen. «Das», sagt sein Freund Costa-Gavras, «ist vielleicht eine Form der Großzügigkeit bei ihm, eine Art, die Show weiterzumachen und somit eine Art seines Lebens. Aber er ist kein glücklicher Mann.» Sein Humor ist sein offensichtlichster Charakterzug, knüpft aber nur an der Oberfläche die Verbindung, die er zu anderen sucht; im Gegenteil, indem er seine Beziehungen mit Witz belebt, stellt er sicher, daß sie nicht tiefer gehen als irgendeine Pointe. So wird schließlich der Witz zu einer Form der Kälte oder des Selbstschutzes. Sogar seine besten Freunde finden, daß er über sein Privatleben Ausflüchte macht.

Es ist anzunehmen, daß der Held der Französinnen nicht jener mythische Verführer ist, der alles weiß, was es über Frauen zu wissen gibt, und sie wie eine Violine beherrscht, sondern jemand, der selbst die Antworten nicht kennt und ständig auf der Suche ist. Es gibt keine festgelegte französische Einstellung zur Liebe, und die Suche nach Liebe wird zweifellos die Verschiedenartigkeit der Einstellungen in Zukunft noch vervielfachen. Die Suche findet im Rahmen der Familie statt, aber dieser Rahmen wird, wie wir gesehen haben, ständig angepaßt, um für neue Formen des Begehrens und des Verhaltens Raum zu schaffen.

Dritter Teil

Wie man mit ihnen konkurriert und verhandelt

9 Wie man die Menschen mit wirklicher Macht findet

Wer einen Blick in die Geheimnisse der bürokratischen Macht werfen will, ist gut beraten, die Nationale Verwaltungshochschule, die ENA, zu besuchen, in der viele der Herrscher Frankreichs ausgebildet wurden. Die Atmosphäre ist kalt und nervös. «Die meisten hier sind immer nervös», sagt Roch-Olivier Maistre, ein großer, stattlich gebauter Student im dritten Jahrgang, sehr geschniegelt im blauen Blazer und grauer Flanellhose. «Jeder beobachtet dich die ganze Zeit. Du stehst vom ersten bis zum letzten Tag unter Druck. Die wollen uns nur in eine Rangordnung einstufen, nicht unterrichten. Und nach dem Examen vergessen wir alles wieder.» Die Angst wird dadurch verstärkt, daß alle zwei Monate Prüfungen stattfinden und man die Ergebnisse bis zum letzten Tag nicht erfährt; erst dann empfangen die Abschlußkandidaten einen verschlossenen Umschlag, der ihnen mitteilt, welchen Rang sie unter ihren Mitschülern erzielt haben. Dieser Platz entscheidet über ihre Zukunft, ob sie die Wirtschaft bestimmen oder nur Akten im Ministerium für Veterane sortieren werden. Aber die Aussicht auf wirkliche Macht scheint Maistre all die Anstrengung wert. Er hat keine Illusionen. Sein Vater arbeitet für eine amerikanische

Firma, und er selbst hat auch dort gearbeitet. Er mag die Vereinigten Staaten – «der American Way of Life ist wesentlich aufregender» – und begann im Mittleren Westen der USA sein Studium. Aber er strebte Macht an, sagt er offen, und die Geschäftswelt gibt ihm nicht die Möglichkeit, «das ganze Leben der Leute zu verändern. In Frankreich werde ich das können.» Darum ging er nach Frankreich zurück, als ENA ihm die Gelegenheit gab. «Diese Schule stimuliert Ambitionen: Du erkennst, daß nur wenige Menschen die Macht in ihren Händen halten, und so bemühst du dich, am besten abzuschneiden, um so zur Macht zu gelangen, wie schwierig es auch sein mag, in den ‹inneren Kreis›, der sie kontrolliert, vorzudringen.»

Der eigentliche Unterricht bringt ihm nur wenig: «Man lernt nicht viel, nur Techniken, wie man sein Wissen schnell einsetzen kann, um Probleme zu lösen, wie man Aktennotizen in zwei oder drei Abschnitten verfaßt.» Die Unterrichtsmethoden gleichen denen moderner amerikanischer Wirtschaftsschulen, Computer-Kurse inbegriffen, aber der Inhalt unterscheidet sich, weil Marketing, Finanzanalyse und Buchhaltung ausgelassen werden; dafür gibt es mehr Rechtskunde, Ökonomie, Verwaltung. «Wir lernen fortschrittliche Methoden, aber ich bezweifle, ob wir sie einsetzen können, denn die mittleren Beamten wissen nicht damit umzugehen.» Den praktischen Teil seiner Ausbildung verbrachte er in einer *Prefecture*. Als er anfing, hatte er keine Vorstellung, was staatliche Verwaltung heißt, und war überrascht von dem, was er sah. Er bekennt: «Ich dachte, es würde sehr aufregend sein.» Jetzt wartet er nur darauf, daß die Abschlußprüfungen vorüber sind, denn er findet das Bücherstudium «sehr langweilig. Ich bin kein Intellektueller, sondern ein Macher. Ich möchte Probleme lösen und keine Memos schreiben.» Er ist sich nicht sicher, ob es richtig war, zur ENA zu gehen. Er spricht perfektes Amerikanisch und gehört einer neuer Generation an, die in jedem Land arbeiten könnte.

Aber er fällt aus dem Rahmen, wenn er zugibt, sein Ziel sei Macht. Nur wenige seiner Kollegen sind so direkt oder persönlich. Es ist beliebter zu sagen, man wolle der Allgemeinheit dienen (so wie ein Priester sagen würde, er möchte Seelen retten). Da Frankreichs Beamten so verachtet und beneidet werden wie einstmals der Adel des *Ancien régime*, scheuen sich viele zuzugeben, daß sie sich für die Verwaltung berufen fühlen. Einige ENA-Absolventen sagen bescheiden, daß sie auf diese Schule gekommen sind, weil sie nicht Universitätsprofessoren werden oder nicht nur für Geld arbeiten wollten. Ein Forscher, der sie genau beobachtet hat, sagt: «Sie sind arrogant, aber auch anpassungsfähig, wollen Macht, aber es mangelt ihnen an Leidenschaft oder Idealen. Intellektuell sind sie hervorragend, doch schwach, wenn es um gesunden Menschenverstand geht, gut belesen, aber nur oberflächlich, in ihrer Sprache energisch und flüssig, aber kalt.» Ich stimme zu, sie tragen alle ziemlich teure Kleidung (das sagt einiges über sie aus), aber die Vorstellung, daß sie alle einen normierten Charakter haben, scheint mir übertrieben, sowohl im Hinblick auf den Einfluß, den die Schule auf die Studenten ausübt, als auch auf die Uniformität ihrer Motivation. Der wirkliche Test für einen ENA-Studenten oder sonst jemanden ist nicht der jugendliche Ehrgeiz, da fast jede Institution darauf ausgerichtet ist, Ambitionen zu fördern, sondern der Umgang mit jenem Ehrgeiz im reiferen Alter.

Den Außenstehenden legt ENA nahe, daß Macht nichts ist, was gewöhnliche Menschen jemals berühren, sondern höchstens aus großer Entfernung betrachten können wie ein Ausstellungsstück in einem Museum. Aber der *enarque* ist keine Seltenheit mehr. Zur Zeit gibt es mehr als dreitausend von ihnen, und da ihre Zahl jedes Jahr größer wird, wird deutlich, daß die Schule keine Wurstfabrik ist und daß ihre Absolventen keineswegs alle Blaupausen von Jacques Chirac sind. Wie stets geben einige besonders markante Persönlichkeiten der Institution ihren Ruf. Die *enarques* sind fast genau in politisch rechte und linke Lager geteilt, und das ist keine Verschwörung, um sicherzustellen, daß sie immer den Verwaltungsapparat leiten werden. Früher gingen drei Viertel von ihnen durch die nicht minder glatten Korridore der Hochschule für Politikwissenschaft, aber heute kommt nur ein Fünftel aus jener Schule. Ihr Ursprung ist zunehmend verschieden, aber sie waren eben schon immer vielfältiger, als der reine Politikertyp wie Chirac vermuten läßt. Die böseste Kritik an der ENA ist immer von alten Absolventen gekommen, die sie als Symbol dessen, was im Mythos der französischen Bürokratie am starrsten ist, hassen, nämlich als Symbol des Formalismus, verbunden mit einem Hauch Amerikanismus, dem Traum, «Frankreich wie ein Kaufhaus zu regieren». Sie erzählen die Geschichte jenes *enarque*, der so beschäftigt war, Karriere zu machen, daß er seinen Vater fragte, wieviel Stunden am Tag er für die Ehe benötige und auf Grund der Antwort sich entschloß, Junggeselle zu bleiben. Aber es gibt auch *enarques*, die Bücher in der Tradition von Trollope geschrieben haben. Es sind geschäftige Männer, aber einige haben dennoch genug Zeit, um die Welt in irgendeiner «Mission» zu durchrasen. In der beeindruckend modernen Bibliothek der ENA mit verschiedenen Videorekordern, auf denen die Studenten lernen können, wie man die Leute, auf die es ankommt, schnell erkennt, sah ich einen jungen Mann, der ernsthaft einen Fred-Astaire-Film studierte. Der «Po-Wi-Stil», also die Kunst, die man an der Hochschule für Politikwissenschaften lehrt, nämlich Fragen zu beantworten, indem man für und wider in einem bestens ausgelegten dreiteiligen Essay argumentiert, ist nicht nur ihnen zu eigen. Jeder englische Schuljunge lernt in der sechsten Klasse, Aufsätze in gleicher Weise zu verfassen. Die ENA hat allerdings der routinemäßigen Ausbildung eine Aura organisierter Konspiration verliehen und sich so den herkömmlichen Pomp und Mythos eines Geheimbundes erworben.

Was geschieht, wenn ein *enarque* mit den Einzelproblemen der Verwaltung konfrontiert ist, kann man in Josselin beobachten, einer Kleinstadt in der Bretagne. Der Besuch eines Rathauses ist stets eine nützliche Beruhigung nach der vollen Dosis Pariser Ministerien oder vielleicht eine nützliche Stimulanz, denn es hält häufig Überraschungen bereit. Die Überraschung in Josselin ist der Bürgermeister, der vierzehnte Duc de Rohan, dessen Familie einst ein Drittel der Bretagne besaß, aber heute neben dem mittelalterlichen Schloß mit Burggraben, das das Stadtbild beherrscht, nur noch wenig Grundbesitz ihr eigen nennt. Der Herzog ist Absolvent der ENA. Doch nach zwölf Jahren hoher Verwaltungsposten in Paris war er enttäuscht von der Art, wie sich seine Kollegen von ihren persönlichen Ambitionen beherrschen ließen, von ihren Intrigen und ihrer Untreue. Er nahm einen Routinejob in einem verstaatlichen Konzern an und ging in die Lokalpolitik (die Kombination kann in Frankreich zu wichtigen Ergebnissen führen). Er wurde zum Bürgermeister seiner Heimatstadt gewählt, und damit jüngstes Stadtoberhaupt Frankreichs. Er ist ein völlig unprätentiöser Mann, der seine Vorfahren als Privatangelegenheit betrachtet und mit keinem besonderen Status verbindet. Er ist mit einer Journalistin verheiratet und findet Erfüllung, indem er Menschen hilft. Er spricht mit jedem, den er trifft und hört gern den letzten Tratsch.

Der Herzog wurde sicher weder gewählt, weil er ein Herzog ist, noch weil er freundlich oder effizient ist. Seine wichtigste Qualifikation besteht darin, daß er als *enarque* Kontakte zur Regierung hat, die ihm besonderen Einfluß verleihen. Das wurde sehr schnell deutlich, kurz nachdem er sein Amt antrat. Es gab in der Stadtkasse kein Geld für ein neues längst überfälliges Entwässerungssystem. Zufällig hatte der Herzog Jacques Chirac, damals Premierminister, vor Jahren als Tutor gehabt, als er sich für die Aufnahme in die ENA vorbereitete. Ein Anruf stellte sicher, daß Zuschüsse der Regierung für das Entwässerungssystem gewährt wurden. Einige Zeit später mußte entschieden werden, wo das neue regionale Schlachthaus zu bauen sei. Mit ihm würden siebzig neue Arbeitsplätze entstehen, und für die Bauern war es lebenswichtig. Eine Nachbarstadt wurde von dem dortigen Parlamentsabgeordneten unterstützt. Aber der Herzog hatte Freunde aus seiner Studentenzeit, die hohe Positionen im Landwirtschaftsministerium bekleideten, und so kam das Schlachthaus nach Josselin.

Das mag den Eindruck vermitteln, alle wichtigen Entscheidungen würden in Paris getroffen und persönliche Beziehungen seien vonnöten, um diese zu beeinflussen. Aber das ist nur die halbe Wahrheit. Die Art und Weise, wie Themen in Paris vorgetragen und Entscheidungen gefällt werden, sind Gegenstand großer örtlicher Kontroversen. Der Herzog braucht jede Stimme, die er bekommen kann, um Bürgermeister zu bleiben. So hat er die Zufriedenheit jedes einzelnen seiner Wähler zu seinem Ziel gemacht. Er beklagt sich, daß die Mächtigen in Paris nicht wissen, was ein wichtiges Problem ist. «Kein Problem ist ein kleines Problem», sagt er, «weil es für die beteiligten Menschen ihr ureigenes und damit ein wichtiges Problem ist». Er erinnert sich an eine Geschichte, die ihn besonders getroffen hat. Eines Samstagnachmittags rief die Frau des Fleischers aufgeregt an, um ihm zu sagen, daß sie den Schlüssel zum Schlachthaus nicht finden könne und ihr ganzes Leben durch diesen Verlust ruiniert zu sein schien. Sie bat ihn, die Feuerwehr zu holen. Was ihm als triviales Vorkommen erschien, verwandelte sie in eine große Tragödie, und er lachte schallend. Die Frau spricht bis heute nicht mit ihm. «Ich nahm ihr Problem nicht ernst genug. Heute weiß ich, es war falsch.»

Einige der Opponenten des Herzogs sind Kinder ehemaliger Hausangestellter des Schlosses, die die Erinnerung an ihre ehemalige Unterordnung auslöschen wollen. Madame Martin zum Beispiel: die Tochter des ehemaligen herzöglichen Gärtners hat keine Kinder und strotzt vor Energie. Sie hat einen arbeitsbesessenen Holzbildhauer geheiratet, der Möbel herstellte, die viel zu teuer waren. Heute haben sie gemeinsam eine Möbelfabrik errichtet und produzieren serienmäßig Nachahmungen von Tischen, Schränken und Stühlen in pseudo-klassischen Stilen. Dazu unterhalten sie ein florierendes Andenkengeschäft. Sie wollen, daß man ihnen zuhört. Der große und herzliche Direktor der landwirtschaftlichen Kooperative, Monsieur Fablez, der den Herzog beinahe in den Wahlen geschlagen hätte, ist – so der Herzog – «ein beliebter Mensch, der gern seine Meinung sagt, auch vor dem Bürgermeister und gerade vor dem Bürgermeister, aber ich glaube, das ist mehr Theatralik als sonst etwas».

Monsieur Le Net, mit 300 Lohnempfängern in seiner Wurst- und Schinkenfabrik der größte Arbeitgeber in der Stadt, beklagt sich, daß der Herzog die Arbeitgeber nicht ausreichend konsultiere. Monsieur Le Net hat sich ein kleines Anwesen auf dem Hügel gegenüber vom Schloß zugelegt. Er hat zwar keine Zugbrücke, aber ein massives, elektronisch kontrolliertes Tor, durch das er mit seinem Mercedes den langen Weg zu seinem Schwimmbecken und seinen Schäferhunden fährt. Der Herzog sagt, er fühle sich bei Geldmenschen nicht wohl, aber die Beziehung zwischen den beiden Männern paßt auch nicht in die klassische Konfrontation des Kapitalisten, der den demokratisch gewählten Repräsentanten widersteht. Monsieur Le Nets Vater war derFleischer und hatte ein kleines Geschäft am Fuße des Schlosses. Der Vater des Herzogs hatte ihm als Bankdirektor einen Kredit besorgt, um die Fabrik zu gründen. Monsieur Le Net hat sie so erweitert, daß sie heute, wie er stolz erzählt, die dreißig-wichtigste Wurst- und Schinkenfabrik im ganzen Land ist. («Mich erfüllt ein gewisses Vergnügen, wenn ich rohes Fleisch anfasse. Das muß man haben, sonst ist es unmöglich, in dieser Branche zu arbeiten. Ein totes Huhn kann ich dagegen nicht anfassen, die Federn zu berühren irritiert mich.») Er kennt alle seine Arbeiter persönlich und will seine Fabrik nicht weiter vergrößern. Er möchte vor allem ein Unternehmen führen, frei von Reibereien, in dem es Spaß macht zu arbeiten. Er hat keine politischen Ambitionen, weil er es leid ist, morgens um sechs Uhr aufstehen zu müssen, an Wochenenden zu arbeiten und kein Privatleben führen zu können: «Ich möchte gern meine Frau bei ihren Einkäufen begleiten, spazieren gehen oder einfach nach Paris fahren. Ich bin in China gewesen und würde gern wieder hinfahren. Ich kenne Südamerika überhaupt noch nicht. Nur mit größten Schwierigkeiten konnte ich mich bislang für den Urlaub freimachen.» Seine tratschenden Nachbarn erzählen gern, daß er seine Ferien auf den Seychellen und Guadeloupe verbringt. Monsieur Le Net ist zum Vizepräsidenten der Nationalen Vereinigung für Pökelwaren gewählt worden und nimmt somit an den Verhandlungen mit der Regierung und den Gewerkschaften teil. «Das gibt mir eine neue Einstellung. Es wurde mir deutlich, daß wir Dinge diskutieren müssen, es hält mich davon ab, einfach ‹nein› zu sagen.»

Diese Kombination aus dem Wunsch nach mehr Freizeit, der intensiven Beschäftigung, ein Vermögen aufzubauen oder Lebensunterhalt zu verdienen, und die Verabscheuung von Konfrontationen, veranlaßten neben Monsieur Le Net viele andere, die Regierungsgeschäfte der Stadt denen zu überlassen, die sich damit abgeben wollen. Den Reichen macht es mehr Spaß, am gesellschaftlichen Leben in Paris teilzunehmen, als in die örtlichen Intrigen hineingezogen zu werden. Das begrenzt den bitteren Geschmack persönlicher Rivalitäten. So ist es möglich, daß der besonders nette, hinkende Polizist Francis, ordensgeschmückt für seine Verdienste in vierzigjähriger Tätigkeit, «eines jeden Freund» sein kann. Er hat noch keinem ein Strafmandat für falsches Parken gegeben. Der Herzog begrüßt das, weil er sich als Mittler zwischen der Bevölkerung und den Technokraten in Paris sieht. Die Elite der *enarques* und ihresgleichen, zu denen er gehört, überlebt in einer Demokratie, weil so viele ihrer Mitglieder auf die andere

Seite wechseln, um den Menschen und der Privatwirtschaft beizubringen, sich gegen den Staat zu schützen. Es ist ungefähr das gleiche Prinzip, das dazu führt, daß viele ehemalige Steuerinspektoren als Steuerberater Karriere machen. So trifft die herkömmliche Sichtweise von Frankreich als einem bürokratischen Alptraum, in dem die Macht auf sehr wenige beschränkt ist, nur zu, wenn man größere Einschränkungen hiergegen mitdenkt.

Es gab eine Zeit, da herrschte in Frankreich die größte Despotie Europas. Unabhängige regionale und städtische Institutionen waren von den Königen mit unstillbarem Machthunger zerstört worden, örtliche Standespersonen und Aristokraten wurden zu Gehorsam verführt durch die Konzentration von Belohnung und Prestige auf Paris. Frankreich stand in klarem Kontrast zu England mit seinen ehrenamtlichen Friedensrichtern und zu Amerika mit seinen gewählten Sheriffs, beide Symbole lokaler Unabhängigkeit. In den Vereinigten Staaten fußt die Demokratie auf dem Prinzip der Gewaltenteilung; Gruppeninteressen werden als berechtigt anerkannt. Es gab und gibt rechtliche Garantien für Einzelpersonen und ein System von Kontrollen, um die Regierungsmacht zu beschränken. Die Französische Revolution dagegen stärkte im Endeffekt die Zentralisierung, indem sie eine Demokratie bevorzugte, die einen einheitlichen Willen in der Regierung verkörperte; sie versuchte, den Druck einzelner Gruppen abzuschaffen und uniforme Rechte und Pflichten einzuführen. Das Vermächtnis der Geschichte lehrte die Franzosen die Gewohnheit, Regierungseinflüsse in fast allen Aspekten des Lebens anzuerkennen und die Lösung von Problemen darin zu suchen, staatliche Subventionen zu gewähren und neue staatliche Institutionen zu errichten. Die Bürokraten vervielfältigen sich daher, jeder mit seinem kleinen Stück der Macht. Der einfache Bürger, der ihnen trotzig entgegentrat, fühlte sich mehr und mehr wie ein einzelner Fußballspieler, der einem ganzen

Team gegenübersteht, in dem alle geübt sind, sich ständig die Bälle zuzuspielen und die jedesmal «Foul» schreien, wenn er sich dem Tor nähert. Der Mann, der es wirklich darauf anlegt, kann sich beim Schiedsrichter (dem Staatsrat) beschweren und Entscheidungen als «Amtsmißbrauch» für nichtig erklären lassen, aber der Prozeß dauert gewöhnlich viele Jahre. Die Bürokraten haben sich zu gut organisierten Gewerkschaften zusammengeschlossen und einen Schild um sich herum aufgebaut, in Form der ausgefeiltesten Sicherheiten gegen Entlassung, die es seit dem Zusammenbruch der alten Aristokratie gegeben hat. Es gibt heute 3000 Gesetze und Erlasse zu ihrer Verteidigung, die in einer Bibel von zwanzig Bänden zusammengefaßt sind. Da man sie nicht bekämpfen kann, sollte man ihnen beitreten. Eine Beamtenkarriere ist seit Jahrhunderten die angesehenste und attraktivste, die jedermann offensteht, auf allen Ebenen der Gesellschaft. So wird die Bürokratie nicht nur als Quelle der Unterdrückung angesehen. Sie ist auch ein Mittel, mit dessen Hilfe Menschen sich in der Gesellschaft nach oben arbeiten können, und sie verspricht Sicherheit, Einfluß und Würde.

Die Bürokratie wird verteidigt, weil sie feste und unpersönliche Regeln aufstellt und so die Franzosen vor etwas schützt, was sie noch mehr hassen, nämlich Günstlingswirtschaft. Wenn Entscheidungen von anonymen Pariser Herren gefällt werden, die niemand je zu Gesicht bekommt, verhindert das wenigstens die Entwürdigung von Angesicht zu Angesicht. Aber die Liberalen protestieren, das System sei zu rationalistisch. Die Vorstellung, es gebe nur einen besten Weg, ein bestimmtes Problem zu lösen, und die Annahme, daß diese eine Lösung überall angewandt werden könne, führt zu Starrheit. Ministerien und *Départments* werden unflexibel und isoliert, so daß die rechte Hand nicht weiß, was die linke tut. Das führt periodisch zu Krisen, die das gesamte System ergreifen. Jeder wiederholt dann, daß ganz Frankreich eine «Gesellschaft des

Stillstands» sei und daß die Franzosen in ihrem Herzen Reformen hassen und Revolutionen lieben; Krisen seien der einzige Weg, etwas zu ändern. Vor einigen Jahren veröffentlichte der Politiker Alain Peyrefitte einen Bestseller, der dieses Argument, das auf Tocqueville zurückgeht, aufgriff. Er argumentierte, die «Französische Krankheit» – so der Titel des Buches – könne auf einen einzigen Bazillus zurückgeführt werden: die Bürokratie. Peyrefitte meinte, Großbritannien habe diese Krankheit vermieden (auch wenn die Briten unter der britischen Krankheit litten, aber die beruht auf dem Verfall von Arbeitsmoral.) Er behauptete, daß in Großbritannien die Menschen sich viel stärker um das Gemeinwohl sorgten und daß sie darum die Kontrolle über ihre eigenen Angelegenheiten hätten bewahren können. Er konnte nie vergessen, wie er als Student kurz nach dem Krieg als zahlender Gast bei einer englischen Familie lebte und sein Gastgeber jeden Abend pünktlich um neun Uhr die Heizung abstellte; die Regierung hatte diese Sparmaßnahme «empfohlen». Dem stellt er die Franzosen gegenüber, die von Vorschriften erschlagen werden und ihre Zeit damit zubringen, neue Wege zu ersinnen, wie man die Vorschriften umgehen kann. Sein Buch führt einen ganzen Katalog von Schwierigkeiten auf, die er selbst als Minister hatte, um etwas zu erreichen. Bürokraten, so sagt er, «sind als Individuen engagiert, ehrlich, intelligent und kompetent, aber *en masse* werden sie zu unverantwortlichen, unkontrollierbaren und mißtrauischen Tyrannen.»

Doch diese Sichtweise der französischen Bürokratie kann nicht länger hingenommen werden. Erstens haben sich Bürokratie und ein großer öffentlicher Sektor mit gleichbleibender Uniformität in fast allen westlichen Ländern ausgebreitet. In Großbritannien zum Beispiel arbeiten 30 Prozent aller Angestellten auf irgendeine Art für den öffentlichen Dienst, insgesamt fast sieben Millionen Menschen. Wenngleich nur eine dreiviertel Million im engeren Sinn Staatsbeamte sind, arbeiten 1,7 Millionen für örtliche Verwaltungen. In Frankreich gibt es eine wesentlich größere Zahl von Beamten, weil mehr diese Berufsbezeichnung haben, insgesamt 3,7 Millionen, doch gehören hierzu eine Million Lehrer, fast eine halbe Million Postbeamte und die gleiche Anzahl ist im Krankenhaus tätig. Aber nur ein Fünftel (30,7 Prozent) der arbeitenden Bevölkerung, das heißt 4,5 Millionen Menschen, sind im öffentlichen Bereich auf die eine oder andere Art tätig, und die Verstaatlichungen der letzten Jahre haben diese Zahlen nur unmerklich angehoben. Frankreich unterscheidet sich nicht allzu sehr von der Bundesrepublik Deutschland, die ebenfalls viereinhalb Millionen Beamte und Angestellte des öffentlichen Dienstes zählt. Die Vereinigten Staaten bilden die Ausnahme, mit lediglich 2,7 Millionen Bundesbeamten (bei einer Bevölkerung, die fünfmal so groß ist), aber weitere 13 Millionen Angestellte arbeiten für Lokalverwaltungen, was zusammen 16 Prozent der arbeitenden Bevölkerung ausmacht.

Die alte Meinung über die französische Bürokratie fußte nie auf dem detaillierten Wissen, was wirklich in den Regierungsbüros vor sich ging. Mittlerweile ist deutlich geworden, daß die Rigidität der Zentralisation teilweise eine Fassade war. Bürokraten sind nicht alle aus einem Holz. Jedes Ministerium hat sein Rekrutierungsprogramm und seine eigenen markanten Beziehungen zur Öffentlichkeit. Bürokraten führen nicht nur Befehle aus. Sie haben auch ihren Stolz als Experten. Sie streben auch soziales Ansehen in ihren eigenen Gemeinden an. Je kleiner die Gemeinden, desto mehr werden sie zu deren Verteidigern gegenüber Paris und desto mehr zeigen sie, wie man die Vorschriften umgehen kann. In Städten unter 10000 Einwohnern sagen die Leute, daß sie mit ihren Bürokraten sehr zufrieden sind, während diejenigen in Städten mit über 20000 aussagen, sie seien sehr unzufrieden. Regierungspolitik wird in einer Serie von Kompromissen zwischen Bürokraten und den Repräsentanten örtlicher Körperschaften und Verbänden – Bürgermeistern, Präsidenten der Gemeindeversammlungen, Handelskammern usw. – ausgehandelt. Es gibt insgesamt 4500 beratende Gremien, denen die Regierung Aufmerksamkeit schenken muß. So ist die Politik in verschiedenen Regionen ganz unterschiedlich, mitunter richtet sie sich sogar gegen die Regierung. Frühere Regierungen haben versucht, dieses Chaos zu «rationalisieren», indem sie Frankreich in fünfundzwanzig Regionen aufteilten, aber das erhöhte nur die Zahl der zu schließenden Kompromisse. Dieselbe Regierungsentscheidung wird noch immer nicht im Elsaß und Languedoc auf dieselbe Weise befolgt. Soziologen haben die «periphere Macht» der örtlichen Persönlichkeiten entdeckt, die als Gegengewicht zur Regierung dienen, und sie haben fünf verschiedene Formen städtischer Verwaltung identifiziert: «ererbte Monarchie» in der Vendée, der «gewählte» Typus in der Lorraine, «egalitäre Demokratie» im Jura, «Oligarchie» an der Mittelmeerküste und «Föderalismus» im Limousin. Die Zentralgewalt überlebt, weil die Ortspersönlichkeiten wissen, wie sie zu umgehen ist; da diese Fähigkeit ihnen Gewicht verleiht, sind sie wenig geneigt, die Zentralgewalt abzuschaffen. Die Beamten sind ihrerseits in der Lage, die Vorschriften durch die Gewerkschaften zu ihrem Vorteil zu manipulieren, und sie haben sich zu einer Interessengemeinschaft zusammengeschlossen, die jede Regierung untergraben kann. Sie werden zuweilen mit dem Klerus verglichen, der öffentliches Interesse predigt, aber die örtliche Prominenz komplementiert oder mit ihnen Händel anbahnt; so wirken die Beamten als Mittler zwischen Kräften, die sie nicht kontrollieren können.

In ihrer bemerkenswerten detaillierten Studie, wie Regierungsentscheidungen zustandekommen und durchgeführt werden, gelangt Catherine Gremion zu dem Schluß, daß Frankreich nicht unter bürokratischer Verstopfung leidet, wie Tocqueville und seine Anhänger annahmen, sondern unter einer Art multipler Schizophrenie. Das soll bedeuten: Frankreichs Problem ist, daß es geteilt ist. Die Verwaltung enthält viele hochintelligente Beamte; sie ist ein «Treffpunkt für Ideen»; und da Beamte Ideen aus verschiedenen Bereichen der fragmentierten Gesellschaft aufgreifen, herrscht eine «organisierte Anarchie», wenn es darum geht, irgend etwas zu tun. Es ist nicht nur so, daß die Beamten mit Händen und Füßen ihre Gebräuche und Privilegien verteidigen; das ist überall ganz normal. Auch ist es nicht ganz so wichtig, daß junge Weltverbesserer gegen die alte Garde kämpfen.

Der entscheidende Faktor, von dem heute angenommen wird, daß er die Laufbahn der höheren Beamten bestimmt, ist, wieviel Zeit er außerhalb der gewöhnlichen Karrieremuster verbracht hat, besonders auf Missionen im Ausland. Wenn die Regierung ein neues Projekt ankündigt, wird es als beständiges, logisches Ganzes dargestellt, das aber nur sorgsam die verschiedenen Vorbehalte der einzelnen Beteiligten kaschiert, die sich auf diesen Kompromiß haben einigen können. Rivalisierende Ministerien stimmen in ihrer Ablehnung gegen versteckte Kompromisse, die der Öffentlichkeit nur selten bewußt gemacht werden, überein.

Es gibt Präfekte, die offen sagen, daß, da Beförderungen nur denen blühen, die sich in keine Kontroversen einlassen, sie «sich entschieden haben, gar nichts zu entscheiden». Aber es gibt auch andere, die vor Energie bersten, gern Risiken übernehmen und ihr *Département* regieren wie altmodische Gouverneure. Wieder andere versuchen der öffentlichen Meinung zu folgen, und nicht wenige wurden vom technokratischen Idealismus gestochen. Es war einst modisch, ausländische Vorbilder zu kopieren, besonders die amerikanischen, selbst nachdem offenkundig wurde, daß sie in Frankreich anfingen zu versagen. Catherine Gremion schließt mit den Worten, daß «die Geschichte der Einzelpersonen mit berücksichtigt werden muß» von jedem, der wissen will, wie Reformen sich auswirken werden. Das zeigt einen wichtigen Schritt in den Ansichten der Experten für Verwaltung. Frankreich wird von den Gelehrten endlich als Gebilde aus Einzelpersonen erkannt, von denen zwei nie ganz gleich handeln. Die Starrheit der Bürokratie ist natürlich weitgehend eine Ausrede, mit der sich Starrköpfe schützen können, weil sie Angst haben vor ihren Vorgesetzten, vor ihren Mitmenschen oder vor sich selbst.

10 Wie sich Manager von Aristokraten unterscheiden

Der Duc de Brissac ist für jeden der Inbegriff der alten Aristokratie. Er besitzt sowohl ein herrliches Schloß in Anjou als auch drei weitere Häuser und ist Erbe einer Dynastie, die viele Jahrhunderte alt ist und vier Marschälle Frankreichs hervorbrachte. Aber er ist auch ein begabter Absolvent der Polytechnique, ein Ingenieur, der zu einem der Direktoren von Schneider-Westinghouse aufstieg, einer Fusion französischer und amerikanischer Technologiemächte. Sicher, er hat die Tochter seines Chefs geheiratet, May Schneider, Erbin eines der wichtigsten französischen Industrieunternehmen, aber das gehört fast zur Familientradition. Seine Vorfahren heirateten die Erbin der Champagnerfirma Veuve Clicquot und die Erbin der Say Zuckerraffinierien. Er ist Präsident des aristokratischsten Clubs in Frankreich, des «Jockey», wo allein entscheidend ist, wer der eigene Vater war. Aber er hat auch Talent als Autor von einem halben Dutzend Bücher gezeigt und sich als vielseitiger Sportler erwiesen. Man könnte ihn als führenden Experten des Landes für Privilegien bezeichnen, denn es gibt kaum ein Privileg, das er nicht genießt; und er schämt sich dessen keineswegs. Er meint von sich selbst, daß er nicht irgend jemand ist, auch wenn er nur eine

Stimme bei Wahlen hat. Autorität, sagt er, ist ihm sehr natürlich: «Selten habe ich in meinem Leben meine Stimme erheben müssen, um mir Gehör zu verschaffen.» Er gibt zu, daß es ungerecht sein mag, daß es seinesgleichen zusteht, stets zu kommandieren, aber so ist die Welt nun einmal. «Einige Mädchen sind hübsch, andere häßlich. Jeder von uns muß das beste aus seinen Begabungen machen.» Er versucht nicht, andere davon abzubringen, Ambitionen zu entwickeln und aufzusteigen. Ambition ist eine gute Sache. Aber es ist sinnlos, sich selbst übertreffen zu wollen. Die moderne Welt fußt mehr auf der Anregung des Wunschdenkens als auf der Befriedigung von Bedürfnissen. Die Menschen meinen, sie würden zweimal so glücklich sein, wenn sie zwei Autos besäßen, aber das ist falsch. Seinen eigenen Besitz betrachtet er lediglich als «Verantwortung». Wenn das alles zu altmodisch und bevormundend klingt, nun gut, meint er, Bevormundung ist auch nicht schlimmer als die kalte Anonymität des modernen Kapitalismus. Aber er verneint, daß seine Ansicht statisch sei. Er ist stolz, sich den Zeiten angepaßt zu haben, im Gegensatz zu seinem Vater, der Demokratie einfach übertrieben fand und jeden, der damit etwas zu tun hatte, als Schwein bezeichnete: *les cochons*, die Minister; *les cochons*, die Steuereintreiber. Die Tochter des Herzogs heiratete einen berühmten Technokraten, Simon Nora. Die Ehe endete schließlich mit Scheidung: «Unsere Dörfer lagen zu weit auseinander», kommentiert der Herzog, denn Noras Vater war ein gewöhnlicher, bürgerlicher Arzt. Doch das stimmt nicht. Nora ist ein leibhaftiges Mitglied der neuen Aristokratie, auch wenn er kein Adelsprädikat besitzt.

Es mag merkwürdig erscheinen, in einer postrevolutionären Republik von Aristokratie zu sprechen. Was ist mit Freiheit, Gleichheit, Brüderlichkeit? Die Worte stehen auf den Münzen und auf den öffentlichen Gebäuden, aber ihre Bedeutung im täglichen Leben ist weniger offensichtlich. Freiheit bedeutet, daß man in Maßen sagen und tun kann, was man will, aber nur unter der Voraussetzung, daß man weiß, wie man um die Vorschriften und Regeln der Bürokratie herumkommen kann. Zum Beispiel gestattet das am häufigsten gedruckte Gesetz vom 29. Juli 1881 der Regierung und den Haus- und Grundbesitzern, auf Häusermauern die Aufschrift anzubringen, «Es ist verboten, Aufschriften anzubringen», *défense d'afficher*. Einige entdeckten, daß dieses Gesetz Regenrinnen nicht berücksichtigt, und so sind sie zu freien Plakatflächen geworden. Gleichheit bedeutet, daß man so viel wert ist wie jeder andere auch, aber selbst sozialistische und kommunistische Minister verdienen sechsmal so viel wie Arbeiter; und wieviel Steuern der einzelne zahlen muß, hängt noch immer von seinem Einfallsreichtum und von seiner Ehrlichkeit ab, da Steuerhinterziehung noch immer eine Art Volkssport ist. Brüderlichkeit bedeutet, daß es staatliche Hilfe für die Alten, Kranken und Arbeitslosen gibt, aber eine Schule brachte es irgendwie fertig, drei Eßzimmer für ihre Lehrer einzurichten, so daß diejenigen mit höheren akademischen Würden, diejenigen mit einfachen Graden und diejenigen mit einfachem Staatsexamen alle getrennt essen konnten.

Die Franzosen erfanden ihr Motto vor 200 Jahren, aber sie haben ebensoviel Energie aufgewendet, die Worte zu umgehen, wie sie durchzusetzen. Die Alternative, das *Système D* (D steht für *débrouillard*, was so viel bedeutet wie die Kunst, sich vorbeizumogeln, Hindernisse zu umgehen), mündet häufig in den Wettstreit, besser als der Nachbar zu sein. Die Behauptung, daß seit dem Zweiten Weltkrieg eine neue Ära begonnen habe, daß es einfach zwei Arten von Franzosen gibt, die modernen und die alten, die langsam aussterben, führt nicht weiter, weil sie die Frage, was die Erneuerer wirklich wollen und wie sie sich von ihren Eltern unterscheiden, verdeckt. Der Unterschied zwischen altmodischen und neumodischen Franzosen ist genauso unklar, wie die herkömmliche Unterscheidung zwischen Bourgeois und dem Volk. Sie ist noch hoffnungsloser als die alte Teilung der Engländer in Gentlemen und den Rest, denn zumindest war der Gentleman kein ungehobelter Kerl. Wichtiger als die vage Unterscheidung nach gesellschaftlichen Klassen ist mir die Frage, wie sich die Menschen zueinander verhalten, wie sie menschliche Beziehungen verstehen, was sie aus ihrem Leben zu machen versuchen. Die Anwendung dieser Kriterien auf die arbeitende Bevölkerung führt zur Aufteilung des französischen Volkes in drei Gruppen: diejenigen, die gerne andere führen oder ihnen befehlen und an Hierarchie glauben, wenn auch aus ganz verschiedenen Gründen; diejenigen, die ihren Chef hassen oder ablehnen oder ihn bekämpfen, ohne die hierarchischen Beziehungen durch andere ersetzen zu wollen; und schließlich diejenigen, die versuchen, aus dem hierarchischen System auszusteigen und ein Leben zu führen, das anderen keine Beschränkungen abverlangt. Der Duc de Brissac illustriert offensichtlich die erste Kategorie. Weit davon entfernt, der letzte einer aussterbenden Rasse zu sein, gehört er vielmehr einer wachsenden Zahl von ambitionierten Menschen an, die, stets darauf bedacht zu befehlen, eine neue Art der Aristokratie aufgebaut haben.

Der alte Adel ist der unwichtigste Teil der gegenwärtigen Aristokratie. Ein Adelstitel zählt nur bei wenigen – außer bei denen, die einen tragen. Er ist mehr ein Kennzeichen der Mitgliedschaft in einer genealogischen Gesellschaft, denn der Adel hat das größte Familiennetz im Land entwickelt, indem er vorteilhaften Eheschließungen große Aufmerksamkeit schenkte. So haben sie noch immer mehr als ihren gerechten Anteil an Führungspositionen in der Industrie (in der ungefähr ein Viertel der Nachkommen beschäftigt ist; ein Fünftel ist in der Armee, ein weiteres in der Landwirtschaft, ein Zehntel sind Bankiers). General Alain de Boissieu Dean de Luigné zum Beispiel, früher Chef des Armeestabs, heiratete General De Gaulles Tochter. Drei seiner Verwandten teilen sich zwanzig Direktorenposten. Natürlich sind Adlige schon immer sowohl Gegner als auch Mitglieder des Establishments gewesen. So überrascht es nicht, daß einer der militanten maoistischen Arbeiter, die vor einigen Jahren in der Renault-Fabrik verhaftet wurden, der Comte de Choiseul-Praslin war, und einer der Führer der bretonischen Kommunistischen Partei ist der Comte Meriadec de Gouyon-Matignon. Immerhin hatte der Adel die Revolution von 1789 angefangen. Doch während sich der englische Adel recht gleichmäßig unter Whigs und Tories, Liberalen und Konservativen aufteilte, so daß niemals Gefahr bestand, einmal völlig in Verruf zu geraten, haben die französischen Adligen damals die Nerven verloren. Sie wußten nicht, wie sie ausreichend große Zugeständnisse machen sollten, um ihre Führungspositionen zu behalten.

Der Comte de Paris, Anwärter auf den Thron, hatte einst Hoffnungen auf die Rückkehr zur Monarchie gehegt. Er glaubte, General de Gaulle erzeuge einen charismatischen Strom, der überdauernde Wirkung zeigen könne. Der General ermutigte ihn in seinen Hoffnungen, behandelte ihn mit größter Höflichkeit und versicherte ihm, die Aufmerksamkeit der Klatschkolumnisten, die endlos über jedes andere Königshaus schrieben, nur nicht über das französische, würde sich schließlich auch ihm zuwenden. Doch der Graf zählt immer noch nichts, denn er hat nicht verstanden, daß eine Königsfamilie oder vielmehr der gesamte Adel nicht populär sein kann, wenn er nur ein einziges Prinzip verkörpert, nämlich nationale Einheit oder Autorität. De Gaulle war erfolgreicher, denn er gewann Stimmen von rechts und von links. Die englische Königsfamilie überlebt, weil sie so vielseitig ist und jedes Familienmitglied ganz eigene Ansichten einbringt. Sie verkörpert Freimütigkeit, aber auch Wettbewerbsfähigkeit ebenso wie Etikette, Humor, Pferde, Technologie, Glanz und sogar enttäuschte Liebe. Es gibt wenigstens ein Element, mit dem sich jeder identifizieren kann. Die britische Monarchie ist nicht wirklich eine im wesentlichen ererbte Institution, weil sie sich ständig verändert hat. Im 18. Jahrundert war sie recht unpopulär, und sie hat wiederholt neue Wege gefunden, an

Beliebtheit zu gewinnen. Dagegen weigerte sich der Comte de Paris, an der Hochzeit von zwei seiner Kinder teilzunehmen, weil die zukünftigen Schwiegereltern unter seiner Würde waren. Die unterschiedlichen Schicksale der englischen und französischen Königshäuser liegen nicht in den grundsätzlich verschiedenen Mentalitäten der beiden Länder begründet, sondern im Geschick der einen Familie und in der Inkompetenz der anderen. Den Snobismus des Comte de Paris hätte man noch hinnehmen können, wenn er wenigstens ein paar andere typisch aristokratische Unarten an den Tag gelegt hätte. Jemanden danach zu beurteilen, wer seine Eltern sind, ist nicht nur traditionelles Merkmal des alten Adels, das gab und gibt es auch in anderen Klassen, und die gutsituierte Bourgeoisie hat wie der Adel ihren eigenen Almanach, in dem Eheverbindungen aufgeführt werden wie in einem Gestütbuch – mit unendlichem Feinsinn für Statusabstufungen. Menschen, die Adelsprädikate führen, sind nicht unbedingt Aristokraten im heutigen Sinn des Wortes. Eine der Überraschungen der französischen Geschichte ist, daß in der Revolution die Adligen geköpft wurden, aber irgendwie gibt es heute mehr denn je. Die Erklärung liegt darin, daß zusätzlich zu den 4000 uradligen Familien, die jene 12000, die im Jahre 1789 existierten, überlebten, vielleicht zehnmal so viele heute vorgeben, adlig zu sein. Sie eigneten sich Titel an, auf die sie keinen Anspruch haben. Aber Aristokratie impliziert Macht und Prestige, und viele Familien mit Titel haben heute von beidem recht wenig.

So könnte man sagen, daß der Marquis de Brissac einer anderen sozialen Schicht angehört als sein Vater. Er hat jenen wichtigen Einfluß auf andere Menschen nicht mehr, den sein Vater als Oberhaupt noch ausübte. Er ist vielmehr ein Rentier, ein Mann, der von einem ererbten Vermögen lebt, mit all den Problemen, die ein bürgerlicher Rentier kennt, dessen Reichtum nicht ganz ausreicht. Er ist ein Mann mit feinen Manieren, der keinen Grund sieht, am Wettbewerb des Lebens teilzunehmen. Er ist am glücklichsten, wenn er mit seinen Pferden und

Hunden zusammen ist. Er verbringt in der Tat sehr viel Zeit auf der Jagd oder mit der Pflege seiner vierzig Jagdhunde, die er alle mit Namen kennt (Conquérant, Protocol, Francophone, Impudent, Ingénu usw.) Er kennt sie von Geburt auf: «Ich kenne ihre Väter und ihre Großväter. Sie sind für mich wie eine zweite Familie.» Ein Jäger, der in örtlichen Angelegenheiten keine Rolle spielt, ist ein Sportler, aber kein Aristokrat. Der Marquis hat tatsächlich eine neue Rolle seiner Klasse gefunden – als Erb-Museumswärter. Er liebt sein Haus, ein herrliches *Château* aus dem 15. Jahrhundert; er und seine Frau haben sich seit ihrer Hochzeit der Restaurierung verschrieben und leben von den Einnahmen, die ihnen die Öffnung für die Allgemeinheit einbringt. Er organisiert «angesehene Abendessen» für Geschäftsleute, die genug Geld übrig haben und Geschmack für antike Pracht besitzen. Sein junger Sohn meint, das Leben im Schloß sei ein «Paradies». Er will die gleiche Laufbahn anstreben wie Papa. Die Familie betrachtet dies als eine Art von Geschäft. Die Marquise spricht davon, das Schloß in *une affaire* zu verwandeln, eine Gemütsvitrine daraus zu machen und arbeitet mit großem kaufmännischen und künstlerischen Geschick daran. Sie hat sich unlängst mit mehr als vierzig Jahren als Theologiestudentin in der nahegelegenen Katholischen Fakultät von Angers eingeschrieben. Das hat ihr geholfen, einen weiteren Lebenssinn zu finden, der darin besteht, Gott zu ehren und in den Himmel aufzusteigen. Christ sein bedeutet für sie nicht, daß man all seine weltlichen Güter aufgeben muß, um errettet zu werden. Sie glaubt nicht, daß ein Reicher größere Schwierigkeiten hat, den Himmel zu betreten als ein Armer: «Es sind nicht die eigenen Verdienste, die einen in den Himmel kommen lassen, sondern die Verdienste von Jesus Christus.» So studiert sie die Dreifaltigkeit, während ihr Mann jagen geht. Jeder hat seine eigene Welt geschaffen, in der beide mehr oder weniger Zufriedenheit gefunden haben, er wahrscheinlich mehr als sie, denn er hat ein wesentlich unbeschwerteres Temperament.

Als ich ihn fragte, was er von der Leistungsgesellschaft halte, wußte er einen Moment lang nicht, was das Wort bedeutet.

Im Gegensatz dazu gibt es Menschen in der Arbeiterklasse, die glauben, daß sie die Fähigkeit besitzen, ihresgleichen herumkommandieren zu können und die hoffen, daß ihre Kinder an die Spitze gelangen. Monsieur Perrin ist Chef der Produktion in der Rossignol-Skifabrik bei Voiron im Isère, eines der dynamischsten Unternehmen Frankreichs und einer der weltweit größten Hersteller von Skiern und Tennisschlägern, mit Produktionsstätten in mehreren Ländern. Er begann nach einer Drechslerlehre als einfacher Arbeiter, hatte aber immer davon geträumt, «das Kommando zu übernehmen». «Zu befehlen ist meine Berufung», sagt er. Nach acht Jahren wurde er zum Vorarbeiter befördert, sechs Jahre später für seinen gegenwärtigen Posten ausgewählt, und heute steht er mehreren hundert Männern und Frauen vor. Er sieht seinen Aufstieg als «logisch» an, weil «man seinen Charakter nicht ändern kann», gibt sich demonstrativ hart, treibt sich selbst genauso streng wie alle anderen an. Es stört ihn nicht, wenn man ihn hart nennt. Die Arbeiter mögen ihn nicht, aber er akzeptiert das. Er hat sein ganzes Leben lang elf Stunden am Tag gearbeitet, manchmal dreizehn. Seine Philosophie ist, daß man «soviel wie möglich aus sich herausholen muß». Er stellt auch an andere hohe Anforderungen: er durchschreitet die Fabrik mit einem sichtbaren Gefühl von Autorität, gibt seine Anweisungen ohne Umschweife, aber höflich, und keiner widerspricht ihm. Er glaubt, daß es richtig ist, daß er mehr verdient als seine Untergebenen, weil er hart für sein Ziel gearbeitet hat, und, so behauptet er, es stehe anderen offen, das gleiche zu tun. In Frankreich, behauptet er, könne jeder, der will, aufsteigen. Er drängt seine Kinder in die gleiche Richtung und hofft, daß auch sie das beste aus ihren Fähigkeiten machen werden. Er steht jeden Morgen um fünf Uhr auf, um seiner Tochter bei ihren Hausaufgaben zu helfen. Sein enges Familienleben ist seine große Freude. Die Wochenenden verbringt er mit Angeln, Jagd und Gartenarbeit, woran sich seine Frau und seine vier Kinder beteiligen. Er spricht abwertend von seinem Nachbarn, ebenfalls ein Manager, der vom Erfolg dazu verführt wurde, ein so reges gesellschaftliches Leben zu führen, daß er kaum seine Kinder sieht. Er erschaudert vor den unabsehbaren Folgen, wenn Kinder sich selbst überlassen werden. Wenngleich er mit seinem Job zufrieden ist, wartet er auf weitere Beförderungen und wäre bereit, dafür jede Art erforderlicher Weiterbildung in Kauf zu nehmen. Sein Streben ist sein Lebensinhalt.

Die Franzosen sehen sich gern als unabhängige Menschen, die sich nicht herumkommandieren lassen. Aber viele haben offensichtlich gern selbst das Sagen über andere. Denn in den dreißig Jahren nach dem Krieg hat der Wunsch, Manager zu werden, so weit um sich gegriffen, daß sich ihre Anzahl verdoppelt hat, die der Vorarbeiter verdreifacht. So steht über zwei Arbeitern jeweils ein dritter, der ihnen sagt, was sie zu tun haben. Der Mythos, daß die Franzosen egalitärer seien als die Deutschen, hat sich deutlich als falsch erwiesen, denn sie haben doppelt so viele Vorarbeiter wie die Deutschen. Die enorme Expansion der Managerklasse gab vielen Menschen das Gefühl, sie könnten es in der Welt zu etwas bringen. Aber die Rezession setzte dem ein Ende, und Manager beschweren sich heute, daß der bürokratische Apparat, den sie selbst aufgebaut haben, nunmehr ein Hindernis für ihre persönliche Kreativität darstellt. Das eröffnet die Hoffnung auf eine neue «Revolte des Adels.» Denn eine erstaunliche Eigenschaft der französischen Manager besteht darin, daß sie eine wesentlich stärker erblich geprägte Klasse sind als in vergleichbaren Ländern. Ein deutscher Journalist hat errechnet, daß in Deutschland nur ein Viertel der Manager in den 200 größeren Firmen Söhne reicher Familien sind, in Frankreich dreiviertel, in den Vereinigten Staaten nur zu weniger als zehn Prozent. Es ist sicher noch möglich, ein kapitalistischer Chef zu werden (eine Viertelmillion hat den Status), wenngleich

Frankreich nicht das Land der geschäftlichen Möglichkeiten darstellt, das die Vereinigten Staaten sind: zehnmal mehr neue Firmen werden dort jedes Jahr gegründet. Dennoch stammen drei Fünftel der Bosse in kleinen und mittelständischen Betrieben aus bescheidenen Verhältnissen. Das bedeutet, daß die Karriere vom Tellerwäscher zum Millionär nicht so ungewöhnlich ist. Aber die leitenden Köpfe der großen Firmen kommen zumeist aus gehobenen Verhältnissen.

Frankreich gelang es nicht, die Aristokratie 1789 abzuschaffen, denn die Leistungsgesellschaft, die an ihre Stelle trat, hat die Vererbung von Macht und Privilegien nicht beseitigt. Die originellste Form der französischen Steuer ist die auf «Zeichen des Reichtums». Man wird besteuert, wenn man eine Yacht besitzt, Pferde, ein Schloß. Das bewirkt, daß insgesamt die Reichen in Frankreich bei weitem diskreter sind als in anderen Ländern. Die einheitlichen Fassaden der Straßen von Paris sind dazu bestimmt, Reichtum eine Privatangelegenheit sein zu lassen. Die Prachtentfaltung des alten Adels ist beseitigt. Aber die Reichen wurden nicht beseitigt. Vor einigen Jahren erstellten Experten Zahlen, die dafür sprechen, daß Frankreich weitaus größere Extreme von arm und reich kennt als jede andere westliche Nation, selbst als die Vereinigten Staaten und Großbritannien. Wenngleich der Staat den Reichen den Krieg erklärt hat, überlebt die Aristokratie – schon deshalb, weil die hohe Beamtenschaft selbst zu einer erblichen Elite geworden ist. In der fünften Republik werden hohe Beamte zunehmend Minister und Mitglieder der Nationalversammlung; es gibt weniger Parlamentarier, die der Arbeiterklasse entstammen als in Großbritannien oder den Vereinigten Staaten, und der Anteil derer, die aus der Oberschicht kommen, ist seit dem Krieg stetig angewachsen. So ist die Vorstellung, daß Frankreich eine Republik mit Gleichheitsprinzip ist, daß jeder französische Soldat in seinem Tornister den Marschallstab trägt und jeder Arbeiter hoffen kann, zum Direktor aufzusteigen, zugleich wahr und falsch, aber mehr falsch als wahr. Die Mehrheit der französischen Oberschicht verdankt ihren Vätern ebensoviel wie ihren eigenen Fähigkeiten.

Der Wunsch, Boss zu sein, sagt Yvon Gattaz, Vorsitzender der Föderation der Arbeitgebervereinigungen, ist «angeboren», entweder man hat ihn oder nicht; er «steckt einem in den Chromosomen». Er meint, es sei die Tragödie Frankreichs, daß viele, die das Zeug zum Chef haben, von der Feindseligkeit, die den Chefs von ihren Arbeitern entgegengebracht wird, und von der Vorstellung, daß ein Chef Mitglied der ausbeuterischen Elite sei, abgehalten werden. Ein Chef, sagt er, ohne sich um das Paradox zu scheren, sei vor allen Dingen ein Nonkonformist. Er erklärt seinen eigenen «Nonkonformismus» als ererbt. Sein Vater war ein Lehrer, der seine sichere Stellung aufgab, um Maler zu werden. Sein eigenes Unternehmen zu besitzen, war für Gattaz eine Art, «sich selbst auszudrücken, meine eigene Identität zu finden, wie die Psychologen sagen». Im Alter von siebenundzwanzig gab er seinen sicheren Posten als Metalleinkäufer bei Citroën auf, um seine eigene Firma zu gründen. «Ich fragte Dutzende von Leuten um Rat – sie waren alle einer Meinung: ‹Nein, laß die Finger davon.› Es gibt einen wichtigen Faktor in solchen Entscheidungen, den der Familie, besonders der Ehefrau. Zu häufig werden Nonkonformisten von ihren Frauen zurückgehalten, die sagen: ‹Ich war die Frau eines Chefingenieurs und soll jetzt die Frau eines Handwerkers werden. Das ist nicht ehrenhaft.› Ein Mann braucht Mut, um dem zu widerstehen.» Gattaz sieht den Chef als jemanden, der Risiken liebt. «Die Risikofreudigkeit nimmt mit der Zeit unerbittlich ab. Mit dem Alter, mit der Bequemlichkeit, mit der Sicherheit, mit Familienverpflichtungen und mit unerfolgreichen Erfahrungen wird sie unweigerlich immer kleiner werden.»

Er ist zweifellos durch die Tatsache ermutigt worden, als geborener Gewinner auf die Welt gekommen zu sein. «Die Schule brachte ich leicht und schnell hinter mich. Ich hatte das Glück, sehr schnell in der Ecole Central für Ingenieure aufgenommen zu werden.» Er wurde im Laufschritt bei Citroën befördert und hatte Aussicht, die oberste Etage des Unternehmens zu erreichen. «Aber ich zog es vor, gesellschaftlich abzusteigen und einen Kleinbetrieb mit zwei Angestellten aufzumachen. Ich hatte immer davon geträumt, meinen eigenen Betrieb zu eröffnen, unabhängig zu sein und meiner Phantasie freien Lauf zu lassen. Ich hatte das Glück auf meiner Seite, weil ich einen Bruder im gleichen Alter hatte, der ebenfalls Ingenieur ist. Wir kommen gut miteinander aus und ergänzen einander sowohl im Charakter als auch beruflich. Ohne zu viel Bescheidenheit hatten wir das Gefühl, wir könnten sehr gute Unternehmer werden, was dann auch mehr oder weniger geschah. Es war der Wunsch, auf eigenen Füßen zu stehen, nicht so sehr der etwas kindliche Wunsch, den wir alle in uns haben, ein Vermögen zu machen. Viele glauben, wir wären durch den Mythos aus amerikanischen Filmen beeinflußt, die Menschen in aufwendigen Villen und kostspieligen Autos zeigen. Ich sage nicht, daß das keine Rolle gespielt hat, aber ich glaube, der Hauptgrund war unser Wunsch, uns selbst zu verwirklichen, unseren Wunsch nach Unabhängigkeit und die Freude am Risiko, vielleicht unsere Freude am Kommandieren, was landläufig der Wille zur Macht genannt wird, aber ich will keine große Macht, sondern die Macht, die aus der Unabhängigkeit entspringt.»

Gattaz machte sich einen Namen, indem er die Tugenden mittelständischer Unternehmen predigte, jener Unternehmen mit «menschlichen Dimensionen». Er kennt jeden in seiner Fabrik mit Vornamen (auch wenn sie ihn immer noch Monsieur nennen). Gattaz will seine Angestellten glücklich machen, aber nicht zu Gleichen. Der Chef muß Chef bleiben. Das sozialistische Ideal der Mitbestimmung, sagt er, ist von politischer Ideologie bestimmt, nicht von der Realität des Geschäftslebens. Er favorisiert die Dezentralisation der Unternehmen in Gruppen von 200 oder 300 Arbeitern und kleine Spezialistenteams und fordert, den Arbeitern mehr Information zu geben, was ein Gesetz von 1977, das seit 1982 in Kraft ist, zur Pflicht gemacht hat. Er befürwortet Teilzeitbeschäftigung als Bereicherung des Lebens und zugleich als Antwort auf die Arbeitslosigkeit und verweist auf ein Gesetz von 1975, das Arbeitnehmer für alle Nachteile entschädigt, die sich daraus ergeben, daß ein Arbeitsplatz geteilt wird. Aber das Gesetz ist bislang weitgehend ignoriert worden. Schließlich gibt er seinen Arbeitern ein Zehntel ihrer Zeit frei für «öffentliche Arbeiten».

Gattaz hat errechnet, daß nur 0,3 Prozent der Ingenieurabsolventen der *grandes écoles* ihre eigenen Unternehmen gründen. Er will eine neue Mode initiieren und die Anregungen der Erfolgsgeschichte amerikanischer Millionäre und von Renault, Citroën und Michelin wiederbeleben. Erfolg bedeutet für ihn jedoch nicht nur ein Leben im Luxus – er investiert alle Gewinne in seine Firma und bezieht nur ein Gehalt. Es ist teilweise der gesellschaftliche Erfolg, zum «Establishment zu gehören», teilweise das Gefühl, «ein Team anzuführen». Unabhängigkeit ist ein wenig illusorisch, denn «ein Unternehmen ist wie eine Geliebte», und es ist der Kunde, der bestimmt. Er arbeitet sechseinhalb Tage in der Woche, und erst kürzlich hat er sich einen Jahresurlaub von zwei Wochen gegönnt. Sein Unternehmen ist trotz der weltweiten Rezession ständig gewachsen, weil er sich auf ein bestimmtes Teil für elektronische Ausrüstungen spezialisiert hat, Koaxial-Verbindungen. In diesem Bereich ist er der zweitgrößte Produzent der Welt geworden – mit 800 Arbeitnehmern. Die amerikanischen Branchenführer produzieren Standardtypen, er erfüllt Sonderwünsche. Sein zweiter Mann am Ruder ist ein Franzose, der an der Stanford Business School in Kalifornien ausgebildet wurde. Er hat noch nicht entschieden, was geschehen soll, wenn die Firmengründer sterben. Er ist überzeugt, daß seine Kinder nicht einfach die Firma erben werden; wenn sie Unternehmer werden wollen, sollen sie ihre eigene gründen. Aber man muß abwarten, um zu sehen, ob er ihnen dabei helfen wird, abgesehen von ihrem Privileg, schon eine ausgezeichnete Erziehung genossen zu haben. Er ist weniger bereit, seinen Angestellten eine Beförderung in Aussicht zu stellen, als ihnen dabei zu helfen, ihren eigenen Betrieb zu gründen. Er hat bislang fünf Mitarbeitern geholfen, sich auf eigene Füße zu stellen, und er hat ein Beratungszentrum «Allo Création» gegründet, um weitere anzuregen. Aber er hilft nur denen, «die es verdienen, denn man muß vorsichtig sein, nicht die anzutreiben, die nicht die nötige Charakterstärke besitzen». Und gegenüber der rivalisierenden Anziehung einer Beamtenstellung erklärt er sich hilflos: «Deren Prestige hat noch keiner ändern können. Das ist der Gipfel aller Gipfel. Aus meiner Sicht ein Ansehen, das weit übertrieben ist, weil viele Beamte werden, um ein ruhiges Leben zu führen und in totaler Sicherheit dahinzuschlummern.»

Ein wichtiger Bestandteil der Aristokratie des alten Regimes waren die Äbte reicher Klöster, deren Besitz sich ständig mehrte. Ihr zeitgemäßes Gegenstück sind multinationale Firmen, die in gleicher Weise ständig wachsen. Heute besitzen Multinationale (europäische und amerikanische Unternehmen zu etwa gleichen Teilen) zirka ein Fünftel der französischen Industrie: das ist die Gesamtzahl, doch haben sie am meisten in die Wachstumsindustrien investiert. Sie besitzen vier Fünftel der Maschinenindustrie, 68 Prozent der Ölindustrie, 60 Prozent der landwirtschaftlichen Maschinenhersteller, 51 Prozent der chemischen Industrie, 41 Prozent an Minen und Erzen, 39 Prozent der pharmazeutischen Industrie, 36 Prozent der Präzisionsinstrumentenherstellung, 28 Prozent der elektrischen Haushaltsgeräteindustrie. So kann man von französischen Geschäftsleuten nicht immer annehmen, daß sie sich so verhalten, wie man es von den Franzosen früher erwartete. IBM Frankreich besteht darauf, französisch zu sein; alle Direktoren sind Franzosen, auch wenn sie in den Vereinigten Staaten ebenso ausgebildet wurden wie in Frankreich. Aber Jacques Maisonrouge, vormals Chef von IBM Europa, sagt, er sei von der Idee angetan, daß man es aus eigener Kraft schaffen muß – was er bezeichnenderweise als amerikanische und weniger als französische Vorstellung versteht –; daß man abgleitet, wenn man versagt; daß es keinen Sinn hat, auf den allumsorgenden Staat zu warten, um die Gesellschaft zu verbessern. In den Kantinen der Motorola-Fabrik bei Toulouse sind die sozialen Unterschiede theoretisch abgeschafft. Manager und ihre Untergebenen essen alle zusammmen und sprechen sich mit Vornamen an; jeder ist oberflächlich freundlich, aber wenn es zu Meinungsverschiedenheiten kommt, «werden die Messer gezückt». Als IBM Frankreich von einer alteingesessenen französischen Bank Geld lieh, wurde die Vereinbarung in einem Brief von nur einer Seite Länge abgefaßt. Als sie von der Pariser Niederlassung der Chemical Bank of New York Geld aufnahm, umfaßte der Vertrag zehn Seiten; als sie von der Morgan Guarantee Bank, die in Frankreich seit langem angesiedelt ist, Geld lieh, reichte ein Vertrag von fünf Seiten aus. Amerikanisierung ist nicht immer gleichbedeutend mit Ungezwungenheit, es bedeutet auch größeren Einfluß vorsichtiger Rechtsanwälte.

Die modernen Feudalbarone sind die Industriemagnaten. Mit der Zeit werden sie zweifellos von Rechtsanwälten und Buchhaltern ersetzt werden. Die Kunst zu befehlen ist offensichtlich dabei, wieder aufgefrischt und modernisiert zu werden. Das Auguste-Comte-Institut wurde von Präsident Giscard d'Estaing als Superunternehmerschule gegründet, in der Manager und Beamte mit zehnjähriger Berufserfahrung, die vorgesehen sind, in die höchsten Kreise der Macht aufzusteigen, ein Freijahr verbringen sollten, um ihre Methoden zu überdenken. Die Sozialisten mochten das Elitedenken dieser Idee nicht, und eine der ersten Handlungen nach der Machtübernahme war die Schließung des Instituts. Es war in den alten Gebäuden der Polytechnique in der Rue Descartes eingerichtet worden, die dem neuen Ministerium für Forschung und

Technologie übergeben wurden. Aber das Institut verkörperte die Ansichten der Verfechter eines liberalen Kapitalismus, von Männern, die weiterhin Schlüsselpositionen im Land innehaben. Der Vorsitzende war der Physiker Michel Lafon, ein Absolvent der Polytechnique und der Hochschule für Telekommunikation, der als Regionaldirektor von Telecommunication in Orleans entdeckt hatte, «daß meine Probleme nicht technischer, sondern menschlicher Natur waren. Wenn ich die Bürgermeister nicht für meine Pläne gewinnen konnte, konnte ich meine Arbeit nicht ausführen.» Er merkte bald, daß manche Bürgermeister die Tagesmitte, von 12 bis 17 Uhr, beim Mittagessen verbrachten und daß dort die Entscheidungen getroffen werden. Sein Problem war, wie er zum *Déjeuner* eingeladen werden konnte. Seine technische Ausbildung hatte ihn völlig unvorbereitet gelassen. Er hatte Quantenmechanik gelernt, aber nie benutzt. Mathematik sollte ihm Denkschärfe einflößen, aber er glaubt, das sei ein Fehler gewesen. Denkschärfe kommt gleichermaßen von harter Arbeit wie aus der Mathematik, und ein «mehr» an Philosophie hätte er vorgezogen, da sie ihn gelehrt hätte, zu interpretieren und an Diskussionen teilzunehmen. In der Hauptsache hatte er gelernt, wie man ein Thema schnell innerhalb einer Woche vor einer Prüfung beherrscht, das heißt, rasch zu arbeiten. Wenn er jetzt sieht, wie seine Tochter für ihr Abitur höhere Mathematik büffelt, meint er, die Suche nach mehr und mehr Wissen sei zu weit gegangen.

Er wollte, daß das Institut so etwas anbietet wie die Yale-Kurse für Organisation und Management, die Menschen aus verschiedenen Teilen der Geschäftswelt zusammenbringen, um zukünftige Trends zu studieren. Aber er meinte, daß, wenngleich die Absicht aus Amerika stamme, die Instituts-Methoden zu sehr in der französischen Tradition verhaftet blieben, weil die Kurse von Spezialisten abgehalten wurden. Es trifft sicherlich zu, daß amerikanische Geschäftsleute sehr viel praktische Erfahrung haben und ihnen mehr Theorie fehlt, aber ihre französischen Kollegen waren in der entgegengesetzten Situation. Den Ingenieuren in Frankreich mangelte es an sozialem, kulturellem und historischem Hintergrund. «Das alte Befehlssystem kann nicht aufrechterhalten werden und wird sich ändern müssen.» Es waren nicht nur die Manager, die neue Haltungen lernen mußten; Gewerkschafter waren nicht gewohnt, an Unternehmungsentscheidungen teilzunehmen; Arbeiter wollten nur selten Verantwortung übernehmen, meint er. «Wissenschaftliche Methoden reichen nicht aus, um die neuen Situationen zu lösen.» Sein Ziel war, das Element des Irrationalen mit zu berücksichtigen, das sich überall einfindet und das die Techniker verschmähten. Er wollte amerikanischer sein als die Amerikaner.

Sein Institut bot keine Vorlesungen an. Es gab Seminare, in denen Teilnehmer mit Arbeitgebern und Gewerkschaftern, die gestreikt hatten, diskutierten. Sie verbrachten ein Viertel ihrer Zeit mit Problemen der «Kommunikation und des Verhaltens, Verhandlungstechniken, Ausdrucksmitteln und Sprache, mit der Intention, die Persönlichkeit der Arbeitgeber zu verändern, ihren rein theoretischen Zugriff zu beenden und sie gelassener zu machen». Ein weiteres Viertel der Zeit wurde mit Weltwirtschaft, Entscheidungsprozessen und Umwelt zugebracht, und sie sprachen mit Führungspersönlichkeiten wie Maisonrouge von IBM Europa. Aber das Hauptanliegen war, praktische Probleme in Dreiergruppen zu lösen, Probleme, die völlig außerhalb ihres Erfahrungshorizonts lagen. Da gab es etwa das Problem mit französischem Holz. Es war teurer als schwedisches Holz, von dem große Mengen importiert wurden, und die französischen Schreiner waren überzeugt, daß schwedisches Holz besser sei. Daraus ergab sich, daß französische Möbel aus importiertem Holz hergestellt wurden. Die drei Manager, die dieses Problem untersuchten und nichts von dem Thema verstanden, entdeckten zunächst, daß fünf verschiedene Ministerien für das Holz-Problem zuständig waren. Doch aus denen war nichts herauszubekommen. Sie gingen auf die Holzproduzenten in den Vogesen zu, die jedoch unorganisiert waren und nichts voneinander wußten, und denen die Einmischung der Ermittler lästig war, als diese eine Zusammenlegung der verschiedenen Produktionsphasen vorschlugen. So organisierten die drei Männer eine Reise der beteiligten Beamten und Forstwirte nach Schweden. Das Ergebnis war, daß sie überzeugt wurden, daß der schlechte Ruf des Vogesenholzes ungerechtfertigt war und aufgebessert werden konnte. Die Beamten gewährten Subventionen, um dies zu ändern: «Sie hatten den Faktor des Irrationalen gefunden.»

Lafon gibt zu, daß sein Anliegen, die Kultur der Manager zu erweitern, nicht bedeutet, daß er seine eigene ausweiten konnte. Er liest kaum Bücher, außer im Urlaub. «Eine Ausbildung an der Polytechnique fördert nicht das Lesen.» Aber er ist dafür, das französische Bildungssystem umzugestalten, so daß jeder Englisch sprechen kann. Er behauptet, daß die Lehrergewerkschaft zu viele Interessen habe, um das zuzulassen. Er vergleicht die Notwendigkeit, Englisch zu beherrschen, mit der Notwendigkeit, schwimmen zu können, was Voraussetzung war, um in die Polytechnique aufgenommen zu werden. Wenngleich das August-Comte-Institut nicht mehr existiert, setzt sich die Suche nach neuen «Führungsmodellen» gegenüber den alten französischen an vielen Wirtschaftsschulen fort. Die Pariser Handelskammer etwa hat eine Ecole des Affaires de Paris mit drei Niederlassungen gegründet, Paris, Oxford und Düsseldorf, deren Schüler nicht nur einen Teil der Studienzeit in England und Deutschland verbringen, sondern auch während ihrer Ausbildung in britischen und deutschen Firmen arbeiten. Dies ist auch eine Schule, die sich darum bemüht, ausländische Studenten zu gewinnen und im Endeffekt europäische Geschäftsleute ausbildet.

Wenn man so will, haben die Manager neue Anzüge angezogen, und deshalb überlebt das aristokratische System. Es überlebt auch aus dem gleichen Grund, aus dem der Landbesitz 1789 nicht abgeschafft werden konnte. Zu viele Bauern waren bereits Grundbesitzer, wenn auch kleinere. In ähnlicher Weise haben heute zu viele Menschen etwas Macht über ihresgleichen, so daß sie nicht meinen, sie könnten von Gleichheit profitieren. Es sind nicht nur die besessenen Aufsteiger, die an die Spitze gelangen wollen und die die Aristokratie anerkennen.

Monsieur Cazeau ist ein Ingenieur, der nie danach strebte, sein eigener Herr zu werden. «Man muß schon realistisch sein. Es gibt eine ganze Menge Leute, die besser sind als man selbst, und andere, die weniger Glück haben.» Er ist zufrieden mit dem, was er hat. Er wollte schon immer Flugzeuge bauen, von Kindheit an. Heute, im Alter von dreißig Jahren, nachdem er von der führenden Hochschule für Flugtechnik, der *Sup. Aéro* kommt, ist er stolz auf seine Leistung, Ingenieur in Dassaults Flugzeugfabrik bei Toulouse zu sein. Um so mehr, als sein Vater einfacher Polizist ist, seine Schwester Krankenschwester, sein Schwager Arbeiter. Er meint, ein Opfer gebracht zu haben, um Ingenieur zu werden; er mußte einen «Teil seiner Jugend» aufgeben, um zu studieren, und er glaubt, das sei Grund genug, mehr zu verdienen als ein Arbeiter, der als Kind mehr Freizeit hatte, um sich zu amüsieren. Er akzeptiert, daß manch einer ein fünfmal höheres Gehalt bezieht als andere; Ungleichheit stört ihn nicht. In der Praxis ist er nicht reicher als sein Schwager, da dessen Frau auch arbeitet. Sein Luxus besteht darin, daß seine Frau nicht arbeiten muß. Er ist auch kein Individualist von der Art, wie Gattaz sie beschreibt. «Wenn man ständig auf der Suche ist, wird man enttäuscht und ruiniert sein Leben. Um frei zu sein, muß man nicht gegen den Strom der Entwicklung anschwimmen, und so wie die Menschheit sich bewegt, ist sie zu mächtig. Freiheit bedeutet nicht zu tun, was man möchte, sondern das zu tun, zu dem man fast gezwungen wird. Sich nicht einfügen zu wollen, ist reiner Selbstmord. Man muß seine Freiheit in dem Verständnis der Richtung finden, in die sich alles bewegt.» Darüber hinaus leistete er seine Arbeit im Team. Seine Ausbildung bezog Teamarbeit immer mit ein, Übungen mit mindestens einer anderen Person. «Wissenschaftliche Kreativität vollzieht sich in Teams, nicht in Einzelpersonen. Wir brauchen Computer, also sind andere Menschen daran beteiligt. Es gibt nicht mehr nur einen Vater des Gedankens. Nobelpreise gehen an mehrere Wissenschaftler.» Cazeau hat keine Lust, sich selbst Schwierigkeiten zu machen. Er ist ganz zufrieden, jeden Tag zur Arbeit zu gehen; er könne sich an manches gewöhnen, vorausgesetzt, man wird nicht dazu gezwungen. Er muß an seiner Arbeit, an seiner Freizeit und an seiner Familie Freude haben. Damit ist er vollkommen ausgelastet und hat keine Zeit, sich Sorgen zu machen, zu lesen oder müßige Gedanken zu hegen.

Trotz seiner Tätigkeit würde niemand Monsieur Cazeau einen *Bourgeois* nennen. Er mag für einen neuen Aristokraten zu bescheiden sein, aber er ist jenen beigetreten, die führen und ihre Mitmenschen in einem Stil beurteilen, der noch immer, und nicht selten, autoritäre Beziehungen in Anlehnung an die vorangegangene Epoche miteinbezieht. Der *Bourgeois* ist sicherlich nicht verschwunden, weder in seiner großen noch in seiner kleinen Ausprägung, aber die Bezeichnung beinhaltet eher Nostalgie als Wirklichkeit. Es ist durchaus möglich, die bürgerlichen Ideale eines gemäßigten, sparsamen Lebens zu befürworten, zu fühlen, nicht gewöhnlich zu sein, aus ehrbarem Hause zu kommen, sich so zu kleiden, daß man nicht für einen Arbeiter gehalten wird, gewisse gesellschaftliche Ansprüche zu stellen und eine herablassende Haltung Unterlegenen gegenüber zu kultivieren und für die menschenverbessernden Ideale der Bildung und Kultur ein Lippenbekenntnis abzulegen. Aber die Verbindung zwischen *Bourgeoisie* und Macht gehört der Vergangenheit an. Nur wenige, die die bürgerlichen Ideale leben, können sich noch eine Dienerschaft erlauben. Facharbeiter verdienen zuweilen mehr als die Menschen mit den genannten Anmaßungen, und oft unterscheidet sich der Lebensstil fast überhaupt nicht. Bildung ist universal, und die Fähigkeit, Hochfranzösisch korrekt und fließend zu sprechen, ist nicht mehr auf irgendeine Klasse beschränkt. Arbeiter arbeiten nicht mehr notwendigerweise mit ihren Händen, und die Trennungslinie zwischen ihnen und dem kleinbürgerlichen Büroangestellten ist praktisch nicht mehr existent. Das Familienleben ist nicht mehr eine ausschließlich bürgerliche Tugend. Ein Professor und ein Ladenbesitzer, beide einst *bourgeois* genannt, scheinen heute nur noch wenig gemein zu haben. 85 Prozent der Franzosen sind heute Gehaltsempfänger, und die meisten, die man früher als *bourgeois* bezeichnet hätte, beziehen ebenfalls ein Gehalt. Lohn wird heute meistens als monatliches Gehalt gezahlt. Es gibt weniger Gegensätze zwischen dem Bürgertum und dem Proletariat. Das Proletariat war früher ohne Besitz, aber reich an Kindern. Kinder sind längst keine Einkommensquelle der Eltern mehr. Heute sind ein Drittel der Arbeiter Hausbesitzer. Mitglied des Proletariats zu sein bedeutete, daß man unsicher lebte und jederzeit vom Arbeitgeber auf die Straße gesetzt werden konnte, ohne Arbeitslosenunterstützung, die vor dem Hungertod schützt. Heute verlaufen die Trennungslinien anders. Es gibt diejenigen, die sichere Arbeitsplätze haben und Pensionen erwarten (Beamte und gewerkschaftlich organisierte Arbeitnehmer), und jene ohne Sicherheit. Es gibt diejenigen, die einer interessanten Tätigkeit nachgehen, und jene, die buchstäblich Packesel sind, deren Tätigkeit weder Würde noch Befriedigung mit sich bringt. Die Unterprivilegierten, vom Standpunkt der Beschäftigung aus, sind die Einwanderer, die Frauen, die Jugendlichen und die gewerkschaftlich nicht organisierten Zeitarbeiter.

Von diesen einmal abgesehen, unterscheiden sich die Privilegien allenfalls in Graden, aber sie sind grundsätzlich gleicher Art. Es gibt sicherlich naserümpfende und finanzielle Unterschiede zwischen dem Urlaub eines Fabrikarbeiters und dem seines Chefs, aber beide genießen ihre Ferien, ihre freien Wochenenden, und das ist nicht jedermanns Privileg.

Das System der Aristokratie hält sich, weil Privilegien noch immer von vielen angestrebt werden, die hoffen, sie könnten sich gegenüber ihren Mitmenschen verbessern. Eitelkeit wird immer noch gefördert. Französische Institutionen haben sich in dieser Hinsicht seit der Zeit Napoleons nicht viel weiterentwickelt. Der gegenwärtige Prinz Napoleon, ein Bankier in der Schweiz – er ist eigentlich ein Nachfahre von Jerôme, einem Neffen des Kaisers und wie dieser ein Hüne von Mann –, ist sehr vorsichtig und bemüht, jede Art kontroverser Äußerung zu vermeiden. Die seiner Meinung nach am wenigsten umstrittene These ist, daß «jeder Franzose darauf hofft, mit dem Orden der Ehrenlegion dekoriert zu werden und in ihr aufzusteigen». Frankreich ist in der Tat eines der ordeneifrigsten Länder der Welt und übertrifft vielleicht sogar noch Rußland. Es gibt über eine viertel Million Menschen, die ein Band oder eine Rosette im Knopfloch tragen, um ihren Mitmenschen ihren genauen Rang in der *Légion* zu zeigen und Polizisten zu warnen, daß sie nicht irgend jemand sind. Es gibt über 100000 Träger des nationalen *Ordre de Mérit*. Um die zu beschwichtigen, deren Leistungen weniger augenfällig sind, hat praktisch jede Berufssparte ihren eigenen Orden. Schullehrer erhalten den Orden der akademischen Palmen, Reiseagenten den Orden für touristische Leistungen, Postboten den Orden für postalische Leistungen und Fußballer den Orden für sportliche Leistungen. Die gegenseitige Beweihräucherung geriet schließlich außer Kontrolle, und viel bizarreren Ordensverleihungen wurde Einhalt geboten. Heute kann ein Mann sich nicht mehr sicher sein, ob sein Orden ihm Hochachtung oder Hohn einbringen wird. Daß diese Auszeichnungen nur auf Lebenszeit verliehen werden, ändert nichts an der Tatsache, daß Napoleon, wie das Oberhaupt seiner Familie bekräftigt, versucht hatte, damit einen «neuen Adelsstand» zu schaffen. Aber Napoleon fand keine neue Lösung für das Problem, was mit den Kindern der von ihm Ausgezeichneten und Geadelten geschehen solle; so erbten sie weiterhin indirekt Privilegien.

Das Erkennungszeichen für einen Aristokraten des alten Regimes war einst der Besitz eines großen Landhauses oder Schlosses. Davon bestehen heute noch ungefähr eintausend, die vor 1800 errichtet wurden, aber seither wurden zehnmal so viele gebaut und spiegeln die endlose Suche nach Auszeichnung in der alten Weise wider. Die prachtvollen Anwesen ziehen jedoch weitaus weniger Besucher an als ihre britischen Pendants. Ein Grund dafür ist, daß Franzosen es vorziehen, sich selbst ein Landhaus zu kaufen, als die der Reichen zu begaffen. Nahezu eine von sechs Familien kann einen solchen Zweitwohnsitz benutzen; ungefähr ein Drittel der Manager und Freiberuflichen haben einen, und sogar jeder zehnte Büroangestellte besitzt ein Landhäuschen, wie bescheiden auch immer. Der Zweitwohnsitz ist der ganze Stolz eines Franzosen. Der Lebensstil wird nicht nur von der Geburt oder vom Beruf oder vom Reichtum bestimmt. Wie die Adligen in der Vergangenheit, die sich durch die Anzahl der Felder in ihren Wappen abstuften, so gewinnen die Menschen heute durch eine Reihe verschiedener Statussymbole an Prestige. Ein Soziologe regte an, die Franzosen nicht in drei, sondern in dreiundsechzig Gesellschaftsklassen aufzuteilen, um allen Nuancen der Kultur, der Erfahrung, des Besitzes und den Formen der Achtung, die man erwerben kann, gerecht zu werden. Schon deshalb ist die Vorstellung von «die anderen und wir» so verschwommen, auch wenn sie überlebt.

Die alte französische Bourgeoisie repräsentierte die Sehnsucht nach Respekt im wesentlichen auf örtlich begrenzter Rangordnung. Der erfolgreiche Bürger war eine Stadtpersönlichkeit. Die neuen französischen Aristokraten bewegen sich in einer unpersönlicheren, international technischen Kultur. Die Erfolgreichen unter ihnen sind Direktoren multinationaler Firmen und steuerfreie Beamte internationaler Organisationen. Sollten sie nicht die Anerkennung für den wirtschaftlichen Aufschwung nach dem letzten Krieg, der Frankreich prächtige Zuwachsraten (höher als in den Vereinigten Staaten und Deutschland und nur von Japan übertroffen) über zwanzig Jahre hinweg sicherte, erhalten? Der Boom wurde dargestellt als eine plötzliche Wende des Herzens, die Frankreich von einem rückständigen Land in eine Nation verwandelte, die an der Spitze des modernen Fortschritts steht. Jeder würde gern die magische Formel benennen können, die dafür verantwortlich war. Doch keine der Erklärungen der Wirtschaftswissenschaftler ist zufriedenstellend, und das geben sie selbst zu. Der einzigartige französische Plan, der Wachstumsziele und Investitionen festlegte und die Anstrengungen im privaten und öffentlichen Bereich durch Übereinkommen und nicht durch Direktiven koordinierte, half sicher, ein freundliches Klima für Expansion zu schaffen. Aber er hätte zu nichts geführt, wenn viele Firmen nicht von allein durch eigene Dynamik erfolgreich gewesen wären, die keine Regierung per Erlaß hätte verordnen können. Das plötzliche Bevölkerungswachstum nach 1940 ist keine ausreichede Erklärung, auch wenn es das Land verjüngt hat, denn Japan blüht wirtschaftlich bei einem Minimalwachstum der Bevölkerung. Der Schock der Niederlage von 1940 war sicher ein Stimulans, doch der Sieg von 1918 hatte ebenfalls einen enormen Anstieg der Produktion hervorgerufen. Massive öffentliche Investitionen halfen, aber so massiv waren sie wiederum auch nicht. Wenn Wirtschaftswissenschaftler die Antwort wüßten, hätten sie auch auf die Depression, die in den siebziger Jahren einsetzte, eine Antwort gehabt. Es ist ein Fehler, sich vorzustellen, das moderne Frankreich sei ein völlig neues Frankreich, und zu vergessen, daß Frankreich seit Jahrhunderten eines der reichsten Länder der Welt war – oftmals das reichste in Europa. Es gab Zeiten in der Vergangenheit, als sein Wohlstand abnahm, wie in den dreißiger Jahren dieses Jahrhunderts, aber auch andere, als es seine Rivalen weit hinter sich ließ wie im 18. Jahrhundert, Mitte des 19. Jahrhunderts und Anfang des 20. Jahrhunderts. Oft stand es an vorderster Front des technischen Fortschritts. Bis zum Ersten Weltkrieg war es als Autohersteller sogar den Vereinigten Staaten überlegen, und es sollte keinen überraschen, daß es heute der viertgrößte Automobilhersteller der Welt ist.

Frankreichs Stärke liegt in der Vielfalt der Ambitionen seiner Bürger, die zu verschiedenen Zeiten mehr oder weniger aktiv werden. Der strebsame Geschäftsmann kann sich nicht als Prototyp der neuen französischen Rasse betrachten. Ein Psychologe hat herausgefunden, daß paradoxerweise die Kinder von Lehrern und Soldaten strebsamer sind als die von Geschäftsleuten. Die Mehrheit hält an dem Glauben fest, daß man durch harte Arbeit im Leben Erfolg haben kann – und das treibt Frankreich ökonomisch nach vorn. Selbst jene, die auf unterster gesellschaftlicher Stufe stehen, sind geteilter Meinung, ob Beziehungen oder eigene Leistung die Erfolge einbringen. Hoffnung und Verzweiflung halten sich die Waage. Das ist ein Grund, warum trotz der großen Ungleichheit Frankreich kein revolutionäres Land ist.

11 Wie zornige Arbeiter mit ihren unnachgiebigen Vorgesetzten fertig werden

Ein Mann, der vierzig Jahre als Arbeiter in der gleichen Fabrik zubrachte, der dreizehn Kinder großzog und sich von allen enttäuscht fühlte, dessen ständige Haltung Hilflosigkeit und Resignation war, und der Trost nur im Trinken fand – so erinnert sich Georges Navel seines Vaters. Georges wurde ebenfalls Arbeiter, aber er reagierte mit Protest. Als Kind verbrachte er den größten Teil seiner Schulzeit, indem er bestraft wurde und beschämt vor dem Klassenzimmer stehen mußte. Als Erwachsener wechselte er ständig seinen Job, oft der einzige Protest, zu dem Arbeiter fähig sind. Einfacher Lohnempfänger sein zu müssen, ist ein Leben, das er bitterlich verachtet. Er empfindet es als unwürdig, fast wie Sklaverei, von anderen so abhängig zu sein. Er wußte fast überhaupt nichts von seinen Arbeitgebern, die in einer anderen Welt zu leben schienen, in die er gelegentlich im Kino einen Blick werfen konnte. Sie schienen einer «überlegenen Rasse» anzugehören, die anders sprach, sich anders kleidete und über ein Wissen verfügte, um das er sie beneidete. Sein *Gespür* für die Erniedrigung konnte er nicht ertragen ohne den Glauben an Fortschritt und Revolution. Politische Arbeit, sagt er, sei das einzige Heilmittel gegen die Trauer des Arbeiters gewesen. Georges Navel repräsentiert die vorige Generation. 1945 veröffentlichte er seine bemerkenswerte Autobiographie. Aber er ist nachdenklich, weil die Proteste revolutionärer Arbeiter, die entschlossen waren, das kapitalistische System zu zerstören, weiterhin anklingen – selbst nach dem zeitweiligen politischen Sieg der Linken – und das mit einer Bitterkeit, die manchmal auf gleiche Weise von der gegenwärtigen Generation vorgetragen wird. Es gibt heute junge Menschen, deren Erinnerungen an ihre Eltern nicht minder peinigend sind, trotz des allgemein gestiegenen Wohlstands.

Gaby, der Schweißer von St. Nazaire, Ende dreißig, haßt die Erinnerung an seine Mutter, die Kinder von drei verschiedenen Vätern hatte. Sie war eine Bardame, eine Prostituierte und Köchin in der Kantine bei Sud-Aviation. Er hat den Kontakt mit ihr abgebrochen und auch den zu seiner Schwester, die einen Amerikaner aus der dortigen Kaserne heiratete. Er lehnt seinen Schwager als gesellschaftlichen Aufsteiger ab. Sein Bruder ist dem Alkohol verfallen, vernachlässigt seine vier Kinder, die bereits alle wegen Unterernährung im Krankenhaus waren. Gaby wuchs in den Elendsvierteln von St. Nazaire auf, wo er Anführer einer Bande wurde. Er verbrachte ein Jahr im Gefängnis, weil er «ein Mädchen geschwängert hatte». Er fing mit fünfzehn als Hilfsarbeiter an, stieg zum Schweißer auf und wurde Mitglied der kommunistischen Gewerkschaft. Während seines Wehrdienstes lieh ihm ein Freund ein Buch von Emile Zola, das ihn die Freude am Lesen entdecken ließ. Als er ins Zivilleben zurückkehrte, schloß er sich der Kommunistischen Partei an. Er gehörte dem «harten Flügel» an, aber dann wies er die gewichtigen Mienen der Militanten zurück, die ihn ständig mit marxistischer Literatur fütterten. «Aber was haben die, was ich nicht habe», fragte er sich. Ein Philosophieprofessor, der in seiner Fabrik arbeitete, bekehrte ihn zum Maoismus. Er entwickelte ein neues Selbstbewußtsein, als der Professor alles, was er sagte, wunderbar fand. Von seinen Kollegen wird er heute als Intellektueller angesehen, weil er Bücher liest und sich weigert, Vorarbeiter zu werden oder ein Haus zu kaufen, weil er sich nicht besser stehen will als sie. Das erzeugt Spannungen mit seiner Frau, die von bürgerlichem Komfort träumt und einem Auto, das er sich zu kaufen weigert. Aber Gaby träumt, daß sie ihn eines Tages verstehen wird und die Revolution in das Haus einkehren läßt.

Er ist natürlich nicht der typische französische Arbeiter, weshalb es auch niemals eine ernstzunehmende Bedrohung für das kapitalistische System gegeben hat. Nur ein Fünftel aller arbeitenden Menschen gehört den Gewerkschaften an – der kleinste Prozentsatz in Europa, kleiner noch als in den Vereinigten Staaten. Und selbst diese Gewerkschafter haben nicht versucht, die Reichen zu enteignen. Ungefähr die Hälfte von ihnen ist Mitglied der pro-kommunistischen CGT (Conféderation général du travail), die für die Abschaffung des Kapitalismus durch tägliche Auseinandersetzungen und dauernde Schürung des Klassenkampfes eintritt, aber die Atmosphäre einer großen Familie mit autoritären Eltern verbreitet, Wärme und Sicherheit anbietet und sich selbst eine «brüderliche Gesellschaft von Kameraden» nennt. Im Prinzip lehnt sie Kompromisse ab, aber in der Praxis konzentriert sie sich nicht auf die Revolution, sondern auf die Steigerung der Löhne. Sie hält ihre Mitglieder unter strenger Kontrolle und baut ungeplanten emotionellen Krisen vor. Die pro-sozialistische CFDT-Gewerkschaft (Confédération française et démocratique du travail), die als christliche Gewerkschaft anfing, die Zusammenarbeit der Klassen anzustreben, und ideologische Auseinandersetzungen ablehnte, legte ihren christlichen Charakter ab und schrieb die Mitbestimmung auf ihr Banner. Aber nur ein Viertel ihrer Mitglieder sind Arbeiter und Handwerker. Ihr Anwachsen trägt der steigenden Zahl von Angestellten, Technikern und untergeordneten Abteilungsleitern Rechnung. Sie beunruhigt die Arbeitgeber weit mehr als die

Kommunisten, denn sie unterminiert ihre Autorität und versucht, sich stärker einzumischen. Die dritte Gewerkschaft, die FO (Force ouvrière), widerspricht allen beiden Rivalen. Sie ist antikommunistisch und gegen die Bindung von Gewerkschaften an politische Parteien und gegen Mitbestimmung, die sie als Chaos verdammt. Sie schätzt die Gewerkschaft als beste Organisationsform der Arbeiter, die eine wichtige Rolle in der Industrie spielen sollten, aber ohne in die Geschäftsleitung einzugreifen oder mit dem Staat identifiziert zu werden. Auf Grund dieser Spaltungen haben die Arbeiter weniger Macht als ihre britischen und deutschen Kollegen.

Die Masse der Arbeiter ist den Gewerkschaften nicht beigetreten, doch sie unterstützt sie, wann immer sie es für richtig hält. Die Gewerkschaften werden von einer großen Mehrheit als Repräsentanten der Arbeiterinteressen angesehen, auch wenn ihre Vorgehensweisen starker Kritik ausgesetzt sind. So gibt es nur selten nationale oder regionale Arbeitsniederlegungen. 90 Prozent der Streiks sind Auseinandersetzungen, die sich auf ein einzelnes Unternehmen beschränken. Die Verhandlungsprozeduren sind sehr schlecht organisiert, oder besser gesagt, weder Arbeitgeber noch Gewerkschaften halten sich an die aufgestellten Regeln. Die Anzahl der Streiks in Frankreich mit denen anderer Länder zu vergleichen, heißt Ungleiches abzuwägen. Von Zeit zu Zeit gibt es in Frankreich massiven Protest, der an Revolution grenzt, wie 1936 und 1968, der eine große Wirkung in allen Lebensbereichen zeigt und das ganze Land bis in seine Wurzeln aufrüttelt. Die restliche Zeit streiken Franzosen nur halb so oft wie Amerikaner oder Engländer.

Die Revolutionäre sind nicht typisch, weil die meisten Arbeiter weit davon entfernt sind, sich leidenschaftlich der Politik oder Agitation zu verschreiben. Es gibt zahllose Unternehmen, in denen Politik nie diskutiert wird – oder ganz selten. Pop-Sänger, Sport und Wetten bieten mehr Gesprächsstoff. Es gibt viele Kindereien, Flirts, Tanz und Gesang, Schattenboxen. Diese Spiele können jedoch nicht die tiefe Langeweile ertränken, die oft herrscht. Es überrascht daher nicht, daß unter der Routine oft Spannungen lauern, die eine Art kalten Krieg zwischen Arbeitern und Arbeitgebern signalisieren, eine Sehnsucht nach Rache, derjenigen von Gefängnisinsassen nicht unähnlich, die sich unschuldig fühlen und gegen ihre ungerechtfertigte Verurteilung protestieren. Die Fabrik wird nicht selten als Gefängnis bezeichnet. Kleine Diebstähle, Sabotage, Aufmüpfigkeit mögen der einzig gangbare Weg sein, den Zorn zu zeigen. «Nichts hat sich verändert», sagt ein revolutionärer Arbeiter. «Die Fabrik ist geblieben, was sie schon immer war. Der Chef ist der Herrscher. Er macht, was er will.»

Die Agitation in der Industrie wäre größer, aber ein Großteil der Mindestlohnempfänger beschwert sich nicht, aus verschiedenen Gründen. Ein Zehntel der Handarbeiter sind Ausländer, die durch Rassismus eingeschüchtert sind, und ein Fünftel sind Frauen mit wenig Aussicht auf Beförderungen, die zudem kaum auf eine Protesttradition zurückgreifen können. Die Militanten, die ein Gefühl von Einheit erzeugen, um die verschiedenen Arbeiter glauben zu machen, daß sie einen gemeinsamen Grund für den Kampf gegen die Arbeitgeber haben, erfahren, daß jede Gruppe etwas anderes unter Einheit versteht. Die ungelernten Arbeiter haben keine Möglichkeit zum Protest, es sei denn, sie werden von ihren Kollegen unterstützt, entweder informell oder durch gemeinsame Arbeitsniederlegung. Der gelernte Arbeiter fordert die Anerkennung seiner Unabhängigkeit, so daß die Einheit nur ein Mittel zu diesem Zweck ist, Einschränkungen aber deshalb nicht unbedingt in Kauf genommen werden. Der jüngere Arbeiter, der mit seinen Abschlußzeugnissen und dem Willen, alles besser zu machen als seine Kollegen, ankommt, wird gezwungen, die Gleichheit anzuerkennen, wenn er die bittere Erfahrung macht, daß ihm seine Zeugnispapiere nichts einbringen. Es sind die Ungelernten, die sich am bereitwilligsten hinter einen rhetorisch begabten Organisator stellen. Die

Bewunderung der Sprachgewandtheit nimmt zu, je weiter man gesellschaftlich absteigt, weil diejenigen, die ganz unten stehen, keinen Ton mehr herausbringen können. Auch wenn demokratischere Beförderungssysteme eingeführt werden, wie es in einigen Firmen geschehen ist, kann die Spannung nicht aufgehoben werden, weil es stets Gewinner und Verlierer geben wird.

Der britische Wissenschaftler Duncan Gallie hat zwei Fabriken, die genau das gleiche Produkt auf beiden Seiten des Ärmelkanals herstellen, verglichen, die BP-Werke in Dünkirchen und in Kent. Er kommt zu dem Schluß, daß die französischen Manager reservierter und kälter und an den Arbeitern weniger interessiert sind. Die französischen Arbeiter beschweren sich über dieses Problem doppelt so häufig wie die englischen. Die französischen BP-Arbeiter fordern Arbeiterkontrolle in allen Bereichen des Managements, wogegen die englischen das System, wie es ist, akzeptieren und nur die Effizienz der Manager kritisieren, sich aber begnügen, ihnen ihre Bereiche zu überlassen. Die französischen Raffineriearbeiter verdienen 85 Prozent über dem nationalen Durchschnittslohn und die englischen nur 14 Prozent , aber die Franzosen sind wesentlich unzufriedener mit ihren Löhnen. Es gibt auch mehr Auseinandersetzungen in Dünkirchen, weil das Lohnsystem mehr Disziplinarmaßnahmen für Regelverstöße und schlechte Arbeit vorsieht und weil jeder einzelne Arbeiter für seine Fehler finanziell bestraft wird. Aber die Produktivität ist in Frankreich wesentlich höher: Eine Rohölanlage zu überholen, dauert in Frankreich zwei Wochen, in England sechs. Die englischen Manager gründen ihre Politik auf Zustimmung; sie machen Zugeständnisse, helfen den Gewerkschaften, ihre Kräfte zu sammeln, und bekommen als Gegenleistung dafür eine gewisse Hilfestellung bei der Kontrolle der Arbeiter. Vereinbarungen werden auf örtlicher Ebene ausgearbeitet. Die Kosten dieser Verhandlungen, so meint man, sind günstiger als die Kosten im Konfliktfall. In Frankreich gibt es jedoch einen ideologischen Krieg zwischen Management und Gewerkschaften, der das Gefühl der Arbeiter, ausgebeutet und entfremdet zu werden, bekräftigt. So zeigen sie sich mit ihrem Lebensstandard unzufrieden, wenngleich sie die bestbezahlten Arbeiter in ihrer Region sind.

Wenn CGT-Militanten in der Michelin-Reifenfabrik in Clermont-Ferrand nach Schichtende Flugblätter verteilen, werden sie fast völlig ignoriert. Sie finden sehr wenig Unterstützung in dieser Bastion altväterlicher Bevormundung. Doch sind sie weit davon entfernt, niedergeschlagen zu sein. Sie vergleichen sich selbst mit den Männern der Resistance im letzten Krieg. Die Tatsache, daß sie nur wenige sind, verstärkt nur ihre Entschlossenheit. «Je mehr wir geschlagen werden, desto mehr werden wir zurückschlagen... Und wir müssen weiter kämpfen, sonst werden wir zu den Bedingungen zurückgedrängt, wie sie zu Zeiten Émile Zolas herrschten.» Sie sagen, die Geschäftsleitung behandle sie wie ungezogene Kinder, denen nicht erlaubt sei, dies und jenes zu tun, «nicht reden, sondern arbeiten». Alljährlich wird jeder Arbeiter vor ein Tribunal der Geschäftsleitung zitiert, wie ein Schulkind vor den Lehrer, und ihm wird vorgehalten, was er falsch gemacht hat, wie oft er etwa zu spät gekommen ist. Alles wurde aufgeschrieben. Wenn man in der Gewerkschaft ist, wirkt sich das nur schlimmer aus; ihre Kinder können keine Arbeit in der Fabrik bekommen, man spioniert ihnen nach, ihnen werden nur selten Zugeständnisse gemacht. Das Gesetz sieht vor, daß die Geschäftsführung zweimal im Jahr eine Arbeiterdelegation empfangen muß, die ihre Klagen vorbringen darf. Die Delegierten zeigten mir, wie die Geschäftsleitung auf ihren zweiseitigen Fragenkatalog reagiert hatte, der unbeantwortet zurückkam. Der Raum für Antworten war leer geblieben, und nur eine kurze Notiz besagte, daß es nichts gebe, was der Diskussion wert sei. Aus der Sicht der Unternehmensführung sind diese Leute Störenfriede. Die Militanten sagen, sie wollen lediglich einen annehmbaren Lebensstandard und mit

Achtung und Würde behandelt werden; sie könnten nicht einsehen, warum 30000 von ihnen unter miserablen Bedingungen schwitzen sollten, nur um einen Mann reich zu machen. Monsieur Michelin antwortet ihnen, so wie er Journalisten antwortet: er gibt keine Interviews. Kein Wunder, daß die Revolutionäre nichts Gutes über ihren Arbeitgeber sagen können, den sie niemals zu Gesicht bekommen.

Pattsituationen wie diese können Jahrzehnte lang dauern, und ein Grund dafür ist, daß die Revolutionäre in einem Netz familiärer Wünsche eingefangen sind, das ihr Gefühl der Hilflosigkeit nur noch betont. Bernard und Noelle Mortagne, beide Mitte dreißig, kämpfen immer noch mit dem Wohnungsproblem. Im Norden geboren, in Dünkirchen bzw. Valenciennes, konnten sie dort keine Arbeit finden. 1973 zogen sie in den Süden nach Fos, das als neue Industriestadt aufgebaut wurde. Dort aber konnten sie kein Zuhause finden. Zunächst richteten sie sich in einem Zelt ein; dann lebten sie ein Jahr lang in einem Wohnwagen ohne fließend Wasser. Fos, sagt Bernard, war damals wie eine Stadt im Wilden Westen, ein heilloses Durcheinander von Zugezogenen aus ganz Frankreich. Die Leute aus den verschiedenen Regionen blieben unter sich. Noelle hatte den Norden jedoch nie gemocht und versuchte, aus dieser Konvention auszubrechen und Freunde aus anderen Provinzen zu gewinnen. «Es ist besser, man fügt sich ein, nimmt am Stadtleben teil.» Sie will sich nicht wie im Exil fühlen. «Es ist die Hölle, wenn man keine Wurzeln hat. Heute glaube ich, immer hier gelebt zu haben, und würde nicht mehr weggehen wollen. Aber wir sind anders. Viele der Savoyards, die hierher kamen, konnten sich nicht eingewöhnen und gingen zurück. Ich kenne auch einige Lorrainer. Sie haben eine andere Mentalität, bleiben unter sich und haben ihren eigenen Verband.» Bernard und Noelle sind nie wieder im Norden gewesen. Statt dessen beherbergen sie einen andauernden Strom von Verwandten, die sie besuchen und sich freuen, die Sonne genießen zu können. Nach dem Wohnwagen mieteten sie eine Wohnung in einem städtischen Wohnblock. Sie haßten es dort. Es war immer laut, jederzeit gingen die Leute zu unterschiedlicher Schichtarbeit, Araber feierten in der Nacht Ramadan, Zigeuner spielten Gitarre, die Kinder schrien auf der Straße, Autos kamen und fuhren wieder zu jeder Tageszeit. «Fünf Jahre lang schliefen wir nicht richtig. Wir wurden langsam verrückt.» Schließlich gelang es ihnen, genug Geld aufzunehmen, um ein kleines Haus zu kaufen, aber nur, weil der Bauunternehmer Pleite gemacht hatte. Das Haus war nicht fertig und deshalb preiswert. Sie sparten für die Anzahlung und zahlen heute die Hypothek ab, und das bedeutet, daß sie sich in den letzten dreizehn Jahren keine Ferien erlauben konnten. Sie verbringen ihre freie Zeit mit Arbeiten am Haus, das immer noch nicht fertig ist.

Wegen der Hypothek müssen beide Geld verdienen, um zurechtzukommen. Noelle, die nichts gelernt hatte, konnte nur in einer Fabrik arbeiten, aber die Erfahrung war ein seelischer Schock. Sie zehrte sie aus, und die Folge war, daß Noelle kaum noch ihren Ehemann oder ihre Kinder sah. Unterm Strich zahlte sich das kaum aus, da sie die Hälfte ihres Lohnes für jemanden ausgeben mußte, der auf ihre Kinder aufpaßte. Sie hat das Problem nun teilweise gelöst, indem sie zu Hause bleibt und sich um die Kinder anderer Leute kümmert, während diese arbeiten. So kann sie wenigstens das Gefühl haben, ihre Tochter richtig großzuziehen oder die Hausaufgaben, die sie noch nachvollziehen kann, zu beaufsichtigen. Doch ihr Sohn ist dreizehn, und seine Hausaufgaben sind zu hoch für sie. «Er macht Sachen, die ich nie gehabt habe.» Der Junge sagt, es liege ihm nichts daran, gute Zensuren zu bekommen. Es gäbe ja doch keine Arbeit – «dem können wir nicht widersprechen» – warum soll er sich also anstrengen. Lernen hat Bernard auch nicht viel geholfen. Bernard kümmert sich kaum um seinen Sohn, weil er andere Prioritäten setzt. Noelle sagt: «Wir hätten es gern, wenn die Kinder nicht so hart arbeiten müßten wie wir.» Aber sie kann die Unabhängigkeit ihres

Jungen nicht kontrollieren. «Das ist nun mal seine Art. Es ist schwer heute, mit Kindern fertig zu werden.»

Weder Familienleben, Geldverdienen, noch Beförderung sind Bernards Hauptbeschäftigung. Er ist Sohn eines Minenarbeiters, eines von neun Kindern. «Als ich jung war, wollte ich ein Ingenieur ‹himmlischer Mechanik› werden. Ich hätte gern einen Beruf in der Forschung gehabt.» Er hat sich durch einen Fernkurs als Elektriker weitergebildet und erhielt den Job eines Kontrolleurs. Aber er mochte das nicht: erstens verdiente er weniger als ein Facharbeiter, und zweitens «wollte ich nicht herumkommandieren, ich konnte mich nicht überwinden, die anderen Arbeiter anzuschreien. Die arbeiten am härtesten, sie taten mir leid, warum sollte ich sie anschreien?» Sein Chef mochte das nicht und wollte, daß er den Arbeitsdruck aufrechthalten solle. So zieht er es vor, als einfacher Elektriker zu arbeiten. Das erfordert ein großes Opfer. Er muß Schichtarbeit machen. Wenn er nachts arbeitet, hat er Schwierigkeiten, am Tag überhaupt zu schlafen; arbeitet er morgens, muß er um vier Uhr dreißig aufstehen. So fühlt er sich nur an den Nachmittagen richtig wohl, den Rest der Zeit ist er erschöpft. Er kann sich bei der Arbeit nie hinsetzen, er muß sich ständig konzentrieren. Die Fabrik ist mit 130 Dezibel (wenngleich nur 90 per Gesetz erlaubt sind) ungewöhnlich laut. «Dennoch macht mir meine Arbeit Spaß», behauptet er. «Ihm liegt nichts an der Arbeit», sagt Noelle, «aber er ist einer der Arbeiterdelegierten. Er verbringt damit mehr Zeit als mit richtiger Arbeit.» Tatsächlich wird ihm gestattet, ein Viertel seiner Arbeitszeit der Gewerkschaft zu widmen, darüber hinaus verbringt er ungefähr zwanzig Stunden pro Woche für die Gewerkschaft. Er ist der örtliche Schatzmeister der CGT und, sagt seine Frau, «liebt die Diskussionen mit den Chefs». Er ist immer sehr ruhig, wenn er mit ihnen verhandelt. «Darum schreit er zu Hause so viel», erzählt Noelle. «Die Kinder fragen: Arbeitet Papa heute den ganzen Tag? Gut, dann hören wir nicht, wie er rumschreit.»

Noelle glaubt nicht, daß ihre Streitigkeiten nur sein Fehler sind, auch wenn sie bedauert, daß er sich keine Zeit für den Jungen nimmt. «Als ich jung war, wollte ich immer alles auf meine Art machen. Aber ich stellte fest, das dies bedeutet, ständig mit jemanden zu streiten. Liebe heißt, sich besser kennenzulernen, sich mit den Jahren zu verändern, verständnisvoller zu werden, leben zu lernen und bereitwillig nachzugeben.» Er hört sich diese Beschwerden seiner Frau an, ohne ihr zu widersprechen. Seine Freundschaft mit seinen Kollegen aber geht vor. Wenn es wahr ist, daß die Arbeitsverhältnisse so ein Hindernis für das Familienleben sind, dann ist sein Einsatz für ihre Verbesserung nur folgerichtig. Er sagt, er könne die Arbeitsorganisation nicht beeinflussen; aber seine Bosse hören genauer zu, wenn er sich über die Sicherheit beschwert, denn Unfälle sind teuer. Sie hatten früher eine Abwesenheitsquote von 13 Prozent. «Die Ärzte sahen, daß die Arbeiter ständig erschöpft waren, aber sonst war alles mit ihnen in Ordnung. Sie gaben ihnen eine Woche frei, da erholten sie sich, aber drei Monate später waren sie wieder erschöpft.» Sie wagen nicht zu streiken, um den erstickenden Staub loszuwerden, weil die Arbeitgeber davon sprechen, die Fabrik ganz zu schließen. Es ist diese fundamentale Arbeitsunsicherheit, die Arbeiter zwingt, sich einem Leben zu fügen, das die Anforderungen von Maschinen höher bewertet als die der Menschen.

Die Mortagnes zeigen, wie Arbeiter vom Wohnungsproblem in Anspruch genommen und beherrscht werden, das fast so wichtig ist wie das Problem, eine Stellung zu finden. So gibt es neben dem Typus des Revolutionärs, der für Gerechtigkeit kämpft, der es ablehnt, seine Kraft zu verausgaben, und der die Fabrik als ein Mittel sieht, um die Unterprivilegierten für eine Revolte zu mobilisieren, auch den Optimisten, dessen Streben darauf ausgerichtet ist, sich durch seine Arbeit zu verbessern, zu sparen, zu kaufen, was immer ein höherer Lohn in die Nähe des Greifbaren bringt. Er trägt den Stempel der fetten sechziger Jahre, als die Liebesaffäre mit der Konsumgesellschaft es darauf angelegt hatte, ein Frankreich zu erzeugen, das ziemlich genau wie jede andere westliche Nation aussehen würde: Doch weder die Verlobung, noch die Ehe verliefen wie geplant.

Eine andere Neuerscheinung der sechziger Jahre war die Vermehrung der Vorarbeiter. In den Jahren des Wohlstands vermittelte sie den Eindruck, daß man es in der Welt zu etwas bringen konnte. Die Hälfte aller Vorarbeiter hatte als einfache Arbeiter oder Angestellte angefangen. Aber man kann nicht ständig neue leitende Stellungen einrichten; die Entwicklung ist praktisch erlahmt. Immer mehr Menschen mit Ausbildung müssen Tätigkeiten annehmen, die unter ihren Fähigkeiten liegen. Bereits zwei Fünftel der Franzosen sagen, daß sie meinen, nicht ihr ganzes Talent einsetzen zu dürfen. Die sich daraus ergebenden Frustrationen haben eher das Aussteigertum beflügelt als den Wunsch nach einer Revolution.

Warum gibt es so viele Menschen, die eine Tätigkeit ausüben, die sie hassen, ohne aufzumurren? «Meine Arbeit ist kein wesentlicher Bestandteil meines Lebens», erwidert Daniel Bischoff, ein ungelernter Arbeiter Anfang dreißig. Er und seine Frau, Marie-France, haben sich seit Jahren an den gleichen Maschinen abgeplagt, führen immer wiederkehrende, langweilige Handgriffe aus. Aber sie denken nicht daran, daß sie irgend etwas im Leben aufgeben, denn sie tun es freiwillig. Er will keine Arbeitsverantwortung: «Ich habe keine beruflichen Ambitionen.» Er will nicht Vorarbeiter werden. Während sich die Rezession verschärft, wird der Druck auf die Arbeiter, die Produktion zu steigern, härter, und er will nicht neue Spannungen erzeugen. Nach Jahren an der gleichen Maschine weiß ein Arbeiter alles, was man darüber wissen kann. Er lehnt die Einmischung des Vorarbeiters ab, der es nur in der Theorie besser weiß. In der Fabrik hält Daniel sich zurück und zeigt keine Spur von Gefühl. Aber wenn er nach Hause kommt, ist er ein anderer Mensch. Sein Gesicht hellt sich auf, seine Augen funkeln vor Neugier, er ist stets bereit zu lachen.

Die große Leistung in seinem Leben ist der Bau seines Hauses. Es aufzubauen und die Installationen fertigzustellen, dauerte über ein Jahr. Vierzig Freunde und Nachbarn haben die beiden dabei unterstützt. Am Arbeitsplatz spricht Daniel kaum ein Wort mit seinen Kollegen. Zu Hause schauen ständig Freunde vorbei, scherzen, helfen einander aus. Durch die Einsparung der Arbeitskosten konnte er sich ein gemütliches Heim errichten, das mitten in der Landschaft steht, auf der Rückfront einem Wald zugewandt, nach vorn hin mit einem herrlichen Blick auf die Alpen. Hier draußen führt er das Leben eines unabhängigen Pioniers. Sein Lebensziel, sagt er, sei die Freiheit, zu tun, was ihm Spaß mache (sobald er den Preis von acht Stunden in der Fabrik gezahlt habe).

Was aber werden sie als nächstes tun, jetzt, da das Haus fertiggestellt ist? Zur Zeit arbeiten Mann und Frau noch in verschiedenen Schichten. Er fängt um fünf Uhr an und kommt um ein Uhr nach Hause. Sie geht dann in die Fabrik und schafft ihre acht Stunden. Auf diese Weise ist wenigstens einer von beiden ständig bei den Kindern. «Wir wollen unsere Kinder nicht wie Hunde behandeln oder sie in Kinderkrippen geben.» Daniel meint, daß Marie-France aufhören solle zu arbeiten, sobald sie es sich erlauben können. Sie aber entgegnet, sein Ideal sei, nur gemütlich zu leben, aber für sie sei das nicht genug. Sie träumt davon, eine angenehmere Arbeit mit mehr menschlichem Kontakt zu finden. «Ich fürchte mich, zu sehr mit mir allein zu sein.» Er sagt, eine Frau könne zu Hause aufblühen. Sie erwidert, daß ein Hausfrauendasein sie nicht ausfüllen würde. Er glaubt, daß er außerhalb seiner Arbeit die Freundschaft finden kann, die er will. Sie wünscht mehr als das und wird sich vielleicht wieder ihrer Gewerkschaftsarbeit widmen, die sie aufgab, weil sie den Kindern schadete. Sie hielt ihren kleinen Jungen während der Sitzungen bis zu drei Stunden unter dem Tisch. Aber es gibt kaum andere Arbeit in der Gegend. So akzeptieren die Arbeiter ihre Aufgaben in der Fabrik als notwendiges Übel, ein so notwendiges, daß sie sich kaum noch um die Schmerzen kümmern, die es verursacht. Sie sparen, indem sie Butterbrote zu Mittag essen, während sie auf dem winzigen Stück Rasen vor der Fabrik hocken. Sie haben fast alle die gleichen Interessen außerhalb der Arbeit, eine kleine Farm, ein paar Kühe, oder sie verrichten Aushilfsarbeiten wie Tapezieren und Bauen. Die Fabrik gibt ihnen das Grundgehalt, und ihre Lebensfreude suchen sie in dem, was sie selbst hinzufügen.

Die Menschen üben weiterhin Berufe aus, die ihnen keine Freude machen, denn sie können sehen, was passiert, wenn ein Arbeiter ohne Qualifikationen nicht die Spielregeln beachtet. Eluard ist ohne Arbeit. Er befand sich neunundzwanzig Tage im Hungerstreik, um auf sein Los aufmerksam zu machen, aber keiner nahm Notiz davon. Ein Sozialarbeiter kam mit 300 Francs (DM 100) und Essensmarken vorbei. «Ich weigere mich zu betteln, und ich nahm das nicht an.» Er will seinen Lebensunterhalt mit Würde verdienen. Das ist ihm nie gelungen. Er kommt aus dem gräßlichen Pariser Vorort Asnières, ist Sohn eines Arbeiters, der zwölf Stunden am Tag arbeitete, um seine Familie zu ernähren. «Wir Kinder aßen jeden Tag, aber meine Eltern nicht.» Eluards Bruder hat eine feste Stellung im Flughafen Orly, und das bereitet den Eltern große Freude. Aber Eluard selbst war, wie seine Mutter sagt, «das Entlein im Hühnernest». Er war der Schlechteste in der Schule und träumte dennoch davon, Lehrer zu werden. Er widersetzte sich dem Wunsch seiner Eltern, einen ganz gewöhnlichen Arbeitsplatz anzunehmen. Er wurde Nachtwächter auf dem Pariser Großmarkt Les Halles und schrieb sich als Student der Philosophie an der Sorbonne ein. Das war 1968, und er war gerade achtzehn. Er war nicht an Demonstrationen interessiert – «Politik ist mir recht fremd» –, aber er schien in seinen Studien nicht sehr viel weiter zu kommen und gab nach einigen Monaten auf. Seine intellektuellen Interessen sind ihm allerdings geblieben. Er hat die ganzen Monate der Arbeitslosigkeit mit Lesen verbracht und sich eine recht umfangreiche Bibliothek zugelegt, Klassiker, Sozialwissenschaften und Astrologie, auf die er recht stolz ist. Er las gerade Vuillaumes «Meine roten Tagebücher zur Zeit der Kommune». Er haßte seinen Militärdienst, verabscheute den Patriotismus seiner Kameraden. Wegen Trunkenheit wurde er eingesperrt und endete schließlich als einer der Wärter von Rudolf Hess im Spandauer Gefängnis. Mit einundzwanzig wurde er Archivgehilfe einer Versicherungsgesellschaft: «Es war die einzige Stelle, die ich bekommen konnte. Sie war nicht schlecht. Ich blieb zwei Jahre.» Aber er verliebte sich in ein Mädchen, das ihn nach einem Jahr Ehe verließ und alle Möbel mitnahm: «Ich kam eines Abends aus dem Kino nach Hause, und die Wohnung war leer.» Er brauchte ein Jahr, um sich davon zu erholen – «Scheidung ist der Tod» –, um so mehr, als er kurz darauf wegen eines «Fehlers» bei der Arbeit gefeuert wurde.

Nach zwei Monaten Arbeitslosigkeit bekam er einen Job bei einer anderen Versicherungsgesellschaft in dem monströsen Vorort La Défense. Er mochte seine Arbeit, weil er interessante Menschen mit Universitätsausbildung traf. Aber er trat einer Gewerkschaft bei und begann einen Streik, er klagte dagegen, daß er seine Arbeit drei Etagen unter der Erde ohne Tageslicht und in der erdrückenden Luft der Klimaanlage verrichten müsse. Zweieinhalb Monate lang veranstalteten elf von ihnen einen Sitzstreik, der verhinderte, daß irgendwelche Akten das Archiv verlassen konnten. Es waren «herrliche Tage», aber sie mußten aufgeben, als ihnen das Geld ausging. Während einer Demonstration lernte er seine zweite Frau kennen, die als Schreibkraft im achten Stock des gleichen Hochhauses arbeitete. «Wir hatten es schwer miteinander.» Er beschloß, psychiatrischer Krankenhelfer zu werden, absolvierte einen Kursus und fiel bei der Abschlußprüfung mit einem halben Punkt durch. So war er wieder arbeitslos.

Ein Freund erzählte ihm, daß es in Marseille genügend Arbeit gebe. Er fuhr hin, fand es aber schwieriger als erwartet,

Arbeit oder eine Wohnung zu finden. In einer Klinik wurde er schließlich als technischer Röntgenassistent angenommen. Man sagte, man sei mit ihm zufrieden, doch nach ungefähr vier Monaten feuerten sie ihn «ohne jegliche Erklärung». Die Arbeit machte ihm Spaß, und er will nichts anderes lernen, aber keiner will ihn haben. Er hat Bewerbungen an siebenundvierzig Kliniken geschrieben, «aber ich habe nicht das Geld für die Briefmarken, um sie abzuschicken». Er hat sich als Straßenhändler mit Gemüse auf dem Markt von Marseille versucht. Zunächst wollte die Stadtverwaltung ihm keine Erlaubnis erteilen, und dann halfen sie ihm nicht, einen Karren zu kaufen. Er lief monatelang von Büro zu Büro und bat um offizielle Unterstützung. Er wird einfach herumgeschickt, und man erklärt ihm, er erfülle nicht die eine oder andere Bestimmung für Bedürftige. Seine Frau hat eine Halbtagsstelle, darum wird er nicht als mittellos eingestuft. Und in der Tat lebt er in einer recht angenehmen Wohnung, die er, ohne Miete zu zahlen, besetzt hat. Laut offizieller Meinung ist er ein ständiger Querulant, der nie zufrieden sein wird, der aber auch nicht zu Extremen neigen wird. Nur um es ihnen zu zeigen, beging der Freund, mit dem er in Hungerstreik getreten war, einen Selbstmordversuch. Eluard sagt, das einzige, das die Behörden überzeugen würde, wäre, wenn er alle Menschen in Sichtweite umbringt, denn es kümmerte sich keiner darum, als sie vor Hunger zu sterben drohten, aber «Waffen sind keine Lösung.» Vielleicht sollte er ins Gefängnis gehen, wo er untergebracht und ernährt wäre und wo seine Wäsche gewaschen würde, kostenlos. Er kann keine neue Berufsausbildung anstreben, weil er nicht gefördert werden würde, denn man hat ihm bereits eine Ausbildung gegeben. Er hält sich für ein Opfer der Bestimmungen, die die Beamten erfunden haben, um Menschen wie ihm zu helfen. Was noch schlimmer ist, keiner interessiert sich für ihn. Die Lokalpresse will über sein Problem nicht berichten, weil sie meinen, er habe es selbst verursacht. Sehnsüchtig spricht er davon, als

Weber in einem Dorf anzufangen. Warum dürfen Menschen die verlassenen Nischen nicht wieder beziehen?

Er haßt Marseille jetzt. «Die verdorbenste Stadt von ganz Frankreich. Sie begrüßen dich mit offenen Armen, wenn du in ein Café gehst, aber die sind alle scheinheilig. Wenn du gehst, haben sie schon vergessen, wer du bist.» Er wäre bereit, überall hinzugehen. «Ich fühle mich in jedem Land zu Hause.» Er mochte die Deutschen, die er während seiner Militärzeit kennenlernte. «Sie sind sauber, sehr sauber. Es ist mir egal, ob jemand Franzose ist oder Deutscher.» Nur die Amerikaner scheinen eine Ausnahme zu sein. Die Soldaten, die gerade aus Vietnam kamen und in Berlin dienten, waren «verrückt, immer betrunken» und nahmen ihre Manöver tierisch ernst: «Das sind Imperialisten wie die Russen.» Es ist die gesamte gesellschaftliche Organisation, die Eluard «con» – beschissen – findet. Er wird immer nervöser, da keine Lösung seiner Probleme in Sicht ist. Seine Frau beklagt sich, daß er keinen Job findet. Sein Sohn gerät langsam außer Kontrolle. Seine Wohnung befindet sich direkt neben einer Bar, in der vor einigen Jahren zehn Menschen in einem berühmten Massenmord umgebracht wurden, der symbolisiert, wie Hoffnungslosigkeit in Gewalt umschlagen kann.

Daß Verzweiflung nur selten in Gewalt endet, wurde von Jacques Fremontier in seinem qualvollen Bericht erklärt, der die Gespräche, die er in vielen Monaten mit erfolglosen Arbeitern führte, zusammenfaßt. Er kommt zu dem Schluß, daß ein Teil der Kunst, sich in das Schicksal zu fugen, solch ein Arbeiter zu sein, darin besteht, das Scheitern der eigenen Ambitionen anzuerkennen. Selbst die Ehe ist eine Unterdrückung der Phantasie. Mädchen halten sich im Alter von fünfundzwanzig für am Ende. Menschen, die durch «Geldmangel kastriert werden», die in ihren kastenartigen, ärmlichen Wohnungen leben, die gezwungen werden, zu bestimmten Zeiten zu arbeiten oder zu spielen, je nach Laune ihres Herren, die unfähig sind, eine Identität mit Selbstachtung aufzubauen, weil sie lernen müssen zu gehorchen, zu sparen und sich nach den Vorstellungen anderer zu beherrschen, solche Menschen lernen, mit dem Unausweichlichen umzugehen. Darüber hinaus werden sie eingeschüchtert und müssen sich selbst unter Kontrolle halten, aus Furcht vor dem, was die anderen Leute über sie sagen könnten, wenn sie aus der Reihe fallen. Revolutionäre mögen glauben, daß die Arbeiter der Welt eines Tages einsehen werden, daß sie gemeinsame Interessen haben, die die Grenzen der Länder überschreiten. Aber im täglichen Leben gibt es zu viele dringende Probleme, zu viele Sorgen, von einem Monat zum nächsten zu überleben (eine Verbesserung, früher war es von Woche zu Woche), zu viele Versuchungen und Ablenkungen, als daß jener revolutionäre Traum in Erfüllung gehen könnte. Deshalb heben Arbeiter häufig ihren Blick nicht über die Fußstapfen derer, die es geschafft haben. So unterstützen sie sterbende Werte gerade zu einer Zeit, in der das enttäuschte Bürgertum seinen Glauben an sie verliert.

12 Was aus Aussteigern wird

«Was willst du werden, wenn du groß bist?» fragt der zermürbte Vater seinen Sohn mit geistesabwesendem Gesichtsausdruck. «Ich weiß nicht.» «Weiß nicht! Weiß nicht! Das ist doch keine Antwort. Überleg gefälligst. In deinem Alter mußt du doch wissen, was du werden willst.» Also verspricht der kleine Junge, darüber nachzudenken. Er geht und fragt seine Freundin, aber sie weiß auch nicht, was sie werden will. Er geht und fragt seinen zittrigen Großvater, was der in Zukunft machen wird, aber der weiß es auch nicht. Er geht in die Küche und fragt die Köchin. «Wenn die Schweine mich nicht fressen, bekomme ich meine Pension und gehe in Ruhestand», antwortete sie. «Das ist gar nicht so dumm», sagt sich der kleine Junge. Er kehrt zu seinem Vater zurück, der am Schreibtisch telefoniert – grafische Kurven hängen an der Wand, bedrückte Verzweiflung spiegelt sich auf seinem Gesicht –, und sagt ihm: «Wenn ich groß werde, werde ich in Ruhestand gehen, Schweine züchten, aber aufpassen, daß sie mich nicht fressen.» Der Junge könnte das Maskottchen einer dritten Kategorie von Franzosen sein: derjenigen, die weder an der Hetzjagd teilnehmen, noch am traditionellen Arbeiterprotest, derjenigen, die keine Macht über andere suchen.

Die Unzufriedenheit sowohl mit der Konsumgesellschaft

als mit den herkömmlichen Formen des Protests gegen den Kapitalismus begann, als der Wohlstand am größten war. 1968 zwangen viele junge Leute in einer weitreichenden Revolution, die seither mit dem bescheidenen Schlagwort «Ereignisse des Mai» heruntergespielt wird, die Mächtigen, Farbe zu bekennen. Studenten revoltierten, Arbeiter besetzten ihre Fabriken, das Leben kam vorübergehend zum Stillstand. Nach wenigen Monaten kam es wieder in Gang, aber eine Zeitlang war das gesamte Land gezwungen, seine Werte in Frage zu stellen, und es zeigte sich, daß eine ganze Reihe von Menschen sie nicht mehr akzeptierte. Die Graffiti auf den Wänden von Paris verkündeten: Vergnügen statt Macht. Ich lehne die Vergangenheit ab. Ich will Dialog. Recht auf Freude. Revolution ist Orgasmus. Schluß mit *Metro, Boulot, Dodo*, also mit einem Leben, das aus Pendeln, Arbeit und Schlaf besteht. Die Suche richtete sich nicht länger auf Geld oder Beförderung oder materielle Dinge, sondern auf ein schwer zu bestimmendes Gefühl der Erfüllung, eine Kombination aus Sicherheit und Aufregung, auf ein gutes Leben, oder wie es heute genannt wird, auf Lebensqualität. Das war nicht spezifisch französisch. Die Amerikaner hatten gegen den größeren Wohlstand schon früher protestiert, und Hippies wurden die Vorfahren der neuen französischen *marginaux*, der Leute, die sich in die Randgruppen der Gesellschaft zurückzogen. Die Zeitschrift «Actuel», die diese Gruppe auf dem laufenden hielt und ihnen gemeinsames Handeln ermöglichte, ging zum Teil auf das Modell von New Yorks *Village Voice* zurück. Seither haben die Tageszeitung *Libération* und die Zeitschrift *Autrement* den Drang, mit neuen Lebensformen zu experimentieren, aufrechterhalten und koordiniert. Aber 1968 haben die Wellen des Wandels weit über die Gruppen derer hinaus geschlagen, die sich tatsächlich in ländliche oder intellektuelle Unabhängigkeit zurückgezogen hatten. Viele von denen, die 1968 Mitte zwanzig waren, sind von ihrer Erfahrung gezeichnet. Sie sind weniger dogmatisch, weniger politisch, weniger brutal, als sie sonst geworden wären. Und die Gesellschaft insgesamt, einschließlich derjenigen, die mit Entsetzen auf die Revolten reagierten, trägt ihr Hierarchiegefühl weniger deutlich vor, ist geneigt, sich in persönlichen Beziehungen weniger herablassend zu geben, und selbst der Polizeipräfekt spricht mit weicherer Stimme. Das «Recht, anders zu sein» wird heute mehr respektiert als früher.

Das ist alles ganz schön, doch unterdessen müssen die Menschen ihren Lebensunterhalt verdienen, und die Freuden der Kreativität kann man nicht nur auf einem primitiven Bauernhof in der Ardèche oder in einer kunsthandwerklichen Teppichweberei finden, sondern auch in der «wirklichen» Welt, die zum überwiegenden Teil von ganz anderen Ambitionen angetrieben wird. Das ist das Dilemma, dem sich die Tageszeitung *Libération* ausgesetzt sieht, die als Bannerträger jener überlebte, die Konkurrenzkampf und Hierarchie ablehnen. Sie hat in der Gesellschaft einen Platz gefunden wie der widerspenstige Bruder einer angesehenen Familie, der auszieht, um Rockmusiker zu werden, und den seine Altvorderen widerwillig zu respektieren beginnen, auch wenn sie überzeugt sind, er sei dumm, wenn nicht gar verrückt und gefährlich. *Libération* ist einzigartig, weil sie ohne reichen Magnaten im Hintergrund anfing (sie erhielt Spenden von einigen reichen Exzentrikern, die bald von ihren Stellungen in der Zeitung abgewählt wurden – wegen «Inkompetenz»). Sie wird von keiner politischen Partei unterstützt, noch unterstützt sie ihrerseits eine Partei. Sie repräsentiert den Triumph eines Do-it-yourself-Journalismus. Einige wenige nonkonformistische Persönlichkeiten – Sartre, Clavel, Foucault – leisteten Hilfestellung, aber sie wurde von jungen Leuten aufgebaut, die ihren Beruf erlernten, indem sie ihn ausübten, ohne eine Lehre in der kapitalistischen Presse absolviert zu haben. Alle bekamen anfangs das gleiche Gehalt, vom Herausgeber bis zur Putzfrau. Sie wollten zeigen, daß sie nicht nur den hierarchischen Geist ablehnten, sondern auch ohne ihn auskommen konnten. Die Druckmaschinen stellte man in der Mitte der Büros auf, so daß Jornalisten und Drucker nicht in zwei verschiedene Kasten geteilt wurden. Die Zeitung wurde von einer Vollversammlung geleitet, auf der alle, die für sie arbeiteten, gleiches Stimmrecht hatten. Sie finanzierte sich durch den Verkauf und duldete keine kommerziellen Anzeigen; im Gegenteil, Anzeigen wurden kostenlos gedruckt. Diese Kleinanzeigen wurden einer der unterhaltsamsten und informativsten Teile, und viele kauften die Zeitung nur ihretwegen. Sie waren wesentlich mehr als nur Gegenstück zur Gesellschaftsseite von *Le Figaro*, frecher als die Kleinanzeigen, die einst die Titelseite der *Times* füllten, als die englische Oberschicht es sich noch leisten konnte, frivol zu sein. Phantasie, Exzentrizität und Obszönität tobten sich hier aus.

Libération verwirft alle Tabus, ist neugierig auf alle Experimente der Lebenskunst und hat keine Angst, absurd zu wirken. Sie hat es ganz bewußt darauf abgesehen, «zu verwundern, zu überraschen», nicht indem sie ihre Leserschaft mit der herkömmlichen Kost der Massenblätter kitzelt, sondern indem sie die Leser aus ihrer Selbstzufriedenheit herausreißt. Sie hat keine vorgefaßte Meinung darüber, was wichtig ist und was nicht, und wird von einem Team geführt, das beunruhigt ist, wenn alle einer Meinung sind und «das Zusammenleben der verschiedensten Menschentypen» hoch schätzt; sie widersteht der Bindung an eine Partei, weil sie dadurch unwillkürlich ihre Neugierde eingrenzen würde. Sartre hoffte, sie würde eine «gesprochene», weniger förmliche Sprache benutzen, die die wirklichen Gefühle der einfachen Leute authentischer wiedergibt. Philippe Gavi, ein weiteres Gründungsmitglied (Absolvent von Frankreichs führender Wirtschaftshochschule, der École des hautes études commerciales, und der Hochschule für Politische Wissenschaften), sah sie als Instrument für eine neue Art von Geselligkeit: «Ich höre gern Leuten zu, die ihre Lebensgeschichte bis ins Kleinste erzählen. Wenn die Diskussionen Schritt für Schritt weitergehen, fühlen wir uns wärmer, reicher. Wir fühlen, wie die Barrieren zerbrechen. Ich würde gern überall Mikrofone aufstellen, in Bistros, unter Betten, in Werkstätten, in Büros, vor den Fabriktoren, in den Mündern küssender Paare. Wahre Kommunikation ist revolutionär, weil Sprechen Verdammung, Kritik, Bewertung des eigenen Lebens oder das der anderen bedeutet. Leben wird entdeckt im Verlauf einer sich erhitzenden Diskussion.» Er drängte die Zeitung, jene Stereotypen, die öffentliche Stellungnahmen normalerweise darstellen, zu überschreiten.

Serge July, der Herausgeber, glaubte anfangs, daß im ganzen Land Komitees gegründet werden sollten, die dann – um «die Menschen sprechen zu lassen» – entscheiden würden, was zu sagen sei. Aber diese Komitees erwiesen sich bald als uneffektiv. Er verläßt sich nun verstärkt auf sorgfältig recherchierten Journalismus und beklagt, daß die Presse so arm ist, daß sie einem Journalisten gewöhnlich zwei Stunden, höchstens drei Tage gibt, um eine Geschichte zu bearbeiten – zu wenig. Seine ideale Zeitung würde 48 Seiten umfassen, wovon vier Fünftel detaillierte Basisreportagen und Erkundigungen zu sich ständig verändernden Themen ausmachen würden, von Erklärungen, warum Arbeiter den rechten Flügel unterstützen, warum ein Fußballteam ein anderes geschlagen hat bis hin zum letzten Stand der Evolutionstheorie. Er möchte seine Zeitung auf das gleiche Niveau bringen wie große Bücher, deren Entstehung manchmal Jahre benötigt, und er möchte Fotos abdrucken, die eine sinnvolle Dokumentation darstellen, und Zeichnungen, die den Standpunkt des Künstlers ausdrücken. Er sieht im Journalismus von heute mehr als ein bloßes Werkzeug der Politik oder der Unterhaltung: «Journalismus ist heute die Hauptform des Ausdrucks. Sie ist zugleich Literatur und Philosophie, weil es keine lesbare Literatur oder Philosophie ohne jene Ermittlungen geben kann, die Journalisten durchführen.» Journalismus ist daher beides, Modell und Grundlage jedes Nachdenkens. Er will den Kreis der Fragen über jede bekannte Grenze hinaus erweitern, um neue Blickwinkel zu finden, neue Themen, neue Techniken. Er sieht sich selbst als einen Anführer einer Gruppe von Scharfschützen, die alle Formen des Autoritären angreift, auf der Linken wie auf der Rechten; allen Formen der Abweichung ein Sprachrohr gibt und Nachrichten anbietet, die andere Zeitungen vernachlässigen.

Viele der Ideale von *Libération* mußten jedoch angepaßt werden, eines nach dem anderen, in qualvollen, selbstprüfenden und endlosen Debatten; gleiche Gehälter und der Verzicht auf kommerzielle Anzeigen wurden als zu utopisch abgeschafft, in der Hoffnung, die Verbreitung über die ziemlich begrenzte Gemeinde, die die Zeitung liebt, auszudehnen. Sie hat eine Leserschaft gewonnen, die einen großen Anteil von Lesern mit Hochschulausbildung aufweist, höher als andere Tageszeitungen, selbst als *Le Monde*. Professionell ausgezeichnet gemacht, versucht sie der grundlegenden Tradition treu zu bleiben, die vor allem von Respektlosigkeit, unorthodoxem Denken und Humor geprägt ist. Oft steckt Witz und Provokation in den Geschichten. Die Mission lautet, neue Formen der menschlichen Reife zu schaffen, eine neue Kunst, im mittleren Alter zu sein, ohne ehrwürdig zu werden. Vielleicht gelingt ihr das, indem sie beweist, daß Reife ein falsches Ideal ist, denn die reife Frucht fällt bald vom Baum.

Pionierarbeit hat *Libération* in Sachen Selbstverwaltung geleistet, die die Sozialistische Partei ganz allgemein in die Industrie einführen will. Die Aufgabe, Selbstverwaltung in einer großen Organisation funktionsfähig zu machen, und die Organisationen, die zu groß sind, um Selbstverwaltung zuzulassen, abzubauen, ist eine Herkulesarbeit. Welche neuen Probleme die Umwandlung hervorbringen wird, kann noch nicht einmal geraten werden. Daß es selten dauerhafte Lösungen gibt, kann man an dem Werdegang der Leser von *Libération* erkennen, auch wenn sie sich anscheinend erfolgreich mitten in ihrer Karriere umgestellt haben. Gérard Barthélemy zum Beispiel ist ein

Diplomat, der Schreiner wurde. Er kommt aus einer begüterten Familie, studierte Jura, Medizin und schließlich Wirtschaftswissenschaften und Politik an der Hochschule für Politikwissenschaften in Paris. Er lehrte Wirtschaftsentwicklung an einer Universität und verbrachte dann zehn Jahre im Ausland als Beamter des Außenministeriums, als Attaché zunächst für technische Zusammenarbeit und dann als Kulturattaché. («Es ist immer das gleiche mit uns: wir meinen, daß alle Länder dieser Welt intellektuell unterentwickelt sind, und glauben, sie brauchen daher unsere technische und kulturelle Hilfe.») Er arbeitete in Bolivien, Kolumbien, Sri Lanka, Marokko. «Diplomatie ist ein faszinierender, herrlicher Beruf, vielleicht einer der besten überhaupt, gesellschaftlich und vom Standpunkt der Unabhängigkeit, die man genießt. Aber wie alle guten Dinge, wie Schokolade, darf man nicht zuviel davon haben. Nach zehn Jahren hatte ich das Gefühl, daß ich sehr künstlich lebte. Ich wollte im kulturellen Leben meines Landes nicht länger als Repräsentant, sondern als Teilnehmer aktiv sein, sie nicht anderen Kulturen verkaufen und ihre Kenntnis verbreiten.» So kehrte er nach Frankreich zurück und wurde Direktor eines Maison de la Culture, eines Kulturzentrums in der Provinz. «Ich sah sehr bald ein, daß ich einen Fehler gemacht hatte, denn ich fand den gleichen kulturellen Imperialismus, die kulturelle Kolonisation innerhalb von Frankreich, die ich außerhalb praktiziert hatte. Ich verbreitete im Endeffekt Pariser Kultur, drängte eine großstädtische Kultur auf, verbreitete ein Wertsystem, das ganz einfach das einer kleinen Gruppe ist. Ich erkannte, daß ich in Frankreich wiederholte, was ich im Ausland aufgegeben hatte. Die Leute von Verberie, der Stadt, in der ich lebte, sahen oder fühlten die Dinge einfach nicht so wie die Pariser, und ich wollte kein Repräsentant der Pariser Kultur sein.»

So bat er nach drei Monaten um seine Entlassung. Er nahm sich ein Jahr frei, währenddessen er sein Haus umbaute. «Dabei lernte ich ein anderes Leben kennen, das nicht von einer Organisation abhing, sondern das Überleben hing von mir selbst ab, von dem Geschick meiner Hände, von meinem Wissen. Ärzte und einige Freiberufler sind in der gleichen Situation. Aber auch Handwerker. Ich entschloß mich, diese Richtung auszuprobieren.» Er lernte ein Jahr lang das Schreinerhandwerk in einer Internatsschule. Er war doppelt so alt wie seine Mitschüler, und es war ein bißchen wie in der Armee, aber er erlernte den Beruf. «Mein Ziel war nicht, ein Arbeiter zu werden, im politischen oder gesellschaftlichen Sinn. Das interessierte mich nicht. Was ich wollte, war ein Lebensstil.» Er richtete sich als Schreiner ein. Seine Freunde gaben ihm seine ersten Aufträge. Um die Kosten zu senken, tat er sich schließlich mit sechs anderen zusammen. Sie teilen sich die Werkstatt und einen Lastwagen, aber jeder arbeitet auf eigene Rechnung. Nur wenn ein Auftragsvolumen es erfordert, arbeiten sie gemeinsam. «Ich bin Schreiner, aber nicht, weil ich Holz oder Möbel besonders liebe. Ich hätte genausogut Maurer oder Installateur werden können. Was mich an meiner Arbeit interessiert, ist, wie ich lebe. Mein Handwerk ist nicht isoliert, sondern eine Art, mit anderen in Beziehung zu treten, mit den Lieferanten, den Nachbarn, den Familien – alle sind miteinbezogen. Wenn die Leute wissen, was ich früher war und hören, daß ich heute Möbelschreiner bin, sagen sie: ‹Ah, sie sind Kunsttischler.› Wenn sie nett sein wollen, sagen sie: ‹Sie sind Holzkünstler.› Ich antworte: ‹Nein, ich bin Schreiner.› Nicht, weil ich mich herunterspielen möchte, sondern weil ich durch meine Arbeit Beziehungen suche, freundschaftliche und berufliche.»

Barthélemy ist seit sieben Jahren Schreiner. Er nimmt keine hohen Preise, aber er ist praktisch veranlagt und verdient genug Geld. Sein Haus ist interessanter ausgestattet und hat mehr auffallende Dinge als das eines normalen Schreiners, denn er hat die Relikte seiner vorangegangenen Existenzen um sich versammelt, lebt jedoch so bescheiden wie jeder Handwerker. Er hat eine große Anzahl von Freunden gewonnen, aus allen Bereichen des Lebens. Ständig kommen ihn

Menschen besuchen. Es gibt keine Trennung zwischen seinem privaten und seinem beruflichen Leben. Und das ist sein Hauptproblem geworden. Seine Frau Mimi, von Geburt Haitianerin, ist ebenso gesellig und noch lebendiger als er, aber ihre Vorstellung von Ehe ist zu modern für diesen Lebensstil, der bei genauerer Überlegung etwas Mittelalterliches an sich hat. «Es ist unwahrscheinlich interessant, anders zu leben», sagt sie, «aber die Familie ist nach außen so offen, daß sie praktisch keine Familie mehr ist.» Ihre älteste Tochter pflichtet ihr bei. «Die Leute kommen und gehen ständig, essen mit uns. Es ist ganz selten, daß wir allein am Tisch sitzen, als eine Familie, nur wir sechs.» «Ich glaube, das ist in den letzten sechs Monaten nur zweimal passiert», fügt die jüngere Tochter hinzu. Barthélemy lädt Freunde, Arbeitskollegen und Kunden ein. Aber auch Freunde von Freunden und alle Handwerker aus dem Dorf schauen einfach vorbei. Und die Kinder bringen ihre Freunde mit. Mimi fand das zuviel. «Denn neben der Frau von Gérard und der Mutter meiner Kinder bin ich auch Mimi. Ich habe eine Persönlichkeit, und es ist bei all diesem Kommen und Gehen sehr schwer, die Möglichkeit zu finden, ich selbst zu sein.» Sie will mehr «Intimität». Das ist etwas, was die Handwerker im Mittelalter nicht kannten.

Sein zweites Problem ist, daß er selbst wieder unruhig wird. Er wurde Schreiner, um den Zwängen der sicheren Stellung mit Rentenansprüchen, ohne Element von Risiko oder Abenteuer, zu entrinnen. Aber heute fühlt er sich in seinem Schreinerberuf gesichert. Alles ist ein wenig Routine geworden, und so überlegt er, wie er «noch einmal der Sicherheit entkommen» kann, weil er etwas anderes machen möchte, denn «ich habe das Bedürfnis zu explodieren». Sein Plan ist, «die französische Universität von ihrem Sicherheitsgefühl zu befreien». Diese Seite von Barthélemy ist nicht mittelalterlich, sondern revolutionär. Ist er ein motorisierter Dinosaurier oder ein einsamer Astronaut, der sich nach altmodischen

Dorffesten mit Gesang sehnt? Ich denke, er ist ein seltener Mensch, ein Mann mit Ideen und einem ungewöhnlichen Mut, der versucht hat, die Welt nicht durch Bücher zu verändern, so wie man ihm das beigebracht hatte, sondern indem er sich selbst im Abenteuer mit aufs Spiel setzt, ein Risiko, das wesentlicher Bestandteil des Abenteuers ist. Er ist vielleicht ein Utopist des 19. Jahrhunderts, bis darauf, daß er eine Gemeinde nur für sich selbst aufgebaut hat. Es ist kein Zeichen des Versagens, sondern des Erfolgs, wenn er immer noch Abenteuerlust verspürt.

1936 wurde den Arbeitern die 40-Stunden-Woche versprochen. Das hob ihre Moral erheblich, auch wenn in der Praxis dieses Versprechen selten durchgesetzt wurde. Aber zumindest wurde ihr Recht anerkannt, nicht bis zur totalen Erschöpfung arbeiten zu müssen. 1981 versprach die Regierung die 35-Stunden-Woche, aber wieder entgegneten die Arbeitgeber, das sei unmöglich. Die Reduzierung um eine Wochenstunde pro Jahr kam als Kompromiß heraus, und so wird dieser wirkliche Wandel im Leben der Menschen fast zu langsam vonstatten gehen, um ihn zu bemerken. Aber es gibt einige Firmen, die bewiesen haben, daß eine sofortige Arbeitszeitverkürzung von 40 auf 35 Stunden durchaus möglich ist. In Cachan besitzt Jean de Cassagnac eine Druckerei und Werbeagentur, die fünfundvierzig Angestellte und Arbeiter beschäftigt: Drucker, Lithographen, Buchbinder, Zeichner, Sekretärinnen und Fahrer, Männer und Frauen. Er hat über zwanzig Jahre lang die Firma aufgebaut, aber vor zwei Jahren vollzog er eine Umwandlung, vergleichbar mit dem politischen Wandel, der sich im 19. Jahrhundert in der Politik Frankreichs vollzog: er dankte von seiner Rolle als durch göttliches Recht eingesetzter Monarch ab und errichtete so etwas wie eine Demokratie. Er ermöglichte seinen Arbeitern, innerhalb von fünf Jahren Aktionäre mit 70 Prozent des Firmenanteils zu werden, während er sich 30 Prozent vorbehielt. Die Profite sollten gleichmäßig auf Unternehmen und Arbeiter im Verhältnis 50:50 verteilt werden. Die Stechuhr wurde abgeschafft, jeder kommt zur Arbeit, wann immer es ihm oder ihr paßt, und bleibt so lange, bis das Pensum geschafft ist. Jeder kann zwischen vier langen oder fünf kurzen Wochentagen wählen. Cassagnac betont, daß es nicht verwerflich ist, Langschläfer zu sein oder zu verschlafen. Keiner fühlt sich schuldig, wenn er zu spät kommt. Die Arbeiter arrangieren sich untereinander, wenn sie sich für persönliche Besorgungen Zeit nehmen wollen. Der Vorteil der Firma liegt darin, daß die Kollegen ihre Arbeit über einen längeren Zeitraum, einschließlich samstags, verteilen können, so daß Aufträge auch außerhalb normaler Geschäftszeiten angenommen und abgeliefert werden können. Wenn ein Eilauftrag in der Firma eingeht, ruft Cassagnac die Arbeiter zusammen. Sie diskutieren, ob es das Opfer eines Wochenendes oder von Überstunden lohnt, und erst dann nimmt er den Auftrag an oder lehnt ihn ab. Ein weiterer Vorteil ist, daß die Arbeiter für ihre Kollegen einspringen und so ihre Tätigkeiten vielseitiger geworden sind. Keiner sitzt herum und wartet, bis es fünf Uhr ist. Wenn es nichts zu tun gibt, gehen sie einfach nach Hause. Mütter müssen sich nicht mehr Sorgen machen, ihre kranken Kinder allein zu lassen, und sogar die ärztlichen Krankenbescheinigungen sind nicht länger erforderlich, weil keiner mehr krankfeiert. Wenn jemand das Bedürfnis nach ein paar Tagen Ruhe verspürt, nimmt er frei und spricht mit einem Kollegen ab, das nächste Mal für ihn einzuspringen.

Disziplin im herkömmlichen Sinn gibt es nicht mehr. Es gibt keinen Vorarbeiter. Cassagnac glaubt nicht, daß sie notwendig sind. Er mag Arbeiter nicht wie Kinder behandeln, die zu tun haben, was man ihnen sagt, oder sie wie ein Oberst anschreien. Einer der Drucker erzählt, daß er in seiner letzten Firma ständig unter der Aufsicht des Vorarbeiters und der wiederum unter der Aufsicht des Abteilungsleiters stand. «Es war wie in der Armee, alles was noch fehlte, waren die Streifen an unseren Blaumännern.» Der Unterschied zu heute ist «wie Tag und Nacht. Ich bin auf einem anderen Planeten. Ich fühle, daß ich verantwortlich bin für das, was ich tue, daß die Menschen hier Vertrauen in mich setzen, und obendrein ist die Arbeit ohne Zwang». Der junge Mann, der die Offsetmaschine bedient, sagt, wenn er einen Fehler macht, schimpft er sich selbst aus. Um den Fehler auszubügeln, bittet er seinen Kollegen um Hilfe. «Ich habe endlich das Gefühl, erwachsen zu sein.» Der Mann an der Papierschneidemaschine vergleicht seine vorige Stellung, wo die Unterhaltungen mit seinem Chef «im Telegrammstil abliefen. Guten Morgen, guten Abend, das war's. Wenn ich ihm was zu sagen hatte, mußte ich zu seiner Sekretärin gehen, die dann die Nachricht weitergab. Hier ist es ganz anders. Ich klopfe beim Chef an die Tür, gehe rein, er sagt mir, daß ich mich hinsetzen soll, und wir unterhalten uns. Und glauben Sie mir, sein Stuhl ist nicht höher als meiner.»

Cassagnac ist nicht dünkelhaft. Man kann ihn beobachten, wie er den Abfall zusammenfegt oder Pakete zum Lieferwagen trägt, so wie jeder andere auch. Keiner scheint auf ihn neidisch zu sein. Er arbeitet länger als jeder andere, aber wie ein Maschinenführer sagt: «Wenn Sie der Anführer sein wollen, müssen Sie auch länger arbeiten.» Cassagnac hat die Führung nicht abgegeben. Er ist der Chef und stolz darauf, und sein Ziel ist es, Profit zu machen. Aber nicht auf Kosten der Arbeiter; was er mehr als alles andere schätzt, ist «menschliche Wärme». Er will sich nicht in die privaten Angelegenheiten seiner Leute einmischen, sie müssen als Individuen anerkannt werden. Die Vorstellung, daß sie alle den gleichen Regeln zu folgen haben, ist absurd. Ältere Arbeiterinnen etwa müssen mit besonderer Rücksicht auf ihre körperlichen Schwierigkeiten behandelt werden. Wenn eine Frau ihren Mann von der Arbeit abholt, «ist es logisch, daß sie draußen in der Kälte warten muß? Ist es nicht netter, sie hereinzubitten?» Jeder in der Firma hat einen Schlüssel, so daß er so früh kommen oder so lange bleiben kann, wie er will. «Es ist das erste Mal, daß ich solch einen Beweis von Vertrauen in die Arbeiter gesehen habe», sagt ein Drucker mittleren Alters. Die Firma versucht, so etwas wie ein Dorf zu sein, in dem jeder seine Persönlichkeit ausdrücken kann und keine Aufgabe als nobler oder niedriger angesehen wird, denn jeder soll meinen, daß er mit seinem Handeln einen Beitrag zum Allgemeinwohl leistet. Wenn sich eine schwierige Aufgabe abzeichnet, wird sie nach allgemeiner Zustimmung dem Erfahrensten übergeben.

Das Unternehmen ist eine große Ausnahme; arbeitspolitisch gesehen, besteht Frankreich noch immer aus einer Vielzahl von unterschiedlich ausgeprägten Tyranneien, und nicht alle sind gutwillige Tyrannen. Woran liegt das? Cassagnac gibt, wie jeder gute Franzose, dem Staat die Schuld. Er ist entsetzt, wie Ausländer ihre französische Konkurrenz schlagen, wie Japaner Weingüter in Bordeaux aufkaufen und die Deutschen die pharmazeutische Industrie. Wenn es so weitergeht wie bisher, «dann bleibt mir nur übrig, meine Druckerei in einen Tanzsaal zu verwandeln und meine Werbeagentur in einen Sexshop». Aber er gibt auch eine bessere Antwort: Arbeitgeber fürchten ihre Arbeiter und umgekehrt. Seine eigenen Ängste vor der ausländischen Konkurrenz zeigen, wie schwierig es ist, Ängste zu überwinden. Aber er sagt: «Ich vertraute auf das Ehrgefühl der Arbeiter und ich zögere nicht zu sagen, ich habe gewonnen. Der Vertrag, der Arbeitgeber und Arbeiter bindet, sollte wie ein Ehevertrag sein: in guten und in schlechten Tagen.»

13 Wie kleine Ladenbesitzer überleben

Diejenigen, die «Small is beautiful» für eine Weltlösungsformel halten, können eine besonders interessante französische Erfahrung bedenken, da Frankreich traditionell das Refugium des «kleinen Mannes» ist. Es gab vor 1914 eine sehr große Anzahl «kleiner Leute», und sie genoß über Jahre eine Mehrheit im Parlament. Der kleine Mann war ein Mensch ohne große Ansprüche, der einfach seine Unabhängigkeit, wie fragil sie auch sein mochte, bewahren wollte und der alle Regierungen als Bedrohung seiner Unabhängigkeit haßte. Aber indem er sich organisierte, schaffte er es, daß die Regierung ihn wie eine aussterbende Rasse beschützte. Um ihre Gegner einzuschüchtern, nannte sich seine Partei Radikale Partei, aber sie griff die Mächtigen, die Kirche und die Reichen nur mit Worten an. Die kleinen Geschäftsleute und Handwerker von heute sind die Nachkommen dieser Spezies. Ihr Erbe ist ein zwiespältiges. Sie opferten eine ganze Menge, um unabhängig zu bleiben, und manchmal verfielen sie in Egoismus und Demagogie. Aber sie sind noch immer eine ansehnliche Gruppe. Frankreichs 800000 Kleingeschäfte sind seit über einem halben Jahrhundert in der Existenz bedroht, die Supermärkte haben sie an den Rand des Ruins getrieben. Aber noch immer machen sie 60 Prozent des Lebensmittelmarktes und über 70 Prozent des allgemeinen Einzelhandels aus.

Der kleine Handwerker bezeichnet alle Einwände der Technokraten gegen seine Ineffizienz als Vorurteil, das zu eng auf den Parametern «Produktivität und Statistik» beruhe. Er repräsentiert das Streben nach Würde und Lebensinhalt, die er als Alternative zu ihrer Art von Fortschritt versteht. Gaston Lucas, ein Pariser Schlosser, der 1907 geboren wurde, ist Sohn eines Gärtners, der sich weigerte, Elektrizität in seinem Haus zu dulden, weil er gegen Fortschritt war. Er fürchtete vor allem, daß Maschinen alle Arbeit ausführen würden und bald keine Arbeit für Menschen mehr übrig sei. Das war vor 1914. Er drängte Gaston, der natürlich von Strom träumte, Schlosser zu werden, weil die immer gebraucht würden. Gaston hat es nie bedauert, auch wenn er, finanziell gesehen, ein schweres Leben hinter sich hat. Die Freude an seinem Beruf beruht darauf, daß man ihn nie ganz erlernen kann, daß es immer noch etwas gibt, was er dazulernen kann. Kein Auftrag ist genauso wie der vorherige, und jeder Kunde hat einen besonderen Geschmack. Die Arbeit ist schwierig, aber wenn er erreicht hat, was er sich vorstellte, dann ist «es schön anzuschauen. Dann bin ich glücklich.» Er hat sich nie vor manueller Arbeit drücken wollen. Er spricht giftig über die Intellektuellen, weil sie nichts davon verstehen und meinen, es müsse eine Schinderei sein, die sie abschaffen wollen. Er betrachtet sich als eine Art Künstler, ohne in irgendeiner Weise leugnen zu wollen, daß er der Arbeiterklasse angehört. Die Menschen, die er bedauert, sind jene, die nicht mehr selbst bestimmen können, wie sie ihre Aufgabe gestalten, denen von einer neuen Armee von Designern vorgeschrieben wird, was sie zu tun haben.

Sein Sohn erfüllte seinen Traum und wurde Elektriker bei der Air France. Aber wenngleich das unter dem Gesichtspunkt Prestige, Sicherheit und Finanzen eine fabelhafte Stellung war, fühlte er sich unzufrieden, weil er die meiste Zeit damit zubrachte, Apparate zu reparieren. Darin lag kein menschliches Interesse. Sie bildeten ihn zu einem Radiolehrer aus, aber das füllte ihn auch nicht aus, es war reine Wiederholung. Schließlich wurde er Fluglotse. Endlich übt er eine Tätigkeit aus, die ihn erfüllt; Leben und Sicherheit der Passagiere hängen von seinen Fähigkeiten ab. Heute hat er Verantwortung, und es kommt ihm wirklich darauf an, daß er seine Sache gut macht. Der Sohn kam zu den gleichen Schlußfolgerungen wie der Vater.

Was beide anstrebten, war Selbstachtung und eine Zufriedenheit, die weiter reicht als Status oder Geld. Gaston sieht keine Veranlassung, sich gesellschaftlich zu verbessern. Er war mit siebenundzwanzig Vorarbeiter, aber er blieb immer unter Arbeitern. Er ist nicht neidisch oder verbittert. Ebensowenig ist er in seinen Ansichten konservativ oder unterwürfig. Er hat immer für die Sozialisten gestimmt. Aber er sieht die Lösung von Ungleichheit und Ungerechtigkeit nicht in der Politik. Er beurteilt die Welt aus seiner eigenen Erfahrung heraus, und für ihn sind die Klassenunterschiede weniger wichtig in den täglichen Beziehungen als die menschlichen Eigenheiten und die Konflikte in ihren Persönlichkeiten. Er weigert sich, einer Gewerkschaft beizutreten, weil er ihre «diktatorische Haltung» ablehnt. Er nennt sich selbst links, aber beurteilt Arbeitgeber nach ihren persönlichen Leistungen. Der Arbeitgeber, der den ganzen Tag lang nur trinkt – und er hatte einen, der am Tag zehn Liter Wein verkonsumierte –, ist seiner Achtung wert, wenn er in nüchternen Augenblicken ein geschickter Handwerker ist, und der Arbeitgeber, der von seiner Freundin tyrannisiert wird, verdient sein Mitgefühl. Hunger nach Macht und Reichtum sind für ihn eine Krankheit: «Je wertloser ein Kerl ist», sagt er, «desto mehr versucht er, sich in den Vordergrund zu schieben.» Er will auf keinen Fall mit einem Boss tauschen. Das liegt zum Teil darin begründet, daß er, während er für sie arbeitete, bewußt ihre Probleme und Sorgen, unter denen jeder von ihnen litt, beobachtete. Keiner von ihnen konnte mit seinem eigenen Glücksgefühl konkurrieren. Er ist andererseits nie besonders an dem Profit und der geschäftlichen Seite interessiert gewesen. Er hatte praktisch die Leitung einer Firma, aber er hegte nie den Wunsch, neben Unabhängigkeit auch noch einen Titel zu besitzen. Die Antwort auf die Schrecken der Industrialisierung, die die Menschen zwingt, eintönige Tätigkeiten auszuüben, sieht er nicht darin, daß jeder Mensch ein Handwerker wird. Dazu sind die Geschmäcker und Fähigkeiten zu verschieden.

Seine Ausgeglichenheit und seine Bescheidenheit bedeuten nicht, daß er keine klaren Standpunkte hat. Gaston mußte immer sparen und knausern, um zurechtzukommen, seine Kinder zu kleiden und zu ernähren. Seine Ersparnisse verlor er im Krieg und er mußte wieder von vorn anfangen. Der letzte tragische Lohn seiner Arbeit war, von einem jähzornigen Arbeitgeber entlassen zu werden, auch wenn er sich mit seiner Abfindung eine Wohnung kaufen konnte. Sein Gleichmut ist eine Mischung aus Realitätssinn und einem Gespür für seine eigene Würde – nicht ein dickes Fell. Er ist tolerant, weil er nicht will, daß man ihm hineinredet. Er hat sich stets so verhalten, wie er meint, daß es richtig ist. Er machte seiner Frau drei Jahre lang den Hof, ohne sie auch nur einmal zu berühren. Wenn er sie ins Theater führte, zahlte er auch für die Schwester, die als Anstandsdame mitging. Sein Leben wurde von Anstand, Opfer und Sparsamkeit bestimmt. Sein Gespür für Korrektheit ist so ausgeprägt, daß er eines Tages, als er dachte, einen Freund schlecht behandelt zu haben, einen Selbstmordversuch beging.

Ein «kleiner Mann» war in der Vergangenheit nicht notwendigerweise jemand, der sich demütig den Großen unterwarf. Gérard Nicoud, der einen energischen Verband der Ladenbesitzer gründete, hat sich im Gegenteil das Image körperlicher und verbaler Gewalt zugelegt und war bereits mehrmals im Gefängnis. Er ist der sechste Sohn eines Straßenbahnfahrers in Marseille, der mit fünfzehn als Kellner anfing und seine Rhetorik vor der Jukebox und dem Spielautomaten lernte. Der große Augenblick seines Lebens kam, als er das kleine Dorf-Café in La Batie-Montgascon bei Lyon kaufte. Er fühlte sich wie neugeboren. «Das gehört mir», sagte er sich immer wieder, «und ich habe die Verantwortung für alles.» Aber er stellte bald fest, daß man kämpfen muß, um seinen Besitz zu wahren, dem Steuerbeamten zu widerstehen und gegenüber der Regierung protestieren muß, die Handwerker und Selbständige wie Verbrecher behandelt. Diese Art von Anarchismus, die ihn veranlaßte, das Büro eines Steuerbeamten zu stürmen und alle Akten durcheinanderzuwerfen, traf auf zwiespältigen Beifall in weiten Teilen der Gesellschaft.

Der Bäcker, so will man meinen, wird der letzte der kleinen Leute sein, die verschwinden werden, weil sich Frankreich ein Leben ohne das köstliche *Baguette* nicht vorstellen kann. Aber dieses Baguette wird mit hohen menschlichen Kosten hergestellt. Jean Marq steht jeden Morgen um drei Uhr auf und backt bis um halb zwei nachmittags Brot. Er ißt zu Mittag, legt sich schlafen bis um halb fünf und steht wieder bis um sieben in der Backstube. Pro Woche nimmt er sich nur eineinhalb Tage frei. Er ist Mitte Vierzig und meint, mit fünfundfünfzig in Pension zu gehen, weil er bezweifelt, die harte Arbeit noch länger durchhalten zu können. Unterdessen verdient er gutes Geld. Er hat sich ein Landhäuschen gekauft, wo er seiner Leidenschaft, dem Angeln, nachgehen kann. Er mag seine Arbeit und übt sie seit nunmehr achtzehn Jahren aus. Er schätzt es, sein eigener Herr zu sein, und meint, er könne arbeiten, wann es ihm passe, auch wenn in der Tat der Produktionsdruck unablässig ist. Der Kontakt mit den Kunden regt ihn an und ebenso das Bedürfnis, ihre Wünsche zu erfüllen. Die Kunden wollen nicht bloß Brot, sondern «gut gebackenes» Brot, nicht zu hart, nicht zu weich, gerade so, als bestellten sie ein Steak. Er verkauft auch ein Viertel eines kleinen Brotes, wenn jemand danach fragt. Er ändert die Kuchensorten, so wie die Moden sich ändern. Keiner fragt mehr nach «Liebesäpfeln», ein Mandelkuchen, auf den er besonders stolz war. Seine Frau, die im Laden bedient, ist geradezu süchtig nach der endlosen Schlange von Kunden und dem Klimpern der Münzen. Sie ist sich sicher, daß sie ohne dieses ständige Treiben verloren wäre. Marqs Vater war ebenfalls Bäcker, aber seine Kinder wollen nicht seinen Beruf ergreifen. «Kinder sehen die Nachteile der Berufe ihrer Eltern und nicht die der anderen», erklärt er ohne Verbitterung. Sein ältester Sohn ist Kühlschranktechniker, vielleicht weil der Vater so oft gestöhnt hat, wie schwer es ist, in der heißen Backstube zu arbeiten.

Es sind aber nicht nur die alten Gewerbe, die den kleinen Mann am Leben halten. Die Zahl kleiner Geschäfte hat sich in den letzten Jahren mit einer Art neuem Enthusiasmus dramatisch vergrößert. Der kleine Mann wird heute nicht mehr von dem fetten Mann mit Baskenmütze personifiziert, der den alten Zeiten nachjammert. Der kleine Mann ist wahrscheinlicher eine elegante Frau aus der Mittelschicht, die einen Einrichtungssalon führt oder ein Möbelgeschäft, oder ein Intellektueller, der einen Buchladen besitzt, der sowohl Treffpunkt als auch Geschäft ist. Einen Laden zu führen war früher der klassische Weg, aus der Arbeiterklasse ins Bürgertum aufzusteigen. Die Fürsprecher der kleinen Geschäfte glauben, daß es keine Möglichkeit gibt, den Trend zu großen Verkaufsketten mit ihrem klaren Preisvorteil aufzuhalten; aber die kleinen Geschäfte können überleben, indem sie Leistungen anbieten, in denen sie besser sind als die großen Geschäfte, indem sie Güter herstellen und verkaufen, die persönlichen Einsatz, Service und Qualität erfordern, und indem sie ein Vertrauensverhältnis zu den Kunden aufbauen, das über das herkömmliche Profitmachen hinausgeht.

Es ist schwierig, Menschen zu finden, die nicht klagen. Monsieur Lupis, Besitzer eines Zeitungs- und Papierladens in

Colomiers (Haute Garonne), eine kleine vogelartige Gestalt, kommt dem Ideal des Zufriedenen wohl am nächsten. Er lebt in einem neuen Vorort, in dem die Stadt Bodenspekulationen durch Ankauf des gesamten Bodens vermieden hat; es gibt öffentliche Verkehrsmittel zum Nulltarif. Monsieur Lupis ist Mitglied im Gemeinderat, wird wegen seiner guten Laune geschätzt und ist stets bereit, einen Witz zu machen. Vielleicht kann er nur in einer dieser friedlichen Gemeinden aufblühen. Er haßt Großstädte. Er war nur zweimal in seinem Leben in Paris und würde dort niemals leben wollen. «Es ist viel zu belebt.» Er fährt selten nach Toulouse und zieht kleine Städte wie Albi und Montauban vor. Marseille hat er noch nie besucht. Seine Haltung beruht nicht auf der Unkenntnis der Vorzüge städtischer Zivilisation, denn er ist viel in der Welt herumgereist. Er hatte gerade vierzehn Tage in Amerika verbracht, war schon in Australien, Tahiti und Hongkong und hat Spanien, die Schweiz, Deutschland und Großbritannien bereist.

Monsieur Lupis ist nicht stolz. Er ging mit sechzehn von der Schule. Er war der Sohn eines Fleischers, mochte nicht lernen und zog es vor, in die Fußstapfen seines Vaters zu treten. Er heiratete mit zwanzig, wurde Lastwagenfahrer, arbeitete dann für den Vertrieb von Tageszeitungen für Hachette. Mit zweiunddreißig richtete er sich sein eigenes Geschäft ein. Er will nicht zu einem Buchhändler aufsteigen, die nächste Stufe, weil «man dafür lernen muß. Ich kann keine Bücher mit Ihnen diskutieren. Ich gebe zu, ich verstehe davon nichts. Ich lese keine Bücher, bis auf gelegentliche Krimis. Ich schäme mich nicht, das zu sagen. Auch nicht Fragen zu stellen, ich bin nicht schüchtern.» Aber egalitärer Sozialist, der er ist, hat Monsieur Lupis doch eine altmodische Bescheidenheit. «Ich weiß, viele Leute sind mir überlegen. Ich kenne die Grenzen meiner Bildung. Ich habe vor Lehrern großen Respekt. Ich kann den Schulrektor Monsieur Gillard zum Beispiel nicht mit Vornamen anreden, weil er mir überlegen ist. Selbst wenn ich mit meiner Frau über ihn spreche, sage ich Monsieur Gillard. Das ist keine Frage von Beruf oder Kultur, sondern der Eindruck, den ich habe, wenn ein Mensch mir überlegen ist. So könnte ich auch Mitterand nie duzen. Ich sage die Königin von England und nicht Elizabeth. Ich respektiere diejenigen, die ihre Stellung durch Arbeit erreicht haben.» Das ist keine Anerkennung von Hierarchie, sondern Hochachtung vor persönlicher Würde.

«Ich mag nicht allein sein.» Das ist der Schlüssel zu seinem Leben. «Ich fürchte die Einsamkeit. Ohne andere bin ich verloren. Ich langweile mich allein, ich muß mit jemandem reden können. Ich habe keine Hobbies, ich sehe nie Fernsehen. Andere Leute sind nicht so wie ich, weil sie ihre persönlichen Interessen haben, die sie beschäftigen, aber ich bin gern mit anderen Menschen zusammen.» Er schließt sein Geschäft nur Sonntag nachmittags und nutzt die Zeit, um zu Sportwettkämpfen zu gehen. «Ich habe einen ausgeprägten Familiensinn, das ist sehr wichtig. Wir machen unsere Ferien gemeinsam, als Familie. Ich arbeite mit an der Verwaltung der Stadt, weil ich menschlichen Kontakt brauche. Ich bin Ladenbesitzer, weil ich gern behilflich bin, gern einen Gefallen tue.» Dafür genießt er wiederum die Achtung seiner Kunden. Er hat «Hunderte von Freunden», auch wenn nur vier oder vielleicht sechs ihm wirklich nahestehen, mit denen er «heikle oder ernsthafte Dinge» besprechen kann, aber er vertraut anderen sehr schnell. Wenn ihm jemand «etwas zufügt», dann reagiert er nicht in gleicher Weise, sondern ignoriert ihn. «Ich versuche, niemanden zu verletzen.» Haben Psychologen nicht entdeckt, daß zornige Menschen oft nur ihre Schüchternheit zu verbergen suchen? Monsieur Lupis sagt, er sei selbstsicher, und daher stört es ihn nicht, wenn Leute Witze über ihn machen. Witze sind sein ständiger Lebensbegleiter. In der Schule hat er viele Streiche gespielt und schon immer gern Geschichten erzählt. Und jeden Verkauf versucht er mit einem Scherz abzuschließen. «Ich sage immer: ich tue meine Sache ernsthaft, aber ich nehme sie nicht ernst.» Das ist offensichtlich nur die halbe Wahrheit. Monsieur Lupis Witze sind das Öl in der Maschinerie der Stadt, und er weiß ganz genau, wie die Maschine laufen soll.

14 Wie man sich mit Bauern anfreundet

Auch Bauern suchen nach neuen Überlebensmöglichkeiten. Für René Cadel, der fünfzig Morgen Land bei Tornac in den Cevennen besitzt, stellt die Arbeit drei Kreuzzüge in einem dar. Seit dem Alter von vierzehn fasziniert ihn die Verbesserung von Wein und die Erfindung neuer Liköre aus verschiedenen Früchten, «um natürliche Getränke herzustellen, die direkt aus der Erde kommen». Das ist seine Leidenschaft, Wein ist sein Leben, und all die Arbeit, die er seinen Reben widmet, bereitet ihm tiefe Befriedigung. Und das um so mehr, als seine Mühen um die Verbesserung der Qualität des örtlichen Weinbaus es jungen Bauern möglich gemacht haben, auf ihrem Land zu bleiben und die Tradition ihrer Väter fortzuführen. Jeder neue Jungwinzer ist ein Sieg über die «schwachsinnige Gesetzgebung der Regierungen» und die gewaltigen Kräfte der Ökonomie. Seit siebenundzwanzig Jahren ist er Präsident der örtlichen Winzergenossenschaft. Sie hat nicht nur vielen Kleinbauern ermöglicht zu überleben, sondern symbolisiert auch den moralischen Impuls, der hinter seinem Leben steht. «Kooperation ist ein Gedanke, den wir von den Russen übernommen haben», sagt er, fügt aber hinzu, daß sein Ideal die Anwendung des Christentums sei (er ist gläubiger Protestant). «Mit Maschinen das Schicksal meines Nachbarn zu verbessern», ist ein Aspekt, «daraus den Geist der Freundschaft wachsen zu lassen», ein anderer. Nur wenige wären ihm gefolgt, wenn er nicht hätte beweisen können, daß er ihr Einkommen steigern konnte. Aber der wichtigste, zusätzliche Lohn war für ihn die Neuerung, direkt an den Konsumenten zu verkaufen, den Händler auszuschalten. Wenn man zu ihm direkt kommt, kostet eine Flasche fast nur ein Drittel des Ladenpreises. Er hat sich eine Klientel von Kunden aufgebaut, die zu Freunden geworden sind. Die Auslieferung von Wein wird stets von einem Fest im Haus des Empfängers begleitet, ein Austausch von Geschenken, das Gespür von gemeinsamer Leistung. Er ist sehr stolz darauf, daß sein Wein rein ist, ohne Verfälschung. Er ist ein höchst moralischer Mann, für den persönliche Beziehungen fast wie ein religiöser Ritus sind. Er scheint nicht zu wissen, was Neid und Zorn sind. Er bewundert Einfachheit.

Seine Frau, ebenfalls Tochter eines Winzers, zögert nicht zu sagen, daß sie das Leben, das die beiden seit vierzig Jahren im gleichen Haus führen, liebt: «Ich bin sehr zufrieden. Es gibt Tage, an denen ich ein wenig mürrisch bin», sagt sie, «dann, wenn ich nicht genug Zeit für die Dinge habe, die zu Hause gemacht werden müssen.» Sie räumt auf, putzt und bewirtet die Gäste ebenso gewissenhaft, wie er an den stundenlangen Sitzungen der Genossenschaft teilnimmt. Ihr Sohn wurde Chemiker an einem nahegelegenen Weinforschungszentrum, wo er gerade eine neue Methode enwickelt hat, einen alkoholfreien Traubensaft mit noch nie dagewesenem Geschmack zu erzeugen; Tatsache ist, daß es endlich einen Saft gibt, der nicht zu süß ist und das volle Aroma der Traube beibehält. Als ich mit einem Winzer in Toulouse sprach, meinte er, daß jeder, der zum Essen keinen Wein trinkt, seinen Freunden die Arbeit nimmt. Dies wäre also ein Versuch, einen neuen Markt für die Weinbauern zu erobern.

Im Gegensatz dazu ist es die Freude zu «kämpfen», die Philippe Yverneau auf seinem Hof mit eintausend Morgen

Weizen, Rüben und Hülsenfrüchten bei Laon in Aisne aufrecht hält. «Ich habe schon immer gegen etwas angekämpft, von Jugend an.» In der Schule war er hoffnungslos und wurde von Pauker zu Pauker geschickt, in der vergeblichen Hoffnung, ihn durch die Prüfungen zu bugsieren. Schließlich gaben seine Eltern auf, aus ihm etwas zu machen, und stimmten seinem Wunsch zu, auf eine Landwirtschaftsschule zu gehen. Er war überzeugt, seine Berufung sei, Bauer zu werden. Seine Vorfahren hatten vor fünf Generationen das Land erworben, als es zur Zeit der Revolution der Kirche genommen wurde. Aber das Land war langsam parzelliert worden, weil jede neue Generation es unter den Erben aufteilte. So erbte Yverneau weniger als zwanzig Morgen, weshalb seine Familie so sehr bemüht war, ihn in einem anderen Beruf reüssieren zu lassen. Gegen Ende des Zweiten Weltkriegs war er gerade achtzehn Jahre alt. Er scheint sein Erwachsenendasein verbittert und mit hohen Schulden angetreten zu haben, was jedoch enorme Energien bei ihm freisetzte.

«Früher arbeiteten Bauern im wesentlichen, um Land zu erwerben. Heute ist das fast unmöglich, weil man im Konkurrenzkampf mit den anderen nicht zugleich in Land und Maschinen investieren kann. Ich setzte auf die Modernisierung des Geräteparks und veränderte unsere Landwirtschaftsmethoden grundsätzlich.» Er pachtete tausend Morgen von zahlreichen Vettern (mit denen er zuweilen heftige Auseinandersetzungen hat, wenn sie ihr Land verkaufen, um Kapital flüssig zu machen). Was er an Stelle von Land besitzt, sind fünf Traktoren und zwei Mähdrescher. Er zahlte die Schulden ab, indem er Erbsen und Bohnen anbaute, die er an eine Konservenfabrik in der Nachbarschaft verkaufen konnte. Er ist stolz, daß er sich bewiesen hat, finanziell, beruflich und gesellschaftlich. Er arbeitet hart, um in seiner Gemeinde ein gutes Bild abzugeben. Er wurde zum Bürgermeister gewählt, und «kämpft» um die Arbeitsplätze der Menschen und für ihre Rechte, «um denen zu helfen, die weniger Glück hatten als ich». Er wiederholt, daß er «enorme Schwierigkeiten hatte, mich einzurichten, und wirklich hart kämpfen mußte». Sein Hauptkampf besteht zur Zeit in der Ansiedlung einer neuen Konservenfabrik. Die alte wurde vom Mutterkonzern geschlossen. Er ist zu vorsichtig, zu sagen, warum dies geschah, er will keine Beschuldigungen aussprechen. Aber er sieht heute ein, daß die Bauern ihre eigene Fabrik brauchen. Er hat Landwirtschaft zu einem Geschäft gemacht, und er sieht sich selbst als einen Geschäftsführer. Seine Arbeiter sagen, sie tun, was er ihnen befiehlt. «Kooperation» gibt es hier nicht. Er beginnt seine Arbeit jeden Morgen um sechs Uhr und verbringt seine Samstage und den größeren Teil seiner Sonntage im Büro. Er macht nie Urlaub. Seine Frau fährt stets mit den Kindern für ein paar Tage in die Sommerfrische. Er ist mit seinen Hunden, mit seiner Jagd und dem Reiten als Ausgleich zufrieden. Er und René Cadel gestalten die Landwirtschaft in genau entgegengesetzter Richtung um.

Der Bauer ist seit Jahrhunderten Außenseiter, Benachteiligter und vermeintlich die Personifizierung des Tölpelhaften, der Ignoranz, der Gier, Brutalität und jeder anderen Untugend, die sich gegen den Charme und die Grazie der Stadtkultur oder der Zivilisation abhebt, die Stadtbürger angeblich vorwiesen. Städter meinten, der Bauer sei still, isoliert und zurückgezogen. Sie stellten sich ihn als Relikt eines vergangenen Lebens vor. Aber ein wesentlicher Teil bäuerlichen Lebens war stets die Rebellion. Der Bauer war immer unterdrückt und in Abständen erhob er sich in einer Revolte gegen seine Herren. Seine letzten Invasionen in die Städte, Straßenblockaden mit dem Traktor, Barrikaden aus Artischocken oder Kartoffeln, entsprechen alle seinem Charakter. Cadel war sehr bewegt, als das Fernsehen den Roman eines Bauern mit dem Titel «Jacquou le Croquant» verfilmte. Der Held ist ein verwaister Knecht, der eine Revolte gegen die Burg seines adligen Herrn anführt. Die Geschichte spielt in der Mitte des

19. Jahrhunderts, unterschied sich aber gar nicht so sehr von dem Angriff einer Gruppe von 700 Bauern aus der Normandie, der 1972 gegen den Schauspieler Jean Gabin gerichtet war. Gabin war ein erfolgreicher Bauer mit über sechshundert Morgen Land geworden. Um vier Uhr morgens brachen sie in sein Bauernhaus ein und forderten unter Drohungen, daß er sein Land verkaufen solle. Es sei unfair, sagten sie, daß ein einzelner so viel besitze. Vergeblich versuchte Gabin zu erklären, daß er seinen Besitz durch harte Arbeit verdient hatte. Er stimmte schließlich zu, die Hälfte zu verpachten.

Bei den Kämpfen der Bauern ging es in erster Linie immer um mehr Land. Sie hatten nie genug. Der durchschnittliche französische Bauernhof ist nur ein Drittel so groß wie der englische. Vor hundert Jahren bestand die französische Nation zur Hälfte aus Bauern. In der hoffnungslosen Situation, nicht genug eigenes Land zu haben, um sich ernähren zu können, zog Generation auf Generation in die Stadt. Heute sind nur noch eineinhalb Millionen Bauernhöfe übriggeblieben, und Bauern stellen nur noch sieben Prozent der Bevölkerung; doch noch immer kämpfen sie mit der gleichen Unerbittlichkeit um Land und meinen, immer noch nicht genug zu haben. In den Beneluxländern, wo Grund und Boden äußerst knapp sind, wurde eine höchst intensive Bewirtschaftung entwickelt. Franzosen denken nicht in die gleiche Richtung. Land ist nicht nur Lebensunterhalt; es bedeutet auch Ansehen und Sicherheit oder zumindest die Illusion von Sicherheit. Die Mehrheit begnügt sich nicht, es zu pachten. Sie fordert unumstößlichen Besitz. Und selbst die Kommunisten unter ihnen glauben an Privateigentum. Nur zwei Fünftel des Landes wird gepachtet. Es ist so schwierig, Pachtland zu finden, daß die erste Zahlung oft bis zur Hälfte der vollen Kaufsumme ausmacht und gern gezahlt wird, um eine Pacht zu erhalten. Die Bauern verachten die Städter, die auf dem Markt von käuflichem Land mit ihnen wettstreiten, denn Land ist schon immer eine Anlageform gewesen, sein Preis steigt Jahr für

Jahr. Land ist in Frankreich tatsächlich wesentlich preiswerter als in anderen Ländern (ungefähr halb so teuer wie in Deutschland), denn Frankreich ist das am dünnsten besiedelte Land in Europa. Aber nur ein Fünftel des französischen Ackerlandes wird als qualitativ hochwertig eingeschätzt. Der Wettbewerb, den eigenen Hof abzurunden, ist höchst angespannt, und wird von der Hoffnung genährt, ein bißchen «Mehr» könne den eigenen Wohlstand erheblich verbessern. Eine Hoffnung, die allem Anschein nach niemals erfüllt werden kann.

Bauern haben ein zweites Ziel, das theoretisch erreichbarer ist, sich aber auf bedrückende Weise als ungreifbar herausgestellt hat. Sie wollen mit den Industriearbeitern gleichziehen, genauso viel verdienen wie sie. Sie haben dementsprechend ihre Produktivität über die letzten zwanzig Jahre vervierfacht. Das hatte dramatische Auswirkungen auf ihren Lebensstandard, besonders in vormals unterentwickelten Regionen wie der Bretagne, wo Familien in einem Schritt von primitiven zu hochentwickelten Anbaumethoden sprangen. 1948 bestritten die vier Gebrüder Nicolas ein kärgliches Leben von ihren fünfzig Morgen Land bei Pluzunet. Drei der Brüder blieben Junggesellen, um die Lebensfähigkeit ihres Erbes nicht zu gefährden, denn das Gesetz hätte sie sonst gezwungen, es zu gleichen Teilen in unwirtschaftliche Parzellen aufzuteilen. Sie betrieben Ackerbau wie ihre Ahnen, hielten nur sechs Kühe, drei Kälber und drei dürre Pferde. Aber als der Sohn den Hof übernahm, bot ihm der Staat einen enormen Kredit zu niedrigen Zinsen an und sogar eine Modernisierungssubvention. Er begann eine Eierproduktion mit eintausend Hühnern, damals ein rentables Geschäft. Er kaufte einen Traktor, baute neue Ställe und dank des Intensivanbaus von Futtermitteln gelang es ihm, achtundfünfzig Milchkühe zu halten, die ihm ein einträgliches Leben ermöglichten.

Aber all diese Bemühungen reichten nicht aus. Die höhere Produktivität der Landwirtschaft hat die Erzeugerpreise fallen lassen. Das Paradoxe ist also, daß Frankreich einer der größten Nahrungsmittelexporteure der Welt geworden ist – nach Rußland und den Vereinigten Staaten drittgrößter Produzent von Milch, viertgrößter von Fleisch und Gerste, und siebter von Getreide – aber seine Bauern beklagen sich noch immer. Bauern klagen ständig, es ist Teil ihres Naturells, aber in Frankreich hat sich ungefähr ein Fünftel von ihnen geweigert oder es nicht für lohnend gehalten, zu modernisieren. Diese Gruppe hat das Bild vom verarmten Bauern aufrecht erhalten. Die Einkommensstreuung unter Bauern ist in Wirklichkeit enorm weit, weiter als in der Industrie. Einige verdienen das vierzigfache anderer. Ein Viertel genießt, was nach französischem Maßstab als hohes Einkommen gilt; ein Viertel liegt deutlich unter der Armutsgrenze.

Was veranlaßt den Bauern weiterzumachen? Vor allem ist er gern sein eigener Herr. Michel Debatisse, einer der Nachkriegs-Bauernführer (wenngleich, wie man sich schon denken kann, es vier verschiedene Bauern-Verbände gibt und, alles in allem, über einhundert landwirtschaftliche Vereinigungen, die alle eifersüchtig über ihre Selbständigkeit wachen), Debatisse also sagt, das Motto der Bauern sei Wirtschaftlichkeit und Freiheit. Beides paßt natürlich nicht immer zusammen. Sicherheit zu gewinnen, indem man unter Vertrag eines großen Lebensmittelkonzerns genommen wird, der die Abnahme der Ernte garantiert, aber gleichzeitig strengste Kontrolle über Methoden und Aktivitäten im allgemeinen ausübt, ist eine große Versuchung. Der Massenanbau von Tomaten für Firmen wie Barbier-Dauphin oder Erdbeeren für Lenzbourg stellen das bäuerliche Leben vollkommen um. Der Lebensstandard steigt, aber der Bauer hat weniger Freizeit, die finanziellen Fragen sind komplexer, er wird gezwungen, Kredit aufzunehmen, und sorgt sich mehr. «Man wird dadurch nicht glücklicher... Es muß nicht unbedingt die Umstellung sein, vielleicht hat sich einfach das Leben geändert. Heute muß man mehr anbauen, um weniger für jede Frucht zu bekommen.»

Denjenigen, die das Vertragssystem vermeiden oder aus ihm ausscheiden, wird gesagt: «Ihr seid die letzten freien Männer.»

Der Bauer ist bislang außergewöhnlich erfolgreich gewesen, nicht nur unabhängig von staatlicher Kontrolle zu bleiben, sondern auch den Staat gleichzeitig kräftig zu melken. Seit langem zahlt er weniger Steuern als jeder andere, zuweilen sogar überhaupt keine. Im Gegenteil, er wird vom Staat in einer Größenordnung von ungefähr 3000 Mark pro Kopf im Jahr subventioniert. Er ist Europas Feudalherr oder angestammter Geist, dem der europäische Markt bescheiden seinen Tribut zollt. Das ist keine schlechte Rache. Aber er will diese Rolle nicht für immer spielen. Er besteht darauf, daß er nicht überproduziert, denn die Weltbevölkerung wächst unentwegt, und die armen Länder werden bald dankbar sein für die Nahrungsmittel, die er anbaut. Er sieht Frankreich als Kornkammer der Welt. Und er sieht in ferner Zukunft die Rettung der Landwirtschaft durch die Produktion von pflanzlichen Energieträgern sowie durch die Einführung weniger abfallhaltiger Ernten. Er wird wahrscheinlich Verbündete finden, denn das offene Land wird zunehmend von Menschen besiedelt, die der Städte überdrüssig sind. Die Hälfte aller Stadtbewohner würde lieber auf dem Land leben, und nur 5 Prozent der Landbewohner würden gern in die Stadt ziehen. Der durchschnittliche Landbewohner ist schon in der Mehrzahl kein Bauer mehr, und dieser Anteil wird weiter zunehmen.

Vierter Teil

Wie man ihren Geschmack zu schätzen lernt

15 Wie man richtig ißt

Wer gut französisch essen gehen will, würde normalerweise nicht daran denken, dafür nach Hollywood zu fahren. Aber gerade hier hat Patrick Terrail sein Restaurant, und hier kann man Beobachtungen anstellen, die beim großen Diner in Paris vielleicht nicht auffallen würden. Patrick Terrail stammt aus einem alten Geschlecht Pariser Hoteliers und Restaurantbesitzer, die nie zögerten, neue Ideen aufzugreifen, wo immer sie sie finden konnten. Sein Großvater, der in Paris den Tour d'Argent kaufte, siedelte das Restaurant im Dachgeschoß an, nachdem er die Vereinigten Staaten besucht hatte und von dem Rainbow Room im obersten Stockwerk des Rockefeller Center beeindruckt war. Sein Onkel, der heutige Besitzer, heiratete die Tochter des Filmproduzenten Jack Warner und hat das Restaurantgeschäft fast in Showbusiness verwandelt. Patrick Terrail ging als Jugendlicher nach Amerika, um seiner Familie zu entkommen; er besuchte die Cornell-Hotelschule, die die organisatorischen Aspekte der Kunst der Gastlichkeit betonte und Restaurantbesitzer anregte, große Summen für Komfort und Dekoration auszugeben. Er setzte diese Ideen in die Praxis um, während er für die Firma Restaurant Associates arbeitete, die den Ausdruck «Speisen als Erfahrung» prägte. All das mag weit entfernt sein von der gemütlich familiären Atmosphäre eines französischen Bistros, aber um in *Ma Maison* in Hollywood zu essen, das er anschließend aufmachte, muß man jemanden kennen, der dort schon einmal gegessen hat, denn es steht in keinem Telefonbuch. Patrick Terrail gab seinem Restaurant diesen Namen, weil er jeden als seinen persönlichen Gast betrachtet, und das Essen ist zugleich Show und Provokation, wie eine gute Party. «Ich gebe täglich zwei Shows. Ich möchte, daß die Leute die Show genießen und an ihr teilnehmen.» Er muß schon mehr sein als ein Koch: Es ist ein Dauer-Fest, ein Entertainment-Salon, den er geschaffen zu haben meint. Aber er ist auch ein höchst einfallsreicher Koch. Er behauptet, daß Kaninchen die Speise der Zukunft sei, und hat daraus ein bemerkenswertes Gericht komponiert. Er sagt voraus, daß es bald mehr Truthahn als Kalbfleisch geben wird, und züchtete eine neue Ente, indem er die französische Stockente mit einer Pekingente kreuzte. Die französische Haricot-Bohne führte er in Mexiko ein und errichtete eine neue Ziegenkäsefabrik in Nordkalifornien, die von einem Landsmann geleitet wird. Er hat die Vorstellung, daß amerikanische Weine eines Tages die Bretagne erobern werden.

Als er sein Restaurant plante, besaß er nur 2000 Dollar. Er gab ein Abendessen in seinem Haus und konnte 35 000 Dollar sammeln – Gene Kelly war sein erster Geldgeber. Heute fährt er stolz einen Bentley, Baujahr '65, und gibt sich der Familienpassion hin: Antiquitäten. Sein Croissantladen in Beverly Hills überbietet die amerikanisierten Croissants, die heute in Paris angeboten werden. Der Purist der Pariser Gastronomie mag sich bei dieser Geschichte etwas unwohl fühlen, ganz so wie im 18. Jahrhundert, als die drei Provençal-Brüder sich unter sie gesellten. Provençalische Küche wurde damals für Arme-Leute-Essen gehalten. Aber «eine neue Speise zu kreieren ist viel wichtiger, als einen neuen Stern zu entdecken», sagt Terrail. Dieser Geist, und nicht die endlose Wiederholung alter Rezepte, ist das Wesen der kulinarischen Tradition Frankreichs.

Es war einmal, da stellten die Schweizer die besten Uhren her, die Deutschen bauten die besten Kameras und jeder reiche Mann war bemüht, einen französischen Koch zu haben. In diesem Jahrhundert haben sich die teuersten Hotels dieser Welt verpflichtet gefühlt, französische Speisen, eine Parodie davon oder zumindest eine Speisekarte auf französisch anzubieten. Aber die Vorherrschaft der französischen Küche ist gefährdet. Die Franzosen begingen den Fehler, teure Speisen zu exportieren, die nur für eine Minderheit bestimmt sind. Die Chinesen konterten, indem sie hungrige Studenten anlockten. Und da jede Nation ausländischen Speisen grundsätzlich mißtraut, bewältigen die Chinesen diesen Widerstand, indem sie den Massen einen guten Grund gaben, ihre Speisen anzunehmen: sie machten sie billig. Einfache französische Bauerngerichte haben nicht in die Haushalte der Massen Eingang gefunden: Baked Beans werden Cassoulet Toulousain vorgezogen, und die Amerikaner haben die Schnellrestaurants der Welt im Griff. Der Refrain jeder französischen Diskussion über ihre Haltungen gegenüber Ausländern ist ihre Unfähigkeit, ausländische Küchen zu tolerieren. Essen isoliert die Franzosen fast so sehr wie ihre Sprache. Das wäre nicht weiter schlimm, wenn Frankreich wenigstens sicher wäre, eine Bastion guten Essens zu bleiben. Aber das muß bezweifelt werden.

Es gibt Moden in Speisen wie in der Kleidung, und kein Stil kann sicher sein, für immer zu gelten. Es gibt sicher einige, wie den Restaurantkritiker James de Coquet von *Le Figaro*, die behaupten, der Sinn einer Küche sei, ein Gefühl von Sicherheit zu vermitteln, und daß Veränderungen das letzte seien, was man brauche. Dem gegenüber verlangen Experten wie Gault und Millau, die die Nouvelle Cuisine populär machten, Überraschung und Aufregung. Frankreich hat unlängst seinen Anspruch als führende Küche erneuert, indem es sich in eine höchst feinsinnige Ehe mit Japan einließ, und viele Japaner besuchten Frankreichs Kochschulen; die Nouvelle

Cuisine ist teilweise das Ergebnis. Die größte Kochschule der Welt ist heute in Japan beheimatet und wird in Partnerschaft mit Paul Bocuse geleitet, der von der japanischen Sorgfalt beim Kochen, von der Vielfalt kleiner Mengen und der Betonung der Präsentation fasziniert war. Bocuse sagt heute, daß er der Nouvelle Cuisine überdrüssig ist, daß es «fundamentale Unterschiede» zwischen japanischer und französischer Küche gibt – «erstere ist von Textur besessen, letztere von Aroma» –, und er plant eine Rückkehr zu den Klassikern. Es überrascht kaum, daß der Mann, den er wie keinen anderen bewundert, ein Modeschöpfer ist: «Was mir wirklich Freude machen würde, wäre, daß ich der Yves Saint-Laurent der Küche genannt werde.» Es ist kein Zufall, daß Köche ein Sternesystem wie die Couturiers haben und daß es nur achtzehn gibt, die die höchste Auszeichnung von drei Sternen im Michelin-Führer haben. Bocuse ist so sehr Showman wie Koch. Er vergleicht seine Gerichte mit der Oper: «Ich mag die Beleuchtung der Oper, das Dekor, die Chöre.» Er betrachtet «Magie» als wichtigste Zutat eines Rezepts. Er weigert sich daher, elektrisch zu kochen, und behauptet, er brauche die Magie von Feuer und Pfanne. Er macht Essen zu einem Fest und Teil der Kunst, das Leben zu genießen. Er verabscheut Gerichte, die als Diät zum Abnehmen konzipiert werden, und bezeichnet solche Nahrung als «Oper ohne Orchester».

Genauso wie französische Couturiers ihre neuesten Stoffe in bestem Licht präsentieren, so liegt das erste Prinzip eines französischen Meisterkochs darin, frische, saftige, ausgereifte Zutaten aufzuweisen, um den natürlichen Geschmack der Nahrung deutlich zu machen und zu unterstreichen. Gute Zutaten sind die Grundlage der französischen Küche, und das bedeutet, daß man Veränderungen je nach Jahreszeit akzeptieren muß. Es ist unmöglich, das ganze Jahr hindurch die gleichen Dinge anzubieten. Jeder Hauptbestandteil muß seinen Eigengeschmack behalten, aber das kann nur mit Geschick und genialen Methoden erzielt werden. So soll Seeteufel in Blätterteig gefüllt mit Hummermousse nicht wie ein kompliziertes Gemisch genossen werden; der Blätterteig soll nur den Saft halten, und auch die Füllung kann man ignorieren, sie hält den Fisch nur saftig. Das Merkmal der französischen Küche ist nicht, daß sie Knoblauch, Schnecken oder Frösche verwendet, die alle regionale Spezialitäten sind, noch daß sie das Fleisch in einer heftigen Soße ertränkt, wie Anfänger meinen, um ihren Speisen einen Hauch von Luxus zu verleihen. Franzosen schätzen in ihren Speisen nicht nur Erfindungsgabe, sondern auch Ehrlichkeit. Das bedeutet, daß die Vielfalt der verwandten Produkte ihren Erfolg ebenso erklärt wie ihre Rezepte. Darum wird Lyon auch die Hauptstadt der Gastronomie bleiben. Seit langem schon liegt der vielfältigste Vorrat an frischen Nahrungsmitteln direkt vor der Stadt. Paul Bocuse geht jeden Tag auf den Markt und schlendert an den Ständen vorbei, so wie es seine Ahnen, alle Köche seit dem 17. Jahrhundert, immer getan haben. Er stellt sein Menü normalerweise erst dann zusammen, wenn er gesehen hat, was angeboten wird. Aber diese Tradition ist gefährdet. Es ist weitaus schwieriger, in Paris auf gleiche Weise gut zu kochen, seitdem die Markthallen aus dem Zentrum genommen wurden. In Lyon treffen sich die Meisterköche der Stadt jeden Montagmorgen im Café du Marché, um Ideen auszutauschen. Diesem Austausch und dem Wettbewerb wiederum entspringen neue Gerichte. Das Geschick der französischen *Chefs* beruht auf dem Wissen, wie sich der Geschmack der Früchte je nach Saison verändert, wie stark der Knoblauch ist – was von der Jahreszeit abhängt und wo er angebaut wurde – und in dem Geschick, die Zutaten in ihrer charakteristischsten Form einzusetzen, wie etwa die Bevorzugung von Vanilleschoten gegenüber dem Extrakt. Aber schließlich hängt das Ergebnis von der persönlichen Eingebung ab. Deshalb ist Kochen eher eine Kunst als eine Wissenschaft.

Das widerspricht der gewöhnlichen Ansicht, die französische Küche sei die am strengsten reglementierte aller Nationen. Es stimmt allerdings, daß wesentlich mehr Mühe darauf verwandt wurde, die Gesetze und Prinzipien der guten Küche festzulegen als anderswo, und die ausländischen Vorstellungen der französischen Kochkunst stammen unausweichlich aus den entsprechenden Rezeptsammlungen. Die Franzosen selbst vergeben den Meistertitel an Köche in Prüfungen, in denen strengste Befolgung der klassischen Vorschrift erwartet wird. Es gibt Größenwahnsinnige und Pädagogen der Küche, die versuchen, Gesetze festzulegen, wie es auch Modeschöpfer gibt, die die Mode diktieren wollen. Es gibt Köche, die sich weigern, Salzstreuer auf die Tische ihrer Restaurants zu stellen, wie zum Beispiel in dem berühmten Drei-Sterne-Restaurant von Alain Chapel in Mionnay bei Lyon, der sagt: «Wenn Sie glauben, es salziger haben zu wollen, irren Sie sich.» Escoffier schrieb 1912 ein Kochbuch, in dem er versuchte, bis ins kleinste Detail genau zusammenzufassen, wie man mehrere tausend Gerichte zubereitet, so daß «nichts dem Zufalle überlassen bleibt». Seine Vorstellungen sind sklavenhaft imitiert worden in dem Glauben, sie repräsentierten die wahre Kunst, aber wie alle Imitationen ging die Substanz hinter diesen Vorgaben verloren. Escoffier war ein Unternehmer im Hotelgewerbe, und ihm unterstanden riesige Küchen mit bis zu achtzig Köchen. Er mußte seine Mannschaft einweisen, und er lebte in einer Zeit, als man glaubte, Wissenschaft solle alles Handeln beherrschen. Doch die Regeln waren offensichtlich nicht für ihn selbst gedacht. Er bestand darauf, daß ein Koch seinen Kunden nichts aufzwingen darf, daß er stets mit den sich verändernden Strömungen und Moden gehen muß. Er zitierte Carême, der gesagt hatte: «Beim Kochen gibt es keine Prinzipien bis auf den Wunsch, die Person zufriedenzustellen, die man bedient.»

Die Frage, ob französische Speisen notwendigerweise teuer sind, ist nur ein Teil des Problems. Carême bestand immer darauf, daß der größte Feind einer guten Küche die Sparsamkeit sei. Deshalb arbeitete er auch so gern und ausschließlich für den Baron Rothschild. Die Troisgros-Brüder, die ein Eliterestaurant führen, sagen, sie weigern sich, an Geld überhaupt zu denken, weil es mit Kunst unvereinbar sei. Wie auch immer, große Köche sind auch Autoren. Die Fähigkeit, über Essen zu sprechen, Küchenarbeit in eine Philosophie zu verwandeln, ist ein Kennzeichen der großen französischen Köche, denn die französische Gastronomie war schon immer ein Dialog. Allein zu essen, heißt ein unvollständiges Menü zu genießen; man muß über das sprechen, was man ißt. Die Küche Frankreichs ist nicht nur von Köchen, sondern auch von Feinschmeckern erzeugt worden, die aus ihren Diskussionen um Speisen eine eigene Literaturgattung geschaffen haben. Es waren oft Geschäftsleute, Bankiers, Rechtsanwälte, Ärzte und Priester, für die das Speisen ihr liebstes Hobby war. Die engagiertesten waren Junggesellen, die keine andere Liebe kannten. Puritanismus und Bescheidenheit passen nicht zu ernst gemeinter Gastronomie, die sich wollüstig dem Genuß der Sinnlichkeit hingibt, der subtilen Analyse des menschlichen Appetits und den Freuden seiner Befriedigung. Das Restaurant hat eine wesentliche Rolle dabei gespielt, die französische Küche zu erzeugen, weil es ständig von öffentlicher Diskussion und Wettbewerb stimuliert wird. Die großen *Chefs* werden daher nicht nur von den Nahrungsmitteln, die sie finden, «inspiriert», sondern auch von ihrer Beziehung zu den Gästen. Sie kommen nach dem Essen ins Speisezimmer, um sich das Echo anzuhören. Charles Barrier, der Drei-Sterne-Koch von Tours, sagt: «Wenn ich koche, stelle ich mir die Freude vor, die ich jemandem bereite – sich selbst die Freude zu bereiten, ist nur Selbstbefriedigung.» Alain Chapel beharrt darauf, das Urteil seiner Gäste zu hören. Er trifft gerne jeden Gast, der hereinkommt, so daß jedes Gericht auf diese Person abgestimmt ist. Kochen ist für ihn «ein Liebesdienst»; und da Monotonie die große Bedrohung ist, freut er sich besonders, wenn Gerichte speziell bestellt werden. Seine Schlußfolgerung ist die eines Künstlers: «Es ist wichtig, daß ich mich entwickle und meine Wahrheit suche.» Er lehnt alle Versuche ab, Kochen in eine hochnäsige Affäre zu verwandeln, und weigert sich, «ausgefeilte Speisen» anzubieten. Die Einfachheit eines Künstlers offenbart sich jedoch unausweichlich als ausgefeilt, wenn man sie analysiert, und nur selten kann sie nachgeahmt werden. Darum wird man so häufig in Restaurants enttäuscht. Genialität ist nicht beständig und Routine ist ihr größter Feind.

Einer der Mythen, den die *Chefs* am Leben erhalten, besagt, daß französisches Essen schon immer hervorragend war, und daß gutes Kochen sich auf alte Rezepte und traditionelle, regionale Speisen stützt. Doch die Französische Küche hat sich über die Jahrhunderte enorm verändert. Vor zweihundert Jahren aß die Mehrheit der Franzosen nur 1700 Kalorien am Tag, was sie auf den niedrigsten Stand unter den Ländern der heutigen Dritten Welt setzt, und tierische Nahrung stellte nur 15 Prozent dieser Kalorien. Bis 1900 bestand die Nahrung zu drei Vierteln aus Getreide. Französische Bauern aßen gewöhnlich vor allem Brot, Suppen und Grütze. Das Brot war nicht das feine Bäckerbaguette von heute, sondern ein schwerer dunkler Laib, der aus allen Arten von oft schalem Mehl gebacken wurde. Die Suppen bestanden im wesentlichen aus Gemüse mit Wasser. Fett und selbst Salz waren ein großer Luxus. Die Grütze setzte sich zusammen aus Weizen, Mais oder Buchweizen, in Milch oder Wasser gekocht. Fleisch fand nur allmählich Einzug in ihren Speiseplan. Langsames Sieden in einem großen Topf war die grundsätzliche Kochmethode. Bauernnahrung war daher entweder fad oder zu gewürzt, denn man hielt sich an den mittelalterlichen Brauch, alle möglichen Geschmacksrichtungen willkürlich zu mischen, wenn überhaupt irgendwelche Gewürze vorhanden waren. Das traditionelle französische Frühstück bestand aus Suppe, und viele Angehörige der Arbeiterklasse können sich heute noch daran erinnern, damit aufgewachsen zu sein. Die Reichen dehnten die Mahlzeit zum Gabelfrühstück mit Eiern,

Wurst, Käse, Wein oder Cidre aus. Das heutige Frühstück ist eine neuere Erfindung. Suppen blieben ein beliebtes Abendgericht und werden erst in letzter Zeit langsam von modernen Alternativen ersetzt. Franzosen halten daran fest, zu jeder Mahlzeit Brot aufzutischen, aber dies ist ein schwacher Abglanz alter Zeiten, denn ihr Verbrauch an Brot hat sich in den letzten vierzig Jahren fast halbiert; und Frauen essen heute nur halb so viel Brot wie Männer. Einige Nahrungsmittel sind fast ganz vom Tisch verschwunden, wie gelbe Kohlrüben, Weißrüben oder Kürbis; sie essen heute nur ein Drittel der Hülsenfrüchte, die ihre Eltern verzehrten, für die Bohnen oder Erbsen Hauptbestandteil der Nahrung waren. Heute nähern sie sich mehr und mehr der reichhaltigen westlichen Ernährungsweise, sind die größten Fleischverbraucher in Europa und sie versuchen, die Amerikaner einzuholen, auch wenn es noch ein weiter Weg bis dahin ist.

Die Auswirkung des Wohlstands, die Industrialisierung der Nährmittelherstellung und vermehrten Freizeitaktivitäten bedrohen nunmehr ihre Essensgewohnheiten, die jedoch um so schneller aufgegeben werden, als sie relativ neu sind. 1960 gaben die Franzosen 42 Prozent ihres Haushaltsgeldes für Nahrung aus, aber die letzte Volksbefragung (1975) wies nur 24 Prozent aus. Das ist nur wenig mehr als man erwarten würde im Vergleich mit anderen Wohlstandsländern, die desto weniger für Essen ausgeben, je reicher sie werden. Aber es ist zweifellos ein neuer Trend für die Franzosen, weniger für die Nahrung und mehr für die Wohnung auszugeben. Der Soziologe Pierre Bourdieu behauptet, daß es heute eine Spannung zwischen zwei Essenshaltungen gibt. Die alte Haltung der Arbeiterklasse, so sagt er, sei, daß üppiges Essen zur Lebensqualität zähle. Wenn sie Gäste haben, bieten sie ihnen vor allem reichliche Portionen an. Sie schätzen in erster Linie die Gerichte, die ihre Mütter kochten, und finden keinen Gefallen an Experimenten, Einfallsreichtum oder exotischen Gerichten. Es ist ihnen wichtig, daß die Mahlzeit in einer gelassenen und freundlichen, jovialen Atmosphäre stattfindet, denn Essen ist ein Fest. Die gebildeten Schichten dagegen kultivieren einen Geschmack für leichte Speisen, delikat und künstlerisch zubereitet, für «amüsante» oder «interessante» Gerichte. Sie wollen ihre Gäste nicht vollstopfen, sondern sicherstellen, daß sie sich nicht langweilen. Die Prioritäten der Arbeiter können am Haushaltsgeld von Vorarbeitern abgelesen werden: sie geben genausoviel Geld für Nahrung aus wie Manager.

Die Begüterten nutzen zunehmend Traiteure, die – im Gegensatz zu Amerika – höchst ausgefeilte Gerichte anbieten, oft von guter Qualität, eine Art Ersatz für den früheren Koch der Bürgerfamilien. Tiefkühlkost traf anfangs auf erheblichen Widerstand, so wie Konserven zuvor, befindet sich aber überall auf dem Vormarsch. Der Verbrauch von Dosen- und Instant-Suppen hat sich in den sechziger Jahren mehr als verdoppelt, der von Dosengemüsen ist mit einer jährlichen Rate von 11 Prozent gestiegen. Die Zunahme von Kantinen ist äußerst auffallend. Die Amerikaner, die eifrig nach Möglichkeiten suchen, ihre Massenabfütterungsmethoden auszudehnen, hielten die Aufteilung des Restaurantgewerbes in einzelne, unabhängige Familienunternehmen für ein großes Hindernis. Aber seit 1960 die erste amerikanische Restaurantkette ihre Geschäfte eröffnete, begann die französische Lebensmittelindustrie um 12 Prozent pro Jahr zu wachsen. Sechzig Prozent der arbeitenden Bevölkerung der Region um Paris essen heute in Kantinen. Schulmahlzeiten wurden «rationalisiert», und in einer Stadt sorgt eine Zentralküche für 18500 Mahlzeiten pro Tag, die dann in den Grundschulen verteilt werden.

In einer Umfrage meinten 44 Prozent der Befragten, daß das Essen in Frankreich schlechter sei als vor fünf Jahren, und 42 Prozent glaubten, es gebe keinen Unterschied. Aber 50 Prozent meinten, es sei ungesünder, und das ist eine neue

Dimension in der Einstellung zur Ernährung, die sich langsam von den Reichen auf die Armen überträgt. Es gibt ein neues Bewußtsein für Diätetik, und das bedeutet, daß die Nahrung sowohl nach Geschmack als auch nach gesundheitlichem Wert ausgewählt wird. Das muß keine Schwierigkeiten mit sich bringen, denn die großen *Chefs* haben sich schon immer für Amateurärzte gehalten; aber die industrialisierte Hygiene hat zweifellos die alte Würze vermindert und wird wahrscheinlich neue Geschmacksrichtungen erzeugen, die sich dann wieder ändern werden müssen, wenn Plastik nicht länger billig ist. Eine Umfrage unter jungen Leuten hat ergeben, daß sie sich eigentlich keine Sorgen darum machen. Sie sind im allgemeinen nicht sehr an Essen interessiert, zumindest nicht im gastronomischen Sinn. In Schulen und Universitäten werden die Mahlzeiten oft in weniger als einer halben Stunde verschlungen oder sogar in weniger als zwanzig Minuten. Das muß man nicht unbedingt als Verfall ansehen. Es ist die Offenbarung eines anderen Aspekts der französischen Zivilisation, der immer verschwiegen wurde. Napoleon brüstete sich, eine Mahlzeit in weniger als achtzehn Minuten hinter sich zu bringen, und seine Lieblingsspeisen waren, zur Verzweiflung seiner geschickten Köche, einfache Makkaroni, Vol au vent, gebratenes oder geröstetes Huhn, ohne Knoblauch. Beschwerden über das miserable Essen, das in manchen französischen Restaurants angeboten wird, meldeten Gourmets, seit sie zu schreiben begannen, und es gibt keinen Grund, warum man ihnen keinen Glauben schenken sollte. Das Motiv des Profits in öffentlicher Verköstigung, das Fehlen von Zeit und Geld zu Hause standen schon immer den Idealisierungen der Gourmets entgegen.

Auf französische Art oder vielmehr auf Feinschmeckerart zu essen bedeutet, daß man die Seele und zugleich den Körper ehrt. Es ist nicht nur die Frage, welche Speisen man ißt. Die besten französischen Gastronomen behaupten nicht, daß die französische Küche allen anderen überlegen sei – sie sehen wohl, daß es auch anderswo herrliche Gerichte gibt –, aber sie behaupten, daß Frankreich die reichhaltigste Küche besitzt. Der chauvinistische Hochmut, den französische Reisende gern zur Schau stellen, wenn sie andere Länder besuchen – so sehr, daß Michelin in Amerika oder England kaum Restaurants finden kann, die der drei Sterne würdig sind – wird durch die bemerkenswerte Fähigkeit ihrer besten Köche ausgeglichen, ausländische Gerichte heimisch zu machen, so wie ihre Modeschöpfer ausländische Kleidung umgestalten und ihnen dabei ein neues Flair mitgeben können. Carême nahm die russische Kohlsuppe der Bauern etwa und erhob sie zu unglaublichen Höhen – durch einige geniale Veränderungen. Es sind die kleinen Besonderheiten, die zählen; und die sind nicht immer die gleichen. Französische Zwiebelsuppe kann auf mindestens hundert verschiedene Arten zubereitet werden. Es gibt endlose Diskussionen darüber, wie dick- oder dünnflüssig sie sein sollte; einige binden sie mit Eigelb, andere lassen den Cognac weg und geben einen Tropfen Essig hinzu, andere bereiten sie mit Milch statt Käse, einige wenige streiten sich, ob Camembert oder Brie oder Roquefort angebracht sei. Des Südfranzosen Alternative zur Zwiebelsuppe ist wahrscheinlich «Soupe au Pistou», aber man kann sich nie sicher sein, wie sie schmecken wird. Wenngleich sie immer Basilikum und Knoblauch enthält, hängt die Auswahl der Gemüse doch von der Jahreszeit und den Vorlieben des Kochs ab.

Eine der größten Barrieren, die einer Würdigung französischen Essens in vielen anderen Ländern im Wege steht, ist der Mythos des Knoblauchs. Um die Leidenschaft der Südfranzosen für Knoblauch zu verstehen, muß man nur die Lobeshymne auf *Aïoli* (eine Knoblauchmayonnaise) des Romanautors Alphonse Daudet lesen. Er bewirkt, so schreibt er, «ein Wohlgefühl und eine Fülle, eine Euphorie ... ähnlich wie sie von Opium hervorgerufen werden, nur ohne jegliche Gefahr»; das Gefühl steigert sich, wenn man sich nach dem Essen schlafen legt und eine «Siesta» hält. Er stimuliert, vorausgesetzt beide haben davon gegessen. Aber es gibt französische Gastronomen, die dem Knoblauch mißtrauen und darauf bestehen, daß er nur als Hauch von Würze hinzugefügt werden darf, daß er versagt, wenn er die ganze Speise beherrscht. Und in vielen Gerichten fehlt er ganz. Die Lyonaiser Küche etwa ist stolz darauf, daß sie die «provençalischen Übertreibungen» zurückweist. Knoblauch ist in der Tat eine neuere Einführung auf dem französischen Küchenplan. Im 14. Jahrhundert war er wesentlicher Bestandteil englischer Gerichte und wurde dort so häufig benutzt wie in Frankreich oder Italien. Ein französisches Kochbuch aus dem 17. Jahrhundert erwähnt Knoblauch nicht ein einziges Mal, während ein englisches aus der gleichen Zeit anrät, Knoblauch sogar in Tomatenmark zu geben.

Rund um den Wein haben sich angeblich die unbeugsamsten Regeln herausgebildet, doch auch diese sind relativ neu. Für Kenner gibt es natürlich keine ehernen Gesetze. Wein verleiht dem Essen eine besondere Dimension, nicht nur weil er ein ganzes zusätzliches Spektrum von Geschmacksmöglichkeiten hinzufügt, sondern weil er Fröhlichkeit, Miteinander, *bonhomie* und *joie de vivre* symbolisiert. Das Element des Unterscheidungsvermögens nimmt ständig zu: der Verbrauch von Tafelwein geht zurück und der der Qualitätsweine steigt. Je besser der Wein, desto größer das Gefühl von Festlichkeit – im Gegensatz zu der traditionellen Haltung der Arbeiter, daß Wein eine Quelle körperlicher Kraft sei und ein Arbeiter so und so viel davon brauche, um den Tag zu überstehen. Die Skandale, die von Zeit zu Zeit ausbrechen, wenn teuren Etiketten nachgewiesen wird, alle möglichen minderwertigen Mischungen zu enthalten, haben noch nie besonderen Eindruck auf die den Weingenuß begleitende Geheimnistuerei und Rhetorik gemacht.

In Frankreich muß man nicht nur essen und trinken, sondern auch reden. Das Gespräch stimuliert neue Ideen über das Essen. Das Überleben der französischen Küche erfordert immerwährende Innovation. Diejenigen, die sie betreiben, müssen in erster Linie Erfinder sein, nicht heimliche Imitatoren. Und keiner kann voraussagen, wie die französische Küche in hundert Jahren schmecken wird.

16 Wie man *chic* ist

Loulou de la Falaise, die Tochter eines französischen Marquis, ist Mitte dreißig. Sie ist keine in die Augen springende Schönheit mit perfekt proportionierten Gesichtszügen, aber sie ist zweifellos elegant, auffallend, *chic*. Das ist das Geheimnis, das Frauen in allen Ländern zu ergründen versuchen: wie schaffen es die Französinnen, diesen undefinierbaren *chic* zu haben? Das wiederum leitet zu weiteren Fragen: seit wann sind die Französinnen *chic*, wie viele von ihnen sind es tatsächlich, wie lange können sie ihren Ruf aufrechterhalten?

Die Antwort hat nichts mit Nationalität zu tun. Loulous Mutter ist die britische Designerin Maxine de la Falaise; zu ihren angeheirateten Tanten gehörte der Hollywood-Star Gloria Swanson. Mit achtzehn heiratete sie einen britischen Kunsthistoriker. Ihr gegenwärtiger Ehemann ist ein Pole. Sie wurde aufs Internat in die Schweiz geschickt und dann zur Therapie bei einem New Yorker Psychiater. Sie ist perfekt zweisprachig: «Ich fühle mich als Französin in England und als Engländerin in Frankreich und beides oder keines von beiden in New York. Wenn man keine Nationalität hat, braucht man sich nicht anzupassen, man ist frei, kreativ zu sein.» Sie ist heute eine der einflußreichsten Modeschöpferinnen in Paris und eine der Hauptmitarbeiter und Ideenlieferanten von

Yves Saint-Laurent. Sie hatte keine Kunst-Ausbildung, verließ mit fünfzehn die Schule und führte die nächsten zehn Jahre ein «Zigeunerleben», arbeitete für Kunstgalerien und Textildesigner, stets umgeben von Künstlern und Malern. Sie setzte ihre Kraft daran, auch als sie wenig Geld hatte, «alles angenehm fürs Auge zu machen, einen Schweinestall in ein wunderbares Heim zu verwandeln. Ich lade gern Menschen ein, um zu verwöhnen, Wohlbehagen zu erzeugen, verändere gern, versuche aufzuheitern.» Für Loulou ist Mode eine Art von Theater: Französinnen, so meint sie, sind «ganz Auftritt, Effekt, Brillanz». Aber *chic* steht nicht nur für Mut, gemischt mit Eingebung. *Chic* heißt auch, den angeborenen Exhibitionismus zu kontrollieren, ist mehr Andeutung als Aussage; und Loulou verurteilt extravagante Kleidung als Kennzeichen frustrierter Designer. Ihr Vergnügen ist die Unterhaltung mit «den größten Kunsthandwerkern dieser Welt», jeder von ihnen höchst spezialisiert, die ihre Lehre mit dreizehn begannen, die ihre Arbeit leidenschaftlich lieben, so daß sie desto angeregter werden, je anspruchsvoller die ihnen gestellte Aufgabe ist. Diese Kunsthandwerker, ob sie nun Modeschmuck herstellen oder ein besonderes Geschick beim Nähen haben, sind gern bereit, drei Nächte lang durchzuarbeiten, wenn sie glauben, daß sie etwas wirklich Sensationelles herstellen, und sie sprechen ständig von den wunderbaren Dingen, die sie in der Vergangenheit kreierten. «Meine Rolle», sagt Loulou, «ist es, die gute Fee zu sein.»

Paris bleibt in der Mode führend, weil es eine weltweite Knappheit an Feen gibt, die mit ihrem Zauberstab auf diese Weise winken, und noch mehr an Menschen, die gewillt sind, ihnen zuzuhören. Die französische Führung in Sachen weiblicher Eleganz beruht auf der Reputation von dreiundzwanzig Männern und Frauen, die die Pariser Modekammer ausmachen und die ihren Ruf durch traumhafte Arbeitsbedingungen gewonnen haben. Alle zusammen kleiden vielleicht nur 2000 der reichsten Frauen und schönsten Schauspielerinnen dieser Welt ein. Guy Laroche zum Beispiel bedient nur fünfundsiebzig Kunden im Jahr. Es ist die persönliche Aufmerksamkeit, die sie anstreben, denn sie werden beauftragt, ein einzigartiges Kunstwerk herzustellen, und auf Kosten brauchen sie keine Rücksicht zu nehmen. Sie können die teuersten Stoffe verwenden. Aber Paris selbst war nie reich genug, um eine solch erstaunliche Luxusindustrie aufrechtzuerhalten. Nie wurde mehr als ein Drittel der Kleider an französische Kunden verkauft. Die französische Führung gründete auf der Wertschätzung von Millionären, zunächst aus England, dann aus Amerika, und heute aus aller Welt. Der französische Geschmack war der Geschmack der Reichen, des internationalen Super-Jet-Set. Paris war der Ort, wo man die besten Kleider kaufen konnte, aber es waren nicht notwendigerweise Franzosen, die sie herstellten. Der Erfinder des ganzen Spiels war der Engländer Worth. Heute sind vier der dreiundzwanzig Eminenzen italienischer Abstammung (Cardin, Carven, Ricci, Schiaparelli), einer ist Norweger (Spook), Yves Saint-Laurent kommt aus Algerien, Hanae Mori aus Japan, Paco Rabanne aus Spanien, Karl Lagerfeld aus Deutschland. In der Haute Couture hat Paris stets Frankreichs Universalismus, seiner Fähigkeit, über alle Grenzen hinweg zu sprechen, Ideen aus der ganzen Welt auszuleihen und zu sammeln, Ausdruck verliehen. Durch Paris wurden russische Stiefel und Bauernkittel, englische Tweeds, Schottenrock, chinesische Jacken, japanische Schlitzröcke und amerikanischer Astronautenlook zu internationalen Uniformen erhoben. Andere Städte mögen Schneider mit ebenso großer Begabung haben, aber keine hat eine so große und anspruchsvolle Klientel.

Doch auch die Reichen sind nicht reich genug, um diese Künstler am Leben zu halten. Die Couturiers können bestehen, weil sie genauso viel Energie mit dem Schaffen internationaler Geschäfte zur Auswertung ihrer Namen zubringen. Sie verkaufen nicht nur Kleider, sondern auch das eingetragene Markenzeichen ihrer Namen, das sie als Synonym für guten Geschmack anbieten. Sie sind sowohl Werbefachleute als auch Schneider. Und durch einen gigantischen Werbefeldzug konnte Paris die Vorstellung von elegantem Luxus fest monopolisieren. Es begann mit Parfum, heute gibt es Modeschöpfer wie Nina Ricci, die neun Zehntel ihres Einkommens aus dem Verkauf von Parfum erzielen. Sie stellt wenigstens ihr eigenes her – sonst nur noch Lanvin und Patou; ihr Geschäftsführer ist ein Parfumeur und kein Modedesigner. Die meisten Couturiers vergeben ihren Namen in Lizenz. Cardins Parfums werden von dem amerikanischen Unternehmer Shulton hergestellt und verkauft, Laroches von L'Oréal, Christian Diors von dem Champagner- und Cognac-Mischkonzern Moët-Hennessy, Carvens von Scripps-Cochran aus den USA, Balmains von Revlon. Wenn Charles of the Ritz an Stelle des eigenen Namens den von Yves Saint-Laurent auf die Parfumflasche klebt, so zahlt er ihm 1 Prozent für das Privileg. Das Geschäft ist so einträglich, daß es sich lohnt, ein Modehaus zu unterhalten, nur um den Namen auf Parfums zu verwenden. Dahinter steckt die Idee: Wenn man sich schon kein Kleid von Dior erlauben kann, erzeugt wenigstens das Parfum die Illusion, die zweitbeste Sache zu besitzen. Dieser Prozeß hat sich zu einer immer größeren Produktpalette ausgeweitet, nicht nur Strümpfe und Schals, sondern auch Schokolade und Sardinen gehören dazu. Die Couturiers behaupten, daß sie all diesen Produkten «zugestimmt» haben, wenn sie sie schon nicht entwarfen. Doch im wesentlichen veredeln sie Produkte, die oft recht gewöhnlich sind, so aber zum Vielfachen des normalen Preises verkauft werden. Es ist nicht nur ein «französischer» Geschmack, den sie anbieten, sondern ein besonders teurer.

Um bestehen zu können, sind die meisten Couturiers auch Massenhersteller von – allerdings luxuriöser – Kleidung geworden. Sie machen ein Fünftel des französischen Marktes aus. Kleider, die mit einem solchen Etikett verkauft werden, durchlaufen gewöhnlich die gleiche industrielle Herstellung wie die normale Ware und stammen oft aus derselben Fabrik. Man kann sich nie sicher sein, ob das französische Gewand nicht in Hongkong oder Lateinamerika produziert wurde, bis auf die Uniformen der Polizei und der Pariser Busfahrer, die aus Prinzip garantiert in Frankreich genäht werden. Cardin war der erste, der einen Vertrag mit einem Massenhersteller einging. Brill produziert pro Jahr 100000 Anzüge nach seinen Entwürfen. Cardins Rivalen behaupten, er übergebe dem Hersteller lediglich ein Modell, der es dann, so gut er könne, kopiere. Dagegen behauptet jemand wie Ted Lapidus, der sich offen zur Massenproduktion bekennt, er überwache jedes Detail der Herstellung sehr sorgsam. Solche Luxusstangenkleidung unterscheidet sich sehr von den handgemachten Originalen, die sie angeblich kopieren; doch das wird erst offensichtlich, wenn man sie direkt vergleicht. Die Prêt-à-porter-Boutiquen waren einst der Ort, an dem Couturiers die Modelle loswerden konnten, die zu extrem waren, doch mit der Massenherstellung haben sie sich auf den Verkauf von überwiegend klassischen Stilen verlegt. Die obere Mittelschicht will keine ausgefallene Kleidung. Für sie ist Eleganz ein Synonym von Sicherheit. Sie erwartet, daß ihnen das Markenschild garantiert, guten Geschmack zu haben.

Es ist bemerkenswert, daß die Hälfte aller in Frankreich verkauften Bekleidungsartikel irgendeinen mehr oder weniger bekannten Designernamen führt. Die französische Vorstellung von Geschmack ist nicht einmal von der Beliebtheit der Jeans bedroht, denn die Franzosen behaupten, daß ihre Jeans besser geschnitten seien als sonstwo. Die Tradition der einfachen Kleidung ist bei ihnen so alt wie die Tradition der Luxuskleidung. Mademoiselle Bertin, Schneiderin der Königin Marie-Antoinette, erregte einen ebensogroßen Wirbel mit ihrer neuen Mode der Einfachheit wie mit ihrer teuren Eleganz. Die beiden Söhne von Worth verhalfen in den neunziger Jahren des letzten Jahrhunderts Poiret zu einem Anfang, indem sie sagten, sie hätten schon immer die Höfe Europas bedient, aber heute verlangten ihre Kunden nicht nur aufwendige Kleidung, sondern auch einfache. Persönlich mochten sie die simple Straßenkleidung nicht, sie wollten, daß Poiret diese Aufgabe für sie übernehme. «Wir sind in der Situation eines großen Restaurants, das nichts anderes servieren möchte als Trüffel. Aber wir müssen jetzt eine Bar aufmachen, in der wir Kartoffelchips anbieten.» Poiret bewies, daß diese auch geschmackvoll sein konnten. Die Rebellion gegen das Diktat der Mode, von dem viele annahmen, es bedeute den Untergang der Pariser Führung, wird das nie erreichen, denn sie wiederholt sich periodisch. Unter Napoleon III. behaupteten die Zeitschriften ebenso, es gäbe keine Mode mehr und Frauen trügen, was sie wollten. Aber dies entspricht nur der ursprünglichen Bedeutung von Mode, nicht dem Recht, sondern der Pflicht, alles zu tragen, sofern es einem steht. Worth erzielte seine Vormacht in der Mode in den sechziger Jahren des vorigen Jahrhunderts, indem er reichen Frauen Kleider anbot, die ihnen perfekt paßten und standen. Seine Revolution bestand darin, einige traditionelle «Modelle», die die Schneiderinnen bis dahin in unterschiedlichsten Stoffen und Farben kopierten, durch eine größere Bandbreite von Möglichkeiten zu ersetzen, so daß alle seine Kunden einzigartig aussehen konnten. Poiret, der die Mode in der ersten Hälfte des 20. Jahrhunderts dominierte und der als erster seinen Namen Taschen, Schuhen und dergleichen lieh, die er nicht selbst herstellte, wütete gegen amerikanische Frauen, die aus dem, was er «Andeutungen» nannte, Moden machen wollten. Er sah seine Aufgabe darin, jedem zu helfen, am vorteilhaftesten auszusehen, und nicht einen Stil zu entwikkeln, in den sich jedermann hinein- und herauszwängen mußte, in der wirren Vorstellung, mit der Mode Schritt zu halten. Er beklagte sich, amerikanische Frauen hätten die Mentalität von Schulmädchen ihr ganzes Leben lang beibehalten. Ihr «Sinn für Mode» ließe sie wie ein Heer von Waisenkindern in Uniform erscheinen.

Es war Christian Dior, der das gegenwärtige Mißverständnis hervorrief, was Pariser Mode bedeutet. Sein «New Look» veranlaßte die Frauen der ganzen Welt, plötzlich ihre alten Kleider wegzuwerfen, sich der Vormachtstellung von Paris zu beugen und einen universalen Stil anzunehmen. Aber Dior hatte nicht die Absicht, solch eine Revolution auszulösen. Er war ein überaus konservativer Mann, der aus einer alten Familie von Düngemittelherstellern stammte. Er spielte ein wenig Student an der Hochschule für Politische Wissenschaften, dann Galerist, bis er und seine Familie in der Wirtschaftskrise der dreißiger Jahre Bankrott machten. Er ging in die Mode, um irgendeine geregelte Stellung anzunehmen. Das Novum seines Erfolgs war, daß er von Marcel Boussac, damals Leiter des größten Textilherstellers Frankreichs, unterstützt wurde und daß er einen amerikanischen Werbemanager, Harrison Elliott, hatte. Der «New Look» wurde zum Gesetz durch eine nie dagewesene Pressekampagne. Und von Dior selbst, der sich unter dem Vorwand, nicht von kommerziellen Erwägungen beeinflußt zu werden, weigerte, seine Kunden persönlich zu bedienen. Er war einfach der ferne Designer. Das war die wirkliche Revolution, daß ein Schneider ein einziges Image der Frau kreierte und die Menschen, die in das Image passen mußten, ignorierte. Diese falsche Interpretation von Paris und dessen, was es repräsentiert, hat zu den Anstrengungen geführt, es von seinem Podest herunterzuholen.

Die Verwirrung wird am deutlichsten am Aufstieg von Yves Saint-Laurent. Er verdankt seinen Erfolg nicht nur seinen brillanten Talenten, sondern auch dem unternehmerischen Geschick von Pierre Bergé, der vorher den Maler Bernard Buffet gefördert und innerhalb weniger Jahre zu einer reichen, internationalen Berühmtheit gemacht hatte. Yves Saint-Laurent war im Alter von siebzehn Jahren aus Algerien nach Paris gekommen. Er hatte Dior mit seinen Zeichnungen so beeindruckt, daß er sofort einen guten Job erhielt, und als Dior starb, übernahm er als Einundzwanzigjähriger dessen Imperium. Dann wurde er zum Militär einberufen und erlitt einen Nervenzusammenbruch. Nach zwei Monaten entlassen, stellte er fest, daß sein Platz bei Dior von Marc Bohan eingenommen worden war. Er gründete seine eigene Firma mit der Hilfe von Bergé. Finanziert wurde sie zunächst von J. Mack Robinson, ein Geschäftsmann aus Atlanta, Georgia, später von Lanvin-Charles von der Ritz-Unternehmensgruppe, die schließlich von dem Pharmakonzern C. R. Squibb übernommen wurde. Yves Saint-Laurent steht heute einem großen industriellen Unternehmen mit Geschäften in aller Welt vor, mit Tantiemen von fünfunddreißig Produkten, die unter seinem Namen verkauft werden, und hat sich selbst durch geschickte Werbung zu einem Star aufgebaut wie ein Filmschauspieler.

Es reicht nicht aus, *chic* mit ökonomischen Begriffen zu erklären. Es gibt auch ein Element der Magie, das Teil der großen Trickkiste der Designer ist. Yves Saint-Laurent gibt zu, daß er sich nicht «wohl fühlt mit Menschen, die zu viel über sich selbst reden und sich selbst erklären», auch wenn er gelernt hat, Theorien und knappe, treffende Aussprüche über Mode zu formulieren. Als er in Paris ankam, wurde er als «frühreifer Stummer» beschrieben, und bis heute ist er seiner Einsamkeit, Zartheit und Übersensibilität nicht entronnnen. Als er für Dior arbeitete, sprach er wenig mit ihm. Wenn er mit Loulou de la Falaise arbeitet, lösen sie gegenseitig Ideen durch eine Art Einfühlungsvermögen aus. Verletzt durch seinen Ruhm und überwältigt von dem Druck, ständig genial sein zu müssen, zieht er sich von Zeit zu Zeit zurück und geht in psychiatrische Kliniken, wo bereits einige seiner gewitztesten Kreationen entstanden. Er ist dabei, seine Autobiographie zu schreiben, ein seltsam poetischer Gesang. Seine Lieblingslektüre ist Proust, sein Geschichtsheld ist der verrückte Bayernkönig Ludwig, sein bevorzugter Musiker Wagner. Seine Leistung, praktische Hosen für Frauen geschaffen zu haben, wird ausgeglichen von seinem Versuch, das Geheimnis der Frau zu übertreffen, zumindest in ihrer Abendgarderobe: «Frauen werden schön, wenn die Kunst einsetzt.» Er will sie hinter irgendwelchen Masken sehen, hinter Kosmetik, hinter Kleidern, denn er liebt das theatralische Ritual, das sie dann aufwenden. Er ist ein Meister, nicht nur der strukturierten Kleidung, sondern auch des *flou*, der Kleider, die aussehen, als würden sie jeden Moment dahinschmelzen, Kleider, die sich bewegen: «*Flou* ist Verführung.» Das Moderne an ihm beruht auf der Neugier an der Vergangenheit. Die Vervollkommnung des *flou* hat er in den Entwürfen von Viennet von 1926 gefunden. Aber anschließend sagt er: «*Chic* ist nicht in einem Kleid, sondern in dem Geist.» Das heißt Selbstsicherheit. Wie weit geht sie?

Der sozialistische Präsident der Republik kleidet sich genauso wie sein aristokratischer Vorgänger. Der letzte Schachzug seiner Wahlkampagne, einen besseren, klassischen Schneider zu nehmen, wurde als hilfreich für seinen Sieg bewertet. Alle Mitglieder seines Kabinetts stolzierten in dunklen Anzügen durch Paris, sogar die kommunistischen waren äußerlich nicht zu unterscheiden. Die Grenzen der Ausgefallenheit, die ein jüngerer dandyhafter Minister aufzuweisen wagte, war ein Pullover – statt der Weste. Madame Mitterand wollte sich nicht von einem großen Couturier einkleiden lassen, aber der etwas preiswertere, den sie fand, war nicht weniger traditionell. Warum gibt es nicht mehr Enthusiasmus für Phantasie und Erfindungsgeist der Schnittmuster? Paco Rabanne müßte die Antwort kennen. Er machte sich in den sechziger Jahren einen Namen mit erstaunlichen Kompositionen aus Metall und Plastik; sie sind so schön, daß eine im Metropolitan Museum in New York aufbewahrt wird. «Jede Zivilisation braucht ihren Clown», sagt er, «und ich bin dieser Clown. Ich kann bestehen, weil es zu viele konservative Modeschöpfer gibt. Yves Saint-Laurent steht in der Mitte. Er ist sehr französisch in seiner Zurückhaltung, seiner Verständigkeit. Das ist es, was Frankreich mag, die goldene Mitte. Meine fortschrittlichen Ideen sind an der Grenze des guten Geschmacks. Ich stehe an vorderster Front, bin eine Barriere gegen schlechten Geschmack. Ich mache Kleider, die einen Skandal hervorrufen, und ich habe keine Schwierigkeiten, sie zu verkaufen. Aber sie stellen nur 15 Prozent meines Schaffens dar, der Rest ist eher konventionell.» Das Hindernis aus seiner Sicht ist, daß «wir in einem Zeitalter der Feigheit leben. Die Menschen haben Angst aufzufallen.» Designer sind auch nicht genügend kreativ gewesen. Der Bruch wird kommen, wenn Frauen anfangen, für Männer zu entwerfen. Die moderne Kleidung der Frau ist in bedeutendem Ausmaß durch die Kleidung der Männer inspiriert und geht über mehrere Jahrhunderte zurück, aber Frauen hatten an dieser Schöpfung kaum Anteil. Der Fehler der männlichen Designer ist, daß sie heute Kleider für Frauen abstrakt entwerfen. Das Großartige an Coco Chanel war, daß sie Kleider für sich selbst entwarf. Sie konnte für niemand anderen entwerfen, und diejenigen, die ihre Mode trugen, sahen eben wie sie aus. Echte Erneuerung erfordert, daß Narzißmus eine Fülle neuer und verschiedener Früchte trägt. Der Narzißmus aber wird durch Produktionsverhältnisse erwürgt.

Paco Rabanne betrachtet Kreativität als etwas Instinktives, nicht als Anwendung von Theorien. «Ich entwerfe unbewußt. Ich weiß nicht, was ich machen will. Ich bin ein Medium.» Er meint das ganz ernst. Er war Architekt und wurde Modeschöpfer per Zufall, als sein Amateurinteresse für Kleidung, angeregt durch seine Mutter, die für Balenciaga arbeitete, ihm plötzlich Ruhm einbrachte. Die Öffentlichkeit nahm an, daß seine technische Ausbildung seine verblüffenden Aluminiumkleider erklärte. Er sieht seine Arbeit in der Tat als eine Art von Forschung an Materialien und Techniken, aber das erklärt nicht, was er tut. Seine körperliche Erscheinung ist ebenfalls eine Maske für den Mann dahinter. Er hat einen kräftigen Schnauzer und sieht wie Josef Stalin aus, eine Ähnlichkeit, auf die er stolz ist und die er betont, indem er sich anzieht wie die Kunsthandwerker um 1900, eine Art von Buschjacke mit reichlich Taschen besetzt. Er will aussehen wie ein Handwerker. Als er sechzehn Jahre alt war, wurde er Stalin tatsächlich vorgestellt, von seinem Vater, einem exilierten spanischen General der Republikaner. Das Treffen heilte ihn vom Marxismus. Rabanne ist nicht politisch radikal. Er betet das Mittelalter an, glaubt an Reinkarnation – in einem Vorleben war er ein Priester für Tutanchamun. Er meint, er habe psychische Kräfte. Seine Vision von der Welt ist nicht wissenschaftlich, sondern mystisch, voller Symbolismen, Vorzeichen und drohendem Untergang. «So wie dreimaliges Klopfen im Theater das Aufgehen des Vorhangs ankündet», prophezeit er einen Dritten Weltkrieg als notwendige Vorstufe der nächsten Phase menschlicher Entwicklung, dem Zeitalter der Freizeit. «Jeder glaubte, die Wissenschaft würde die Welt retten, aber heute erkennen wir, daß die Apokalypse bevorsteht.» Rabanne überbietet Saint-Laurents Gefallen an Mysterien mit Mystizismus.

Frankreich mag führend in der Welt weiblicher Mode sein, aber das bedeutet noch nicht, daß Französinnen in der Mehrheit modebewußt oder notwendigerweise elegant sind. Es bedeutet zunächst, daß Frankreich eine erfolgreiche und langeingeführte Modeindustrie hat, aber auch, daß Französinnen im allgemeinen meinen, daß sie überdurchschnittlich schön sind. Ein Selbstbewußtsein, das nicht dazu angetan ist, sich auffällig zu geben. Es steht mit ihrem Sozialstatus in Beziehung: Nur ein Viertel der Gutsituierten, die Freiberuflichen und Industriellenfamilien, meint, daß sie unter dem Durchschnitt liegen, aber nur zwei Fünftel der Bauern sind mit ihrem Aussehen zufrieden. Gerade ein Zehntel aller Frauen meint, sie sähen älter aus, als sie sind. Das heißt aber auch nicht, daß sie mit ihrem Aussehen zufrieden sind. Ganz im Gegenteil. Die Mehrheit träumt oder wünscht sich «einen neuen Kopf», und es sind gerade diejenigen, die eine bessere Meinung von sich haben, die ihr Aussehen verbessern möchten. Theoretisch glaubt die Hälfte der Frauen, mehrheitlich die in der oberen Mittelschicht, daß Kosmetika ein legitimes Mittel sind, um das Alter zu verbergen, aber in der Praxis trägt weniger als die Hälfte aller berufstätigen und weniger als ein Drittel der nicht berufstätigen Frauen jeden Tag Make-up, eine starke Minderheit nie (23 Prozent) oder nur ganz selten (35 Prozent). Es ist wahr, daß fast die Hälfte aller Frauen mehr als dreißig Minuten am Tag mit ihrer Toilette zubringt, aber nur in den oberen Schichten gehört das tägliche Bad oder die Dusche dazu (nur ein Zehntel der Bäuerinnen, etwas mehr Arbeiter, ein Drittel aller Büroangestellten und ein Viertel aller Hausfrauen nehmen ein tägliches Bad). Nur ein Zehntel geht mindestens alle vierzehn Tage zum Friseur. Den Wunsch, eher «kultiviert» als «natürlich» auszusehen, hegt nur ein Fünftel von ihnen.

Frankreich ist erstaunlicherweise das Land in Europa, in dem die Menschen den kleinsten Teil ihres Einkommens für Bekleidung aufwenden. Vor zwanzig Jahren kauften sich die französischen Frauen im Durchschnitt ein Kleid pro Jahr und alle vier Jahre einen Mantel. Die letzte Umfrage ergab, daß sie noch immer im Durchschnitt nur zwei Kleider pro Jahr und einen Mantel alle zweieinhalb Jahre kaufen. Nur eine von zehn Kleiderkäuferinnen gehört zu den Modebewußten, die mehr als drei Kleider pro Jahr kaufen. Ehefrauen erklären dies, indem sie sagen, Bekleidung eher für ihre Kinder als für sich kaufen zu müssen. Es gibt eine standhafte Minderheit von einem Drittel der Frauen zwischen fünfunddreißig und fünfzig, die Mode entschieden ablehnt und aussagt, sie wolle «diskret und korrekt» gekleidet sein. In der Arbeiterklasse schätzen Frauen vor allem Kleidung, die praktisch und preiswert ist oder die ihren Ehemännern gefällt. Sie kaufen auf den Märkten, per Post oder von billigen Kaufhäusern, deren Verbindung zur Mode äußerst locker ist. Das Interesse an Mode steigt mit dem Einkommen, aber nimmt auch mit dem Alter ab, und oft abrupt nach der Hochzeit und der Ankunft der ersten Kinder. Das bedeutet, daß es eine knappe Mehrheit von Frauen gibt, die der Mode etwas Aufmerksamkeit schenkt, aber die meisten nehmen an Modeströmungen nur teil, wenn sie ihnen zusagen. In keiner Altersgruppe – mit Ausnahme der Jugend – sind die Dekrete der Mode bindend. Neue Moden treffen in Frankreich auf mehr Widerstand als etwa in Großbritannien. Und die Sorge über den letzten Modeschrei hat sicherlich in den letzten zehn Jahren abgenommen. *Elle*, in den sechziger Jahren die Zeitschrift, die andächtig von allen studiert wurde, die stolz darauf waren, wie sie sich kleideten, hatte auch damals nur eine Auflage von 650000. Heute werden nur noch 360000 Exemplare gedruckt. Die Hälfte der Leserinnen ist über fünfunddreißig, und die Zeitschrift wird wahrscheinlich mit der Generation aussterben, für die sie einst so viel leistete.

Und doch ist Frankreich in Mode-Angelegenheiten so tonangebend, weil es eine Hingabe an erlesene Kunstfertigkeit, an schöne Stoffe, an Originalität und Harmonie kultiviert. Dabei gibt es keinen Hinweis, daß die Franzosen insgesamt diese Ideale mehr als andere Völker schätzen. Sie haben sich fast genauso wie andere vergleichbare Nationen kompromittiert und billigere, schwache Imitationen akzeptiert. Es gibt eben einen französischen Geschmack und einen guten französischen Geschmack.

17 Wie sie ihren Lebensstil auswählen

Der Filmregisseur Claude Chabrol zitiert gern Oscar Wildes Epigramm, daß die Natur die Kunst imitiert. Er glaubt, daß Schriftsteller und Künstler mehr als nur Spiegel hochhalten, in denen die Menschen mit Vergnügen ihre Ideologien, Riten und versteckten Gedanken wiedererkennen können. Sie bieten auch Verhaltensmodelle und erzeugen Redeweisen, die zunächst himmelschreiend erscheinen, dann aber fast religiös kopiert werden. Er glaubt, diese Nachahmung sei besonders typisch für die Bourgeoisie, «die keine eigene Persönlichkeit hat». Von Zeit zu Zeit zerbricht ihr Spiegel, und sie sucht sich ein neues Modell. Das wirft die Frage auf, was die Franzosen verführt, das zu sein, was sie sind, und welche Mechanismen hinter dieser Verführung stecken.

Chabrol gibt eine Antwort. Er war einem ganz bestimmten Typ von Erziehung ausgesetzt, sein Großvater und Vater waren beide gewissenhafte, angesehene Apotheker. Sein Großvater mütterlicherseits war ein Textilkaufmann, der es zum Leiter des Samaritaine-Kaufhauses brachte; bis er erwachsen war, ging Chabrol regelmäßig zur Kirche. Als er England im Alter von achtzehn besuchte und durch eine Verzögerung beim Zoll den Zug von Dover nach London verpaßte, weigerte er sich, den nächsten zu nehmen, weil dieser keinen Erste-Klasse-Waggon hatte, er aber eine Erste-Klasse-Fahrkarte. Er überredete den Bahnhofsvorsteher, einen Extrawaggon nur für ihn anzukoppeln. Er schrieb sich an der vornehmen Hochschule der für Politische Wissenschaften ein und an der Sorbonne in Rechtswissenschaften. Er führte das Leben eines Weltmannes in Gesellschaft von Nichtstuern, trank, lief Mädchen nach und stattete dem Bordell jeden Samstag einen Gewohnheitsbesuch ab. Er heiratete eine reiche Erbin, deren Großvater Direktor der Rothschildbank gewesen war, was ihm ermöglichte, sich sofort zur Ruhe zu setzen, Musik zu hören, über den Sinn des Lebens und der Börse nachzudenken.

Aber dann rebellierte er mit seinem Geld gegen die Werte, die seine Familie hochhielt. Er hatte schon als Student einige Anzeichen von Unabhängigkeit gezeigt. Die Hochschule für Politische Wissenschaften hatte er nach einer Woche bereits wieder verlassen. Als er die Masse junger Leute sah, die aus ganz ähnlichen Verhältnissen kam, wurde ihm übel von ihrem «Kastengestank, ihrer Selbstzufriedenheit und Pedanterie. Ihre Ignoranz des Lebens und der Menschen war zu kraß». Sie waren anmaßende «Idioten von Geburt» oder «servile Streber», die dabei waren, der Idiotie zu verfallen. Aus dieser Zeit stammt seine tiefe Abscheu vor den «kalten, mechanischen, paranoiden» Technokraten, die Frankreich regieren. Er beklagt, daß «wir so dumm oder so feige sind, daß wir es zulassen, daß diese Zwerge uns regieren». An der Sorbonne entwickelte er einen Haß auf die Gelehrsamkeit, die auf trokkener Belesenheit und Auswendiglernen beruht, um so mehr, als er mit einem Minimum an Arbeit einen akademischen Abschluß erreichte. In der Fakultät der Rechtswissenschaften bombardierte er einen Professor während der Vorlesung mit Papiergeschossen; der Professor brach die Veranstaltung ab und starb sechs Monate später. Während seines Militärdienstes hegte er eine solche Abneigung gegen die ständig trinkenden Offiziere, daß er selbst das Trinken aufgab, nur um sich von ihnen abzusetzen. Als er reich wurde, verdammte er seine eigene Klasse als besessen von Eigentum. Er verbringt ganze Tage vor dem Fernseher – was für ihn Arbeit bedeutet – und liest mindestens ein Buch pro Tag. Seine eigentliche Hemmungslosigkeit ist das Essen: Er redet ständig davon, was er als nächstes essen wird. «Ich bete Essen an. Es ist das einzige, was ein normaler Mensch mindestens zweimal am Tag tut, und ich halte es für völlig normal, daß man ihm seine ganze Aufmerksamkeit schenkt.» In seinen Filmen verpaßt er selten eine Gelegenheit, seine Darsteller um einen gut gedeckten Tisch zu versammeln.

Als Filmemacher achtet Chabrol darauf, seinem Publikum nicht eine offensichtliche Botschaft anzubieten, noch den Anschein zu erwecken, ihnen irgend etwas beibringen zu wollen. Das liegt zum Teil daran, daß er Idealisten haßt, Menschen, die stets bemüht sind, die Dinge zu ändern, und sie dadurch nur durcheinanderbringen. Er haßt anmaßende Intellektuelle und modernistische Kunst. In «Les Biches» macht er sich über den bekannten und unverständlichen Autor Robbe-Grillet durch zwei absurde Personen lustig, Robeque und Riais, die ultra-moderne Gemälde und Musik aus wahllosen Stükken zusammenstellen. Er verwirft «mental-gymnastische Religionen, die nirgendwo hinführen und den Menschen sowieso nicht von seinem Egoismus befreien». Er akzeptiert das Lasterhafte im Menschen, ist vom Krieg fasziniert. Das, so sagt er, sei seine «faschistische» Seite. Er glaubt, die Welt gehe vor die Hunde, wegen der Anbetung von Geld, Drogen, Sex und Alkohol. In seinen Filmen vermeidet er jedoch, didaktisch zu wirken, weil er erwartet, daß sein Publikum auf eine Botschaft genauso reagieren würde wie er, indem es sich entrüstet weigern würde, gesagt zu bekommen, was es glauben soll. Also ist seine Methode «sokratisch», er umschmeichelt das Publikum, indem er es vor Probleme stellt und in die Lage versetzt, Schlußfolgerungen zu ziehen, von denen es meint, es seien die eigenen. Die Zuschauer glauben, sie selbst seien Philosophen, anstatt sich den Gedanken des Philosophen Chabrol anschließen zu müssen.

Die Formel hat zwei Haken. Zunächst funktioniert sie selten so, wie er es plant. Publikum und Kritiker mißverstehen ihn. Er ärgert sich darüber, daß sein Scharfsinn unterschätzt und seine Ironie nicht wahrgenommen wird. Er wurde gar als ein Verteidiger des Bürgertums angesehen. Der zweite Haken ist, daß Chabrol selbst zu komplex ist, um eine klare Botschaft zu haben, und daß der Balanceakt seines eigenen Lebens sich zur Lehre nicht verarbeiten läßt. Der rote Faden seiner Filme besteht darin, daß die einzige wirkliche Moral diejenige ist, die aus dem einzelnen selbst kommt. Moral heißt nicht, sich akzeptierten Normen anzupassen oder den Spielregeln, die die herrschende Klasse ausgegeben hat. Ein Mörder kann auch etwas Gutes in sich haben; keiner ist nur schwarz oder weiß. Das bedeutet jedoch, daß Chabrol auch das Bürgertum von zwei Seiten betrachtet. Er sagt, es sei dekadent und hat für die Parvenüs nichts übrig. Alle leitenden Direktoren, so sagt er, seien bis auf ein paar Ausnahmen «fette Schweine». Aber diese Dekadenz empfindet er auf manche Art und Weise auch als angenehm und amüsant. Es macht Spaß, sie zu filmen und zu beobachten. Am interessantesten sei es, die materialistische Tünche zu durchdringen, die der Bourgeoisie ihre oberflächliche Uniformität gibt, und die Vulgarität und Menschlichkeit zu sehen, die unberührt geblieben ist. Er hat versucht, irgendein Gleichgewicht zu schaffen aus seiner Sichtweise von der Welt als Haus voller Narren, die ihre eigene Torheit nicht erkennen können, und seinem Empfinden vom Leben als voll von möglichen Freuden. Seine Schlußfolgerung ist die gleiche wie Flauberts, daß die Torheit darin besteht, stets Schlußfolgerungen ziehen zu wollen. Flaubert wurde natürlich zu seiner Zeit entsetzlich mißverstanden. Chabrol wäre sich selbst treuer geblieben, wenn er vorausgesagt hätte, daß auch seine Filme unweigerlich mißverstanden werden müßten.

Es gibt natürlich Filmregisseure, die behaupten, daß sie für das Publikum, das sie unterhalten, sprechen, und daß sie aus diesem Grund auch erfolgreich sind. So war Claude Lelouch auf sein «Volksgespür» stolz, auf seine Intuition, zu wissen, was die Massen fühlen. Er behauptete, den Geschmack des Publikums zu treffen, indem er die Kriterien seines eigenen anwandte. Er hat sich besonders darum bemüht, beliebte Phantasievorstellungen auszudrücken. Er war ein Kameramann, der Langeweile als des einfachen Mannes größten Feind betrachtet. Sein eigenes Hobby war Sport, und er sah das Leben als Sportereignis an. Er mochte den puren Kitzel der Aufregung, des Wettkampfs und des Erfolgs, den Sport vermittelt. Alle seine Filme haben irgendwelche sportlichen Elemente. Er zielte nicht darauf ab, realistisch zu sein, denn «nichts ist langweiliger als die Wirklichkeit», sondern darauf, die Realität zu poetisieren, Mythen zu erzeugen und die Menschen träumen zu lassen, sie durch Überraschungen Aufregungen erfahren zu lassen. «Ich möchte verblüffen.» Die Kritiker beschwerten sich, daß er sein Publikum verderbe, indem er sie von schnellen Autos und schönen Mädchen träumen ließ, die außerhalb der Reichweite ihres Lebens sind, daß er daher ein einfacher «algerischer Teppichhändler» sei, der den Geschmack seiner Kunden nicht infrage stellt, «ein Verkäufer mit gutem Gewissen für zehn Francs Eintritt». Sie bedauerten, daß jemand, der so einfallsreich in seinen Filmtechniken war, der intellektuellen Avantgarde den Rücken kehrte und sich weigerte, das Leben außer mit populären Banalitäten nicht weiter zu kommentieren. Lelouch wollte jedoch die Welt zurechtrücken. Er war einen weiten Weg gegangen und hatte Erfolg. Er war der Sohn eines algerischen Kissenherstellers, wuchs in bescheidenen Verhältnissen auf. Er rebellierte nicht gegen seinen Vater, den er als ungebildet, aber dennoch brillant, einfallsreich in seinem Beruf, freundlich seinen Freunden gegenüber beschrieb, und das ist die Art Mensch, die er selbst vorzog. Lelouch fiel in der Schule durch alle Prüfungen, das Establishment gab ihm nicht einen einzigen Preis. Er hatte keine Qualifikationen, um an der Filmschule aufgenommen zu werden. Sein Vater schenkte ihm eine Kamera, und er betätigte sich damit als Journalist, brachte ungewöhnliche Filme aus vielen Ländern mit, darunter einen aus Rußland, den die Amerikaner auf der Stelle für zehn Millionen alte Francs kauften, als er just achtzehn Jahre alt war. Er verdiente dann sein Geld, indem er Werbespots drehte. Er war nicht der reine Künstler, der einen Mäzen braucht, sondern ein Geschäftsmann, von dem behauptet wird, er hätte das Geld für manche seiner Filme aufgetrieben, indem er von Firmen für Schleichwerbung für ihre Produkte bezahlt wurde. Er war über seinen Erfolg glücklich, der schließlich mit «Ein Mann und eine Frau» 1966 einsetzte, als er erst neunundzwanzig Jahre alt war. Er starb 1986 bei einem Rennen mit seinem Motorrad.

Er war dem kapitalistischen System dankbar, das ihm ermöglichte zu tun, was er wollte. Er glaubte nicht, daß die französische Gesellschaft perfekt ist, aber genauso gut wie jede andere auch. Der Kapitalismus möge zwar korrupt sein, passe aber zum Menschen, der durch das Prinzip von Zuckerbrot und Peitsche, von Profit und der Suche nach Erfolg angetrieben werde. Es sei sinnlos, eine tiefere Bedeutung darin zu suchen, meinte er. Der Mensch liebe einfach das Abenteuer; und das sei sinnlos. Der Wunsch, reich zu sein, sei ein fast universaler Traum, auch wenn die Menschen nicht wüßten, was sie mit dem Geld anfangen wollten, wenn sie es dann haben. Es sei die Phantasie, die sie weitermachen ließe. Eines seiner beliebten Themen ist folglich die Eroberung. Das Wissen, daß die Lust verginge, wenn man erst einmal erobert habe, hielte die Menschen nicht davon ab, weiter erobern zu wollen. Lelouch war Sportler, träumt von neuen Rekorden und davon, sich ständig zu verbessern. Es machte ihm nichts aus, daß er sich selbst und andere belügen mußte, um weiterzumachen, um zu bekommen, was er suchte. Die Lüge sei eine Form der Phantasie, und sie verleihe dem Leben Charme. Er war von dem Verführertyp fasziniert, wie ihn Jean-Paul Belmondo darstellt, mit der Begabung, die Menschen zu bezaubern, gewöhnliche Augenblicke zu außergewöhnlichen zu machen, – allein durch die Art, wie er sie vorführt. Ein Verführer hat Macht, er ist gefährlich. Er ist um nichts weniger faszinierend, wenn er auch sonst verabscheuungswürdig sein sollte, denn er weiß das Leben in etwas Aufregendes und Gefährliches zu verwandeln; weshalb auch so viele Frauen trotz seiner Fehler für ihn schwärmen. Ein Verführer ist jemand, der weiß, wie er sich verkaufen muß. Lelouch schämte sich nicht, als Filmregisseur der Verführer zu sein. Er wollte gefallen und seine Filme kommerziell erfolgreich machen. Seine Filme fußten fast nie auf eigenen persönlichen Erfahrungen, sondern auf Phantasien, die seine Erfahrungen übertrafen. Es ist leichter, Filme über Phantasien zu drehen, als über das Leben. Es wäre schwierig zu beweisen, daß Lelouch recht hatte, wenn er meinte, daß er jedermanns Phantasien kenne oder daß seine Helden im wirklichen Leben vielfach kopiert werden.

Der Filmregisseur, der regelmäßig das größte Publikum gewinnt, ist Claude Zidi. In neun von den fünfzig Filmen, die in den siebziger Jahren die meisten Menschen anzogen, führte er Regie. Nicht ein einziger davon wurde in Großbritannien oder den Vereinigten Staaten gezeigt; er kann also nicht behaupten, die ausländische Meinung über Frankreich beeinflußt zu haben. Aber er sagt ganz deutlich, daß er trotz seiner großen Popularität auch die Franzosen nicht beeinflußt hat. Auch er war früher Kameramann und arbeitete an zehn Filmen von Chabrol mit, bevor er Produzent wurde; aber er hat nicht versucht, seine Filme in technische Kunstwerke zu verwandeln. Noch hat er sich bemüht, sonst irgend etwas Besonderes in ihnen auszusagen. Er glaubt, daß Chabrol einen Fehler machte und seine Beliebtheit einbüßte, weil er glaubte, gewitzt zu sein, klüger als sein Publikum. Zuschauer mögen so etwas nicht. Zidi ist vor allem ein Produzent von Gags. Seine Filme haben Anti-Helden, den «Kleinen Mann», der weder

Mut noch herausragende Eigenschaften hat, der mit der Obrigkeit in Konflikt gerät, ob in der Kaserne, in der Schule, im Supermarkt oder auf einem Polizeirevier, der dann die absurdesten Dinge unternimmt, um sich aus dem Schlamassel herauszulavieren. Die Handlungen sind bewußt absurd. Sie sollen häufig lustig sein auf Grund der Spanne zwischen Glaubwürdigkeit der Personen und der Situationen, in denen sie sich befinden. Eine weltweite, alte Formel. Zidi gibt zu, daß er seine Gags mit einem Publikum im Kopf schreibt, das seinen eigenen Jugenderinnerungen entspricht: er schreibt für das Publikum seiner Jugend. «Damals herrschte eine Unschuld, wenn man Filme anschaute, weniger kultiviert, weniger cineastisch.»

Kein Wunder, daß die Kritiker Zidis Filme verabscheuen, um so mehr, als er wieder ganz bewußt vermeidet, was er typisch französischen Humor nennt: Der beruht auf Dialogen, die er nicht schreiben kann. Er läßt die Menschen durch seinen fast kindlichen Humor lachen. Er behauptet, er wiederhole seine Erfolge, weil er nie zu viel über seine Filme nachdenke. Er schaut sie sich nie an, wenn sie erst einmal abgeschlossen sind, und vermeidet so, wie er meint, die entsetzlichen Filme, in denen Komiker zu Intellektuellen werden, sich über ihren Humor Gedanken machen und so schließlich aufhören, lustig zu sein und Spaß zu haben. Tati, Woody Allen, Chaplin nahmen sich am Ende alle viel zu ernst. Der letzte in dieser Reihe sei Coluche, der eine Zeitlang wirklich glaubte, er könne Präsident der Republik werden. Er wurde sehr wütend, wenn man ihn nicht ernst nahm, und das zerstörte seine Ausstrahlung. Zidi ist vollkommen unintellektuell, er «langweilte sich endlos in der Schule», auch wenn er sein Abitur machte. Er wurde mit den besten Zensuren in die Pariser Kino-Schule aufgenommen, weil man dort eher Neugier als Wissen testete. Seine Bildung stammt im wesentlichen aus der Zeitung. Er liest jeden Tag alle Tageszeitungen und vergleicht gerne, wie sie ihre Leserschaft manipulieren, wie sie Ereignisse produzieren. Seine Lieblingslektüre sind die kleinen ungewöhnlichen Geschichten unter «Vermischtes», auf die sich die populären Blätter spezialisiert haben. Er liebt elektronische Spiele, Poker und Sport. Er wünscht sich nicht, auf irgendeine andere Art sein Geld zu verdienen, weil er eine Formel gefunden zu haben scheint, die die Massen anlockt. Er will nicht den amerikanischen Markt erobern, den er als zu hart empfindet. «Man kann sich dort nie eine Blöße geben, das wird einem nie verziehen, wogegen man in Frankreich die Dinge wieder bereinigen kann.» Er bewertet seine Filme ausschließlich auf Grund der Zuschauerzahlen. Er weiß selbst, daß er einfach Unterhaltung anbietet, die so lange Spaß macht, wie sie abläuft, und dann von allen Beteiligten wieder vergessen wird.

Seine berühmtesten Figuren sind Trottel. Es gibt viele Menschen, die sich mit ihnen identifizieren können. Er folgt der Tradition von «La Grande Vadrouille» (1966), ein Lustspiel über den Krieg mit Louis de Funès, Bourvil und Terry Thomas, das zeigt, wie die Franzosen selbst in der Niederlage die Deutschen überlisten können. Das war der populärste Film, der in Frankreich nach dem Krieg produziert wurde. Die abgedroschenen Formeln von Bullen und Gangstern, Spionage, Farcen und Serien, die garantiert die Investitionen einspielen, werden weiterhin ohne Unterlaß hergestellt und befassen sich nicht damit, die Franzosen richtig zu porträtieren oder die Probleme ihres täglichen Lebens zu kommentieren. Das Massenpublikum nimmt amerikanische Filme der gleichen Machart, die schlichtes Entertainment sind und sich im wesentlichen kaum unterscheiden, ebenso schnell an. Die großen Filmregisseure der Vergangenheit wie Jean Renoir, der Frankreichs Ruf für Originalität etablierte, mußten immer mit dieser Schwierigkeit leben, daß die Masse nicht an Neuerungen oder Unannehmlichkeiten interessiert ist. Renoirs Filme, die heute als Klassiker gelten, waren zu ihrer Zeit Mißerfolge.

Heute ist das Kino allerdings nicht mehr die Hauptquelle der populären Unterhaltung – in Frankreich wie auch anderswo. Das Fernsehen bringt zwanzigmal mehr Filme als die Kinos, und die Funktion des Kinos hat sich verändert. Der Großteil der Bevölkerung geht heute selten ins Kino; aber die Pariser gehen sechsmal so häufig wie der Durchschnitt; das bedeutet, daß die Pariser heute noch so häufig ins Kino gehen wie die Amerikaner in den fünfziger Jahren. Paris zeigt gewöhnlich ungefähr dreihundert Filme gleichzeitig, und während die Zahl der Kinos in der ganzen Welt stark zurückgegangen ist, wuchs sie in Paris an. Französische Kino-Fans bilden eine feste Gruppe, weniger als ein Fünftel der Bevölkerung, die vier Fünftel der Eintrittskarten des ganzen Landes erstehen. Diese Fans bestehen aus zwei Gruppen: den Besserverdienenden oder «Kultivierten» mit einer höheren Schul- oder Hochschulbildung, die dem Kino ein ernstes Interesse entgegenbringen, dem Werk eines einzelnen Filmregisseurs folgen, und den jungen Leuten, die weniger wählerisch sind, aber ausgehen wollen. Der Kinobesuch ist also nicht länger ein Familienausflug für die Massen und wurde eine Form des Nonkonformismus, ein Weg, der endlosen Berieselung des Fernsehens und der Wiederholungen zu entkommen. Die Kartenpreise haben sich derweil verdreifacht, während die Lebenshaltungskosten sich verdoppelt haben. Die Kinobesitzer konnten mit der Krise fertigwerden, indem sie den Kinobesuch zu einer Sache der Elite machten.

Auf dieser Grundlage war es dem modernen französischen Film möglich, zu gedeihen und zu expandieren und eine Zahl von 250 Produktionen im Jahr zu erreichen. Besonders fällt auf, daß kaum ein Filmregisseur noch versucht, alle zufriedenzustellen. Billigproduktionen sind die Regel, und Frankreich hat nicht versucht, mit den amerikanischen Großproduktionen zu konkurrieren. Die restriktiven Praktiken der Gewerkschaften werden regelmäßig mißachtet. Obwohl der Staat der Filmindustrie nicht so viele Hilfen anbietet wie Italien, gibt es ein System der automatischen Subventionierung, was finanziell nicht gerade viel ausmacht, da es den Kinos ungefähr das wiedergibt, was der Staat aus der Besteuerung einnimmt; aber es hilft, die Kameras laufen zu lassen. Der Staat hilft auch Kinobesitzern – er übernimmt die Hälfte aller Kosten für Neubauten – und den Regisseuren von kleinen, experimentellen Filmen. Nur die Verleihfirmen werden nicht unterstützt und verlieren Geld. Auf diese Weise bleibt Frankreichs Filmindustrie genügend *artisanal*, wird weder von großen Firmen noch vom Staat beherrscht, und so kann Optimismus noch über Ökonomie triumphieren. Nur ein Zwanzigstel der französischen Filme sind echte Kassenerfolge. Das staatliche Fernsehen, das heftig angegriffen wurde, weil es alte Filme zum gleichen Preis aufkauft wie eine Minute Werbung kostet, ist ein wichtiger Partner als Auftraggeber neuer Filme geworden. Frankreichs Filmindustrie hat daher eine Reihe spezialisierter Märkte (so wie bei Büchern) und bedient verschiedene Geschmacksrichtungen. Erfolgreiche Filme in Paris sind nicht unbedingt jene, die sich in den Provinzen oder in allen Provinzen verkaufen. Paris zum Beispiel entwickelte ein besonderes pornographisches Genre, dem sich einige ernsthafte Regisseure gelegentlich unter Pseudonym gebeugt haben, um ihre Verluste wieder hereinzuholen. Das Publikum für Pornographie ist klein (etwa 5 Prozent, besonders in Großstädten), aber da solche Filme schnell und billig hergestellt werden können und da der Staat die ausländische Konkurrenz ausgeschaltet hat, kann man hier Profite machen: In den späten siebziger Jahren bestand fast die Hälfte aller französischen Filme aus Pornos. Paris hat jedoch auch Filme entwickelt, die obskur, eigenwillig und nicht selten bedeutungslos sind, weil der Filmkult, wie der Literaturkult, für die Anhänger zu einem Zweck an sich wurde.

Das Gerede über den Einfluß der Medien auf die Öffentlichkeit muß zurechtgerückt werden durch etwas, das wesentlich seltener angesprochen wird, nämlich die Fähigkeit des Publikums, zu widerstehen. Es weiß, wie es sich über das Angebot lustig machen kann, was im Kino häufig deutlich wird. Es hat mehr Selbständigkeit, als jene zugeben wollen, die seine Dummheit, Unmoral oder seinen Konservativismus beklagen. Fernsehen und Radio bieten einen anderen Hinweis auf den Geschmack des Publikums: Die Zuschauer können Widerstand leisten, indem sie das Gerät abschalten. Es ist wahr, daß sie in ihrer Erschöpfung nicht immer widerstehen, aber viel mehr geht in ein Ohr und aus dem anderen direkt wieder heraus, als die Experten zugeben wollen. Die beliebtesten Fernsehprogramme sind Sport, gefolgt von Filmen, Theater, Fernsehshows, Serien und Spielen, in dieser Reihenfolge. Einer Statistik zufolge wird Sport von 29,6 Prozent gesehen, Kunst- und Kulturprogramme bilden das Schlußlicht mit nur 5,4 Prozent. Die Franzosen sagen, sie hörten gern Nachrichten, aber sie hören nicht genau hin. Wenn sie hinterher befragt werden, können sie sich nur an sehr wenig aus den Nachrichten erinnern, und Nachrichtenmagazine oder wissenschaftliche Programme schalten viele sofort ab.

Manche behaupten, die Mehrheit wolle vom Fernsehen entspannt werden. Andere verweisen darauf, daß es keinen Beweis gibt, daß die Mehrheit Entspannung will, die völlig geistlos ist. Der Mißerfolg langweiliger Kulturprogramme beweist nur, daß sie langweilig sind, nicht daß die Menschen von Programmen gelangweilt werden, die etwas Intelligentes zu sagen haben. Es müssen noch bessere Alternativen und amüsante Methoden gefunden werden, um die Aufmerksamkeit einer großen Zuschauerschaft zu halten, und sie müssen ständig erneuert werden. Von Experimenten kann man nicht immer erwarten, daß sie erfolgreich sein werden. Die Barrieren von Jargon und Spezialisierung lassen sich nicht so leicht zerstören. Dem Fernsehen wird darüber hinaus so lange vorgeworfen werden, politische Partei zu ergreifen, bis jede Partei und Interessengemeinschaft ihr eigenes Nachrichtenprogramm erhält. Es wird immer Unterlassungen geben, die im Rückblick erschreckend scheinen (es gab kaum einen Bericht im französischen Fernsehen über den Widerstand gegen das Concorde-Flugzeug). Aber die Öffentlichkeit wird von dem, was sie sieht, nicht so schnell beeinflußt. Ein berühmter Nachrichtensprecher, Roger Gicquel, war einst so beliebt, weil er gut aussah und weil er sich über die Nachrichten, die er las, entrüstete. 47 Prozent der Zuschauer sagten, sie mochten ihn, aber nur 15 Prozent glaubten, er sage die Wahrheit. Auch die Auftritte des Kommunistenführers Marchais sind beliebt, ohne daß er jemanden bekehrt. Buchprogramme, die den Zuschauern die Möglichkeit geben, sich ihr eigenes Urteil über den Autor zu machen, veranlassen die Menschen, mehr Bücher zu kaufen, aber es gibt Bestseller, Autoren wie Guy des Cars, die auch ohne öffentliche Empfehlung gekauft werden.

Fernsehen ist jedoch nicht die liebste Freizeitbeschäftigung der Franzosen (so wie bei den Italienern und Briten, die es an erste Stelle setzen). Einer von zehn Franzosen geht auf die Jagd, zwei von zehn sind Angler, zwei von zehn üben gelegentlich Gymnastik, einer von zehn regelmäßig. Sport ist jedoch immer noch eine Freizeitbeschäftigung für Minderheiten. Die beliebteste Freizeitbeschäftigung der Engländer ist immer noch, ins Pub zu gehen, und die Franzosen gehen fast so oft in ein Café. 25 Prozent der Franzosen gehen regelmäßig tanzen, viele arbeiten gern und oft im Garten. Die Vorstellung, die Franzosen verbrächten viel Zeit mit Politik, ist falsch: Nur einer von zehn Männern geht zu politischen Treffen oder auf Demonstrationen. Das ist eine kleine Minderheit, wie alle kleinen Minderheiten mit ausgefallenen Hobbies. Einer von zehn geht ins Theater, zu Volkstänzen, zum Varieté oder in den Zirkus (im Durchschnitt zwei- bis dreimal im Jahr). Nur einer von zwanzig besucht klassische Konzerte, Popkonzerte, Ballett, Stierkämpfe oder Operetten.

Nur einer von vierzig geht in die Oper, wenngleich im Durchschnitt fünfmal pro Jahr.

Diese Vorlieben der Minderheiten unterliegen in der Tat stets den Gesetzen des Snobismus. Sobald eine Beschäftigung populär wird, gibt es Menschen, die sie als vulgär betrachten oder etwas anderes anfangen. So war Rugby-Fußball einst das Spiel der Ober- und Mittelschicht, als es Anfang dieses Jahrhunderts importiert wurde. Es war exotisch und selten, aber heute ist es populär. Die Mittelschicht hat sich auf Tennis und Skifahren, die Reichen haben sich auf Golf verlegt. So wie die Mittelschicht expandiert, verbreitet sich auch Tennis; zweieinhalb Millionen Spieler soll es heute geben, wenngleich sich ein Unterschied entwickelt zwischen denen, die in privaten Clubs spielen und die vorgeschriebene weiße Kluft tragen, und den anderen. Solche Spiele im mittleren Alter anzufangen ist eine andere Art, sich von der Masse abzuheben, denn die Sportfans der ärmeren Schichten verwandeln sich nach der Hochzeit sehr schnell von aktiven Fußballspielern in Zuschauer. Im reiferen Alter ist Sport im wesentlichen den Reichen vorbehalten.

Hier geht es nicht einfach um einen Krieg zwischen arm und reich: Die Trennungslinie der Kultur ist nicht mit der des Reichtums identisch, sondern schneidet sie. Es gibt wahrhaftig ein Element der freien Wahl. Jede Gesellschaftsschicht hat ihre Exzentriker und ihre Aufsteiger. Das Kleinbürgertum hat zugleich Konformisten und einen angeberischen Flügel. Unter denen, die vorgeben, gebildet zu sein, gibt es eine gegenseitige Ablehnung, die jene trennt, die ihre Bildung einfach durch die Schule erhalten haben, und jene, die einen Geschmack anstreben, von dem sie behaupten, daß er nicht erlernt werden könne. Die freien Berufe unterscheiden sich also von dem Lehrer, indem sie öfter versuchen, über die traditionell anerkannten Klassiker hinauszugehen, an Jazz oder Science-fiction Gefallen zu finden. Lehrer halten Distanz zu den Massen, indem sie weniger fernsehen oder überhaupt kein Gerät besitzen, vorziehen, ins Theater zu gehen (was sie zweimal so oft tun wie Angestellte der Industrie oder des Handels). Das Theater, das sie mögen, ist entweder klassisch oder avantgardistisch, aber es gibt die Alternative des bürgerlichen Boulevardtheaters. Geschäftsleute, für die Persönlichkeit wichtiger ist als Gelehrsamkeit, können häufig in den gleichen anspruchslosen Foyers wie ihre Angestellten angetroffen werden. Das verstärkt sich, wenn sie im gleichen Alter sind, da eine weitere Trennungslinie die Geschmacksrichtungen schneidet und den Generationsunterschied ausmacht. Es mag gewöhnlich sein, «die Blaue Donau» zu genießen, und gescheit, Bach oder Webern zu mögen, aber es gibt eine andere Hierarchie, in der die Älteren weiterhin die Lieder bevorzugen, mit denen sie aufwuchsen, wie die von Piaf, Leo Ferré oder Jacques Brel, so wie die neueren Generationen neue Helden finden, die mit ihnen weiterleben.

Lesen ist eine andere Möglichkeit, mit der Menschen ihre eigenen Welten gestalten können. Die Deutschen, die Holländer und die Briten nennen Lesen häufiger ihre liebste Freizeitbeschäftigung als die Franzosen. Die Briten geben fast 50 Prozent mehr für Bücher aus und leihen ungefähr zwölfmal mehr Bücher aus Bibliotheken als die Franzosen, da die Franzosen weniger Leihbibliotheken haben und da britische Frauen bei weitem die süchtigsten Leserinnen in ganz Europa sind. Aber die Franzosen vermitteln den Eindruck, Buchliebhaber zu sein, weil sie eine Literaturschicht haben, für die Bücher fast das Leben bedeuten: 12 Prozent der Franzosen behaupten, mehr als fünfzig Bücher pro Jahr zu lesen und weitere 9 Prozent zwischen fünfundzwanzig und fünfzig. Französische Bücherwürmer haben ein breites Interesse an Sozialwissenschaften, Geschichte, Kunst, Anthropologie, Literatur. Und die Franzosen wählen ihre Tageszeitung nicht einfach nach ihrer Gesellschaftsschicht aus. Die Topmanager in England lesen *The Times*, aber es gibt in Frankreich kein Gegenstück. *Le Monde* wird bei weitem nicht in der Mehrzahl von leitenden Angestellten gelesen (von denen liest sie nur ein Viertel), nur 16 Prozent der Freiberuflichen liest sie, 8 Prozent der Industriekapitäne und 5 Prozent der Händler. Sie ist sicherlich die beliebteste Zeitung unter Schul- und Universitätslehrern (von denen 43 Prozent sie lesen) und von Grundschullehrern (19 Prozent), aber selbst 2 Prozent der Arbeiter kaufen sie, 5 Prozent der kleinen Ladenbesitzer und 7 Prozent der Büroangestellten. Kein Professor und kein Industriemanager liest die *Parisien Libéré*, die Zeitung der *concierges*, aber ebensoviel mittlere Angestellte wie Arbeiter und genausoviel Ingenieure wie Bauern. Die Zeitung, die der Chefzeitung am nächsten kommt, ist *Le Figaro*, die fast überhaupt keine Leser in der Arbeiterschicht hat. Die Zeitung, die am gleichmäßigsten in allen Gesellschaftsschichten verbreitet ist, heißt *L'Équipe*, eine Sportzeitung.

Um zu entscheiden, was französischer Geschmack ist, vergleiche man die fünf folgenden klassischen Beispiele, die der Soziologe Bourdieu sammelte. Sie zeigen, daß Sozialstatus die prinzipielle Trennungslinie ist. Da aber die Einkommen sich mehr angleichen, können die Menschen ihren Besitz mit mehr Unabhängigkeit auswählen, und so mag der Geschmack weniger vorhersagbar werden.

Da ist der Vorarbeiter, der mit vierzehn bei der Eisenbahn anfing und gerade in den Ruhestand ging. Er lebt in einer Siedlung in Grenoble und hat ein kleines Ferienhaus in den Bergen außerhalb der Stadt. Er hat alle Zwischenwände herausgerissen und entsprechend seinen Bedürfnissen modernisiert und umgebaut. Er glaubt, er sei sein ganzes Leben lang ausgebeutet worden und haßt es, beschwindelt zu werden. Auf Ladenbesitzer müsse man aufpassen oder sie überzögen die Preise, also kauft er die meisten Lebensmittel und Waren in Supermärkten. Er hat keinen Bedarf an eleganten Möbeln oder Antiquitäten: Man kann schnell eine Fälschung kaufen. Seine Frau ist genauso vorsichtig wie er, sie macht keine Schaufensterbummel, kauft nie etwas, bis sie nicht sicher ist, wo es in der Wohnung hinkommt: Schnickschnack sammelt nur Staub an. Wenn seine Frau ihre Schwestern besucht, zieht er es vor, für sich selbst zu kochen. Er streitet sich mit seinen Kindern, deren ältester ein Computerprogrammierer ist, weil sie meinen, die Familie sollte nicht so sparsam leben und essen, was ihnen gefällt. Aber er antwortet, das Leben bringe Dinge mit sich, die man akzeptieren müsse, auch wenn man sie nicht mag, und an die man sich gewöhnen müsse. Er begeistert sich für Fußball, Western und Spionagefilme und Unterhaltungsprogramme. Er hat die Museen von Paris besucht, gesteht aber ein, daß er Bilder mag, die «etwas darstellen». «Also: wenn man vier Bleistiftstriche sieht, die die Leute zu verrückten Preisen kaufen – ich persönlich würde sie in den Mülleimer werfen. Und außerdem will man ja nicht übers Ohr gehauen werden.»

Die Frau des Bäckers in der Nachbarschaft bestimmt ihren Geschmack mit dem Prinzip, daß man nichts übertreiben solle. Sie hat ihre Möbel von der großen Möbelkette Levitan gekauft, nachdem sie viele Geschäfte abgesucht hatte. Sie entschied sich für etwas «halbwegs zwischen traditionell und modern», weil sie meinte, eine Frau ihres Alters (fünfzig) könne nicht mit ultramodernen Möbeln leben. Sie suchte etwas, was nicht zu gewöhnlich und nicht zu ausgefallen war. Sie wählte allein, weil ihr Mann weder Zeit noch Interesse hatte, ihr zu helfen; sie gehen sowieso kaum aus. Es liegt ihr viel an Sauberkeit und Gegenständen, die lange halten. Wenn sie Geld übrig hat, kauft sie lieber einen Teppich oder neue Vorhänge, die mehrere Jahre nützlich sein werden, als ein Kleid, das bald aus der Mode sein wird. Aber sie gehört nicht zu denen, die ständig etwas kaufen müssen: es sei sinnlos, den eigenen Wohlstand vorzuzeigen. So legt sie ihren Schmuck nicht an, damit die Leute nicht sagen können, schau, sie hat ihren Schmuck herausgeholt. Sie gibt wenig Geld für Kleidung aus, zögert, Einladungen zu Hochzeiten anzunehmen, weil das bedeutet, daß sie Kleider braucht, die sie nur einmal anziehen kann. Sie wuchs auf dem Land auf, wo man sich nicht vor den Spiegel setzte und mit Kosmetik bedeckte. Zum Friseur geht sie nur selten, aber man muß ja ordentlich aussehen. Sie kocht wenig, wenn die beiden allein sind, doch wenn Besuch kommt, kocht sie gern klassische Gerichte wie *quiches lorraines, gratins dauphinois*, alle möglichen Braten und gefüllte Tomaten. Ihr Mann hat viele Freunde, er spielt gern Karten und Boules, aber er haßt Hotels und Restaurants, so nehmen sie im Urlaub ihren Wohnwagen mit: Bevor sie den hatten, fuhren sie nie in die Ferien. Sie kommen sehr gut mit Menschen aus, die den gleichen Geschmack wie sie haben, aber sie können Verschwender nicht leiden. Sie ist seit «mindestens zehn Jahren» nicht mehr im Kino gewesen und hat keine Zeit für Zeitung oder Zeitschriften. Sie sieht fern, aber «nicht zu viel» und nie nach zehn Uhr und nur unter der Voraussetzung, daß das Programm unterhaltsam und anspruchslos ist und nicht versucht, zu klug zu sein. Sie mag Sänger, die «normal» singen und «normal» aussehen. Sie ist gern ständig beschäftigt und strickt, weil «das die Zeit schneller vertreibt».

Eine achtundvierzigjährige Krankenschwester, Tochter eines Bauern, schon lange geschieden, lebt mit ihrem erwachsenen Sohn in einer Zweizimmerwohnung. Die Wohnung sei sehr bescheiden, wiederholt sie. Sie hat keine Waschmaschine, sie betont, daß sie die nicht mag, und wäscht alles mit der Hand, liebt es, Wäsche zu kochen, weil sie so viel sauberer wird als in einer Maschine. Sie hat einen Kühlschrank und einen Herd; beides hat sie bar bezahlt, weil sie Schulden nicht mag. «Ich verabscheue Menschen, die angeben, die nicht wissen, wie man sich benimmt, die nicht Guten Morgen sagen, die einfach hereinkommen, als hätten sie dich nicht gesehen, dich ignorieren. Und warum? Weil sie meinen, du wärst ihnen nicht ebenbürtig. Ich mag nicht von Höhergestellten unterdrückt werden.» Sie ist sich bewußt, daß sie ungebildet ist: Bildung bedeutet für sie «zu wissen, wie man buchstabiert, und die Regeln der Grammatik zu kennen», und sie ist entsetzt, daß ihre Kolleginnen nicht richtig sprechen können, nicht wissen, welche Worte männlich oder weiblich sind. Solche Fehler schockieren sie. Sie mag es, wenn alles «sauber», «ordentlich» ist. Das bezieht sich auch auf ihre Kleidung. Sie kauft «klassisch» geschnittene Kostüme. Sie geht sehr gern einmal die Woche zum Friseur, liest dort Zeitschriften, denn sie selbst kauft keine. Sie ißt in der Hauptsache Gegrilltes, Salate, Früchte und achtet darauf, nicht zu viel zu essen. Sie hört Musik im Radio, mag Lieder, deren Worte Bedeutung haben, hört aufmerksam zu. Sie ist zufrieden mit ihrem Schicksal, wie bescheiden es auch sein mag, und betont, daß sie sich sauber hält. Ihre Auffassungen unterscheiden sich sehr von denen einer anderen Krankenschwester aus Paris, im Alter von fünfundzwanzig, die in einem einzigen Zimmer ohne Möbel lebt, weder Tisch noch Stühle hat: all ihre Besitztümer liegen auf dem Boden, ihre Matratze, ihr Schallplattenspieler, Schallplatten und Bücher; ihre Wände sind bedeckt mit Postern, Gedichten, Fotos und Halsketten. Sie hat ganz Europa bereist, nimmt an Theateraufführungen teil, ist eine Bewunderin von Boris Vian und geht in Kunstausstellungen. Das Leben besteht für sie aus Hoffen und niemals etwas als unausweichlich zu akzeptieren. Sie ist eine Krankenschwester der neuen Generation, gebildet, mit *baccalauréat* in Philosophie und bewegt sich in einer ganz anderen kulturellen Welt.

Der dreißigjährige Werbefachmann, der in einer Fünfzimmerwohnung lebt, kaufte seine nachgemachten englischen Möbel im Stil des 18. Jahrhunderts in London, als er heiratete. Er ist sich nicht sicher, ob er die gleichen heute noch einmal kaufen würde, aber er wählte sie aus, weil «sie vom bürgerlichen Standpunkt aus sicher eine gute Geldanlage waren». Er und seine Frau hatten sich zunächst in Antiquitätengeschäften umgesehen, aber alles war zu teuer und vieles war schlechter. Dieser Mann ist der Sohn eines Direktors einer multinationalen Firma, seine Frau die Tochter eines Industriellen aus der Provinz. (Beide besuchten die École des

Sciences Politiques; sie arbeitet für eine Wochenzeitschrift.) Sie haben daher viel von ihren Großeltern geerbt, Familienporträts, Gemälde von Léger und Braque, aber sie sind sich nicht sicher, ob sie ihnen gefallen. Auch tragen sie nicht immer die Kleidung, die ihnen gefällt. Zur Arbeit zieht er teure englische Anzüge an, die er bei Barnes in der Avenue Victor Hugo kauft (englisch heißt für sie elegant: sein Vater geht noch einen Schritt weiter, er hat einen Schneider in London). Es ist wichtig, betont er, in seinem Beruf korrekt auszusehen, nicht so eintönig wie ein Bankier, aber auch nicht extravagant – ein Samtanzug würde die Vermutung wachrufen, er kompensiere etwas. Seine Frau warnt ihn, daß es falsch ist, sich zu sehr nach der Mode zu richten; sie zieht ihre Kinder in «klassischem Stil» an. Sie gibt zu, daß einige ihrer Kleider ein wenig «snob» sind, aber es ist nicht eine Angeberei wie die von manchen Frauen, die Kinderkleidung in jenen kleinen Boutiquen kaufen, die irrsinnig teuer sind, um aus den Kindern kleine Miniaturversionen der Eltern zu machen. Sie schaut auch auf die Kleinbürger herab, «die keinen Geschmack» haben und die ihre Gärten mit Zwergen vollstopfen. Sie schämt sich ein wenig ihrer Herablassung, aber ihre Eltern regen diese Gartenzwerge noch mehr auf, und sie sagen, die Herstellung sollte per Gesetz verboten werden. Sie meint, das ginge ein wenig zu weit, die Leute hätten das Recht zu wählen. Auch in ihren Gerichten versucht sie, sorgsam den feinen Unterschied anzusteuern, vermeidet Angeberei und Übertreibungen: wenn sie allein sind, nehmen sie abends nur ein leichtes Mahl zu sich, gekochtes Gemüse und etwas Käse. Haben sie Besuch, servieren sie *escalopes à la crème, sauté de veau*, Curry, Lachs. Sie mögen auch herkömmliche Gerichte, die *cuisine de bonne femme*, aber sie haben wenig für ausländisches Essen übrig, chinesisch oder italienisch. Er ist stolz auf seine Weinkenntnis. Sie spielten früher Tennis und Golf, bevor die Kinder ihre volle Aufmerksamkeit erforderten. Sie fahren noch immer Ski, gehen in die Oper und oft ins Kino. Sie hören Beethoven, Mozart, Schubert auf ihrer Hifi-Anlage. Er liest Bücher über Psychologie und Wirtschaft, aber nur wenige Romane. Sie renovieren ihre Wohnung nie selbst.

Nahe dem Gipfel der Gesellschaft steht ein fünfundvierzigjähriger Verteidiger, Sohn eines Verteidigers, mit einem großen Landhaus in Burgund und einer riesigen Wohnung in einem der nobelsten Stadtteile von Paris. Geschmack ist für ihn Nachgiebigkeit gegen sich selbst. Er kauft seltene Antiquitäten oder teure Gemälde, «weil sie mir in einem bestimmten Augenblick besonders gefielen». Er lehnt jene ab, die Kunstgegenstände als Geldanlage kaufen oder andere aussuchen lassen. Sein Besitz repräsentiert Ideale, die er lange gesucht und schließlich gefunden hat. Der Preis hat hier keine Bedeutung. Sicher kann er sich nicht kaufen, was er sich nicht leisten kann. Er würde nicht die Kathedrale von Chartres kaufen, aber er würde gern eine alte Kirche umbauen, weil er alte Gemäuer mag, ihre Formen, ihre Gewölbe. Sein Auswahlkriterium ist, ob er lange Zeit an dem, was er kauft, Freude haben wird: Er liebt es, seine Raritäten wie seinen altgriechischen Kopf, seine Tangkeramiken, seinen Paul Serusier endlos lange und verträumt zu betrachten. Er ist durch die ganze Welt gereist, hat sich Museen und Antiquitäten angeschaut, geht aber selten in Pariser Kunstgalerien. Es liegt ihm nicht viel an den Möbeln und dem Erbsilber. Seine Wohnung ist mit eleganten, komfortablen modernen Möbeln ausgestattet, großen Kissen und Sesseln. Sein Landhaus richtete er «ganz rustikal» ein. Er sagt, er könne nicht ohne seine Hifi-Anlage leben, die für ihn so wesentlich ist wie sein Gasherd. Ein Mann braucht Musik, so wie er essen muß. Essen ist für ihn eine Form der Entspannung und auch eine Kunst: Er ist so beschäftigt, daß er am liebsten das Mittagessen überspringen würde. Gutes Essen braucht seine Zeit, vorbereitet zu werden, und eine entspannte Atmosphäre, um es zu genießen. Guter Wein muß wie eine «Liturgie» getrunken werden. Sein Gesetz ist sein eigenes Vergnügen. Es liegt ihm nichts daran, es öffentlich zu zeigen. Er weigert sich, sich gut zu kleiden; die Leute würden ihn nicht mehr schätzen, behauptet er, wenn er eine bessere Krawatte oder eine Blume im Knopfloch trüge.

Das mag ein Hinweis darauf sein, wie sich die Dinge entwickeln werden. Geschmack entfernt sich beständig von der Konformität und von scheinbar eisernen Regeln, die durch Geburt oder Beruf für jedermann festgesetzt wurden. Die Lebensstile hören auf, homogen zu sein; jeder Mensch kann zunehmend die ihm passenden Verhaltensformen aus vielen verschiedenen Quellen wählen und seine besondere, eigene Mischung erzeugen. Frankreich scheint ins Zeitalter der Launen zu treten.

Fünfter Teil

Wie man versteht, was sie sagen wollen

18 Wie man ihre Sprache entziffert

Alle drei Monate veröffentlicht die französische Akademie eine Liste mit Warnungen vor neuen Fehlern im Gebrauch der französischen Sprache, die sich ständig in den Alltag einschleichen und sich einzunisten drohen. Jean Dutourd ist der Humorist unter den Akademiemitgliedern, aber er findet an dieser Tätigkeit nichts Komisches. Er sagt: «Ich brauche eine Welt, die französisch spricht, um meine Bücher lesen zu können. So einfach ist das. Ich gebe keinen Deut auf die Menschen, die englisch sprechen. Sie interessieren mich nicht. Ich möchte, daß meine Bücher auf französisch gelesen werden und nicht in einer Übersetzung.» Es ist ihm wichtig, daß sie weiterhin gelesen werden, denn sein Hauptanliegen ist, durch seine Werke unsterblich zu werden. «Von der Nachwelt gelesen zu werden, ist mein himmlisches Königreich.» Die Akademiemitglieder werden höhnisch die Unsterblichen genannt, und er nimmt sich selbst ernst genug, um zu glauben, daß seine Bücher ihn überleben werden. Zumindest wünschte er es sich, denn er glaubt, daß sie von seinen Zeitgenossen mißverstanden werden; wenn er stirbt, wird die Sichtweise der Menschen, ihn als Karikatur zu sehen, verblassen, und «sie werden mich so sehen, wie ich wirklich bin». Es ist schwierig für Menschen, ihren lebenden Nachbarn zu mögen, aber wenn er tot ist, «werde ich von allen geliebt, weil ich nicht länger da sein werde».

Es gibt eine Parallele zwischen Dutourds Besorgnis um die Sprache und um sich selbst. Er ist das Einzelkind eines Zahnarztes, der sein Leben lang bedauerte, daß Geldmangel ihn daran gehindert hatte, Chirurg zu werden. Seine Mutter starb an Tuberkulose, als er sieben war. Als Kind mußte er sich immer gegen seinen Vater verteidigen, der ihn ständig mit Aufmerksamkeit und guten Ratschlägen belästigte. Seine Überzeugung wuchs, daß sein Vater ihn nicht verstehe, daß die Menschen im allgemeinen sich nicht verstehen und daß «nur ich die Welt richtig verstand, daß es ein Komplott gab, um mich die Dinge so sehen zu lassen, wie sie nicht waren, und ich mich dagegen verteidigen mußte». Er war überzeugt, einzigartig in einer Welt zu sein, in der ihm keiner ähnlich war, und daß er daher seine «Integrität garantieren» mußte, um nicht zuzulassen, daß er mit gewöhnlichen Dummheiten überzogen würde. Er erzählte Lügen, um sich vor anderen und vor den Lügen, die die Menschen ihn glauben machen wollten, zu schützen. Er machte einen fügsamen, netten Eindruck; wenn man ihm Vergehen vorwarf, lachte er nur. Er entwickelte eine Persönlichkeit, die stets gut gelaunt war. Das hieß aber nicht, daß er glücklich war – das zu wollen, ist ein «schwachsinniger Wunsch» –, aber es gelang ihm, all die Schwierigkeiten des Lebens mit einem Lächeln und einem Witz zu überstehen. Er fand seine Jugendjahre abgrundtief langweilig. Seine Lösung war, einen Geist des Widerspruchs zu kultivieren, der ihm half, sich selbst zu bestätigen. Das wurde die Grundlage seines Humors. «Gedanken machen mir solange Freude, solange ich der einzige bin, der sie hat. Wenn jemand anderer sie aufgreift, lasse ich sie sofort fallen. Der Gedanke, der jedermanns Gedanke ist, interessiert mich nicht. Sobald eine Idee von der Mehrheit geteilt wird, wird sie falsch, weil sie einfach zu simpel wird, und was simpel ist, ist falsch. Wenn die Welt also ‹weiß› sagt, will ich sofort ‹schwarz› sagen.» Und wenn er mit einer Überzeugung allein steht, ist er stets überzeugt, daß er recht hat. Das verführt andere zu meinen, er sei streitsüchtig. Darin liegt etwas Wahres, gibt er zu; er pflichtet Pompidou bei, der einst zu ihm sagte: «Frankreichs Problem ist, daß es keine Feinde mehr hat.» Wenn man keine Feinde hat, meint Dutourd, sei man ein Niemand. Er hat ein dickes Fell, und es stört ihn nicht, kritisiert zu werden. Er verlangt Zustimmung, Applaus, will ein großer Schriftsteller genannt werden, aber die Kritik ficht ihn weder an noch verändert sie ihn, weil er sich «selbst treu bleiben» will. Er hat sogar eine gewisse Freude an seiner mißlungenen Anstrengung, Anerkennung zu bekommen, denn sie bekräftigt seinen Glauben, daß die Welt eine «unüberwindbare Mauer» ist. Er behauptet, das sei eine französische Eigenschaft: «Die Franzosen mögen nur den Krieg. Wenn sie nicht im Ausland kämpfen, vervielfachen sie ihre Gründe, sich gegenseitig zu hassen. So ist ein Grundsatz der französischen Außenpolitik, Frankreich in einem ausländischen Krieg verwickelt zu halten, um, soweit wie möglich, einem Bürgerkrieg vorzubeugen.» Das wahre Kennzeichen eines Genies ist, sich nicht für jemand anderes als sich selbst zu halten, und das trifft auch auf Nationen zu.

Dutourd ist für jene Franzosen ein Humorist, die die Franzosen nicht mögen, und deren Anführer war natürlich General de Gaulle, der wohl Frankreich liebte, nicht aber die Franzosen. Er löste dieses Paradox, indem er die Vergangenheit verklärte, was ihm wiederum gestattete, die Gegenwart zu verabscheuen. Nationen und auch Städte sind «wie Frauen: um die Gefühle eines Mannes anzuregen, müssen sie eine Vergangenheit haben». Er verurteilt alle Formen des Modernen als Werk von «Elektrikern, und ich bin kein Elektriker». «Ich kümmere mich nicht im mindesten um die Reisen zum Mond. Die kleinste Zeichnung von Delacroix, die unwichtigste Skizze von Manet scheinen mir unermeßlich wichtiger. Meine Philosophie ist, daß alles schlecht enden wird und daß alles nur schlimmer und schlimmer wird.» Sein Nationalismus schließt daher nicht die Wertschätzung anderer Länder aus. Er arbeitete nach dem Krieg für die französische Abteilung der BBC und genoß die Gesellschaft kultivierter Engländer, die ihm wie ein Ebenbild der Franzosen schienen, deren Bildung auf vergleichbaren Klassikern fußte. Es gab einen gemeinsamen Nenner in dem Respekt vor der Vergangenheit. Aber all das ist natürlich vorüber. England war sich selbst auch nicht treu und ist nicht länger das wahre England. «Das perfide Albion wurde zum süßen England, zum menschlichen England. Es spricht amerikanisch.» England war einst «ein Meisterstück einer Nation», es verdorben zu haben, war ein Sakrileg, «wie wenn man Mona Lisa einen Schnäuzer übermalte».

Auf französisch zu schreiben, ist Dutourd sehr wichtig, weil er es als «Aktion» ansieht. Er verwandelt die Vergangenheit in Kunst; er «fabriziert Leben» in seinen Büchern. «Jedesmal, wenn ich eine Zeile schreibe, verändere ich die Welt.» «Wenn meine Arbeit gut läuft, habe ich das Gefühl, alles zu beherrschen.» Er ist recht zufrieden, für eine Öffentlichkeit von nur 2000 Menschen zu schreiben, nicht mehr, als Diderot und Voltaire lesen, und die die «wahren Connaisseure» sind – auch wenn alle seine Bücher eine Auflage von 30000 erzielen. Er glaubt, Gott spricht durch ihn; er bat einmal Gott, ihm zu zeigen, wie er einen Roman abschließen solle, und Gott tat es: Es war ein Wunder, also muß er jetzt an Gott glauben. Das ist seine einzige Bescheidenheit: Er verdient keine Anerkennung für seine Leistungen, es ist Gottes Werk. Er behauptet, nicht «eine Spur von Stolz zu haben». De Gaulle, der sein einziger zeitgenössischer Held ist und dessen Tod, so sagt er, für ihn wie der Tod eines Vaters war, sei ebenfalls ein «bescheidener Mann» gewesen. Dutourd weiß, daß er viele Menschen in Rage bringt, aber er hat nicht vor, das zu ändern. Wieviel Zorn er erregt, wurde deutlich, als jemand eine Bombe in seine Pariser Wohnung warf und sie an einem 14. Juli in die Luft sprengte.

Kein Ausländer sollte sich über die französische Sprache

lustig machen, weil er sie erstens nicht wirklich versteht und weil sie zweitens in Frankreich einen göttlichen Status genießt. Jeder Ausländer sollte jedoch beobachten, wie die Franzosen sich untereinander darüber lustig machen, wie sie selbst die Sprache anwenden. Zwei Parodisten, Burnier und Rambaud, haben eine sehr hilfreiche Anleitung zur Unterhaltung zusammengestellt, um den weniger erfahrenen ihrer Landsleute die Möglichkeit zu geben, ohne viel Tränen jenes Französisch zu erlernen, mit dem sich die spitzfindigeren Gehirne austauschen; denn längst nicht alle Franzosen beherrschen alle Formen der französischen Sprache. Der hochgeschätzte Philosoph und Kritiker Roland Barthes etwa drückte sich auf eine Art aus, die einigen brillant erschien, anderen unbegreiflich. Burnier und Rambaud legen der breiten Masse nahe, nicht in den Fehler zu verfallen, allzu einfache Fragen zu formulieren: «Ist die Sprache von Roland Barthes selbst für Franzosen schwierig zu lernen?» Sei mutiger, frage lieber: «Ist R B unter seinem Deckmantel einer Makrologie nicht ein ‹borstiger Putz› oder eine geschlossene Ebene (Flachland), selbst gegenüber einer gallizistischen Interpellation?» Der Satz fördert eine Reihe von Regeln zutage: erfinde neue Abkürzungen und neue Worte, wann immer möglich; suche Witze und versteckte Bedeutungen, sage alles doppelt oder noch häufiger, nicht nur einmal, und wenn man den Text so oft überarbeitet hat wie eben möglich, arbeite an den Satzzeichen und schau zu, ob man sie nicht noch rätselhafter gestalten kann. Bald wird man so einfache Phrasen sagen können wie: «Ich beherrsche die Sprache von Roland Barthes perfekt. Mein Diskurs mündet/zielt auf seine eigene Textualität, indem er an R B in einem Spiel von Spiegeln vorbeizieht.» Oder: «Ich fühle mich heute nicht wohl: Was das Ich-spüre-mein-eigenes-Ich angeht, könnte ich einer ‹Schwierigkeit des Habitats› angeklagt werden.» Wenn man erst einmal gelernt hat, unvereinbare Worte nach dem Prinzip, daß Salziges und Süßes zusammen mehr suggerieren als beide getrennt für sich, zusammenzufügen, Sätze wie die Beine eines Hummers auseinanderzunehmen oder Ideen in einer Serie von weniger offensichtlichen, aber gehaltsschwangeren Formen zu «teleskopieren», kann man sich an fortgeschrittenere Aussprüche heranwagen wie: Ich hatte heute morgen Schwierigkeiten aufzustehen. Das sollte man zunächst in eine Art scheinjapanisches Haiku übersetzen: «Der Tag bricht an: O die Qual, das Bett zu verlassen.» Die Phrasen müssen dann mit zusätzlicher Bedeutung ausgestopft werden: «Noch ein (aber immer dergleiche) Tag bricht (mich?) an: Oh, die Qual der Bettverlassensprozedur.» Schließlich muß man sie noch zugleich abstrakt und konkret machen: «Noch ein und immer derselbe (oder gleiche) Tag, mein Tag, aber auch Dein Tag, auf bestimmte Art treu der ‹gewöhnlichen› Omoiotik (jener des *vulgus*?) bricht/ficht (mich) an: (genügend bis zu diesem Tag): als Kind gönnte ich mir das Liegen – (Lügen, Phantasie?). Avanti, cretino, die (meine?) Mutter (Mammi) sagte stets: Oh, die Qual, Folter, Hölle, Terror, Schmerz, Trauer, Angst der Bettverlassensprozedur.» In kürzester Zeit werden Sie einen Intellektuellen mit seiner eigenen Sprache befragen und von ihm lernen, daß er zwei Griffel zum Schreiben benutzt, den grünen zum Komponieren, den roten zum Ausstreichen, und es ist völlig unmöglich, daß er mit dem grünen streicht und dem roten schreibt, ein spezieller Griffel natürlich, der nicht mehr hergestellt wird, aber er hat eine besondere Sammlung davon, und der einzige Mensch, der sie noch in Frankreich verkauft, ist das Papiergeschäft der Witwe Leblanc in Arcachon.

Wenn man die Franzosen zwänge, einen Striptease vorzuführen, eine nach der anderen jener äußeren Verkleidungen abzulegen, die ihnen ihre nationale Identität verleihen, wäre das letzte, was bliebe, ihre Sprache. In einem Labor in einem Industriepark außerhalb von Paris wurde ich einem Wissenschaftler vorgestellt, dessen Namen ich nicht verstand. Er erklärte mir die Bedeutung der Experimente, die dort durchgeführt wurden. Mir wurde gesagt, er habe seinen Doktor in

Princeton gemacht, und er sprach perfektes Amerikanisch. Mit seiner lässigen Kleidung und seiner Hippiefrisur konnte man ihn nicht von amerikanischen Professoren unterscheiden, die noch den Stempel ihrer Jugend in den rebellierenden sechziger Jahren trugen. Ich nahm an, er sei Amerikaner, man sagte mir aber, er sei «reiner Franzose». Ich traf ihn später mit zwei Teebechern: «Auch wir haben unsere Teepausen», sagte er. Er sprach die internationale Sprache der Wissenschaft, und während er das tat, ließ er durch nichts erkennen, daß er Franzose war. Schon im 18. Jahrhundert hatte Senac de Meilhan gewarnt: «Eine Nation, die die Sprache einer anderen spricht, verliert langsam ihren Charakter.» Das ist zweifellos der Grund, warum die französische Regierung so verbissen an ihrer Sprache als letztem Gütesiegel ihrer Individualität festhält, und warum sie mehr als die Hälfte des Budgets des Außenministeriums darauf verwendet, ihren Gebrauch in den ehemaligen Kolonien und im Ausland im allgemeinen zu fördern. Wenn Einsparungen vorgenommen werden müssen, bleibt dieser Posten sakrosankt. Sie haben sicher recht, daß der wichtigste gemeinsame Besitz der Franzosen ihre Sprache ist. Aber es stellt sich die Frage, ob die Sprache wirklich ihren Charakter ausdrückt. Um das bestimmen zu können, muß man wissen, was ihr Charakter ist. Verschiedene Autoren haben behauptet, daß der Charakter von der Sprache geformt wird. Der Dichter Valéry schrieb, daß der französische Gedanke «nichts anderes als die Ausschöpfung bestimmter Eigenschaften» der Sprache ist. P. H. Simon, der sich auf die «Verteidigung der französischen Sprache» spezialisiert hat, behauptet: «Eine Sprache ist ein Schicksal, das Instrument, mit dem die Persönlichkeit einer Nation sich mitteilt, ihren Platz in der Geschichte findet, ihre aktive und kreative Einzigartigkeit bekräftigt.» Das ist ein gutes Beispiel für etwas, was man wohl nur auf französisch sagen kann. Es ist unmöglich, derartiges auf englisch oder deutsch auszudrücken, ohne sich den Vorwurf der Verschwommenheit einzuhandeln.

Hier liegt das Paradox der französischen Sprache. Sie behauptet, so einzigartig deutlich zu sein, daß alle Gedanken so lange verschwommen blieben, bis sie auf französisch ausgedrückt würden, was sie notwendigerweise durchsichtig mache. Das war das Argument für Französisch als Sprache der Diplomatie. Aber in der Behauptung steckte ein Irrtum. Französisch war in der Tat die internationale Sprache (des Westens), wie zuvor Latein. Sie konnte die Barrieren, die die Nationen hinderten, sich gegenseitig zu verstehen, niederreißen: Französisch zu lernen, hieß für einen Bauern, der sonst nur *patois* sprach, der internationalen Gemeinschaft der Gebildeten beizutreten, der Isolation seines Dorfes zu entfliehen. Diese Flucht wurde erst in den dreißiger Jahren dieses Jahrhunderts abgebrochen, als die letzten alten Menschen, die an *patois* hingen, starben. Die Einigung Frankreichs war im 19. Jahrhundert gelungen. An seinem Anfang sprach ein Viertel seiner Bewohner überhaupt kein Französisch und ein weiteres Viertel war fast unfähig, in dieser Sprache eine fließende Unterhaltung zu führen. Diejenigen, die die Sprache beherrschten, waren eine kleine Minderheit. Doch als jeder endlich die Sprache beherrschte, hatte sich ihr Status verändert. Englisch war bereits dabei, Mitte des 19. Jahrhunderts die internationale Handelssprache zu werden, und heute hat es in allen Lebensbereichen keinen Rivalen, von der Wissenschaft bis zur Freizeit. 56 Prozent aller gelehrten Veröffentlichungen von französischen Biochemikern zum Beispiel erscheinen auf Englisch. Englisch war sogar die Sprache, die Giscard d'Estaing benutzte, um sich mit Helmut Schmidt zu unterhalten.

Also bedeutet Französisch zu lernen heute etwas anderes; es meint die Teilnahme an einem besonderen kulturellen Erbe. Wenn man nur Französisch lernt, trennt man sich von den meisten Menschen; es nimmt heute die Stellung ein, die *patois* früher innehatte. Sein Schwung ist wie die Melodie eines Kinderliedes; die Grimassen, die man schneiden muß, um es zu artikulieren, die Intonationen sind ein akzeptiertes Ritual, wie eine Eintrittskarte, die man vorweist, um ins Fußballstadion zu gelangen, und wie die Abzeichen, die man dort trägt, um seine Anhängerschaft zu beweisen. Aber ob die Sprache den französischen Charakter ausdrückt, ist eine ganz andere Sache. Man könnte ebensogut behaupten, sie tue das Gegenteil. Denn sie ermöglichte nicht nur Menschen aus verschiedenen Regionen, sich auf gemeinsamem Boden zu treffen, einen gemeinsamen Schatz von Anspielungen zu finden, der ihren Gedanken Nuancen und Feinheit verlieh und ihre Verständigung in eine feinsinnige Kunst verwandelte. Der Entwicklung der Sprache saßen Schriftsteller vor, Höflinge und Verwalter, die zunehmend strenge Regeln aufstellten, die klassische Sprache zum Gegenstück der klassischen Kunst machten, eine Beschreibungsweise oder Sichtweise der Welt mit einer Harmonie, die die Menschen zu genießen lernten. Sie machten es fast zu einer Verschwörung, diejenigen, die die Sprache beherrschten, von denen zu unterscheiden, die sie nicht kannten. Diese Art von Elitedenken ist heute nicht mehr annehmbar. Die literaturphilosophische Form, in die die Sprache gepreßt wird, wird heute nicht als Ausdruck des französischen Charakters im allgemeinen angesehen, sondern nur als Vorliebe einer Minderheit. Viele andere Arten von Französisch können Gleichberechtigung mit dem, was als «gutes Französisch» gilt, fordern und erkennen nicht mehr die Überlegenheit eines Stils an, der von den Herrschern des Landes angenommen wurde. Ein Schuljunge, der sagt: *«Je sèche la philo et pousse en mob jusqu'au troquet écluser un godet et faire un flip»*, (zu deutsch: ich gehe nicht zum Philosophieunterricht, ich fahre meinen Motorroller bis zum Café, um etwas zu trinken und am Flipper zu spielen) verwendet eine Sprache, um die Eigenständigkeit seiner eigenen kleinen Welt zu unterstreichen, in genau der gleichen Art wie Bürokraten, die in pompöser Prosa Briefe schreiben: *«J'ai l'honneur de vous prier de bien vouloir»* (soll heißen: bitte), *«il ne saurait être question d'apporter à cette demande une suite favorable»* (soll heißen: nein), oder wie Geschäftsleute oder Sportler, die Franglais, also Französisch durchsetzt mit englischen Ausdrücken, sprechen.

Le Monde enthält ein englisches Wort pro 166 Worte, und man schätzt, daß 5% des Französischen Franglais ist. Sprachgelehrte haben nichts dagegen, daß die französische Sprache Lehnwörter aufnimmt – das gab es schon immer, aber sie weisen jene Invasion zurück, die die Gebräuche ihres Landes ignoriert. Sie wollen, daß Lehnwörter entsprechend eingebürgert werden; für sie ist es unerträglich, daß Franglais die Regeln von Syntax, Semantik, Aussprache und Rechtschreibung nicht befolgt. Sie schätzen ausländische Importe aus Kanada oder sogar Senegal, die Exotik mit einem grundsätzlichen Respekt für den traditionellen Gebrauch verbinden. Warum, so fragen sie, soll man das scheußliche Wort Striptease benutzen, wenn *effeuillage* oder *chatouille-tripes* zur Verfügung stehen (und diese darüber hinaus den Vorzug haben, zwischen einem erfolgreichen und einem fingierten zu unterscheiden)? Es gibt Golfspieler, die sich dafür aussprechen, nicht länger englische Worte zu benutzen – ihre «Caddies» wurden zu *cadets*, ihre Schläger zu *cannes*; «Cocktails» wurden zu *coquetèles*. Aber solche Art von Protest gleicht einem Murren über Zeiten, die sich ändern. Die Forderung, die Regierung solle die Sprache schützen, so wie sie die bedrohte Tierwelt schützt, ist unrealistisch. Die Menschen benutzen Fremdwörter, weil sie sich als Teil einer internationalen Gemeinschaft fühlen, genauso wie sie Slang benutzen, weil sie Gruppen angehören, die noch begrenzter sind als ihre eigene Nation. Die Franzosen brauchen mehr als eine Sprache, um ihrer Persönlichkeit Ausdruck zu verleihen. Das Wiederaufleben regionalen Stolzes, die Forderung, wieder in Dialekten zu unterrichten, ist ein Ausdruck des Verfalls der Einheit als nationalem Ideal. Heute lernen 84 Prozent der Schulkinder Englisch – zur Bestürzung einiger Schulverwalter, die sich für Alternativen als zweite Sprache einsetzen, damit Englisch nicht eine zu große Herausforderung wird. Aber in Privatschulen wählen 92 Prozent der Schüler Englisch. In Ostfrankreich, wo vor einer Generation noch 60 Prozent Deutsch als Zweitsprache lernten, liegt Englisch heute gleichauf mit Deutsch und hat es zuweilen auch überholt. Die Befürworter des Englischen argumentieren, daß es keine Bedrohung für Französisch darstelle: die Holländer und Dänen lernen Englisch ohne offensichtlichen Schaden an ihren nationalen Seelen. Sie argumentieren, daß Englisch seinen Platz zwischen den zwei französischen Sprachen – dem literarischen und dem populären – habe und jede ihre unterschiedlichen Erfahrungen ausdrückt. Ausländer, die klassisches Französisch lernen und sich dem Land durch die Sprache professioneller Autoren nähern, werden daran gehindert, die volle Breite aller möglichen Erfahrungen schätzen zu lernen. Die meisten Ausländer lernen in der Tat Frankreich nur durch die Schrift kennen. Es gibt das Frankreich, dessen Sprache schönste Musik ist, dessen Reichtum, dessen Erfindungsgabe und Atmosphäre um so reizender und kraftvoller werden, je mehr man sie beherrscht. Nur eine kleine Minderheit lernt sie gut genug, um in den vollen Genuß zu kommen. Aber Französisch ist nicht immer eine klare Sprache. Im Gegenteil, ihre zweite Eigenschaft ist ihre Fähigkeit, verbales Geschnatter zu tolerieren – eine Eigenschaft, die man früher dem Deutschen vorwarf. Vielleicht liegt es daran, daß die französische Philosophie viel von der deutschen übernommen hat.

19 Wie man ihre Kultur erkennt

Ein Lehrer, für den die Lektüre von Balzac harte Arbeit ist: Das paßt kaum zu dem traditionellen Bild eines französischen Schulmeisters, der sich der Verehrung der Klassiker verschrieben hat. Aber Daniel Château, Rektor des weiterführenden Bildungsinstituts in der Technischen Fachhochschule in Reuil-Malmaison, beweist mit seiner Person, daß Bildung und Kultur nicht mehr notwendigerweise das gleiche sind. Er hat viele Dipolome, aber sie haben nichts mit der klassischen Literatur zu tun. In der Auvergne geboren, hat er seinen Sprachakzent beibehalten. Der Sohn eines Handwerkers, Stukkateurs und Anstreichers wurde in einer Berufsschule ausgebildet, machte seinen Abschluß (*brevet*) mit achtzehn in Industriekunde. Man hoffte, daß er eines Tages den Familienbetrieb seines Vaters übernehmen würde (während sein Bruder, gleichfalls praktisch veranlagt, an der SNCF-Eisenbahnschule ausgebildet wurde). Zwischen vierzehn und achtzehn verbrachte er zwei Drittel seiner Zeit in einer Berufsschule, erwarb handwerkliches Geschick, und nur zehn Stunden in der Woche wurden mit Mathematik und Naturkunde, Französisch und Bautheorie zugebracht. Seine Lehrer waren ehemalige Handwerker. «Kultur» stand nicht auf ihrem Lehrplan. Die Freizeit wurde mit Rugby und anderen Sportarten verbracht, und alle vierzehn Tage gab es einen Tanzabend. Zu Hause las sein Vater nie anderes als Zeitungen, und er selbst öffnete freiwillig kaum ein Buch, bis er achtzehn war. Aus seiner Sicht war jedoch noch viel schlimmer, daß seine Ausbildung ihn nicht einmal in die Lage versetzte, ein Bauunternehmen zu leiten. Sie konzentrierte sich zu eng auf Technik, er konnte nicht einmal einen Kostenvoranschlag anfertigen. Heute würde er jemandem in der gleichen Situation empfehlen, sein *Abitur* in Betriebswirtschaft zu machen und danach eine sechsmonatige praktische Lehre zu beginnen.

So ging er in die Welt hinaus, fühlte sich unvorbereitet und konnte dieses Gefühl nie loswerden. Das mag das Kennzeichen eines gebildeten Menschen sein, daß er erkennt, daß man noch mehr lernen kann und daß er nie die richtige Antwort gefunden hat. Daniel war seither unaufhörlich Student, nicht von dem alten Schlag, der studiert, weil er sich noch nicht reif für die Arbeit hält, sondern von dem neuen, dem Arbeiter, der immer auf der Suche nach neuen Qualifikationen ist, weil die Veränderungen ständig neue Möglichkeiten eröffnen. Während seines Wehrdienstes in Algerien als Fahrer begann er erstmals zu lesen; er belegte einen Fernkurs in Spanisch und Buchhaltung, um die Stunden des Wartens, bis die Abteilungen wieder zu ihrem Quartier zurückkehren mußten, auszufüllen. Nach seiner Entlassung schickte ihn sein Vater auf eine private Schule für Innenarchitektur nach Brüssel, um seine Kenntnisse auszuweiten. Dann arbeitete er als Dekorateur für verschiedene kleine Firmen in Paris, die Möbel und Gemälde restaurierten und ganz allgemein Inneneinrichtung betrieben. Das weckte in ihm ein Interesse für Kunst, und er schrieb sich für einen zweijährigen Abendkursus in angewandter Kunst in dem Centre Nationale des Arts Manuel ein – eine Institution, wie er betont, in der ein Arbeiter nach zehn Jahren Abendschule zum Ingenieur aufsteigen kann. Wieder fand er das, was man ihn lehrte, nicht besonders nützlich – «es war zu theoretisch. Die Lehrer unterrichteten Kunst ohne

Bildbeispiele, erzählten uns, wir sollten in die Museen gehen und selbst die Gegenstände anschauen.» Daniel hatte nicht allzu viel Zeit dafür übrig. Er ging morgens um sechs aus dem Haus zur Arbeit, fuhr mit einem Auto, dem Bus und der Metro, war insgesamt dreieinhalb Stunden am Tag unterwegs. Er besuchte seine Abendkurse zwischen sechs und neun Uhr. Wenn er gegen zehn Uhr nach Hause kam, blieb er oft bis Mitternacht oder länger mit privaten Aufträgen für Kunden beschäftigt, um seinen niedrigen Lohn aufzubessern. «Wir arbeiteten für die Ehre», sagt er. Er und seine Kollegen waren alle vom einfachen Anstreicher zum Dekorateur aufgestiegen, und sie waren stolz auf ihr Können. Das Problem war, daß er die bürgerlichen Kunden, mit denen er zu tun hatte, nicht mochte; sie änderten ständig ihre Meinung und gaben ihren Neigungen nach wie kleine verzogene Kinder. «Wir wußten, daß ohne das Bürgertum das Dekorationsgeschäft nicht existieren konnte, aber sie vergifteten unser tägliches Leben.» Das und die schwere Arbeitssituation veranlaßten ihn, sich in einem anderen Kursus an der Abendschule einzuschreiben, der drei Jahre dauerte und ihn qualifizierte, sich als Dekorationslehrer zu bewerben.

Er fällte diese Entscheidung 1968, als das Dekorationsgeschäft plötzlich nachließ: Das Bürgertum schien nicht mehr sehr gewillt, Arbeiter in ihren Häusern zu dulden. Als Lehrer konnte Daniel auf die Sicherheit einer Beamtenposition und regelmäßige Ferien hoffen, und er konnte auf dem Land leben, er glaubte, zurück in seine heimatliche Auvergne ziehen zu können. «Ich erkannte, daß ich eine bessere gesellschaftliche Position als Lehrer einnehmen würde, aber vor allem spürte ich meinen Mangel an Allgemeinbildung, weil ich in der Abendschule auf Menschen traf, die eine höhere Bildung genossen hatten, und das gab mir einen großen Komplex. Sie waren so lässig, in ihrer Art zu reden und sich zu geben. Sie hatten eine Toleranz gegenüber den täglichen Problemen des Lebens, die ich nicht hatte, wie zum Beispiel in meinen Begegnungen mit bürgerlichen Kunden.» Er wurde auch durch die Tatsache beeinflußt, daß seine Schwester eine Grundschullehrerin geworden war und ihr Mann, ein Arbeiter, ebenfalls zum Lehrer aufgestiegen war. Sein Schwager war Journalist, und er fühlte sich als der Ausgeschlossene. Etwas später wurde er zu einem ganztägigen Lehrerseminar in Lyon zugelassen. «Das war der Gipfel. Ich meinte endlich, ich würde gebildet», weil es nicht länger nur eine technische Ausbildung war, die er erhielt. Der Professor begleitete die Studenten durch die Stadt und erklärte Kunstschätze und Denkmäler. Er studierte Psychologie und lernte, sich auszudrücken. Hauptfach des Unterrichts war natürlich Pädagogik, was ihm ein Gefühl der Sicherheit gab. Ihm wurde genau beigebracht, was und wie er unterrichten müsse, und erst im Rückblick, meint Daniel, war es ein Fehler, denn das Lehrerdasein sei doch nicht so einfach: «Die Fähigkeit zu unterrichten ist wirklich angeboren, entweder kann man den Kontakt herstellen oder nicht». Seine Dozenten brachten ihm nicht bei, wie er über die dort angebotenen Konzepte hinausgehen konnte. Dennoch, mit dreißig wurde er endlich *professeur*, ein Lehrer an einer Berufsschule.

Sein Traum, in die Auvergne zurückzukehren, verwirklichte sich nicht, denn seiner Frau wurde prompt eine Stellung in Paris angeboten, die zu gut war, um sie abzulehnen (sie ist Buchhalterin und verdient mehr als er). Noch wurde sein Traum von einem kulturellen Leben Wirklichkeit. Die Schulverwaltung erwies sich als zu strikt für seinen Geschmack; sie schrieb ihm genauestens vor, was er zu tun habe, und das zu oft. Er hatte keinen Respekt vor der Hierarchie, fand, die Lehrergewerkschaft sei zu sehr in ihre eigenen ideologischen Kämpfe verstrickt und vernachlässige die Kinder. Ihm wurde bewußt, daß er seinen Schülern einfach die gleiche Ausbildung vermittelte, die er auch erhalten hatte, die sie in die Arbeitswelt so unvorbereitet schicken würde, wie er gewesen war. Er merkte, wie er «vorzeitig alt wurde und eine Gehirnverkalkung entwickelte». So bereitete er sich noch einmal auf

Prüfungen vor und qualifizierte sich zum «Direktor der Schulwerkstätten», was ihn von der eigentlichen Lehrtätigkeit freistellte. Um noch mehr aus dem Gleis zu kommen, richtete er es so ein, daß er diesen Posten in einer Schule für behinderte Kinder übernahm. Aber auch das war eine Enttäuschung: «Ich sah, wir waren machtlos. Die Kinder brauchten einen Arzt, keinen Anstreicher.» So ging er in die Fortbildung. Heute organisiert er Kurse für Berufstätige, die ihre Qualifikationen verbessern wollen oder eine Allgemeinbildung suchen, entweder im Zeitraum von neunzig Stunden pro Jahr, die ihnen per Gesetz als Bildungsurlaub zustehen und vom Arbeitgeber bezahlt werden müssen, oder als Arbeitslose, die einen neuen Beruf erlernen müssen.

Wohin wird sich Daniel Château, jetzt zweiundvierzig, der in einer äußerst beeindruckenden, selbst eingerichteten Wohnung in Paris lebt, wenden? Nachdem er nun eine angesehene Stellung erreicht hat, plant er, hierin sich selbst treu, in die Zukunft. Er ist wieder zur Abendschule gegangen, um noch ein Zeugnis einzuholen, um sich als «Ökonom der Psychologie» zu qualifizieren – das heißt, Industriepsychologe. Er genießt es, weil er eine Einführung in Soziologie, Statistik und Psychologie erhält. Er hat Freud und Adler gelesen, auch wenn er sie recht schwierig findet, und er hat bislang noch keine der Theorien auf sich selbst angewandt. Er ist von Natur aus kein sich selbst beobachtender Mensch. «Ich brauche einen Führer», sagt er, um zu erklären, warum seine Suche nach Kultur immer durch Schulung erfolgt. Er sehnt sich nach höherer Bildung, doch es fällt ihm schwer, die Türen selbst zu öffnen. Er gibt seinem Sohn eine klassische Ausbildung, damit er nicht sein Leben lang in Abendschulen zubringen oder bis in die Nacht hinein arbeiten muß. Er will seine Spezialisierung so lange wie möglich hinauszögern oder ihm zumindest die Möglichkeit geben, seine Wahl frei zu treffen. Und doch, sagt er, «hat Bildung mich immer enttäuscht, als Lehrer und als Schüler».

Man vergleiche sein intellektuelles Leben mit dem von Françoise Flageolet, die ungefähr im gleichen Alter ist und ebenfalls das Kind eines Handwerkers – in ihrem Fall ein Marmorpolier aus der Champagne. Sie erhielt eine Berufsausbildung, ohne daß ihre Eltern sie fragten, was sie werden wolle. Sie ließen sie einfach zur Sekretärin ausbilden, weil ihre Mutter dachte, das sei ein herrlicher Beruf. Aber letztes Jahr besuchte Françoise während ihrer Arbeitszeit einen Lehrgang in Allgemeinbildung, indem sie ihr Recht auf neunzig Stunden Bildungsurlaub pro Jahr in Anspruch nahm. Er wurde von zwei «Animateuren» geleitet. Der erste hielt eine Vorlesung über Kunst – Cézanne, Picasso, abstrakte Malerei –, über Romane (sie schrieb ein Essay über Dostojewskis «Der Idiot»), über Musik (in der Hauptsache Mahler), den amerikanischen Film (sie las Jean-Luc Godards Geschichte des Films), über Literatur (sie liest gerade Balzac, hat aber den Titel vergessen), über Psychoanalyse (Freud, Jung, Lacan). Der zweite Animateur bot mehr Diskussion als Vortrag. Sie konnte weniger damit anfangen, beschwerte sich, daß es mehr persönliche Meinungen als Fakten gab: sie diskutierten über Gewalt, Familie, Rassismus, sie schrieb einen Aufsatz über das Drogenproblem. Sie kauft mindestens einhundert Bücher im Jahr. Ihre Liste für die nächsten drei Monate, die sie aus Zeitungskritiken und persönlichen Empfehlungen zusammenstellt, enthielt das letzte Buch von Konrad Lorenz, Naipaul über den Islam, die Memoiren von Galbraith, Anthony Burgess' letzten Roman, Yvon Gattaz «La Fin des Patrons» (in ihrem Wunschdenken glaubt sie, es handle über das bevorstehende Verschwinden der Chefs), Lesourne über Zukunftsforschung, ein Buch über Astronomie, ein weiteres über *Science et Conscience* und zwei über Freiheit und Macht. Der intellektuelle Horizont von Françoise ist durch ihre Bildung nicht erweitert worden, sondern durch ihre Freunde und ihre Arbeit. Sie lebt mit einem Ingenieur zusammen, mit dem sie eine fünfjährige Tochter hat; sie halten es für unnötig zu heiraten. Sie träumen davon, eine eigene Firma auf kooperativer Grundlage aufzubauen, die Solarenergieeinheiten herstellen soll. Sie wurde Sozialistin, weil sie glaubt, es sei wichtig, Interesse für das zu zeigen, was um einen herum geschieht, aber sie hat keine Verwendung für eine aktive Parteimitgliedschaft, weil die politischen Parteien hierarchisch sind und sie genug Probleme hat, mit der Hierarchie in ihrer Firma fertigzuwerden.

Sie brauchte fünf Jahre, bevor sie eine Stellung fand, die ihren latenten intellektuellen Kräften gerecht wurde. Nachdem sie die Sekretärin von einer Reihe von Geschäftsleuten («die alle dachten, sie hätten recht, und meine Aufgabe sei es, Amen zu sagen») und Verkäuferin in einem Elektrogeschäft war, wurde sie von einer Informations- und Presseagentur angenommen. Sie sollte Zeitungsartikel ausschneiden und begann so, Zeitungen zu lesen. Heute ist ihr Titel «Leiterin der Informationsabteilung». Ihre Neugierde wird angefacht – und sie macht sich Sorgen, daß sie zum Stillstand kommt, wenn sie nicht weitergeht: «Ich will nicht aufhören; das Leben bedeutet, sich zu verbessern und vor allem, an andere Menschen zu denken.» Es gibt zu viel Egoismus um sie herum, zu viel Gier nach Besitz, zu viele Rechtsansprüche im Gegensatz zur Bereitschaft, anderen zu helfen, nicht genug menschliche Wärme (ihr Gatte – so nennt sie ihn – sagt, man könne menschliche Wärme in Kanada finden). Sie will demnächst einen Kursus in Biologie belegen, um sich auf das autarke Haus vorzubereiten, das sie im Süden von Frankreich plant, wo sie bereits einen Hektar Land gekauft haben. Aber sie wollen mehrere Häuser errichten, damit die Geschäftspartner in der Nähe wohnen können, mit gemeinsamen Sportplätzen und Kultureinrichtungen, während sie ansonsten zurückgezogen leben können. Glück ist für sie, «in dieselbe Richtung zu schauen, übereinzustimmen, sich freier zu fühlen, und nicht von irgendeinem Chef herumgestoßen zu werden.» Sie glaubt, daß man immer einen Boss brauchen wird, aber er sollte von den Arbeitern gewählt werden, und er sollte sie nicht wie

Maschinen behandeln. Außerdem will nicht jeder Boss sein. Sie ist verbittert, daß die Firma von den Angestellten über Wasser gehalten, aber von einer Frau geleitet wird, die das Unternehmen von ihrem Vater erbte. Françoise ist nicht auf dieselbe Weise enttäuscht wie Daniel Château, sie hat eher utopischen und intellektuellen Trost für das Gefühl, daß sie etwas im Leben verpaßt, im Vergleich zu seiner rastlosen Suche nach Jobs und Zeugnissen. Ihre Fähigkeit zum Kompromiß mag in ihrer Familie liegen, die häufiger einen entscheidenderen Einfluß nimmt als die Schule. Bei genauerer Befragung stellt sich heraus, daß sie der Mittelschicht näher steht, als sie zugeben will. Ihr Vater hatte sein eigenes Geschäft. Nun, im Ruhestand, ist er Kulturreferent für seine Gemeinde geworden und Kunstmaler. Sie reagiert ein wenig schockiert auf die Frage, ob sie in ihrer Jugend jemals Armut kennengelernt hat; sie zögert, ihr genaues Alter anzugeben. Ist «Kultur» das Hobby und die Erbschaft der Mittelschicht?

Die Vorstellung, daß man an einer nationalen Kultur teilnehmen muß, um im wahrsten Sinne Franzose zu sein, wird nicht länger allgemein anerkannt. 1976 untersuchte eine Enquetekommission dieses Thema und gab zu, daß «das französische Kulturleben sich nicht im geringsten vereinheitlicht hat, sondern im Gegenteil jedes Milieu als geschlossener Kreis funktioniert und seine eigene Kultur hervorbringt und konsumiert. Es ist wie eine Reihe von Wirbelwinden, die sich ohne Austausch gegenüberstehen.» In den letzten Jahren haben die Franzosen ihre Ausgaben im Freizeitbereich fast verdoppelt, haben aber die Kulturausgaben nur um 10 Prozent angehoben. Die offizielle Nationalkultur wurde als Angelegenheit einer kleinen Minderheit von ein paar tausend Menschen erkannt, und die Planer schlossen: «Dieser Club kann nicht erweitert werden.» Die Hoffnung, die breite Masse zu verändern, wurde aufgegeben. Staatliche Subventionen wurden als

Hilfsmaßnahmen lediglich für eine Minderheit erkannt, um ihre besonderen Aktivitäten zu unterhalten, die sie von der Masse abhoben. Wenngleich die Zahl der Museumsbesucher ansteigt, sind weder Kunst noch Literatur zentrale Anliegen; nur 2,5 Prozent der Haushaltsaufwendungen werden für «Kulturaktivitäten» ausgegeben, wogegen 20 Prozent auf andere Zerstreuungen verwandt werden. Traditionelle Kultur wird sicher noch immer von denen geliebt, die statusbewußt sind, wird aber von anderen als oberflächliche Tünche verurteilt, als «Kunst, Floskeln und höfliche Konversation auszutauschen», die sich seit dem 17. Jahrhundert grundsätzlich nicht verändert habe. Es war die Kunst, mit der guten Gesellschaft Schritt zu halten, von Zeit zu Zeit zu den richtigen Galerien und Konzerten zu gehen, um die richtigen Dinge sagen zu können. Das Wesen der Kultur der Franzosen ist, daß sie sich nicht einigen können, welche Dinge das sein sollen.

Diejenigen, die die alte Sichtweise in Frage stellen, haben versucht, der Kultur eine neue Bedeutung zu geben. Sie war einst ein Weg, der Barbarei, dem Heidentum und dumpfen Provinzialismus zu entkommen. Sie wurde früher durch Bücher, Theaterstücke und Dichtung bestimmt. Aber die Kriterien des guten Geschmacks werden heute von einigen als altmodisch betrachtet, und sogar die Vorstellung von Kriterien überhaupt wird angefochten. Statt dessen wird vorgeschlagen, daß Kultur etwas gänzlich anderes werden soll. Zunächst ist ihre Funktion eine Verteidigung der Individuen und kleiner Gruppen gegen die zunehmende Vereinheitlichung der Medien, gegen die Passivität vor dem Fernsehschirm oder dem Fußballspiel. Sie soll Individualität stimulieren und die unendlich verschiedene Kreativität, die potentiell in allen Menschen steckt, ausdrücken. Es soll keinen Versuch mehr geben, diese Kreativität in anerkannte Formen zu pressen. Der Staat hat in der Tat akzeptiert, daß es nicht Funktionäre oder Lehrer sind, die gebraucht werden, sondern «Animateure», eine neue machtlose Gattung, die nicht die

Führer, sondern die Diener des Geschehens sind, an dem sie teilnehmen. Weiter wird Kultur als Instrument angesehen, neue Formen der Sensibilität zu erzeugen, Individuen aus verschiedenen sozialen Gruppen in neuen Formen gemeinsamer Begeisterung zusammenzubringen, die im Endeffekt eine Neuauflage der mittelalterlichen Festivals und Karnevals sind. Doch anders als traditionelle Riten laden moderne Festivals die Menschen ein, ihre Unterhaltung selbst zu erfinden und ihre eigenen Ideen auszudrücken. «Kultur», schrieb Jack Lang, als er das Festival von Nancy organisierte, «ist ein Kampf, um frei zu leben.» Sie versuchen, Einfallsreichtum zu betonen, «die kreativen Fähigkeiten in uns allen anzuregen», eine Form der Revolution zu sein, sie müssen aber vermeiden, in eine bloße Gegenkultur abzugleiten, in der rivalisierende Sektierer sich gegen alles abschlössen. Das ist ein grundverschiedenes Verständnis im Vergleich zu dem des Beamten des Kultusministeriums, der sagte, daß Frankreich kulturell ein heidnisches Land sei, dringend missionarischer Bekehrung bedürfe, wobei er die gleiche Terminologie benutzte, die Christen gegenüber Ungläubigen anwenden. Heute teilt Kultur Frankreich, statt es zu vereinen, weil viele ihrer Manifestationen zugleich Entsetzen verursachen.

Das Kultusministerium wurde unter General de Gaulle geschaffen, in der Hoffnung, Frankreichs Ruf als Mutter der Künste wiederherzustellen. Aber die grandiose Wunschvorstellung des Romanschriftstellers André Malraux, der diese Aufgabe als erster Minister übernahm, endete als ein symbolischer Fehlschlag. Malraux glaubte, daß Kunst die neue Religion der Menschen sei, die aufgehört hatten, an Gott zu glauben. Das Kunstzeitalter sollte dem Bildungszeitalter folgen, das mit dem Schulzwang eingeläutet worden war und nun seine Ziele erreicht hatte. Er wollte die Kultur den Massen nahebringen, so wie Jules Ferry ihnen Bildung gebracht hatte. Er stellte sich als Apostel der Modernen Kunst vor, die die

Welt vereinen könne, wenn erst einmal alle Menschen gelernt hätten, die Meisterwerke aller Nationen zu schätzen. Das würde geschehen, weil Moderne Kunst keine Geschichten mehr erzählt, sondern rein visuell ist. «Unsere Epoche bewundert, was sie nicht versteht.» Kunst gehe weit über das Verstehen hinaus, und Kunst sei, was Frankreich wirklich bedeute. «Ich bin Frankreich», sagte er gewöhnlich, in der gleichen Weise, wie Picasso ausrief, «Ich bin Gott.» Er setzte eine Idee der Volksfront in die Tat um, indem er in den Provinzen Kulturzentren einrichtete, die *Maisons de la Culture*, die er gern Kathedralen des 20. Jahrhunderts nannte. Hier konnten sich alle Bereiche der Gemeinden treffen und ihre Kreativität ausdrücken, um der Kunst zu huldigen. Der Erfolg zumal der experimentellen Theater hat sich jedoch nur im Spannungsfeld der Sichtweise von Kunst als Tradition und Kunst als Innovation gezeigt. Wenn Malraux sich auch selbst einen «Spezialisten in Sachen Rebellion» nannte, so hatte er doch eine konservative Einstellung zur Kunst, war besessen von der Vorstellung vom Museum als Hort der Kunst. Sein Bemühen um die Kunst war letztlich ein Bemühen um die Vergangenheit.

Pompidou ließ den Präsidentenpalast mit zeitgenössischen Gemälden modern einrichten. Giscard riß alles heraus und ersetzte es im französischen Stil des 18. Jahrhunderts, der ihm perfekt schien. Pompidou hatte vor Ausländern keine Angst, die Oper überließ er einem Schweizer, das Musée de l'Art Moderne einem Schweden; das Beaubourg Centre ist so international geworden, daß man ihm vorgeworfen hat, «ein Instrument der berüchtigten Franco-Amerikanischen Kunstlobby» zu sein. Aber die nachfolgenden Kultusminister haben eher die Priorität für den Erhalt alter Monumente gesetzt, als neue französische Stile zu fördern. Es ist schon paradox: Indem sie versuchten, dem formlosen Amerikanismus zu widerstehen, restaurierten sie Versailles größtenteils mit Geldern amerikanischer Philantropen, die von der amerikanischen

Frau des dortigen Kurators zusammengetragen wurden. «Es ist nicht mehr Versailles», klagen diejenigen, die meinen, der Palast sei übermäßig restauriert worden, «es ist Technicolor made in USA».

Dies ist mehr als der alte Streit von Alt gegen Neu, der sich durch die ganze Geschichte der französischen Literatur zieht. Als Jack Lang, der ehemalige Kultusminister, noch in der Opposition war, schrieb er, daß «alles kulturelle Handeln gegen die Macht gerichtet sein muß». Aber er sagte auch, daß das Fernsehen «pädagogischer» ausgerichtet werden sollte. Frankreichs gegenwärtige Kulturkrise handelt von der Schwierigkeit, eine neue Form der Pädagogik zu entwickeln. Denn Kultur ist heute Erfahrung und nicht Lehre. Die alte Kultur lehrte die Menschen, was richtig war. Die neue Kultur erlaubt jedem einzelnen, sich seine Erfahrungen auszusuchen. Kultur kann sich nicht länger als Ganzes darstellen und die Menschen entweder als Kenner gutheißen oder sie als Banausen ablehnen. Sie ist eine Erweiterung der Horizonte, genauso wie das Kennenlernen anderer Menschen.

20 Wie man die Auswirkungen ihres Bildungssystems beurteilt

«Ich haßte meine Ausbildung, und ich verachtete den Unterricht, den ich erteilt bekam.» Jean Effel, Frankreichs ideenreichster Karikaturist (von dem Malraux einst sagte: «Von uns allen ist Effel derjenige, der mit größter Sicherheit überleben wird») lebt heute im Ruhestand. Aber er erzählt von seinen Schultagen voller Leidenschaft. «Ich hatte nie einen guten Lehrer. Sie waren alle Langweiler. Keiner sagte uns, was ein gutes Gedicht ist. Sie erklärten uns nie, warum wir unseren Stoff lernen mußten. Und als ich von der Schule ging, erkannte ich, sie hatten mir Dinge beigebracht, die sie selbst nicht erklären konnten.» Er nimmt noch immer übel, daß er ständig in die Ecke geschickt wurde. Daß ein Mensch nach fünfzig Jahren noch meint, als schlechter Schüler gebrandmarkt worden zu sein, sagt einiges über die Stellung der Schule im Leben der Franzosen. Es kennzeichnet nicht Haß auf die Schulen, sondern eine Haß-Liebe, denn Effel bedauert zutiefst, daß er nie einen guten Lehrer hatte.

«Ich bin der einzige in meiner Familie, der nicht Lehrer wurde», sagt er. Sein Bruder ist Professor für Archäologie, seine beiden Schwestern unterrichten, seine Mutter war Deutschlehrerin, der dann Englisch aufgebürdet wurde. Das war eine große Leistung, denn sein Vater war ein unehelicher Sohn, der nie über die Grundschule hinauskam, der Handlungsreisender wurde und es schließlich mit seiner Kurzwarenfirma zu einem bescheidenen Reichtum brachte. Bildung war der nächste Schritt in Richtung Ehrbarkeit. Aber der soziale Aufstieg brachte Repressionen mit sich, die Jean Effel nicht ertragen konnte. Seine Mutter, so meint er, mißbrauchte ihre Macht über ihn. «Ich fühlte mich freier in der Armee als in der Schule oder zu Hause.» Sein Vater zwang ihn, seine Kunden zu Geschäftsessen und in die Oper zu führen, die er noch immer haßt: «Wir trauten uns nicht, sie in die Folies Bergères zu nehmen.» Schließlich wurde er aus dem Betrieb entlassen, mit dem Geschenk von 800 Francs, die er für den Kauf einer Ausrüstung verwandte, um sich als Künstler einzurichten. Er begann für Zeitungen zu zeichnen, weil nur die sofort bezahlten: innerhalb eines Jahres verdiente er viermal so viel wie in der Firma seines Vaters. Er unterschrieb mit Effel – eine Anspielung auf seine Initialen, sein wirklicher Name war François Lejeune –, um eine eigene Identität zu schaffen. Er wurde ein Mann des linken Flügels, «wenn auch nur aus Opposition zu meinen Eltern».

Ein Kind, das zu selbständig ist, hat fast immer irgendwelche Schwierigkeiten in der Schule. Effels Originalität führte ihn dazu, den Humor der Zeitungskarikaturen umzugestalten. Zeitungsredakteure dachten sich früher die Themen, zu denen sie Karikaturen brauchten, selber aus und baten den Karikaturisten, sie zu illustrieren, etwa die aufgespreizte Moral über leichte Mädchen oder über verführtes Personal, die dann in Unterzeilen kommentiert wurden. Effel verwandelte den Karikaturisten in einen neuen Literaten, in einen Poeten. Sein Prinzip lautete, nichts zu tun, was andere vor ihm gemacht hatten. Sein Meisterwerk, «Die heitere Schöpfungsgeschichte», ist das Ergebnis. «Es hat nichts mit Gott zu tun, sondern ist die Geschichte eines Arbeiters.» Er fügt so wenig Text wie möglich hinzu und widmet den Satzzeichen große Aufmerksamkeit. Er kann ohne Untertitel nicht zeichnen, «das ist eine völlig andere Sparte, wie Ballett oder Pantomime im Vergleich zum Theater.» Er kann Ballett nicht ausstehen, er liebt die Worte, wollte immer ein Bühnenautor sein und ein Maler. Seine Karikaturen sind Theaterstücke, mit Personen, Text und Dekoration: «So habe ich gefunden, was ich suchte.»

Aber er fand auch, was seine Lehrer nicht gesehen hatten. Sein Können besteht darin, die Logik bis in ihre absurden Schlußfolgerungen zu treiben, indem er offensichtliche Fakten zu wörtlich nimmt, Themen verbindet, die in verschiedenen Kontexten auftreten, und langweilige Themen aufheitert. Gott setzt die Sterne an den Himmel, indem er zur Freude seiner kleinen Engel ein Feuerwerk entfacht. Er schleudert den Planeten Saturn ins Gestirn wie ein Diskuswerfer. Er stellt den Sand der Strände in der Kaffeemühle her, während das Eis, auf dem die Engel auf der Straße ausrutschen, vom Teufel gemacht wird. Gott ist ein einfallsreicher, bezaubernder Lehrer. Als er einen Hund sieht, der seine Hinterpfote gegen das Bein eines Jungen anhebt und es anpinkelt, sagt Gott zu ihm: Siehst du jetzt, warum ich den Baum vor dem Hund erschaffen habe? Unter solchen Bedingungen macht das Lernen Spaß. Effel beobachtete drei Operationen in einem Krankenhaus, bevor er seine Karikatur von Eva zeichnete, wie sie aus der Rippe Adams geformt wird. Er hat einen Weg gefunden, seinen Unabhängigkeitssinn mit der Anhäufung von Wissen zu verbinden. Der einzige Rat, den er jungen Karikaturisten gibt: Schreib deine Unterschrift leserlich.

Rückblickend auf sein Leben sagt Effel, was er am meisten genossen hat, waren «Freunde, Frauen und meine wunderbare Ehefrau. Ich bin glücklich, seit ich heiratete. Zu Hause finde ich Güte, Frieden und guten Geschmack.» Aber «mein Leben ist wie ein Glücksspiel, ein Zufall», es ging vorüber, ohne daß er viel darüber nachgedacht hat: «Ich bin nicht ordentlich genug, um irgend etwas gezielt gesucht zu haben.»

Er hat viele Stunden in Cafés verbracht. Es gibt einen Film über das Café du Cadran, an der Ecke der Avenue de l'Opéra, wo er, seine Kollegen und Pierre Benaert, der Herausgeber von «Canard Enchaîné», von dem behauptet wird, er sei an Trunksucht gestorben, ihre trübe Stimmung ertränkten und sich Witze ausdachten. Es ist Effels Leistung, daß seine Witze nie persönlich und gehässig werden. Er ist ohne Bösartigkeit durchs Leben gekommen. Seine Lehrer sind heute auf ihn stolz. Er wurde gebeten, Wände des Lycée Carnot zu bemalen, in dem er einst so schlecht behandelt wurde.

Solch eine Geschichte über einen schlechten Schüler, der es doch noch zum Erfolg bringt, indem er die Schulregeln bricht, trifft ins Schwarze und charakterisiert die Misere des Bildungssystems. Wenn viele Franzosen sich höchst fein artikulieren und manchmal besonders graziös in ihrer Sprache ausdrücken können, so hat ein ganzes Jahrhundert schulischer Anstrengungen kaum etwas damit zu tun. Bevor man eine französische Schule oder Universität besucht, sollte man das schlimmste, was ihnen nachgesagt wird, wissen, so daß man die Frustrationen und Beschwerden dem Eigenlob gegenüberstellen und sich selber ein Urteil bilden kann.

Während die Bürokratie versucht hat, den Franzosen das Gefühl eines gemeinsamen Schicksals aufzuzwingen, indem alle Entscheidungen, die sie betreffen, über Paris kanalisiert werden, haben die Lehrer versucht, eine tiefere Einigkeit zu erzeugen, indem sie den Kindern den dauernden Stempel einer französischen Kultur, wie unfaßbar sie auch sein mag, aufdrückten. Eine französische Schulbildung soll etwas sein, was man nicht so schnell vergißt und was einen für das Leben prägt. Sie hat den Ruf, besonders schwierig und fordernd zu sein und von den Kindern unglaublich lange Arbeitsstunden abzuverlangen – ein Ruf, der nur durch einige Bereiche des Systems verursacht wird, namentlich den höheren Klassen der ehrgeizigsten Lycées. Ein durchschnittlicher Schultag, der von 8.30 Uhr bis 16.30 Uhr dauert, wird in der Tat von einer zweistündigen Mittagspause unterbrochen. Mittwoch ist gewöhnlich frei, das französische Schuljahr ist das kürzeste in der Welt, und da ein Monat den Prüfungen vorbehalten ist, findet der Unterricht praktisch nur an 155 Tagen statt. Es gibt tatsächlich strebsame Kinder oder Kinder strebsamer Eltern, die spät aufbleiben, um ihre Hausaufgaben zu machen, aber das ist eine Minderheit, die Mehrheit widmet den Hausaufgaben jeden Abend nur eine oder zwei Stunden. Nur ein Zehntel der Sekundärschüler verbringt mehr als zwanzig Wochenstunden mit Hausaufgaben. Überraschend wenige finden sie schwierig. Französische Kinder verlassen die Schule wahrscheinlich besser informiert als die in den Vereinigten Staaten, weil die Amerikaner mit einem anderen Zeitplan arbeiten; sie holen in ihren Colleges auf.

Das Ideal einer guten französischen Bildung, so wie man sie früher verstand, wurde in der Tat nicht der Mehrheit der französischen Kinder zuteil. Der traditionelle Lehrplan gipfelte im Studium der Philosophie und Rhetorik. Wenn das gründlich geschah, waren dann höchst geschliffene Männer von Welt das Bildungsresultat, die keine Universitätskurse mehr benötigten, es sei denn als Berufsausbildung. Denn sie konnten mit einer Gewandtheit und Beredsamkeit schreiben und sprechen, mit jenem besonderen Ordnungssinn, der alle Schwierigkeiten auf drei Argumente und eine Schlußfolgerung reduzierte, mit jener Prise literarischer Raffinesse, die wie ein Parfüm ihrer Argumentation Charme und Weltgewandtheit verlieh. Die Philosophen stehen jedoch zur Zeit unter Beschuß. Man glaubt nicht länger, daß sie allein den Kindern einen wahrhaft kritischen Geist vermitteln können, die Fähigkeit, Probleme in ihrem breitesten Zusammenhang und im Licht allgemeiner Prinzipien zu sehen, oder daß sie für jene besondere Urbanität verantwortlich sind, die das Kennzeichen der höflichen, gebildeten Franzosen war. Viele argumentieren sogar, die Philosophen würden nur eine leere und in der Tat gefährliche Wortfülle fördern. Die Philosophen lehren, was man bei den Eingangsprüfungen von Oxford und Cambridge bescheidener als allgemeinen Aufsatz bezeichnet; die Fragen, die im *baccalauréat* gestellt werden, befassen sich mit allgemeinen Problemen wie: Kann Geschichte Moral lehren? Ist die Kunst reine Nachahmung der Natur oder Neuschöpfung? Was kann man sich von der Technologie erhoffen? Zerstört die Verschiedenheit der Philosophien den Anspruch der Philosophie auf Wahrheit? Der Philosophieunterricht versetzt die besten Schüler in die Lage, solche Probleme mit überraschender Reife und Wissen zu diskutieren, aber er kann auch zu Paukstunden hausbackener Theorien und vorgefertigter Antworten herunterkommen. Die Philosophen haben ihr Prestige verloren, weil sie für die Öffentlichkeit zunehmend unverständlich und allzu beschränkte Spezialisten geworden sind, die im Gegensatz zu dem Naturwissenschaftler keine praktischen Ergebnisse als Ausgleich aufweisen können. Ihre oft bemerkenswerten persönlichen Abenteuer des Geistes verloren sich ohne Bedeutung für den einfachen Mann im Nebel der Abstraktion. Die Regierung schlug unlängst vor, Philosophie insgesamt aus dem Pflichtteil des Lehrplans zu streichen. Die Philosophen konnten das verhindern, aber nur knapp: sie überleben heute auf sehr beschränkte Weise. Die meisten Schulkinder lernen Philosophie heute nicht mehr. Von denen, die die oberen Klassen erreichen und Philosophieunterricht erhalten, lavieren die meisten sich durch, indem sie ein oder zwei Autoren lesen und nur eine Frage im *baccalauréat* beantworten.

Wie lange unter solchen Bedingungen die besondere französische Argumentationsweise überleben wird, ist unsicher, da «Rhetorik», die früher die Philosophie unterstützte, nicht länger als Unterrichtsfach besteht. Ihre Methoden werden im Unterricht der französischen Sprache und Literatur erhalten, die beide versuchen, die Fähigkeit zu Analyse und Textzusammenfassung zu entwickeln, die eigene emotionale Reaktion in einem Prosatext oder Gedicht auszudrücken und vor allem Essays zu schreiben, die zugleich einen persönlichen Standpunkt und die Kenntnis der klassischen Autoren darlegen. Die Lehrer, die jedoch auf perfekter Beherrschung von Grammatik und Rechtschreibung und der Schmeichelei traditioneller Modelle beharren, kämpfen auf verlorenem Posten. Sie beschweren sich in der Tat, daß viele angeblich gebildete Menschen nicht korrekt französisch schreiben können, daß Racine der Mehrheit der Franzosen wahrscheinlich unverständlich ist. Die Kluft zwischen gesprochener und geschriebener Sprache wird im Zeitalter von Fernsehen und Telefon um so deutlicher. Es gibt einige Erneuerer unter den Französischlehrern, die argumentieren, daß es ausreiche, den Menschen beizubringen, Zeitungsartikel und gegenwärtige Themen zu verstehen, daß die gesprochene Sprache der Kinder als Grundlage eines Lehrplans genommen werden solle, um Spontaneität zu fördern. Dies hat einen entsetzen Aufschrei der Entrüstung hervorgerufen, die französische Zivilisation werde bedroht. Die Frage stellt sich wirklich, ob die traditionelle französische, literarische Bildung mit den modernen Zielen vereinbar ist.

In der Vergangenheit besaß nur eine kleine Elite jene literarische Bildung; so war es der wortgewandte Teil der Nation, der ihr den Ruf der Redegewandtheit einbrachte. Die Vorstellung, daß alle Franzosen von Natur aus wunderbare Redner seien, wird von einer Untersuchung des Engländers Arthur Young nicht gestützt, der Frankreich am Ende des 18. Jahrhunderts bereiste. Er meinte, ihr besonderes Charakteristikum sei eine bemerkenswerte Schweigsamkeit, nicht Redseligkeit. Um 1900 bestand nur 1 Prozent der Bevölkerung das *baccalauréat*. Sie wurden beneidet, weil Bildung als Instrument angesehen wurde, das den Menschen die Fähigkeit verleiht, interessant und überzeugend zu sprechen, sich mit Leichtigkeit zu unterhalten, zu argumentieren und über die Gesellschaftsschichten und verschiedenen Regionen hinweg zu kommunizieren. Heute besteht ein Viertel der Kinder das *baccalauréat*. Aber es ist nicht mehr die gleiche Art von Verständigung, die die Bildung anregt. Es gibt heute nicht weniger als achtundzwanzig verschiedene Arten von *baccalauréats*, von denen die meisten in der Hauptsache wissenschaftlicher oder technischer Natur sind. Nur 65000 Kinder (weniger als 20 Prozent) wählen das literarisch-philosophische *baccalauréat* (bekannt als *option A*), das früher als Kennzeichen einer abgeschlossenen Bildung galt. Bis 1968 war das bei weitem die bevorzugte Wahl; seither hat es ständig abgenommen, und seit ein paar Jahren wurde es von den Naturwissenschaften (*option D*) überrundet. Wenngleich ein technisches *baccalauréat* weniger Prestige mit sich bringt und von Kindern aus bescheideneren gesellschaftlichen Verhältnissen gewählt wird, gibt es dennoch Teile, die besonders schwer sind und manchmal fünfzehn Extrastunden pro Woche mit sich bringen. Diese Schüler glauben, daß sie eine bessere Ausbildung als die Literaturschüler bekommen, auch wenn sie am Ende nur Techniker werden. Die Mehrheit der fähigsten Schüler wird nun vornehmlich zu Wissenschaftlern ausgebildet und somit in eine internationale Kultur eingeführt. Das ist ein neuer Trend, und die Ergebnisse wird man erst spüren, wenn die neue Generation an die Macht gelangt. Mathematik hat Latein als Instrument zur Eliteauswahl ersetzt. Das Prestige dieser Elite läßt sich daran beurteilen, daß sich in Frankreich ungewöhnlich viele Menschen Wissenschaftler und Ingenieure nennen: Eineinhalb Millionen, im Vergleich zu einer Million in Deutschland und zweieinhalb Millionen in den Vereinigten Staaten.

Der Wechsel vom bürgerlichen Ideal der Rhetorik zu den technokratischen Fähigkeiten mag ein feiner oder subtiler sein, da Abstraktionsvermögen weiterhin geschätzt wird. Der Wechsel wurde auch von einem literarischen Anstrich verborgen, den die erfolgreichsten Technokraten sich selbst gaben.

Aber die große Mehrheit der gewöhnlichen Wissenschaftler und Techniker – und mehr noch durchschnittliche Arbeitnehmer – haben keinen literarischen Ehrgeiz oder Interessen. Den Schulen gelang es nicht, die Franzosen zu Literaten oder Bücherwürmern zu machen. Insgesamt zeichnen die Franzosen sich dadurch aus, daß sie nicht viel lesen.[1] Sie lesen nicht einmal gern Zeitung, ganz zu schweigen von Büchern. Die Verbreitung von Zeitungen ist ungefähr so hoch wie in Singapur, Korea oder Irland; sie kaufen nur halb so viele Zeitungen wie die Briten, Deutschen, Holländer, Japaner oder Schweden und 40 Prozent weniger als die Amerikaner.[2]

Warum ist das so? Französische Kinder haben einen schnelleren Start als ihre Nachbarn, denn sie gehen früher zur Schule. Die Eltern schätzen die Kindergartenschulen, die *maternelles*, für die Zwei- bis Fünfjährigen. Es gibt davon wesentlich mehr in Frankreich als sonst irgendwo, und sie werden als eine der Ruhmestaten des französischen Systems angesehen. Es gab in der Vergangenheit wenig Beschwerden, und die Kinder werden immer früher dort hingeschickt, denn sie sind die am wenigsten prätentiösen Schulen. Die Lehrer sehen sich lediglich als Muttterersatz an, nicht als überlegene Experten. An die Kinder, die nicht im eigentlichen Sinn unterrichtet werden, werden kaum Ansprüche gestellt. Aber nun wurde den *maternelles* die Aufgabe übertragen, «Handikaps» vom vierten Lebensjahr an zu entdecken, was sehr wahrscheinlich zu einer Trennung nach Fähigkeiten schon unter Kleinkindern führen wird. Mehr und mehr Experten – Ärzte, Sozialarbeiter, Psychologen und Lehrer –

1 Gesamtzahl der jährlich veröffentlichten Bücher in Tausend: Frankreich 31 oder 21 (je nachdem, ob Broschüren mitgezählt werden), USA 85, UdSSR 86, BRD 50, Japan 43, Großbritannien 36, Spanien 24, Brasilien 20, Holland 13, Italien 10.

2 Zeitungsverbreitung pro 1000 Einwohner: Frankreich 205, USA 287, GB 410, BRD 423, Holland 430, Schweden 529, Japan 546, Irland 220, Singapur 215.

müssen nun ihren Beitrag zu der Akte leisten, die jeder über sie vom dritten Lebensjahr an zu führen gezwungen ist. Jedes Kind ist in Gefahr, ein pathologisches Problem mit besonderen Aufmerksamkeitsbedürfnissen zu werden. In der Region von Paris wurden 25 Prozent aller Kinder der *maternelles* an Psychologen überwiesen, weil irgend etwas mit ihnen nicht stimme, in einigen *maternelles* sogar 44 Prozent. Und es ist höchst selten, daß ein Psychologe sagt, es liege kein Fehler vor.

Die meisten Kinder, die die Schule durchlaufen, sind auf irgendeine Weise als Versager abgestempelt. Gegenwärtig hat ungefähr ein Drittel aller über Vierzigjährigen kein Schulzeugnis und ein weiteres Drittel hat nur einen Volksschulabschluß. Dieses Zeugnis hatte früher eine Bedeutung, aber mit der Ausdehnung der sekundären Schulbildung innerhalb der letzten zwanzig Jahre ist es zum Zeichen der Unfähigkeit abgewertet worden. Nur 6 Prozent dieser Erwachsenen haben das *baccalauréat*, nur 4 Prozent einen Universitätsabschluß. Die Anhebung des Schulabgangsalters auf sechzehn hat die Schulbildung nicht weniger diskriminierend gemacht. Erfolg wird immer noch weitgehend nach der Bildung und dem Status der Eltern des Kindes bestimmt: Der Mythos, die Schule führe zur Gleichheit, ist wie eine Seifenblase zerplatzt. Nur ungefähr die Hälfte aller Kinder kommen durch die Grundschule, ohne wenigstens eine Klasse wiederholen zu müssen; 26 Prozent der Kinder von Landarbeitern müssen eine Klasse wiederholen, aber nur 2,2 Prozent von leitenden Angestellten. In den sechziger und siebziger Jahren wurden Anstrengungen unternommen, um diesen «zurückgebliebenen» Kindern mit Nachhilfeunterricht in den unteren Klassen der weiterführenden Schulen zu helfen, aber das führte nur zu einer Trennung in «Übergangsklassen», die von jungen Lehrern unterrichtet wurden, und nur ein Zehntel dieser Schüler schaffte den Rückgang in den Hauptstrom. Heute gibt es theoretisch für alle nach der Grundschule eine Gesamtschulbildung, die vier

Jahre dauert. Aber in der Praxis fallen einige schon nach zwei Jahren heraus und begnügen sich mit einer Berufsausbildung.

Für diejenigen, die durchhalten, muß noch die Entscheidung getroffen werden, welche Art von Zeugnis das Kind anstreben sollte. Jede Zeugnisart hat ihr eigenes Prestige. Die Kinder sind angeblich durch die «Einschätzung ihrer Persönlichkeit», bekannt als «Orientation» oder Berufsberatung, geschützt. Das soll fairer sein als einfache Prüfungen: ihre Lehrer müssen sieben Dossiers über ihre Vergangenheit anlegen, die Wünsche der Schüler und Eltern sollen angeblich berücksichtigt werden. Aber nach all den Diskussionen entscheiden schließlich die Lehrer auf Grund der akademischen Fähigkeiten, was die Schüler später im Leben werden. Die Kinder, die am besten dabei wegkommen, sind die, die gut in Mathematik sind. Die weniger begabten Kinder müssen sich mit den jeweils übrigen Möglichkeiten zufriedengeben: ein Schüler, der um einen Kochkurs bittet, endet vielleicht in der Schreinerei, und ein Mädchen, das Schreibmaschine lernen möchte, findet sich vielleicht in der Schneidereiklasse wieder. Eltern aus der Oberschicht, die die meisten Ambitionen haben, streiten sich mit den Lehrern (30 Prozent), aber die ohne Bildung wagen das nicht. Den meisten Eltern ist es unmöglich, Berufsentscheidungen für ihre fünfzehnjährigen Kinder zu treffen, und sie sagen, sie möchten nur, daß sie glücklich werden. Kinder, die nicht wissen, was sie werden wollen, nehmen die für sie getroffenen Entscheidungen mit überraschender Unterwürfigkeit hin, geben sich zufrieden mit dem Versuch, das beste aus der Situation zu machen. Die Lehrer sind natürlich nicht in der Lage, wirklich zu beurteilen, welches der 350 verschiedenen technischen Zeugnisse zu einem Kind paßt. Sie wissen wenig über die Industrie, und der ganze Vorgang wurde von einem als «Theater» bezeichnet, «das die Kinder wie Vieh in das Schlachthaus treibt.» Das heißt, daß Kinder schließlich in Klassen unterteilt werden, die zu Berufen mit sehr ungleichen Gehältern führen. Kurze praktische Schullaufbahnen führen zu körperlicher Arbeit, längere technische Ausbildungen bieten das Spektrum qualifizierter Berufe; nur die akademischen Lycées öffnen die Tür zu einer Universitätsausbildung.

Der Junge, der sagte, er würde gern auf ein Zeugnis zum Straßenfeger hin lernen, war nicht gänzlich frivol. Das ist vielleicht die einzige Tätigkeit, für die noch kein Kursus erfunden wurde. Die Sucht auf Examen und Zeugnisse wächst ununterbrochen. Ein Kind, das den bescheidenen Wunsch hegt, in einer Wäscherei zu arbeiten, muß sich heute darauf vorbereiten, eines von vier Zeugnissen in dem Fach abzulegen: es muß zwischen Färberei, Vorbereitung, Waschen und Bügeln wählen. Ist Frankreich das einzige Land der Welt mit einem Bügelzeugnis? Kein Wunder, daß Wäscher sich heute stolz als «Kleiderärzte» bezeichnen. Die Ironie ist, daß Arbeitgeber zumeist nicht viel auf die Zeugnisse geben und daß Zeugnisse weit entfernt davon sind, eine Garantie für eine Stellung zu sein. Je komplexer die Vorschriften der Ausbildung werden, desto weniger Bezug zur Realität haben sie.

Es trifft zu, daß die Schule Zugeständnisse an die Demokratie gemacht hat. Disziplin ist nicht länger das, was sie einmal war, und wurde offiziell durch «Selbstdisziplin» ersetzt. Das Lycée ist nicht länger eine Kreuzung von Jesuitenseminar und Militärkaserne, auch wenn einige alte Schulgebäude noch immer ein wenig wie Gefängnisse aussehen; weniger als zehn Prozent der Schüler leben heute im Internat, und nur die Hälfte nimmt ihre Mahlzeiten in der Schule ein. Es gibt unzählige Gremien, die ein Lippenbekenntnis für «Beteiligung» an schulischen Dingen ablegen: Schüler und Eltern wählen Delegierte in diese Gremien, die jede Schule verwalten; jede Klasse hat einen Beirat unter dem Vorsitz des Klassenlehrers; und Schüler haben ihren eigenen Beirat mit je zwei Delegierten aus jeder Klasse. Kein Land hat Demokratie formal so weit durchgesetzt. Aber das hat die Schulbildung nicht zu einer Sache persönlicher Verhandlung gemacht. Die Gremien haben völlig versagt, den Geist der Institution zu verändern. Die Eltern verstricken sich häufig in interne Rivalitäten oder politisches Gezänk. Was die Schüler lernen, wann und wie, wird noch immer von dem allmächtigen Minister festgelegt, der seine Meinung und den Lehrplan mit der gleichen wirren Häufigkeit ändert. Die erweiterte Autonomie, die die Minister von Zeit zu Zeit ankündigen, ist rein illusorisch, denn sie halten die Zügel so fest in der Hand wie eh und je.

Die Lehrer werden von Jahr zu Jahr unzufriedener, beklagen sich nicht nur, daß sie zu viel arbeiten müssen, die Klassen zu groß sind, daß zu viel Gewalt an den Schulen herrscht – so wie Lehrer sich überall beklagen –, sondern auch über zu wenig Respekt, Initiative und Freiheit. Sie glauben nicht mehr, daß sie die Pioniere des Fortschritts sind. Die Männer verlassen diesen Beruf (61 Prozent in den weiterführenden und 75 Prozent in den Grundschulen sind Frauen). Lehrer zu sein, bietet nicht einmal mehr den Trost, in der Welt einen Schritt weiter gekommen zu sein: Arbeiter- und untere Mittelschichten fühlen sich heute von dem Beruf wesentlich weniger angezogen; es sind zunehmend die Töchter der Mittelschicht und Mütter, die die langen Ferien schätzen, die in diesen Beruf gehen. Der Wettlauf um eine Einstellung ist heute stärker als früher, weil es ein Überangebot von Staatsexamenskandidaten gibt, aber viele Lehrer sind unqualifiziert, verdienen zuwenig, ein Relikt der Tage rascher Expansion. Über die Hälfte der Lehrer gab in einer Umfrage zu, daß sie ihren Beruf nicht als Berufung, sondern als letzte Zuflucht annahm. Damit bleibt immer noch eine große Anzahl von Lehrern übrig, die sich leidenschaftlich ihrer Arbeit widmen und sie lieben. Aber ihre Zuneigung wird nicht immer erwidert, oder zumindest nicht auf die Weise, wie sie es gern hätten. Ihre Rolle ist zweischneidig, denn sie sind Teil des Establishments, geben vorgeschriebenen Stoff weiter und gleichzeitig rebellieren sie dagegen. Sie behaupten, die Jugend auf die Zukunft vorzubereiten, aber sie fühlen sich angesichts vieler Aspekte des modernen Lebens selbst unwohl. Sie sehen das Fernsehen als einen manchmal sogar bösartigen Rivalen an, repräsentieren Werte, die nicht mit denen der Mehrheit ihrer Schüler übereinstimmen. Ihr Kult der Gleichheit ist dem Vorwurf der Scheinheiligkeit ausgesetzt, weil sie eine höchst hierarchische Arbeitsgemeinschaft mit höchst unterschiedlichen Gehältern für die gleiche Tätigkeit darstellen und Zeugnisse fast wie aristokratische Titel behandeln. «In meinem Gymnasium», sagt ein Lehrer, «schüttelt der Direktor nur die Hände der Oberstudienräte, hält den Studienräten nur zwei Finger entgegen und nickt die Referendare lediglich abwesend an.» Die Lehrer lassen es zu, daß ihnen die Inspektoren Noten geben, als wären sie übergroße Kinder. Auch wenn sie das System ablehnen, wenden sie es an, weil sie sich nicht auf eine Alternative einigen können. Natürlich ist eine Einigung in der Bildung nicht möglich, aber das System funktioniert, um Kinder in Kategorien aufzuteilen, sie einzelnen Klassen zuzuordnen, die gewöhnlich über ihr Lebensschicksal entscheiden.

Universitätsprofessoren sind wahrscheinlich die frustriertesten aller Lehrer, auch wenn sie die meisten Privilegien genießen. Die Universitätsstudenten von 1968 rüttelten die gesamte Gesellschaft auf, es gelang ihnen aber nicht, die Universitäten grundlegend zu verändern. Die Professoren fühlen sich machtlos, den ererbten Traditionen zu entkommen. Französische Universitäten des 19. Jahrhunderts waren eine bescheidene Sache, kaum mehr als Prüfungsanstalten der höheren Schulen und Ausbildungsstätten für Lehrer, Rechtsanwälte und Ärzte. Sie waren die höheren Schulen, die das wahre Herz des Bildungssystems formten. Als nach dem Krieg plötzlich die höhere Schulbildung in Mode kam und die Studentenzahlen sich verachtfachten, schien es, als hätten die Universitäten endlich eine neue Rolle gefunden. Aber sie blieben an ihre Vergangenheit gekettet und bewundern mit Neid und Resignation ihre internationalen Gegenstücke, die sie mit eingebildeten Vorzügen ausstatten.

Der *erste* Grund dafür liegt darin, daß die besten und strebsamsten Studenten nicht auf die Universität gehen, sondern auf die *Grandes Écoles*, die auf Grund anderer Richtlinien unabhängig funktionieren. Napoleon schuf einige der *Grandes Écoles* als Ausbildungsstätten technischer Spezialisten für die höheren Stufen der staatlichen Verwaltung. So wie die Zahl der möglichen Spezialisierungen sich ausweitete, erhöhte sich auch die Zahl dieser Schulen, von denen es heute 275 gibt, die alles von der Raumfahrt bis zur Chemie, von Telekommunikation bis zu Agrarwissenschaft und Betriebswirtschaft unterrichten und 100 000 Studenten anziehen. Bis diese beiden parallelen Systeme nicht vereint sind, werden die Universitäten der unterlegene Partner der Hochschulbildung bleiben. Die *Grandes Écoles* haben sich auf praktische, wissenschaftliche Ausbildung spezialisiert, und so sind sie es und nicht die Universitäten, denen die Führer von Industrie und Wirtschaft die Treue halten. Durch ihr Netz der Ehemaligen werden die besten Positionen vergeben, und der Wettbewerb, um in ihnen aufgenommen zu werden, bestimmt das Leben der fähigsten Schüler. Weil sie naturwissenschaftlich ausgerichtet sind, besteht die Studentenschaft nur zu einem Zehntel aus Frauen, und das hilft auch, die männliche Vorherrschaft in den Führungspositionen zu vertiefen. Die *Grandes Écoles* geben fähigen Köpfen solch einzigartige Privilegien, daß ihre Absolventen sie erfolgreich als uneinnehmbare Bastionen erhalten konnten.

Zweitens können sich die Universitäten nicht an den Typ von Student gewöhnen, den sie bedienen müssen und den sie nicht auswählen können. Allzu selten sind Beziehung zwischen Lehrer und Schüler durch Respekt, Zuneigung und die geteilte Aufregung, neue Entdeckungen zu machen, gekennzeichnet. An der Universität von Nancy zum Beispiel gibt es Studenten, die sagen, daß das wichtigste Merkmal der Universität die Einführung ins sexuelle Leben gewesen sei. Die Buchhändler der Stadt beklagen sich, daß sie nur sehr wenig Bücher an Studenten verkaufen und daß Studenten nur selten Bücher in ihren Zimmern haben. Einige Studenten sehen ihre Studienjahre in erster Linie als Übergangsphase zwischen Kindheit unter der elterlichen Kontrolle und der Schinderei des Arbeitslebens, die sie anschließend erwartet. Man hat errechnet, daß die Mehrheit weniger als dreißig Stunden pro Woche arbeitet, inklusive Vorlesungs- und Seminarbesuche, in den Naturwissenschaften ungefähr zweiunddreißig Stunden. Sie behaupten oft provozierend, daß ihr Hauptinteresse ihre Freizeit sei; wenn sie in Zeitnot geraten, leidet eher die Arbeit als ihr Vergnügen. Ein Drittel von ihnen hat einen Nebenjob. Sie sind sich nicht sicher, was sie studieren wollen, denn auf der einen Seite träumen sie von attraktiven Stellungen und wählen Diplome, die ihnen dazu verhelfen sollen, aber auf der anderen Seite wissen sie, daß es zu viele Universitätsdiplome gibt, um auf dem Arbeitsmarkt von Wert zu sein. So sind sie versucht, Fächer zu studieren, die ihnen irgendwie interessant erscheinen. Aber sie sind im allgemeinen nicht gewillt, ihre ganze Aufmerksamkeit den Professoren zu widmen. Wenn der Wettbewerb verschärft wird, wie in der Medizinischen Fakultät in Nancy, wo drei Viertel der Anfänger nach dem ersten Jahr aufgeben müssen, arbeiten sie besessen zwei Monate lang vor den Prüfungen, um ihre Kommilitonen zu schlagen. Keinem gefällt die häßliche Atmosphäre, die sich daraus ergibt. Die Professoren finden als Ausgleich stets einige willige Studenten, aber sie empfinden den Unterricht der Masse als tägliche Pflicht und sind verbittert, so häufig als Teilzeitunterhalter behandelt zu werden.

Drittens werden Forschungsaufträge des Staates in von den Universitäten getrennten speziellen Forschungsinstituten ausgeführt. Wenngleich es nicht ungewöhnlich ist, daß ein Professor in Personalunion an beiden beteiligt ist, nimmt ihre

Existenz den Universitäten Prestige und beschränkt die Möglichkeiten der Industrie, Universitäten in der Entwicklung neuer Technologien zu Partnern zu machen. In den sechziger Jahren forschten einige Universitäten (besonders Grenoble) für Privatfirmen, doch der Enthusiasmus für solche Aktivitäten ist verblichen. Die neuen multinationalen Korporationen haben ihre eigenen Forschungseinrichtungen aufgebaut und ziehen es vor, Forschungsaufträge mit dem Nationalen Zentrum für Wissenschaftliche Forschung (CRNS) und ähnlichen Institutionen auszuhandeln, statt örtliche Universitäten aufzublähen. Eine Umfrage unter Geschäftsleuten in Aquitanien belegte vor einigen Jahren, daß zwei Drittel der Firmen sich nicht vorstellen konnten, wie die Universitäten ihnen in irgendeiner Weise nützlich sein könnten, und nur 3 Prozent hatten Forschungsverträge mit ihnen. Gelegentlich spielen Professoren eine wichtige Rolle in der Umgestaltung der Umwelt, so als in Lille ein Professor die dortige U-Bahn plante, und andere an der Universität von Pau halfen bei der Ausbeutung der Lacq-Gasreserven. Doch anders als an ausländischen und besonders amerikanischen Universitäten haben Professoren kaum Kontakte zur Wirtschaft. Michelins Fabriken dominieren Clermont-Ferrand, aber die Firma hat nichts für die örtliche Universität getan. Es gibt alte ideologische Gründe hierfür: Die Fakultäten galten früher als Vorposten linker Feindseligkeiten gegenüber den Reichen. Das trifft längst nicht mehr zu, aber es gibt ein neues Hindernis, das den Brückenschlag zur Wirtschaft verzögert: Da die Universitäten nie viel mit privaten Geldgebern zu tun hatten, stellen sie sich vor, daß solche finanzielle Unterstützung ihre Freiheit und Unabhängigkeit einschränke.

Viertens sind die Universitäten alle staatliche Einrichtungen, die von den Budgets der wechselnden Regierungen abhängen. Dieser Grund an sich macht es ihnen schwer, die Autonomie zu gewinnen, nach der sie sich sehnen, aber ihr Kult des nationalen Gleichmaßes hat dazu geführt, daß sie sich weigern, irgendwelche anderen als nationale Diplome zu vergeben. Bis jede Universität den Mut aufbringt, ihre eigenen akademischen Titel zu vergeben und ihren Ruf darauf aufzubauen, werden sie nicht in der Lage sein, eine wirkliche Unabhängigkeit zu entwickeln. Aber da die Professoren Beamte sind, haben sie nicht die Gewohnheit, ihre eigenen Angelegenheiten zu regeln. Es ist die Weigerung der gewöhnlichen Professoren, an der Lenkung der Geschicke ihrer Universitäten teilzunehmen, die schließlich die Hoffnung auf Autonomie zunichte macht. Die Komitees, die zu diesem Zweck gegründet wurden, werden von gespaltenen, politisierten Gewerkschaften dominiert, die sich als unfähig herausstellen, wahre Macht an sich zu reißen. Wenn sie mehr über die Beschränkungen der Selbstverwaltung wüßten, die in ausländischen Universitäten herrschen, auch in den angeblich demokratischen, wären sie weniger deprimiert über ihre eigenen Leistungen; aber so wie es ist, sind sie sich bitter der unzureichenden Mittel bewußt, die man ihnen zur Verfügung stellt, um Forderungen, die weit darüber hinausgehen, zufriedenzustellen.

Denn *fünftens* kann keiner genau sagen, was die Universitäten tun sollen – außer fast eine Million ruheloser Jugendlicher zu beherbergen. Die Universitäten haben sich traditionell auf ihre eigene Nachwuchsproduktion spezialisiert, Lehrer auszubilden, aber sie sind heute mit einem Überangebot von Lehrern konfrontiert. Die meisten ihrer Abschlüsse haben wenig unmittelbar praktischen Wert. Wenn sie den Studenten wenigstens eine Garantie auf Allgemeinbildung bieten würden, könnte man sie wenigstens dafür schätzen. Aber allem Anschein nach werden sie von einem System des Paukens und Prüfens beherrscht, das uneigennütziges Lesen oder Forschen nicht fördert. Ihre Aufnahme eines interdisziplinären Lehrplans verlief enttäuschend, weil das oft einfach eine Invasion der Mathematik in die Geisteswissenschaften bedeutete, ohne ausgleichende Studien der Literatur unter den naturwissenschaftlichen Studenten zu fördern, vor allem aber, weil es nur die Zahl der Prüfungen steigerte. Der Versuch des Establishments der Universität von Vincennes, mit den Traditionen radikal zu brechen, endete tragisch und mit ihrem Exil in die Vororte. Das französische Bildungssystem hat schon immer in begrenztem Umfang innovative Experimente gefördert, trotz der oberflächlich erstickenden Uniformität. Darum erhält sich die französische Pädagogik ihre intellektuelle Vitalität. Aber die Zerstörung der alten Formalien in Vincennes, auch wenn sie nicht sonderlich über das hinausgingen, was amerikanische Universitäten der gleichen Zeit machten, hatte keinen so großen Einfluß, wie die Reformer sich erhofft hatten.

Auch wenn es viele Bildungsexperten gibt, haben sie es nicht fertiggebracht, ernsthafte Vergleichsstudien zu erstellen zwischen dem, was sie mit den jungen Menschen in Frankreich machen und was anderswo geschieht. Es ist ihnen sicherlich nicht gelungen, die ständig gehegten Mythen zu zerstören, die nicht nur heute unzutreffend sind, sondern die schon immer falsch waren. So soll etwa das klassische System der «Public Schools» in England das Klassensystem gestärkt haben, hingegen die französischen *lycées* für jeden Jungen den Weg zur Spitze geöffnet haben. Doch in der Tat waren die besten höheren Schulen des *ancien régime*, die von Jesuiten geleitet wurden, bewußt darum bemüht, aus ihren Schülern angehende «Gentlemen» *comme il faut* zu machen, die sich von der Masse durch ihren Geschmack, ihre Manieren und ihre Lateinkenntnisse abhoben. Und die *lycées* unter Napoleon führten diese Tradition fort, schufen ganz offen eine Elite. Bis zur gegenwärtigen Generation erhielten wesentlich weniger Jungen in Frankreich eine höhere Bildung als in England, wo die «Grammar Schools» zweimal so viele Schüler aufnahmen. In England waren Stipendien wesentlich häufiger, und es war üblicher, daß arme Kinder von den Grundschulen auf höhere Schulen gingen. Die englischen «Public Schools» waren wahrscheinlich so offen wie die *lycées* im 19. Jahrhundert. Das englische Internatssystem war vielleicht grausamer, stand aber nicht gänzlich im Gegensatz zu der Behandlung, die die Schüler an den *lycées* erfuhren, denn auch hier waren zwei Drittel Internatsschüler. Die englische Bildung betonte angeblich die Persönlichkeit; die *lycées* gingen anders vor, um das gleiche Ziel anzupeilen, aber die französischen Privatschulen wurden zunehmend beliebter, genau weil sie es darauf anlegten, die Persönlichkeit herauszubilden. Den Kult um Prüfungen hegten beide Länder. Und in beiden Ländern wurde es bald offensichtlich, daß der Erfolg eines Kindes im Leben nicht notwendigerweise von den Prüfungsergebnissen abhing, sondern eher davon, wer der Vater war. So ruhen die scharfen Unterschiede zwischen dem englischen und französischen Schulsystem auf recht wackligen Beweisen, auch wenn es feine Unterschiede in der Atmosphäre und gewichtige Unterschiede im Detail gibt.

Die Lehrer sind so zahlreich geworden, daß sie heute eine neue Armee bilden, mit einer eigenen Art zu denken und mit eigenen Idealen. Jeder hat in dieser Armee seine Pflichtzeit abgeleistet und ist mehr oder weniger beeinflußt, dankbar oder nachtragend daraus hervorgegangen. Eben weil die Lehrer heute eine so mächtige Lobby haben, fördern sie einen neuen Antiklerikalismus gegen sich selbst. In der Vergangenheit bestand ihre Mission darin, die Nation zu zivilisieren und ihre Bewohner zu nationalisieren; in den Schulen wurde den Kindern beigebracht, daß sie Franzosen seien. Dem stellt sich heute Unsicherheit und Skepsis entgegen, ebenso wie in der Vergangenheit die Feindschaft zur Kirche die Religion bedrohte. Nicht nur das französische Bildungssystem steckt in der Krise – es war immer gefährdet –, sondern die Bildung selbst. Es ist zunehmend offensichtlich, daß keineLösung alle befriedigen wird.

So muß ein gerechtes Urteil über die Erziehung eines Franzosen nicht nur beachten, wie gut die Schule und die

Lehrer waren, noch wieviel er sich zu eigen gemacht hat, sondern auch, was er erfolgreich hat abwehren können und, vor allem, was er ohne Anleitung gelernt hat. In jeder französischen Bildung versteckt sich eine größere oder kleinere französische Revolution.

21 Wie man sich nicht von ihren Intellektuellen einschüchtern läßt

Jede Woche verkündet Jean Daniel im *Nouvel Observateur* seine Meinung. Jede Woche wird er von Menschen gelesen, die wissen wollen, was sie von dem, was sich in der Welt abspielt, zu halten haben. Jean Daniel wurde einer von Frankreichs führenden «geistigen Direktoren» genannt und seine Zeitung «das Kirchenblatt der Intellektuellen». Intellektuelle handeln mit Meinungen, und das ist ein Geschäft, in dem es leichter als in jedem anderen ist, sich lächerlich zu machen. Die Nachfrage nach Führern ist größer, und die Versuchung, sich anzupassen, enorm. Jean Daniel weiß jedoch nicht genau, was er denkt. Er wüßte es gern: «Ich brauche einen Glauben», sagt er. Aber seine größte Ablehnung bewahrt er sich für den Dogmatiker und den gläubigen Experten auf. Er nennt die Wirtschaftswissenschaftler Science-fiction-Praktiker und beobachtet, daß sich keine zwei Experten einigen können, nicht mal zwei Marxisten. Er hat seine Heroen, Gide und Camus, die er in seiner Jugend sehr bewunderte, will aber nicht der Sklave eines großen Denkers sein. Sein ganzes Leben war «eine langsame Suche nach der Bestätigung meiner selbst auf den Nebengleisen der großen Denker». Er weigert sich, einfacher Gefolgsmann zu sein, aber er bewunderte schon immer gern Menschen. Er freut sich, wenn er Menschen findet, die er bewundern kann, und er mißtraut jenen, die das nicht brauchen oder können. Sein Geschmack ist auf das Komplexe ausgerichtet: er möchte «alles besitzen, ohne zwischen Alternativen wählen zu müssen». Er fühlt sich wohler, Fragen zu stellen, als sie beantworten zu müssen, aber er ist gegen Skeptizismus. Er schätzt die Diskussion, aber er will, daß sie zu Lösungen führt, auch wenn diese Lösungen zahlreich sind. Er scheint am glücklichsten, wenn es verschiedene Lösungen gibt.

Er wurde als Philosoph ausgebildet, aber im Alter von fünfundzwanzig erhielt er die Möglichkeit, ein einflußreicher politischer Ghostwriter zu werden. Diese kurze Erfahrung kurierte ihn sowohl von der Politik als auch von der Macht. Als die Sozialisten 1981 an die Macht gewählt wurden und ihm ein Ministerium angeboten wurde, lehnte er ab und beschloß, daß er nicht den Wunsch hatte, andere sich vor ihm verbeugen zu lassen und an einem Spiel teilzunehmen, in dem die Menschen ihn als Supermann behandeln würden. Macht zu genießen bedeutet, daß man in der Ausübung beweist, der Aufgabe gewachsen zu sein, und daß man nicht ein Bündel von Schwächen ist; aber das heißt, sich selbst zu blenden. Er wäre lieber Flaubert als ein Minister. Oder das ist zumindest eines der Dinge, die er gern wäre. «Jeder möchte gern eine Vielzahl sein», in anderen Worten, verschiedenes. Zumindest in seinem Fall drückt der Wunsch eine Sehnsucht aus, seinem eigenen Gefühl der Eingeschränktheit zu entkommen. Am meisten bedauert er, daß er nur so wenige Talente hat. Als junger Mann wäre er gerne Schauspieler geworden, weil ein Schauspieler versuchen darf, oder zumindest vorgeben kann, zu sein, was er nicht ist. Ansonsten wäre er gern Romancier geworden, der in der Fiktion eine vielschichtige Welt schaffen kann und durch seine Personen lebt. Als Herausgeber einer Zeitschrift kommt er dem am nächsten: er lebt durch seine freien Mitarbeiter. In seinen frühen Jahren verbrachte er viel Zeit mit seinen Schreibern und Reportern, arbeitete genau heraus, was sie sagen sollten. Der Journalist ist in gewisser Weise ein Romancier: Auch heute fühlt er noch einen Anfall von Eifersucht, wenn er einen jungen Reporter losschickt, daß dieser es ist und nicht er selbst, der die Freude haben wird, eine Geschichte zu schreiben.

In seiner Jugend erlangte er internationale Berühmtheit als einer der ersten Reporter, die über die Folter in Algerien berichteten. In den Kämpfen dort wurde er ernsthaft verletzt. Er fühlt sich sehr stark einbezogen in das, was um ihn herum geschieht. Er muß sich «engagiert», verpflichtet fühlen. Wie ein Schauspieler hängt er von den Reaktionen der anderen ab. Allein ist er unglücklich und braucht ständig die Anregung anderer durch ihre Unterstützung und ihre Kritik. Er weigert sich daher, Menschen zu verachten, und weiß, er schreibt für ein Publikum, das nicht eine Durchschlagskopie seiner selbst ist. Er gibt sich Mühe, es nicht zu beleidigen, nicht Kritik zu üben, außer durch das Medium der Selbstkritik. Wenngleich er von Sartre fasziniert war, konnte er nie Sartres Haß auf seine Verhältnisse und seine Familie teilen oder verstehen. Er selbst, Sohn eines Arbeiters, hat keinerlei Schuldgefühle, daß er ein Bourgeois geworden ist. Er träumt von einem Land ohne Klassen, ohne Rassen, ohne Grenzen, ohne Hierarchie; und das bedeutet auch von einer Gesellschaft, in der die Intellektuellen sich nicht in einem Getto versammeln und ideologische Gemeinden bilden. Er kann sich seine Stellung als einer der wichtigsten Meinungsmacher seines Landes bewahren, weil er letztendlich nicht an Politik interessiert ist. Es ist die moralische Seite der Politik, nicht die tagtäglichen Reibereien, die ihn wirklich beschäftigen. Er hat eine außergewöhnliche Fähigkeit, sich einzufühlen und zu verstehen, was die Menschen empfinden. «Ich bin so sehr an Menschen interessiert, daß ich ihnen zustimme», sagt er, aber er sagt auch, daß er nicht viel von dem glaubt, was ihm die Leute erzählen; und gute Redner mag er am wenigsten.

Was Daniel letzten Endes interessiert, sind menschliche

Beziehungen, wie Menschen in den verschiedensten Lebensbereichen miteinander umgehen. Er meint, daß sich die Beziehungen durch den Verfall des Glaubens an Hierarchie und durch die neue Haltung der Frauen radikal gewandelt haben. Doch seit er älter wird, findet er die menschlichen Launen ein wenig trivial und versucht herauszufinden, was er über Gott denken soll. Daniel schreibt mit scheinbar autoritärer Stimme, die das dahinterliegende Zögern verbirgt. Und weil Außenseiter die Schichten der Unsicherheit unter den Überzeugungen und hinter der kraftvollen, geschliffenen Prosa nicht sehen, fühlen sie sich von französischen Intellektuellen eingeschüchtert, die das Rückgrat der Standhaftigkeit des Landes sind. Aber es ist falsch, sie als besondere Klasse anzusehen.

Weit weniger Franzosen haben die Bücher von Lévi-Strauss gelesen, als sie Jeans des amerikanischen Namensvetters tragen: Warum genießt dieser Autor und Intellektuelle dann ein solch hohes Ansehen unter seinen Landsleuten? Warum ist das *Quartier Latin* in Paris Pilgerziel von so vielen Ausländern, die längst dem Studentenalter entwachsen sind? Warum haben diese Pilger nichtsdestotrotz so große Schwierigkeiten zu verstehen, worüber die französischen Intellektuellen sprechen? Welches Opium oder Lachgas durchdringt die Atmosphäre der Cafés an der *rive gauche*, daß diejenigen, die dort sitzen, sich so intelligent und animiert fühlen? Die Antworten auf diese Fragen führen in den Dunstkreis der Magie. Jede Untersuchung über Frankreich muß einen Besuch bei einem Pariser Intellektuellen einschließen, weil er zu der kleinen Gruppe gehört, die mit ihrem Zauber die Art, wie Franzosen sich selbst sehen und von Ausländern gesehen werden, in Bann hält. Man muß verstehen lernen, wie dieser Zauber wirkt, oder man wird weiterhin papageienhaft die alten Platitüden über Frankreich wiederholen und fortfahren, die Mythen, die um sie herum geschaffen wurden, beharrlich zu glauben. Intellektuelle sind Spezialisten in der Interpretation des Lebenssinns. Sie sind professionelle Hersteller und Verkäufer von Meinungen. Die Meinungen, die es über Frankreich gibt, wurden von Intellektuellen erfunden. So wurde Frankreich genausosehr von Intellektuellen geschaffen wie von Königen und ihren Armeen, die Land eroberten. Oberflächlich gesehen, beziehen die Franzosen ihre Identität mehr oder weniger aus dem Glauben an die Mythen, die die Intellektuellen ihnen beigebracht haben. Die Intellektuellen haben Frankreich nicht nur als Ort, sondern als Idee, als Traum geschaffen, und sie haben diesem Traum ihre besondere Würze gegeben, wie Köche, die ein Gericht mit einer exotischen Soße verwandeln. Man muß die Soße von ihren eigentlichen Zutaten unterscheiden. Man muß daher die Köche kennenlernen, um zu verstehen, was in ihrer Küche vor sich geht.

Aber wessen Küche sollte man besuchen? Eine Studie von 1981 mit dem Ziel, Frankreichs einflußreichsten Intellektuellen herauszufinden, brachte kaum Übereinstimmung. Der Ethnologe Claude Lévi-Strauss kam an die Spitze, aber nur 24 Prozent stimmten für ihn. Der politische Theoretiker Raymond Aron war zweiter und der Ideengeschichtler Michel Foucault dritter, je mit ungefähr 20 Prozent. Weitere vierzig Namen erhielten zwischen 10 und 20 Prozent der Stimmen, und darüber hinaus wurden Stimmen für weitere 164 angeblich höchst einflußreiche Menschen abgegeben, von denen die Mehrheit der Franzosen wahrscheinlich noch nie gehört hat. Hätte Jean-Paul Sartre noch gelebt, so wurde gesagt, wäre er wahrscheinlich zum überragenden Gewinner erklärt worden, aber das übersieht die Tatsache, daß Sartre stets dem extrem linken Flügel angehörte und mit den meisten Menschen meistens nicht übereinstimmte. Diese Unsicherheit verdeutlicht allerdings, daß Intellektuelle selbst in Cliquen geteilt sind, die sich ignorieren. Das mag ihr besonderes Wesen um so unfaßbarer erscheinen lassen, bis man erkennt, daß die Macht ihrer Attraktivität auf den gleichen Prinzipien basiert, die der französischen Küche ihren Ruhm verleihen. Französische Intellektuelle sind keine modernen Spezialisten, sondern die Erben einer Tradition, die forderte, das Denken solle, wie ein fein abgeschmecktes Gericht, eine Zusammenstellung sein, die die Wissenschaften mit Poesie und Philosophie aufgehen läßt. Ein Intellektueller ist nicht nur ein Gelehrter, sondern auch ein Künstler. Wie er Dinge sagt, ist ebenso wichtig wie, was er sagt; in gleicher Weise wie die Zubereitung und das Würzen eines Stücks Fleisch ebenso entscheidend ist, wie die Qualität des Fleisches selbst. Er macht das Leben interessanter und intensiver.

Claude Lévi-Strauss ist ein Professor wie man ihn überall findet, aber er hat mehr Mut und weitere Horizonte als die meisten. Er geht über reines Wissen hinaus, beschreibt seine Theorien als «einen Akt des Glaubens». Er hat in der Tat einen Glauben formuliert, der zugleich tröstet und erregt: Es ist eine Weltanschauung. Seine Vorgehensweise ist um so wirkungsvoller, als sie nicht zu ausgefallen originell ist. Es ist tatsächlich die Wiederholung in einer neuen Sprache und mit neuen Beweisen von zwei alten Prinzipien – die Einheit der menschlichen Natur und das Vorhandensein von Ordnung und System in einer scheinbar chaotischen Welt. Vielen legt diese Theorie nahe, daß es möglich ist, einen Sinn zu finden, wo scheinbar keiner existiert, daß es einen Reichtum symbolischer Bedeutung auch in den trivialsten Alltäglichkeiten des Lebens gibt. Die Bestätigung des Wertes abstrakter Gedanken, dieses Versprechen der Weisheit, macht einen Generalschlüssel zum Wissen attraktiv, genauso wie vor einem Jahrhundert der «Positivismus» von Auguste Comte, jetzt aus der Mode, als Sesam-öffne-Dich zum Fortschritt angepriesen wurde. Intellektuelle Moden geben den Menschen die Hoffnung oder Illusion, daß sie die Werkzeuge besitzen, die Wunder vollbringen können. Sie regen Neuentdeckungen an, indem sie den Blickwinkel der Menschen verändern. Sie erzeugen neue Gemeinsamkeiten unter Menschen unterschiedlicher Berufe, lassen einen neuen Jargon entstehen, der schließlich zu Konformität und Banalität verkommt. Lévi-Strauss selbst leugnet, daß er wirkliche Gefolgsleute habe und lehnt den Titel *Maître à penser* (Sprich: Guru) seiner Generation ab. Er beharrt darauf, daß sein Werk anderen keinen Leitfaden an die Hand geben kann, um zu wissen, wie sie sich verhalten sollen. In früher Jugend gab er all sein Interesse an Politik auf. Der Sinn des Lebens, sagt er, ist, «sich nicht zu sehr zu langweilen». Er ist mit anderen Worten kein Herold einer Ideologie, sondern ein Zauberer, und zwar einer, der sich durch sein eigenes Geschick nicht verführen läßt. Seine Magie ist in vieler Hinsicht für ihn ein Spaß. Er hat seine Bücher so geschrieben, als komponiere er Opern, und glaubt, das, was er schreibe, sei eine Melodie, hier ein Rezitativ, dort ein vielstimmiger Chor. Er ist schon immer ein großer Musikliebhaber gewesen, der ständig mit Hintergrundmusik «als Stimulanz der Gedanken» schreibt. Wäre er nicht Ethnologe, so wäre er gern Komponist geworden. Musik trägt ihn über sich selbst hinaus, und dieses Gefühl kommt seinem Glücksempfinden am nächsten. Er behauptet nicht, das Glück gefunden zu haben, so wenig wie Sicherheit oder Wahrheit.

Er wurde Ethnologe, weil er sich in Frankreich nicht wohl fühlte. Er ist nicht der Urtyp eines Franzosen, in dem seine Landsleute sich wiedererkennen können. Auf die Frage, welchem Land er angehört, ob er sich mehr dem Elsaß verbunden fühlt, wo seine Familie herstammt, oder Paris, wo er lebt, oder Brasilien, wo er als junger Mann arbeitete, um der erdrückenden Atmosphäre Frankreichs zu entkommen, antwortet er nicht, daß er Franzose sei, sondern zuallererst Jude. Er ist ein Außenseiter. Wenngleich sein Großvater der Rabbi von Versailles war, war er nie praktizierender Jude, noch hat er irgendwelche Verwendung für jüdische Theologie. Für ihn heißt Jude zu sein, sich der Kunst und einem kultivierten Leben zu widmen. Er betrachtet sich als einen Mann des 19. Jahrhunderts, zieht seine Identität aus der künstlerischen

Welt des zweiten Kaiserreichs und verdankt mehr seinen Eltern als seinen Lehrern. Sein Vater und zwei Onkel waren Maler, und er selbst wuchs mit einer Leidenschaft für die Kunst auf. Als Junge gab er sein Taschengeld für eine Sammlung japanischer Drucke und afrikanischer Skulpturen, exotische Kuriositäten und alte Musikinstrumente aus. Lévi-Strauss wurde ein Guru, weil er ein Dichter der Prosa ist, ein begabter Schriftsteller, der bezaubert, aber der auch ein Erforscher ist, stets auf neue Abenteuer aus, der seine Leser über sich selbst hinaustragen kann und ihnen das Gefühl gibt, daß sie dabei sind, mit tieferen Wahrheiten und einem umfassenderen Leben Kontakt zu schließen, als sie es gewohnt sind. Er ist nicht nur ein Stubengelehrter. Als er siebzehn war, kauften seine Eltern ein kleines Bauernhaus in den Cevennen, was dazu führte, daß er die «Natur entdeckte» und erkannte, daß körperliche Anstrengung so wichtig ist wie intellektuelle Neugier.

Lévi-Strauss wird von Ausländern als Inkarnation der Eigenschaften angesehen, die sofort als französisch zu erkennen sind. Aber die Kombination von abstraktem Denken, Systematisierung und blumiger Sprache ist ganz seine eigene: Er hat gewöhnliche Zutaten zusammengebracht und sie zu einem höchst berauschenden Gebräu vermischt. Dieses Gebräu ist wahrscheinlich außerhalb Frankreichs so beliebt wie innerhalb, weil Lévi-Strauss ein bestimmtes Temperament spiegelt und anzieht, das sich an Systematisierung und theoretischer Spekulation erfreut. Außerhalb Frankreichs ist dieses Temperament exzentrisch und vorwiegend unter Geisteswissenschaftlern zu finden. In Frankreich ist es weniger seltsam, weil es sich, wenn auch nur als Anstrich und in bestimmten Situationen, in gebildeten Menschen und der Oberschicht ganz allgemein manifestiert. Abstrakt zu sprechen, ist Zeichen guter Kinderstube geworden, eine neue Version der alten aristokratischen Höflichkeitsfloskeln. Menschen wie Lévi-Strauss werden bewundert, weil sie in diesem Spiel nicht nur sehr geschickt vorgehen, sondern es wunderbar zu spielen wissen. Sein literarischer Stil ist für seinen Erfolg ebenso entscheidend gewesen wie sein außergewöhnlich scharfer Geist. Er ist das Gegenstück zum beliebten Pop-Sänger, dessen Melodie jeder pfeift; aber es wäre falsch anzunehmen, daß die Wörter der Lieder das Credo einer ganzen Nation repräsentieren oder daß auch nur darüber nachgedacht wird. Während der Pop-Sänger oder Filmstar die Ausnahme ist, einer von einer Million, und versucht, sich als ganz normalen Menschen mit den gleichen Gefühlen wie jeder andere auch auszugeben, ist sich der Intellektuelle seiner Anomalität bewußt und kehrt sie in eine Tugend um. Sein Zweck ist es, eine unabhängige Identität für sich zu entdecken, er ist ein Pionier der Selbstbeobachtung. Der wichtigste Einfluß, den Intellektuelle ausübten, war die Kultivierung der Individualität. Sie reproduzieren sich daher nicht unverändert, sondern fördern eine noch größere Verschiedenheit unter den Individuen. Der Einfluß eines einzelnen Intellektuellen wird daher ständig ausgehöhlt. Da die Findung der eigenen Identität natürlich keine einfache Sache ist, gibt es eine Vielzahl von Intellektuellen, die als höchst originell posieren: Die Übernahme des Vokabulars von Lévi-Strauss ist kein Zeichen seines Einflusses, sondern des Ausmaßes, in dem er mißverstanden wurde, denn er hat es auf seine Persönlichkeit maßgeschneidert.

Polemik ist daher gewöhnlich ein weiterer Aspekt des täglichen Geschäfts eines Intellektuellen, denn er ist jemand, der gern seine kritischen Fähigkeiten zeigt. Sartre repräsentierte eine andere Tradition, indem er den Menschen sagte, was an der Welt falsch sei. Er definierte, wer niederträchtig (*salaud*) sei, auf die gleiche Art, wie sein Held Flaubert den scheinheiligen *Bourgeois* gebrandmarkt hatte. Aber Sartre hob seine Verdammung auf eine neue Ebene: War bislang das Ziel der Schmähungen der Intellektuellen eine besondere Klasse von Menschen, so ist der *salaud* ein universaler Mensch; jeder von uns ist einem anderen gegenüber ein *salaud*. Sartre war jedem mit Prestige oder irgendwelchem Gewicht gegenüber mißtrauisch, jedem, der glaubte, seine Pflicht erfüllt zu haben, als Sohn, als Vater, Ehefrau oder als Führer. Es war unmöglich, irgendwelche Macht zu haben oder irgendwelchen Reichtum, ohne schuldig zu sein, ohne auf irgendeine Weise verächtlich zu sein. Der einzige Ausweg war, sich im Kampf um die Befreiung des Menschen zu engagieren, Seite an Seite mit anderen zu kämpfen. Es reicht nicht, einfach seine Unterschrift für die Unterstützung der Guerillas in Afrika oder Lateinamerika zu geben, die einen entlastet, sondern man mußte seine Überzeugungen zu seiner eigentlichen Passion machen – eine Passion auch im christlichen Sinn, denn sie beinhaltet auch das Opfer. (Es ist kein Zufall, daß ein Synonym für Intellektueller Kleriker ist: beide versuchen, Zeugen der Wahrheit zu sein; wenn notwendig, werden sie zu Märtyrern). Darum akzeptierte Sartre die Beleidigungen der Kommunistischen Partei so lange und unterstützte sie dennoch. Darum wurden Stalins Rußland, Maos China, Castros Kuba, Ben Bellas Algerien eines nach dem anderen idealisiert. Der Kampf ist nie zu Ende. Sartre bot stärkere Medizin an als Lévi-Strauss, keine theoretische Entdeckung des Sinnes der Welt, sondern die leidenschaftliche Erfahrung, mit den eigenen Taten erschaffe man den Sinn der Welt. Das schmiedete tiefe Bande der Freundschaft, auch wenn es manchmal die Schaffung von Mythen miteinbezog.

Heute polemisieren die «Neuen Philosophen» gegen diese Mythen, und die neueste Mode ist, die alten Dogmen und überhaupt alle Dogmen anzugreifen. Intellektuelle sind daher nicht notwendig «links». Es erschien so nach dem Krieg, weil die Rechten sich durch Kollaboration in Mißkredit gebracht hatten, aber die Rechte hat heute wieder zu den Waffen gegriffen. Beide, Rechte und Linke, finden den gemeinen Mann in der Mitte unzureichend. Der Mythos, daß die Franzosen entweder links oder rechts seien, ist eine folgenschwere Annahme, die auf die Intellektuellen zurückgeht. Sie besagte, daß die

Franzosen nicht harmonisch zusammenarbeiten können, und daß alte Streitigkeiten aufrecht erhalten werden wie Familienzwiste, auch wenn der ursprüngliche Grund längst in Vergessenheit geraten ist. Die logische Simplizität ist ein Beispiel für die Vorliebe für Dichotomien, die aus der Weigerung, die Widersprüche menschlichen Verhaltens zu akzeptieren, folgt. Es gibt viele Intellektuelle, die meinen, sie könnten die Welt beherrschen, indem sie diese erklären; indem sie das Chaos reduzieren, während sie es in eine Ordnung bringen, die sich in Worte fassen läßt. Das richtige Wort zu finden, ist der halbe Sieg. Wenn die Franzosen diese Wortspiele betreiben, scheinen sie ein Volk von Intellektuellen zu sein, aber es ist nur eines von vielen Spielen, die sie spielen, und entgegen ihren eigenen Prinzipien bleiben sie weiterhin widersprüchlich.

Im 18. Jahrhundert war der vorbildliche Franzose ein wohlgeborener Höfling, der alle Regeln der Höflichkeit beherrschte. Die Intellektuellen haben dieses Vorbild durch die Beherrschung von Sprache und Literatur ersetzt, durch jemanden, der logisch und gewählt argumentieren und der vor allem über beinahe jedes Thema im allgemeinen, nicht im speziellen, sprechen konnte. Ihre Idealvorstellung war der Mann mit Allgemeinbildung. Sie erzeugten eine Sichtweise Frankreichs, die dieses Ideal spiegelte. Aber heute widmen sie sich neuen Beschäftigungen. Ihr Ziel einer Universalbildung ist mehr oder weniger erreicht, was bedeutet, daß sie an ihre Grenze vorgestoßen sind. Während es zunehmend schwieriger wird, Wissensgebiete miteinander zu verbinden, fallen sie zurück auf den Status bloßer Experten. So wie ihre Zahl größer wird, werden sie sich ihrer Verschiedenheit bewußter. Ihr internationales Publikum ist nicht länger das, was es einmal war. Die UNESCO-Liste der am meisten übersetzten Autoren ist kein angemessener Indikator ihres Prestiges mehr, aber es ist bezeichnend, daß der französische Denker, der an höchster Stelle steht, Jean-Paul Sartre, Platz 125 einnimmt. Lenin, Agatha Christie, Walt Disney und Karl Marx führen die Liste an. Die einzigen französischen Bücher unter den ersten 30 sind Perraults Märchen aus dem 17. Jahrhundert, Jules Vernes Phantasien des 19. Jahrhunderts, Goscinnys Comics Asterix und die Detektivromane von Simenon, einem Belgier.

Schließlich haben Technokraten und Medienleute überall rivalisierende Gemeinden gegründet, und Intellektuelle fühlen sich von ihnen so in Frage gestellt wie Eltern von respektlosen Kindern. Der Philosoph Michel Serre hat gesagt: «Der Platz, den Sartre offen ließ, ist für keinen anderen mehr verfügbar, weil er von den Medien und nicht von einem Menschen eingenommen worden ist. Ein Philosoph repräsentiert gar nichts mehr; es ist der Journalist, der die Botschaften übermittelt, die von Bedeutung sind.» Und Journalisten übernehmen nur zu gern diese Rolle. Der neue Herausgeber von *L'Express* gab das Motto aus: «Raus mit den Intellektuellen, Platz für die Profis.» Die Intellektuellen sind natürlich auch Profis geworden, und das hat sie dazu gezwungen, das Geschäft der Kommunikation mit der Öffentlichkeit den Kommunikationsexperten zu überlassen. Intellektuelle meinen, daß sie von den Medienleuten zensiert wurden und daß sie in Gefahr seien, von ihnen in die gleiche Dunkelheit gefegt zu werden wie ihre mönchischen Vorfahren. Sie beschweren sich, daß es nicht länger ausreiche, ein Buch zu schreiben, um Einfluß auszuüben, daß es so viele Bücher gibt, daß nur die von Presse und Fernsehen empfohlenen von einem größeren Kreis gelesen werden (was nicht ganz zutrifft). *Le Monde* erhält ungefähr 10 000 Bücher pro Jahr für Besprechungen, aber stellt von diesen Eingängen lediglich 1600 vor. Die Erwähnung eines Buches auf der Titelseite von «Le Monde» weiht ein Buch als wichtig, und es gibt nur ein Dutzend Menschen in der Zeitung, die diese Entscheidung fällen. «Ein Buch, das *Le Monde* nicht erwähnt, gibt es nicht», sagt Professor René Remond. Um eine noch größere Leserschaft zu gewinnen, muß ein Buch im Fernsehen diskutiert werden, besonders im einflußreichsten Programm «Apostrophes», das von einem Mann geleitet wird, von Bernard Pivot.

Die Streitereien der Intellektuellen mit Pivot zeigen das Unbehagen in ihrem Umgang mit der Öffentlichkeit. Pivot ist nicht nur ein Medienmann, sondern ein Vertreter des traditionellen, provinziellen Allgemeinlesers der Mittelschicht, der gern Bücher liest, aber nicht vorgibt, ein tiefgründiger Denker zu sein. Er ist Sohn eines Lebensmittelhändlers aus Lyon, ging auf keine Universität und schließt sich nicht ihren Kreisen an; er spielt Fußball, ißt so gern wie er liest und sucht stets neue literarische Kuriositäten, so wie er gastronomische sucht. Er ist ein Beobachter, kein Teilnehmer bei den Rivalitäten, in denen die Intellektuellen aufgehen. Er ist an Menschen so sehr interessiert wie an Ideen und will wissen, was für ein Mensch dieser oder jener Autor ist. Es ist diese Schicht von Lesern, die erklärt, warum ein Philosoph 30000 Exemplare eines Buches mit dem unwahrscheinlichen Titel «Das Ich-weiß-nicht-was und das Fast-überhaupt-nichts» verkaufen konnte: Als Jankelevitch im Fernsehen auftrat, fanden die Zuschauer ihn interessant und kauften sein Buch. Es gibt jedoch Intellektuelle, die Pivot kritisieren, weil er Bücher über Themen diskutiert, von denen er nichts versteht. Das zeigt, wie einige Intellektuelle, zu Experten geworden, Schwierigkeiten haben, anzuerkennen, daß jeder ein Recht auf seine Meinung hat, es zeigt aber auch, wie die traditionelle Kultur der Allgemeinbildung, die Spezialisierung verabscheute, niedergegangen ist. Autoren beklagen sich natürlich ebensosehr, daß Leute, die über ihre Themen nichts wissen, ihnen nicht gerecht werden. Die Polemik unter den Spezialisten ist ebenso schmerzlich für sie wie das Versagen der Presse, ihre Arbeiten wahrzunehmen. Wenn sie es wirklich darauf anlegen, sich Gehör zu verschaffen, können sie Telegelehrte, Autor, Teilzeitverleger und gleichzeitig Universitätsprofessoren werden. Zwei oder drei Dutzend Leute, die alle diese vier verschiedenen Hüte tragen, werden als die wahrhaft Mächtigen in der Welt der Intellektuellen angesehen; einer Zensur unterliegen sie nicht, im Gegenteil; sie nehmen daran teil, das zu zensieren, was sie nicht interessiert. Jeder, der irgendwie Macht hat, übt Zensur auf irgendeine Weise aus, nicht nur die Medienleute. So lange wie Autoren Bücher verkaufen wollen, werden sie sich dem Problem stellen müssen, daß nicht jeder ihre Bücher kaufen will. Allgemeinverbreitung (bedeutsamerweise auf Französisch *vulgarisation* genannt) war früher eine der Stärken französischer Gelehrsamkeit, aber seit die akademische Welt so angewachsen ist, ist es durchaus möglich, allein für die Kollegen ein Buch zu verlegen. Der reine Forscher, der sich gewöhnlichen Sterblichen nicht verständlich mitteilen will oder kann, kann ohne sie auskommen, und manchmal sind sie wütend darüber.

Das ist das Problem ihrer Beziehungen nach außen. Ihre internen Beziehungen werden von ihrer Teilung in sich gegenseitig verachtende Cliquen und Systeme gegenseitiger Bewunderung beherrscht, beides macht ihnen zugleich Sorgen und beschwichtigt sie. Das französische Verlagswesen illustriert das sehr anschaulich. Die Autoren haben es benutzt, um ganze Netze von Gönnerschaft und Gefolgschaft aufzubauen, die sich um den Herausgeber einer Reihe konzentrieren: Verleger beschäftigen freie Mitarbeiter, die für sie Bücher finden und die mit einem Prozentanteil der Tantiemen honoriert werden. Ihre Herausgeber versuchen, Serien aufzubauen, die ihren Vorstellungen gerecht werden, die ihr Prestige fördern und kleine Gruppen um sie herum bilden. Es ist nichts Ungewöhnliches, erst eine besondere Person zufriedenstellen zu müssen, um dann gedruckt zu werden; aber in Frankreich werden solche Durchstechereien offen ausgetragen. Sie sind die Basis für ideologische oder ästhetische Kämpfe. So rezensieren Autoren bevorzugt Bücher, die in ihrem Verlag erschienen sind; wenn sie Literaturpreise vergeben, gehen diese an Autoren aus dem eigenen Haus. Drei Firmen verlegen 25 Prozent aller französischen Romane, aber ihre Autoren stellen 70 Prozent der Jurien und gewinnen 82 Prozent dieser Preise. Die Juroren schauen sich nur ein Zehntel der eingereichten Werke an, ausgewählt hauptsächlich auf der Grundlage, wer der Verleger ist. Mit Geschenken, Blumen, überzogenen Vorschüssen werden sie umworben. Anstatt große Summen für Werbung auszugeben, konzentrieren Verleger ihre Anstrengungen auf Preise. Autoren erhalten eine fast unbegrenzte Anzahl von Belegexemplaren, manchmal sogar 300 Stück, um sie mit gewählter Widmung an einflußreiche Leute zu schicken, in der Hoffnung, so ins Gespräch zu kommen. Es ist kein Zufall, daß Buchwidmungen noch gewundener und devoter geworden sind als die traditionellen Schlußfloskeln in Briefen.

Frankreichs Intellektuelle erklären, was in der Gesellschaft im Argen liegt, und lamentieren, daß die Menschen ihrer Weisheit und ihren Vorschriften nicht folgen. Ihre Beschwerden sind Teil des Systems, und sie werden mit Respekt behandelt. In einigen Kreisen und in einigen Gemütern schwillt der Respekt für Intellektuelle so sehr an, daß sie zum Gegenstück von Cherubim und Seraphim, die in der christlichen Mythologie den Thron Gottes umranken, erhoben werden. Sie spielen die Melodien auf den Trompeten von Vernunft und Gefühl mit solchem Geschick, daß sie manchmal als kleine Götter mit eigener unabhängiger Macht angesehen werden. Der Glaube an ihren Einfluß auf die Geschichte der Menschheit stellt eine private Art von Astrologie dar, in der die Gebildeten sich so gern versuchen. Diese Astrologie kann anregend sein, amüsant und manchmal sogar überzeugend, aber sie regiert nicht das Leben der Menschen.

Intellektuelle sind aber nicht nur Intellektuelle. Régis Debray, ehemals Berater von Che Guevara, dann von Präsident Mitterrand, hat errechnet, daß es heute 130000 Intellektuelle in Frankreich gibt (was durch einen merkwürdigen Zufall fast die gleiche Anzahl ist, wie die der Geistlichen im Frankreich des 18. Jahrhunderts). Aber ich glaube, es ist überholt, sie im Hinblick auf Macht und Einfluß als Elite zu bezeichnen: Das ist das Vermächtnis des Zeitalters des Analphabetentums. Es gibt keine notwendige Verbindung zwischen der Bildung, die eine Person genossen hat, oder der Tätigkeit, die sie ausübt, und ihrem geistigen Leben. Vielleicht ist es Zeit, das Substantiv nicht länger zu gebrauchen und das Wort nur noch als Adjektiv zu verwenden, nicht länger zu fragen, wer ein Intellektueller ist, sondern wieviel Zeit die Menschen auf intellektuelle Anliegen verwenden. Das würde ganz andere Berechnungen erfordern. «Intellektuelle» setzten die Dinge des Geistes nicht immer und fortwährend an die erste Stelle; einen Großteil ihrer Energie verwenden sie für Klatsch, Fraktionsquerelen und Selbstbespiegelungen. Jene, die den Einfluß auf andere suchen, sind oft in hohen Maßen von der guten Meinung der anderen abhängig. Ein Intellektueller zu sein, heißt, sich verwundbar zu machen, und nicht notwendig, mächtig zu werden. Der Urtyp eines Intellektuellen stellt alles gern in Frage, hat aber dennoch seine Götter, denen er huldigt. Jeder hat seine eigenen Helden, seine eigene Form der Selbstachtung; er neigt dazu, sich sehr kraß über seine Feinde zu äußern, auch wenn diese sich von ihm nur durch feinste Nuancen unterscheiden. Darum kann man in den Cafés von St. Germain jede Meinung sagen, und mit größter Wahrscheinlichkeit wird man nicht als Idiot abgestempelt werden.

Sechster Teil

Wie man mit ihnen sympathisiert

22 Wie man die Wut der Teenager interpretieren kann

Die gelangweilten Teenager, die ziellos an den Straßenecken trüber Vororte herumlungern, sehen gefährlich aus; und wenn man sich verlaufen hat, sind sie nicht die idealen Ansprechpartner, um nach dem Weg zu fragen. Sie werden keine Antwort geben, es sei denn, man strengt sich wirklich an. Sie haben gute Gründe, mißtrauisch zu sein – es sind die Kinder, die nie irgendwelche Preise gewonnen haben. Ein Strafregister ist das einzige, was zum Beispiel Emmanuel im Alter von achtzehn vorweisen kann. Seine zur Bewährung ausgesetzte Strafe für Einbruch und Autodiebstahl stempelt ihn wie ein drittklassiges Abschlußzeugnis. Die Polizei hat ihn mehrere Male anderer Straftaten verdächtigt, war aber nicht in der Lage, ihm etwas anzuhängen. Emmanuel verließ die Schule mit fünfzehn, mit der Begründung, daß er nichts Brauchbares lerne. Er teilte seinen Eltern mit, sie könnten ihn mit Polizeigewalt in die Schule bringen lassen, aber sonst würde er nicht mehr hingehen. Seine Eltern, die utopische, individualistische Mittelstandsmenschen sind, ließen es auf sich beruhen. Emmanuel hat mehrere Versuche unternommen zu arbeiten, aber nie über einen längeren Zeitraum. Da er keine Ausbildung hat, kann er keine Arbeit finden, die ihn interessiert. Seine Eltern sind gezwungen, ihn zu unterstützen, weil er ansonsten wieder stehlen würde. Er hat den größten Teil der letzten drei Jahre damit zugebracht, durch das Land zu ziehen, zuweilen mit Drogen zu handeln, eine Rockmusikgruppe zu gründen, aber vor allem suchte er Anschluß an jene, die seine rebellische Haltung teilen. Er scheint beim ersten Kennenlernen das perfekte Beispiel eines Jungen zu sein, der den Generationskonflikt und die totale Ablehnung der Welt der Erwachsenen durch die junge Generation verkörpert. Aber seine abweisende Haltung, seine wortkarge Sprache, sein provokatives Gebaren, und die bedrohliche Andeutung, ein gefährlicher, zwiespältiger Bursche zu sein, nimmt er zu seiner Verteidigung nur gegenüber Fremden an. Wenn er will, kann er mit einem Fluß, einer Klarheit und einer Schärfe sprechen, die fast an Poesie grenzen.

Er hegt keinen Groll gegen seine Eltern. «Mein Vater», erzählt er, «ist nicht dazu geschaffen, Vater zu sein, er weiß nicht, was ein Vater tun muß, deshalb gibt er mir Geld, um sein Gewissen zu beruhigen. Ich nehme ihm das nicht übel.» Auch liegt in seiner Rebellion keine leere Arroganz: Wenn sein Vater ihm vorhält, daß er keinen Ehrgeiz habe, daß er «eine Ratte ist, die von der Gesellschaft, die er verwirft, profitiert», daß er Geld haben will, ohne zu arbeiten, dann antwortet er, ja, das sei alles wahr, und er gibt zu, daß er noch zu keiner echten Alternative zu den Werten seines Vaters gelangt ist. So ist es unmöglich, mit ihm zu diskutieren, weil er nicht behauptet, es besser zu wissen als seine Eltern. Bis er ungefähr vierzehn war, lebte er gerne bei seinen Eltern. Er nahm an ihren Abenteuern und Demonstrationen für Umweltschutz teil, aber heute meint er, das sei nur ein oberflächliches Glück gewesen, er habe sie damals lediglich kopiert. Der Bruch kam, als sie zusammen auf eine Demonstration gegen Atomkraft in Malville fuhren: Die Polizei warf Tränengaskanister gegen die Demonstranten und war für viele Verletzte und sogar Tote verantwortlich. «Ich mache meinen Eltern keinen Vorwurf, daß sie nicht gegen die Polizei gekämpft haben, aber es ekelte mich an, daß sie einfach aus der Entfernung zuschauten, anstatt runterzugehen und sich der Polizei entgegenzustellen. Seither habe ich nie wieder an ihre Prinzipien glauben können, weder an ihren Umweltschutz noch ihr Engagement.» Emmanuel sagt seinen Eltern, daß all ihre Prinzipien und Werte sie kein Stückchen weiter gebracht haben, daß sie niemals etwas ändern konnten. Sie sind keine Vorbilder mehr. Er hält seinen Vater für einen glücklichen Mann, der beruflich aus seinem Leben etwas gemacht hat, aber sein Vater kann ihm nicht das geben, was er am meisten braucht. «Ich habe nie von meinem Vater Anerkennung bekommen, weil ich ihn immer enttäuscht habe. Meine Lehrer sagten immer, ich habe Möglichkeiten, unausgeschöpfte Möglichkeiten.» Seine Eltern loben ihn manchmal, aber er glaubt ihnen nicht mehr. So hat ihn sein Leben dazu geführt, woanders zu suchen.

«Ich fühle mich durcheinander», sagt er immer wieder. Nichtsdestoweniger kann er dennoch herausfinden, was er sucht, wenn er sich anstrengt. Freundschaft bedeutet ihm sehr viel. «Ich fühle mich wohl, wenn ich befriedigende Beziehungen mit Leuten habe: Ein Freund zu sein bedeutet, für jemanden da zu sein, der für dich da ist, aber das geht über gegenseitige Hilfe hinaus.» Er lebt jetzt mit einem hübschen, punkigen Mädchen, einem ehemaligen Mitglied der Kommunistischen Jugend, die beklagt, daß er so abgrundtief pessimistisch ist. Er hat jedoch dem Druck seiner Eltern nachgegeben und angefangen, einen Schauspiellehrgang zu besuchen. Er mag das, aber «es kommt nicht aus dem Herzen». Er verschreibt sich nicht so schnell einer Sache. Als Schauspieler könnte er vielleicht Geld verdienen, ohne sich zu sehr anstrengen zu müssen. Vielleicht, fügt er hinzu, wird es ihn glücklich machen; Grund genug, es überhaupt zu versuchen. Die Tatsache, daß der Beruf ihm höchstwahrscheinlich keine reguläre Stellung einbringen wird, macht ihm keine Sorgen, weil er behauptet, nicht Sicherheit zu wollen – die hat er immer von seinen Eltern bekommen. Schauspielerei könnte etwas sein, was ihm liegt, es könnte sich als amüsant erweisen: «Ich spüre, daß ich es tun könnte.» Er hat sicherlich jene Kombination von keckem Aussehen und hitzigem Zorn, die so beliebt ist. Auf meine Bitte hin zeichnete er das Bild eines modernen Jugendlichen: Es ist ein entsetzliches Porträt von Angst und Verzweiflung, das den Untertitel trägt: «No Future... Quelle Aventure...» Es war deutlich, daß er sich auch zu einem Künstler entwickeln könnte, wenn er wollte. Vorausgesetzt, er fände seine eigene Selbstsicherheit und nicht nur die Anerkennung von seinen Eltern. Seine Geschichte ist keine der Rebellion, sondern des unabhängigen Versuchs, die eigene Individualität zu finden. Und die Moral von seiner Geschichte ist nicht, daß seiner Meinung nach seine Eltern strenger hätten mit ihm umgehen müssen: Wenn sie das getan hätten, sagt er, hätte er sie verlassen, und «ich wäre ein echter Herumtreiber geworden».

Der Generationenkonflikt mag den gefährlichsten und überwältigendsten Ausdruck moderner Wut darstellen, der die größte Chance hat, sich in Veränderung zu übersetzen, da die Jugend früher oder später unausweichlich an die Macht kommt. Der Konflikt ist jedoch weitgehend ein Mythos, und das erklärt, warum der Wechsel so langsam und oberflächlich ist. Erwachsene glauben zweifellos, daß es einen Generationenkonflikt gibt. Sie glauben zum Beispiel, daß die meisten jungen Leute links, rebellisch oder revolutionär sind. Das trifft nicht zu. Vor zehn Jahren war nur ein Viertel aller Jugendlichen (zwischen sechzehn und dreiundzwanzig) uneingeschränkt links; heute wählt die Mehrheit von ihnen vielleicht links, aber auch die Mehrheit der Erwachsenen wählte so. Auf die Frage, wo die politischen Sympathien ihrer Kinder liegen, antworten Eltern jedoch entweder, daß diese keine politischen Meinungen haben oder daß sie die Meinungen ihrer

Eltern teilen. Wenn sie über ihre eigenen Kinder sprechen, haben sie recht. Aber im allgemeinen ist die Jugend ein Schreckgespenst, und die Eltern stellen sich vor, von ihr bedroht zu werden, wie von einer eindringenden Horde von Barbaren. Das scheint daran zu liegen, daß es im Gefolge des Babybooms nach dem Krieg einfach mehr Kinder gab als je zuvor – so schien es. Und in der Tat ist heute fast die Hälfte aller Franzosen unter fünfundzwanzig (45 Prozent). Wird das die Machtbalance zu ihren Gunsten kippen? Aber in der Vergangenheit war die Jugend noch zahlreicher, weil die Alten schneller starben. Tatsächlich ist der Anteil der jungen Leute heute kleiner als zur Zeit des *ancien régime*. Vielleicht machen sie dennoch den Eindruck zahlenmäßiger Überlegenheit, weil sie länger die Schulbank drücken.

Es ist wahr, daß von Zeit zu Zeit die Jugend auf eine Art zu rebellieren scheint, die viele Erwachsene völlig befremdet und abstößt. Die klassische Art, das zu erreichen, geht über Kleidung, Frisur, Sprache und Musik, die Erwachsene abscheulich finden. Es ist die klassische Art, weil Generation auf Generation es getan hat, nur um zu vergessen, welchen Aufschrei des Entsetzens sie selbst einst verursachten. *Epater le bourgeois* (die Bürger erschrecken) ist eine alte französische Tradition. Noch vor Punk zeichneten sich aufeinanderfolgende Generationen durch provokative Namen aus: die modische Jugend war in der Revolution von 1789 *les Incroyables*, unter Ludwig XVIII *les Jeunes Frances*, unter Napoleon III *Cocodès, les Toufous, les Zutistes, les Hirsutes* in der Dritten Republik, Anfang der sechziger dieses Jahrhunderts *les Yéyé*. Der Cancan, die Polka, der Walzer wurden sämtlich von Erzbischöfen als unmoralisch verdammt, um nur vom nicht minder entsetzlichen Schieber, Charleston, Rock'n'Roll abgelöst zu werden, allesamt um so verwerflicher, als sie ausländischen Ursprungs waren. Die Revolte von 1968 mag dagegen als eine wesentlich ernsthaftere Attacke auf die Werte der Erwachsenen erscheinen. Sie rüttelte das Land aus seiner Selbstzufriedenheit auf und erzwang eine begrenzte Erneuerung der Haltungen und Ideale. Aber es war kein Kampf von Jung gegen Alt. Die Jugend war so geteilt wie die Älteren. Ihr Verbrechen war in der Tat, daß sie für einen Moment den Schleier der Heuchelei niederrissen, der der Gesellschaft der Erwachsenen zu überleben ermöglichte. Sie zeigten ihre Schuld auf, ihre Widersprüche und Absurditäten. Aber der Beschnitt hat dem alten Baum nur neue Lebenskraft gegeben. Nach all diesem Aufruhr lebt noch immer die Hälfte aller Unverheirateten über sechsundzwanzig Jahre bei ihren Eltern. Das beweist nicht, daß zwischen den Generationen Harmonie besteht, sondern zeigt, daß die Wahl zwischen Abenteuer und Sicherheit für die Jugend keiner vorgegebenen Entscheidung unterliegt. Die Generationen geben sich zunehmend Mühe, einander nicht zu verletzen. Die jungen Rebellen von 1968, die heute vierzig sind, folgten zum größten Teil dem Weg ihrer Eltern; sie heirateten, kauften ein Haus und geben sich Mühe, mit ihrem Einkommen auszukommen. Erwachsene versuchen, sich «jünger» zu kleiden; sie legen ein Lippenbekenntnis auf die Vorzüge der Jugend ab. Wogegen kann sich also die Jugend heute noch auflehnen?

Vor allem gibt es die Schwierigkeit, erwachsen zu werden, einen Beruf zu finden, um so wie jeder andere zu werden. Sie lehnen sich nicht gegen die Vorstellung von Arbeit auf: nur 5 Prozent mißfällt der Gedanke, arbeiten zu müssen, wie wiederholt Befragungen ergaben. Es ist die Arbeitslosigkeit, die sie wütend und ängstlich macht. Es gibt heute keine Qualifikation, nicht einmal ein Zeugnis von den besten *grandes écoles*, die ihnen automatisch die Tür zu einer Einstellung öffnet. Universitätsabschlüsse, das *baccalauréat*, Zeugnisse als gelernte Kaufleute zählen heute an sich nicht mehr viel, da mehr und mehr Menschen sie besitzen. Ein Mechanikingenieur, der vom Nationalinstitut der Angewandten Wissenschaften in Lyon kommt, hat beispielsweise fast ein Jahr mit Arbeitssuche zugebracht und verzweifelt langsam, weil er weiß, daß seine Chancen abnehmen, sobald der nächste Absolventenjahrgang auf den Arbeitsmarkt drängt. Er wird abgewiesen, weil er keine Erfahrung hat oder weil Arbeitgeber jemanden vorziehen, der mit einem weniger prätentiösen Diplom von einem kleineren Kolleg kommt, etwa einer technischen Hochschule, IUT, oder aus irgendwelchen anderen nicht einsichtigen Gründen. Da es keine Jobs gibt, gehen die Jungen weiter zur Schule, um sich höher zu qualifizieren, aber es gibt noch weniger Stellen für Spezialisten.

Der Zorn der Jugend richtet sich jedoch weniger gegen Arbeitslosigkeit als allgemeines Phänomen, das oft fatalistisch als weltweiter Fluch akzeptiert wird, als vielmehr gegen einzelne Arbeitgeber, die sie diskriminieren, indem sie ihnen nicht einmal eine Chance geben, oder indem sie niedrige Löhne anbieten, indem sie sie herauspicken, wenn die Belegschaft verkleinert wird – auch wenn sie ihre Arbeit so gut leisten wie ältere Leute. Was sie wollen, ist mehr Respekt. Jeder hat seine Geschichte der Entwürdigung und Frustration. Selbst wenn sie ihre Ansprüche herunterschrauben und willig Hauspersonal werden, finden sie fünf andere, die sich für die gleiche Stelle bewerben. Die zunehmende Bereitschaft, ihre Ambitionen zu beschränken, zeigt, daß ihr Stolz ausgehöhlt ist. Mädchen, die davon träumen, Mannequins, Stewardessen und Ethnologinnen zu werden, freuen sich am Ende, als Sekretärinnen oder niedrige Beamtinnen angenommen zu werden; nach einem Jahr in Töpferei- oder Webkursen arbeiten sie resigniert für eine Bank. Das soziale Prestige des Berufs zählt heute weniger; die Aussicht auf Beförderung interessiert nur 5 Prozent der Mädchen und 10 Prozent der Jungen. Sie stützen ihre Hoffnung darauf, trotz ihres Berufs ein besseres Leben zu führen, und wenn sie das Glück haben, zwischen mehreren Stellen auswählen zu können, ziehen sie diejenige mit der zufriedenstellendsten sozialen Atmosphäre vor.

Das wurde als ein weiteres Zeichen einer grundsätzlichen jugendlichen Rebellion angesehen. Sich nicht um Hierarchie und Prestige zu kümmern, kein Interesse für die Probleme des

Klassenkampfs aufzubringen, für die Verteilung von Reichtum und Macht, für die Politik im allgemeinen, impliziert eine weitaus tiefere Ablehnung der Werte der Erwachsenen, als links zu sein. Jene Studenten, die links waren, gingen zumindest auf das Spiel der Erwachsenen ein. Heute kümmert sich die Jugend mehr um die Qualität ihres Lebens, das heißt, um die Verbesserung ihrer persönlichen Beziehungen, ihre Freundschaften, Ehen, ihre Freude an der Natur, ihre Heiterkeit und Ruhe. Ihre Ziele sind mehr kulturell, im weitesten Sinne des Wortes, als ökonomisch oder politisch. Sie sind individualistischer, und es ist daher weniger einfach, mit ihnen kollektiv zu verhandeln oder, wie manche es formulierten, «rational». Was sie wollen, kann nicht vom Staat bereitgestellt werden. Wenige von ihnen sind gewillt, an dem Konkurrenzkampf teilzunehmen. Die gefährlichste Ablehnung scheint jedoch aus ihrer Enttäuschung mit der Schule zu kommen. Die Jugend, sagt der Soziologe Rousselet, ist *malade du savoir,* des Lernens müde, weil das Lernen, das die Schule ihnen zu vermitteln anstrebt, oft nicht hilft, im Leben weiterzukommen, eine Stelle zu finden, die Probleme zu lösen, die ihnen etwas bedeuten; die Hälfte aller Kinder sagt, daß die berufliche Vorbereitung der Schule ihren Ansprüchen nicht gerecht werden kann. Das Endresultat all des Geldes, das für die Erziehung ausgegeben wird, ist, daß die Hälfte der Bevölkerung offiziell als unangemessen ausgebildet beurteilt, als Prüfungsversager eingestuft wird oder noch nicht einmal die Möglichkeit erhielt, an einer Prüfung teilzunehmen.

Lebensqualität ist das Motto der neuen Generation, aber es ist weit davon entfernt, das Monopol der Jugend zu sein. Es belegt mehr Selbstbewußtsein bei der Suche nach Glück, aber viele junge Leute folgen schließlich dem Pfad der Anpassung; eine Zeitlang stehen ihnen mehr Möglichkeiten offen, aber in der Praxis verwirft die überwältigende Mehrheit experimentelle Formen des Lebens für sich selbst. Die wirklichen Erneuerer des Lebens sind die Erwachsenen, die ihre gutbezahlten Karrieren über Bord werfen, um ein befriedigenderes Leben in bescheidenen, aber freieren Bahnen zu finden. Die Jugend ist zum Symbol der Rebellion geworden, auch wenn sie gar nicht so rebellisch ist. Die zornigen jungen Männer schlucken ihren Zorn herunter, vergessen ihn sogar. Jugend ist in der Tat eine Geisteshaltung, die junge Leute nicht notwendigerweise besitzen.

Darum gibt es Popsänger, deren Aufgabe es ist, den Zorn auszudrücken, wozu die meisten der Jugendlichen nicht in der Lage sind oder den sie nur von Zeit zu Zeit fühlen; sie dienen als unverständliche Teufel, die die Erwachsenen gebührend hassen können. Die Mehrheit der französischen Sänger ist natürlich gemäßigt, traditionell in ihrer Musik und in ihren Texten und keine Bedrohung für irgend jemanden. Aber selbst jene, die als gefährlich und gewaltsam angesehen werden, sind keine Revolutionäre. Bernard Lavilliers zum Beispiel liebt es, zu provozieren und in Frage zu stellen. Er ist der Sohn eines Fabrikarbeiters und begann ebenfalls in der Fabrik. Er wuchs in dem Getto von St. Etienne auf. Er wurde ein Bandenführer, ein *blouson noir,* stellte eine Armee von 300 bis 400 Jugendlichen zusammen, die sich damit ihre Zeit vertrieben, daß sie nach Lyon zogen und dort mit anderen Banden kämpften. Er lernte, die Polizei zu hassen. Er genoß es, sie mit seiner Uniform zu provozieren, einer schwarzen Lederjacke, die ihnen stets ausreichte, um ihn anzuhalten und nach seinen Personalien zu befragen – ganz so wie er heute die Bourgeoisie provoziert, indem er Ohrringe und merkwürdige Kleidung trägt. «Ich verabscheue sie, und das spüren sie.» Er versucht in seinen Liedern, seinen Haß auf die politischen Institutionen und die Moral auszudrücken und seine Weigerung, sie zu bekämpfen, denn er haßt gleichermaßen die Linke. Als er ein Konzert in Toulouse gab, kamen Zehntausend, um ihn zu hören, während nur Zweitausend zu Mitterand gingen, der zur gleichen Zeit eine öffentliche Versammlung abhielt. «Wir haben beide den gleichen Beruf», aber «die alten Geschichten, die die Politiker erzählen, interessieren keinen mehr.» Lavilliers' Konzerte zogen die Jugend an, weil sie stets ein Fest waren, eine *fête,* ein Ausdruck von Sinnlichkeit, Verbundenheit: «Je bescheidener die Leute sind, desto größer ist ihr Gespür auf der Ebene der Schwingungen. In der Mittelschicht wird die Musik intellektuell langweilig – im Ghetto gibt es *feeling.*» (Er benutzt das englische Wort.) Seine Musik versetzt die Menschen in die Lage zu «vibrieren», «Massenerlebnisse, sinnliche sexuelle Kommunikation» zu erleben. Die Worte seiner Lieder vermitteln die Not des Lebens und der Gewalt. Aber wenngleich er seine eigene Gewalt ausdrücken muß, tut er dies nur in seinen Liedern und in seinem Hobby: Bodybuilding. Er mag die Vorstellung, zugleich «cool» und gefährlich zu sein wie ein Tier; er mag Beziehungen, die manchmal freundlich sind, aber dann plötzlich in Gewalt umschlagen können. Sicherheit langweilt ihn. Das ist es, was er meint, wenn er sagt, daß er mit dreiunddreißig noch immer ein *voyou*, ein Straßenjunge, sei. Aber ein Taugenichts, der singt, täglich Körpertraining macht und einen Pontiac fährt, hat einen Lebensstil gefunden.

23 Warum die Frauenbewegung so langsam vorankommt

Vor fünf Jahren kam eine junge Frau, Françoise Chandernagor, in die Schlagzeilen, weil sie als Beste die schwerste aller öffentlichen Prüfungen bestanden hatte: das Examen der ENA, der École Nationale d'Administration. Das war ein großer Triumph für die Frauenbewegung. Sie erhielt einen leitenden Posten im Ministerium und heiratete einen Finanzinspektor. Wie weit ist sie seit ihrem berühmten Sieg aufgestiegen? Sie sitzt wieder zu Hause, zieht ihre drei Kinder auf und schreibt halbtags. Ihre Erklärung erhellt, warum Frauen nicht erfolgreicher waren, die Macht an sich zu ziehen. Sie sagt ganz deutlich: wäre sie ein Mann gewesen, so hätte sie gleichzeitig eine befriedigende Karriere und ein Familienleben führen können. Aber als sie versuchte, zu arbeiten und zur gleichen Zeit Mutter zu sein, sabotierten ihre männlichen Kollegen sie, indem sie unnachgiebig an ihren alten Gewohnheiten festhielten: Sie nahmen sich weiterhin bis um drei Uhr Zeit zum Mittagessen und blieben dann bis um neun Uhr abends in ihren Büros. Sie konnte nicht anders als mithalten – mit dem Ergebnis, daß sie keine Zeit hatte, ihre Kinder zu sehen, geschweige denn sie kennenzulernen, wenn sie abends um halb zehn nach Hause kam. Sie erinnert sich, daß sie selbst mit einem Vater aufwuchs, der kaum je zu Hause war; seine politischen Verpflichtungen bedeuteten, daß sie ihn nur alle vierzehn Tage sah. Und heute sabotiert sie ihr Ehemann genauso. Er tritt entschieden für die Frauenrechte ein, aber nur in der Theorie. Er hat sie ermuntert, ihre Persönlichkeit voll zu entwickeln. Aber wenn es wirklich darum geht, «Frauenarbeit» zu leisten, erweist er sich als völlig unkooperativ, wenngleich nicht durch prinzipiellen Widerstand, sondern indem er sich den Anschein totaler Unfähigkeit gibt. Er wurde von einer Mutter erzogen, die ihm nie beibrachte, wie man etwas im Haus macht.

Die Frauenbewegung ist unzweifelhaft von Männern sabotiert worden, aber auch von Frauen selbst. In der Vergangenheit wählten Frauen eher Umwege, um ihre Benachteiligungen zu kompensieren. In Frankreich ist ihr Zorn schon immer stummer gewesen als anderswo, und ihre Siege sind weniger offensichtlich. Eines der Rätsel der Geschichte ist, warum Französinnen so viel später als in anderen westlichen Ländern, nämlich 1944, das Stimmrecht erhielten, und warum ihre Emanzipationsbewegung weniger aktiv oder provokativ gewesen ist. Sie hatten gute Gründe, zornig zu sein, denn der Code Napoleon gab ihnen einen deutlich formulierten rechtlichen Status der Unterlegenheit, beschränkte ihre Bewegungsfreiheit, ihre Vermögen und Familienrechte mit eindeutigen Nachteilen. Sie akzeptierten dies in der Vergangenheit zum Teil, weil sie sich ein privates Universum geschaffen hatten, das vom Katholizismus untermauert wurde, den die Männer in der Gesamtheit aufgegeben hatten. Und die Rollen und Pflichten, die sie in diesem Universum ausfüllten, gaben ihnen eine Vielzahl wahrer Befriedigungen, auch wenn sie oft schmerzhaft waren. Zu Hause konnten sie zu Matronen mit großem Einfluß aufsteigen. «Auch wenn die Frauen rechtlich eine den Männern untergeordnete Stellung einnehmen», schrieb ein englischer Reisender zu Beginn dieses Jahrhunderts, «stellen sie in der Praxis das überlegene Geschlecht. Sie sind die Macht hinter dem Thron, und sowohl in der Familie als auch im Geschäftsleben genießen sie zweifelsfrei eine größere Wertschätzung als englische Frauen.» «In den meisten französischen Haushalten», schrieb ein anderer, «regieren die Frauen mit unangefochtener Gewalt.»

Aus dieser Tradition heraus haben in letzter Zeit einige Frauen ganz bewußt versucht, die Revolte ihres Geschlechts auf bestimmte Bereiche zu beschränken. Menie Grégoire ist wahrscheinlich die führende Figur in der Verbreitung der neuen Hoffnung der Frauen. Außerhalb von Frankreich ist sie unbekannt, aber jede Französin hat ihr irgendwann einmal zugehört. Sie begann 1967 das erste Radioprogramm für Frauenprobleme, das sofort eine Massenzuhörerschaft fand und ein neues öffentliches Bewußtsein für die geteilten Sorgen und Feindseligkeiten schuf. Menie Grégoire hat jedoch einer Frauenbewegung, wie sie von Simone de Beauvoir und von den Amerikanerinnen gepredigt wurde, entschieden widersprochen, und versucht, eine deutlich französische Form des Feminismus aufzubauen. Menie Grégoire wurde von Simone de Beauvoirs Schriften angeregt, einen Beruf zu ergreifen, doch sie sagt, Arbeit sei nicht genug. Sie heiratete, nachdem sie ihr Geschichtsstudium abgeschlossen hatte und gerade ein Forschungsprojekt in Ägyptologie begann. «Ich suchte, traf und schnappte meine Liebe in zwei Monaten.» Zehn Jahre lang ließ sie alle intellektuellen Auseinandersetzungen fallen wie ein abgetragenes Kleid. Sie hat drei Kinder und beharrt darauf, daß die Mutterschaft der wichtigste und beste Teil ihres Lebens war, mehr als jede Karriere, «mehr als Glück und Liebe»; und sie sagt voraus, daß ihre Enkel zu einer unumwundenen Bewunderung der Mutterschaft zurückkehren werden. Menie Grégoire erzählt wenig über ihren Ehemann, einen hohen Beamten. Sie bemüht sich standhaft, daß dieser Teil ihres Privatlebens privat bleibt. Aber es ist offensichtlich, daß das Familienleben nicht nur eitel Freude war. Dennoch fühlt sie sich nicht von ihrem Ehemann oder Männern allgemein unterdrückt; im Gegenteil: sie hat von Männern «profitiert»; sie wußte, wie sie sie benutzen konnte, «wie alle Frauen der Bourgeoisie». Die Französin ist anders, behauptet sie; sie besitzt «ein außergewöhnliches Verständnis vom Mann, der immer etwas anderes war als der Herr und Meister». Sie hat sich verändert, weil Verhütungsmittel ihr ermöglichten, über ihr Mutterdasein hinauszugehen, aber sie ist nicht nachtragend, daß sie nicht das Staatsoberhaupt ist. Weiblichkeit ist ein «wertvolles Geschenk», das sie nicht aufgeben möchte.

Menie Grégoire reagierte voller Abscheu auf die Ankunft des angelsächsischen Feminismus in Frankreich, der sich gezielt gegen die Männer richtete, der oberflächlich war, weil er zu stark die ökonomischen, an Stelle der psychologischen Aspekte betonte. Frei zu sein bedeutet, die eigene Sexualität zu genießen: Früher hatten nur Männer diese Freiheit, aber heute haben auch die Frauen sie. Die Probleme, die mit dem Gewinn dieser Freiheit einhergehen, gegen das traditionelle Trauma der Frigidität, waren die wirklich wichtigen. Das betonte sie in ihrem Radioprogramm; und die unzähligen Briefe, die sie erhielt, so behauptet sie, bestätigen ihre Diagnose, daß das Hauptproblem, unter dem die Franzosen leiden, vorzeitige Ejakulation sei. («80 Prozent der Schwierigkeiten unter Paaren sind damit verbunden.») Die Amerikaner dagegen, behauptet sie, leiden unter Impotenz, die in Frankreich sehr selten ist und meist in Form einer «Panik nach dem Fiasko» auftritt, die das romanische Gefühl der Erniedrigung ausdrückt. Ihre Erklärung ist, daß amerikanische Mütter «unendlich kastrierender» sind als französische; amerikanische Frauen sind mächtig, unabhängig und selbstbewußt, und sie sind gewillt, die Rolle der Krankenschwester für die männliche Sexualität zu übernehmen. Franzosen haben weit weniger Interesse an sexuellen Perversionen als Amerikaner, weil Sexualität immer offen akzeptiert wurde. Aber es gibt eine Ausnahme: französische Frauen sind Masochisten, die von ihren Männern fordern, sadistisch zu sein, auch wenn sie das selten sind: Französinnen, «die mit der Mentalität von Sklaven aufwachsen, fordern den Scharfrichter und veranlassen die Männer zu Brutalität und Verachtung durch ihre Haltung». Es gibt daher keine Gefahr, daß Französinnen wie amerikanische Frauen die Männer nachahmen wollen. Menie Grégoire will eindeutig die weibliche Form sexuellen Genusses bewahren; Amerikanerinnen dagegen versuchen fälschlicherweise, die Klitoris in ein Instrument zu verwandeln, um die Männer zu kopieren und sie zu bestrafen. Kürzlich hat sie jedoch zugestanden, daß die Beziehungen der Französinnen zu ihren Männern nicht ganz so einfach sind: Männer reagieren gegen die Emanzipation der Frauen durch Liebesentzug. Menie Grégoire sagt, sie kann viel verkraften, aber das, was ihr die größte Angst einjagt, ist das Gefühl, verlassen zu werden. Wenn Gruppen der Frauenbewegung Dampf ablassen, planen sie, Menie Grégoire abzusetzen, oder sie verbrennen sie als Puppe.

Die Feministinnen sind auch verärgert über Françoise Giroud, eine ebenfalls bekannte Frau in Frankreich, die sie als zu pragmatisch «reformistisch», zu optimistisch empfinden in dem, was in Kooperation mit den Männern geleistet werden kann. Sie war bereit, in der gleichen Regierung mit Jacques Chirac zu arbeiten, der gesagt hat: «Für mich ist die ideale Frau die Frau von Corrèze (dem Teil Frankreichs, aus dem er stammt) aus den alten Zeiten, die hart arbeitet, ihren Mann beim Essen bedient, niemals mit ihm am Tisch sitzt und nicht redet.» Sie akzeptierte die Macht eben deshalb, weil, wie sie sagte, «Frauen eine Kategorie für sich sind, und wir müssen zu erreichen versuchen, daß sie aufhören, das zu sein.» Sie behauptet, daß französische Frauen keine Veränderung ihrer Rolle wünschen, nicht aufhören wollen als Liebhaberinnen, Mütter, Trostspender, Erzieherinnen und Köchinnen geliebt zu werden, sondern daß sie darüber hinaus noch etwas anderes sein wollen. Sie wollen die vollen Rechte eines Menschen, nicht unterschiedslos zu Männern, sondern anerkannt als gleichwertig, so daß jede für sich wählen kann, was sie für sich als richtig erachtet.

Françoise Girouds eigene Karriere zeigt, was sie meint. Sie verließ die Schule mit fünfzehn, wurde Filmassistentin, arbeitete mit Renoir und steuerte eine erfolgreiche Karriere als Filmautorin an. Sie wurde Herausgeberin von *Elle* und *L'Express*, half beiden, auflagenstarke und einflußreiche Zeitschriften zu werden. 1974 wurde sie zur Staatssekretärin für Frauenfragen ernannt. Sie war finanziell nie von einem Mann abhängig und hatte Erfolg in der Männerwelt. Aber sie beharrt darauf, daß sie nicht den Wunsch hat, Männer nachzuahmen; sie schätzt, was sie als weibliche Werte bezeichnet. Jede Frau, sagt sie, ist in verschiedenen Graden eine Kurtisane, die weiß, wie sie sich attraktiv machen kann, wie sie Männer mit mehr oder weniger Geschick beraten und ermutigen kann. «Je scharfsinniger sie ist, desto mehr kann sie sich verstellen, desto besser kann sie die Wunden entdecken, die ihr Balsam zu heilen vermag. Die einzigen Frauen, die noch unerträglicher sind als Frauen, die weinen, sind Frauen mit kalten Gesichtern.» Sie identifiziert sich nicht mit der «neuen Frau», die weder Geduld noch Talent besitzt, eine Kurtisane zu sein, die sich weigert, sich einem Mann ganz hinzugeben als obligate Methode, um die Oberhand über ihn zu gewinnen, die es leid ist, die «ewige Komödie der Frau» zu spielen. Vielmehr gibt sie zu, daß sie «die raffinierten Befriedigungen der Hochstapelei», die ihr diese Komödie ermöglicht, sehr genießt. Was sie zurückweist, ist die Vorstellung, daß Frauen nicht gestattet wird, sie selbst zu sein, daß sie gezwungen werden, eine «ständige Maske für Körper, Gesicht und Sprache» zu tragen und ihnen verboten wird zu sagen, was sie denken. Aber sie erwartet nicht, daß die Frauen sehr schnell aus ihren traditionellen Einstellungen herauskommen. Sie fürchtet, daß sie einfach ihre gewalttätigen, aggressiven Züge entwickeln, wenn sie mehr Anteil an der Politik nehmen. Sie glaubt nicht, daß sich unbedingt Frieden einstellen würde, wenn Frauen an der Macht wären. Sie selbst hat einmal ein Maschinengewehr gegen sudanesische Rebellen benutzt, und sie kann noch heute den Taumel und die Aufregung der Schießerei spüren.

Sie ist eine Frau, die keine Illusionen über Frauen oder das Leben hat, aber sie ist deshalb nicht pessimistisch. Im Gegenteil, sie glaubt an das Glück und beharrt darauf, daß es erreichbar ist. Aber sie ist nicht bereit, für Utopien zu kämpfen, Revolutionen heraufzubeschwören, die viele Menschen verletzen oder umbringen, nur damit Peter übernehmen kann, was Paul angefangen hat, auch wenn man manchmal gezwungen ist, genau das zu tun. Sie will keinen neuen Herrn, sondern eine Welt ohne Herrn, ohne Männer, die Frauen herumkommandieren und sich gegenseitig herumkommandieren, ohne Frauen, die Männer herumkommandieren. Sie hat keine Ehrfurcht vor Vätern, Führern, Präsidenten – vielleicht weil ihr eigener Vater kaum eine Rolle in ihrem Leben gespielt hat, fast immer unterwegs war und ihr nicht das Gespür von Autorität vermittelte. Darum reichte sie nach einigen Jahren ihren Abschied als Ministerin ein, war die «Komödie der Macht» leid. Sie glaubt, daß man so viel aus sich herausholen soll wie möglich, aber sich selbst respektieren und seinem Körper Gutes tun muß, daß man das Animalische an sich selbst akzeptieren und entscheiden soll, was man am meisten schätzt, daß man keine Energie in Kämpfe über Dinge vergeuden soll, die man nicht für wesentlich hält: Passe dich in oberflächlichen Dingen an.

Als Ministerin gab sie eine Umfrage in Auftrag, die ergab, daß nur ein Fünftel aller Frauen «einen aggressiven Wunsch nach Veränderung» hegt, daß zwei Fünftel sich Veränderungen wünschten, aber nicht bereit waren, dafür aktiv zu werden, und daß der Rest mit dem gegenwärtigen Zustand zufrieden war. Und doch haben Frauen die schlechtestbezahlten Jobs im Land, verdienen zwei von drei Frauen nur den Mindestlohn, und nur ein geringer Prozentsatz ist als Managerin tätig. Das erklärt sich zum Teil aus der Tatsache, daß die ältere Generation weniger Bildung genoß, aber auch wenn die Mädchen heute in der Schule besser abschneiden als Jungen, ziehen sie es noch immer vor, literarische Fächer zu studieren, und nur wenige erlangen technische Qualifikationen. Wenngleich Frauen per Gesetz den gleichen Lohn wie Männer erhalten sollen, bekommen sie in der Praxis aus verschiedensten Gründen meist weniger.

Gisèle Halimi, Gründerin und Führerin der gemäßigten Emanzipationsbewegung, sagte einst, daß es besser für Frauenorganisationen sei, keine Männer zuzulassen, wie wohlmeinend sie auch sein mögen. Auf der anderen Seite besteht sie darauf, der einzige Weg, die Frauen zu befreien, sei der, die Männer zu emanzipieren. Wahrscheinlich konnten sie auf Grund dieses Widerspruchs und des sektiererischen Isolationismus vieler Frauenorganisationen bislang so relativ wenig erreichen. Die größten Erfolge hatten mit Abtreibung und Verhütungsmitteln zu tun. Gisèle Halimi weiß aus eigener Erfahrung, wie tief der männliche Widerstand sitzt: Als sie mit neunzehn eine heimliche Abtreibung wollte, operierte ihr Arzt absichtlich ohne Betäubungsmittel und verursachte ihr Schmerzen, die sie mit Folter vergleicht. Er sagte ihr: «Danach werden Sie das nicht noch einmal machen.» Aber die Anstrengungen, Frauen aufzuwiegeln, haben die Bewegung nur in rivalisierende Gruppen mit rivalisierenden Theorien gespalten, die oft lediglich Echos der rivalisierenden Theorien der Männer sind. Simone de Beauvoir, die international bekannteste französische Feministin, hat wahrscheinlich mehr Einfluß in den Vereinigten Staaten als in Frankreich gehabt: Von ihrem Buch «Das andere Geschlecht» verkaufte sie in Amerika jedenfalls mehr Exemplare. In Frankreich setzten die Katholiken es auf den Index, und die Linke prangerte es an, weil es dem Klassenkampf nicht genug Aufmerksamkeit schenkte.

Françoise d'Eaubonne, eine Romanschriftstellerin mit beachtlichem Einfluß und Originalität, kam zu dem Schluß, daß Protest und Revolution allein nicht genug sind. Sie schrieb eine Science-fiction-Geschichte, in der Männer insgesamt ausgemerzt sind und Frauen sich durch Selbstbefruchtung vermehren. Sie sagt, daß jeder Mann, der den Körper einer Frau mag, im Grunde seines Herzens ein Sadist sei. Sie ist mit Gleichheit nicht zufrieden. «Mutation» ist notwendig. Heterosexuelle Monogamie als Grundlage der Gesellschaft muß abgeschafft werden, die Verpflichtung zu heiraten muß aufhören, eine Norm zu sein. Das wird den Bevölkerungsproblemen der Welt zugute kommen, besonders wenn Feminismus sich mit der ökologischen Bewegung vereint und versucht, die natürlichen Ressourcen der Welt zu konservieren. Frauen würden so aufhören, einfach Gebärmaschinen zu sein. Eine Frau im gegenwärtigen System zu sein ist ein Unglück (37 Prozent der Frauen bedauern, kein Mann zu sein): Es bedeutet «Fleisch für Vergewaltigung zu sein, ein Zombie, ein Nichts, ein Loch». Wenn sie versucht, kreativ oder aktiv zu sein, sagt man von ihr, sie versuche, Männer nachzuahmen; sie wird täglich vergewaltigt, moralisch, wenn nicht körperlich. Die Schlußfolgerung: Kompromisse sind nicht möglich.

Das ist nur ein Prolog. Als Präsident Giscard d'Estaing sagte: «Die Welt wird sich durch Frauen verändern», erkannte er vielleicht nicht an, daß die Macht der Politiker oberflächlich ist und daß die wichtigen Entscheidungen nicht von ihnen getroffen werden, noch fand er eine Ausrede, um zu erklären, warum er nicht mehr für die Frauenbewegung getan hat. Die Welt wurde in der Vergangenheit oft von den Frauen verändert, wenngleich nicht immer zu ihrem eigenen Vorteil. Die Frauen stehen vor der entscheidenden Wahl, ob sie einfach einen gleichberechtigten Platz in einer Welt gewinnen wollen, die von Männern gestaltet ist, mit dem Recht zu kämpfen, um Manager mit Magengeschwüren zu werden, oder ob sie die Männer dazu bewegen können, sich zu verändern, nicht nur in den sexuellen Beziehungen, und den weniger gewalttätigen Werten, die besonders die Frauen gepflegt haben, ein größeres Gewicht zu geben.

24 Unter welchen Krankheiten sie leiden und wie sie mit ihnen leben

Dr. Gérard Debuignés Aufgabe ist es, die Menschen davon abzubringen, sich Sorgen zu machen, aber er macht sich ständig über sich selbst Sorgen. Er ist ein praktischer Arzt, der sich unendlich viel Mühe mit seinen Patienten gibt, der aber für seine eigenen Ängste und Zweifel kein Heilmittel findet. Er stammt aus der Arbeiterklasse, sein Großvater war Fuhrmann, sein Vater ein Vorarbeiter, der später Gläser an Cafés verkaufte und zu oft aber auf ein Gläschen blieb, schließlich an Leberzirrhose starb. Gérard erninnert sich, daß seine Eltern sich ständig stritten, seine Mutter von Zeit zu Zeit die Koffer packte und so tat, als ob sie ausziehen wolle. Zu Hause gab es wenig Wärme, er fühlte sich ungeliebt, auch heute noch. Er hat hart gekämpft, um Anerkennung zu gewinnen, aber sein Ehrgeiz stieß sich immer an seinen Selbstzweifeln. Keiner nahm von ihm in der Schule groß Notiz, bis er zu tanzen anfing und Meister im «Jiteburg» (so buchstabiert er den «Jitterbug») wurde. Er streunte durch die *bals populaires* auf der Suche nach Mädchen, nahm Drogen (Ortedrin), um sein Leben aufzuhellen, blieb Jungfrau, um sich romantisch auf die ersehnte, glückliche Ehe vorzubereiten. Er onanierte, war aber höchst deprimiert, daß ihn das wiederum von Gott trenne. Er war stolz, das *baccalauréat* zu bestehen – eine seltene Leistung für ein Arbeiterkind –, wenngleich er es nur mit einigen Schwierigkeiten schaffte, denn eine unglückliche Liebe ließ ihn das Examen wiederholen. Er kam gerade noch in die medizinische Fakultät in Lille, fand das Studium auch sehr anstrengend. In seinem dritten Studienjahr traf er eine geschiedene Grundschullehrerin, die ihn faszinierte. Sie lebten zusammen und heirateten. Er mußte noch härter arbeiten als zuvor, um sich ihrer wert zu erweisen. Er versuchte, Psychiater zu werden (das war 1951), wurde in einem Krankenhaus angenommen, fiel aber im Abschlußexamen durch. So mußte er sich damit bescheiden, praktischer Arzt zu sein. Er richtete sich in Estaires in zwei Räumen ein, die er von der Witwe eines Arztes mietete, der gerade an Trunksucht gestorben war, und brachte es irgendwann fertig, sich einen Gebrauchtwagen zu kaufen. Sein Kreis von Patienten wuchs langsam, und er gewann ihre Bewunderung durch seine ausgezeichneten Diagnosen, die er erstellte, da er jeden Tag die Fachliteratur studierte und sich die Beschreibungen der Krankheiten sorgsam einprägte. Er machte sich ständig Sorgen, daß er einen Fehler begehen könne. Er war stolz auf die Achtung, die ihm seine Patienten entgegenbrachten. Er gab ihre Komplimente zurück, war abhängig von ihrer Zuneigung, mehr als von den Honoraren, die er ihnen gar nicht so leicht entlocken konnte. Er schämte sich, wenn er mit Kleingeld in der Tasche klimpern mußte, um sie an die Zahlung zu erinnern. Aber langsam wurde er reich, kaufte ein Haus und füllte es mit Orientteppichen, Louis XV- und Régency-Möbeln, Baccaratkristall. Sein Traum war ein amerikanischer Straßenkreuzer, also kaufte er sich einen. Er benutzte ihn, um Restaurants aufzusuchen, Feinschmeckerei wurde sein Hobby; er schloß Freundschaft mit einem Meisterkoch, und sein sonntäglicher Besuch in dessen Restaurant wurde zum Höhepunkt der Woche. Er wurde fett. Er begann Sport zu treiben und wurde so besessen davon, daß er zwei Bücher darüber schrieb. Er ging zur Kur, war arriviert. Endlich hatte er keine Geldsorgen mehr.

Aber er war unzufrieden. Nachdem er endlich sein gestecktes Ziel erreicht hatte, entdeckte er, keinen Lebenssinn zu haben. Er war überdrüssig, für Geld arbeiten zu müssen, ständig überarbeitet, finanziell von seinen Patienten abhängig zu sein. Er sah eine Anzeige für den Posten eines Inspektors für Medizinkosten in der Sécurité Sociale, schickte seine Bewerbung ein und erhielt den Job, von dem er sich erhoffte, daß er als Beamter mit regelmäßigem Einkommen frei von Sorgen sein würde. Aber er kam vom Regen in die Traufe: Er haßte sofort die Hierarchie und den autoritären Stil des Verwaltungsapparates. Er reichte bald seinen Abschied ein, gab dem Drängen seiner Frau nach und eröffnete nahe der Côte d'Azur eine neue Praxis. Er liebte die Landschaft, wurde aber noch deprimierter als je zuvor. Er nahm wieder Drogen, suchte einen Psychotherapeuten auf, wurde religiös. Es war die Einsamkeit. Er kannte keinen in der Gegend, und er brauchte lange, um Patienten zu bekommen. Er brauchte ihre Zuneigung und Treue, um sich aufrecht zu halten. In seinem alten Dorf hatte er großes Ansehen genossen, hier war er fremd. Er brauchte mehrere Jahre, um sich zu etablieren. Heute ist er ausgeglichener, wenngleich nicht zufrieden. Seine Depressionen ließen ihn viel über den Sinn des Lebens nachdenken. Er fragt sich, ob das Glück darin bestehe, nichts zu wollen. Er hat versucht, diese unlösbaren Fragen zu vergessen, indem er sich als Autor einen Namen machte. Er nutzte sein gastronomisches Wissen, darüber zu schreiben, und meinte den Gipfel erreicht zu haben, als der Verlag Larousse ihn bat, für sie zu schreiben. Er machte ihre «Enzyklopädie medizinischer Pflanzen» (1975). Denn er hat keine engstirnige Einstellung zur Medizin. Er interessiert sich für Homöopathie und Naturheilmittel. Wenn er kein Mediziner wäre und noch einmal von vorn anfangen könnte, würde er ein Heiler oder vielleicht ein Prediger werden. Was er predigt, ist nicht revolutionär. Er erzählt seiner Stieftochter und seinem Neffen, beide sind Ärzte: Richte nicht über andere, ehre deine Eltern, gib den Vorbereitungen deiner Untersuchungen den Vorrang, ohne aber deine Gefühle zu unterdrücken. Richte dein Leben nach akademischen Würden aus, denn leider beginnt alles mit dem Diplom. Habe keine Angst, dich lächerlich zu machen, gib von dir selbst und dir wird am Ende gegeben. Aber all diese guten Ratschläge helfen ihm selbst nicht sonderlich weiter. Die Beziehung zu seiner Frau ist recht abgekühlt. Er durchlebt gern seine Jugend noch einmal, indem er Popmusik hört, was sie haßt. Sie ist eine passionierte Gärtnerin, wozu er sich nicht berufen fühlt. Er hat keine Zauberformel, um den Juckreiz der Befangenheit zu heilen, noch den bitteren Geschmack des Erfolgs zu versüßen.

Der Arzt scheint Frankreichs neuer Beichtvater zu sein. Die Nation setzt ihren ganzen Glauben auf ihn: Für Gesundheit wird mehr Geld ausgegeben als für Erziehung oder Verteidigung. Die gegenwärtige Generation hat ihren neu erzielten Wohlstand dazu verwandt, die Zahl der Ärzte zu vervierfachen. Doch wie gut die Ärzte auch sein mögen, es hat sich deutlich gezeigt, daß sie Krankheiten nicht ausmerzen können. Je mehr Ärzte man konsultieren kann, weil Zeit dazu da ist, desto mehr werden Ärzte in Anspruch genommen. Ganz offenkundig hat die Medizin das Leben nicht einfacher gemacht. Die am weitesten verbreitete Beschwerde ist Müdigkeit. Die erste nationale Studie dieser Krankheit von 1977 ergab, daß drei Fünftel der französischen Frauen und zwei Fünftel der Männer unter *fatigue* leiden. Besonders betroffen sind Frauen zwischen 20 und 40 und Männer in ihren Vierzigern. Eine andere Studie, die sich auf arbeitende Mütter in der Charente-Maritime konzentrierte, fand heraus, daß, wenngleich drei Viertel von ihnen gern arbeiteten, nur 29 Prozent sagten, daß sie sich in guter Verfassung fühlten; 30 Prozent waren ständig müde, 25 Prozent abgespannt und

14 Prozent zugleich müde und abgespannt. Wenn müde Menschen zu ihrem Arzt gehen und sich vor allem beklagen, daß sie bereits morgens müde aufstehen, sagt ihnen in 57 Prozent der Fälle der Doktor, daß sie sich ausruhen sollen. Das finden sie nicht sonderlich hilfreich, was ihm gewöhnlich bewußt ist, also verschreibt er in 78 Prozent der Fälle Beruhigungsmittel, Aufputschmittel und antidepressive Mittel verschiedenster Art. 70 Prozent der Ärzte verschreiben zwischen drei und sieben Medikamente pro Patient; 15 Prozent von ihnen verschreiben sogar bis zu zehn unterschiedliche Medikamente. Sie befreien sich von einem Drittel ihrer Patienten, indem sie sie an Psychiater überweisen. Einige Ärzte meinen, damit verdränge man das Problem, schiebe den schwarzen Peter nur weiter. So hat ein führender *fatigue*-Doktor unlängst ein *Anti-Fatigue-Centre* in den Alpen eingerichtet, wo Patienten in einem dem ägyptischen Lotusblatt nachempfundenen Schwimmbecken sich erholen können.

Psychiater haben noch nicht das Ansehen erlangt, das sie in den Vereinigten Staaten genießen. In Frankreich gibt es lediglich 2500. Die meisten praktischen Ärzte erhalten keine nennenswerte Ausbildung in Psychiatrie; auch wenn sie den größten Teil der Beratung übernehmen, verwenden sie eine ganz andere Klassifikation der Leiden. Das Fehlen einer einheitlichen Diagnose innerhalb eines Landes macht es unmöglich zu sagen, welche tieferen psychischen Sorgen hinter den Klagen stecken. Und das Fehlen einer einheitlichen internationalen Diagnose macht es unmöglich, Frankreich mit anderen Ländern zu vergleichen. Aber die Franzosen sind schwierige Patienten. Dr. Olié vom Sainte Anne Psychiatrischen Krankenhaus in Paris behauptet, daß die Medizin 70 Prozent der Patienten, die unter Depressionen leiden, ganz heilen kann. Ein berühmter Patient dieses Krankenhauses, ein Absolvent der Ecole Normale Superieur, der viele Jahre damit zubrachte, nicht geheilt zu werden, und seine aufgezwungene Freiheit dazu verwandte, literarische Zitate über den Schwachsinn zu sammeln, sagte einmal zu seinen Ärzten: «Wenn wir zahlreicher wären, wäre nicht ich, sondern Sie an meinem Platz.» Es scheint, daß die Anormalen mittlerweile die Mehrheit in diesem Land bilden. Sie meiden diejenigen, die ihnen eine gar zu gründliche Heilung anbieten. Eine Umfrage offenbarte, daß zwei Drittel der Bevölkerung eine Psychoanalyse ablehnen würden, selbst wenn sie kostenlos wäre. Selbst Dr. Jean Thuillier, ein Experte in Neuropharmakologie, gibt zu, daß – sollte seine Wissenschaft Pillen produzieren, die den Menschen genau die Stimmung liefern, die sie sich wünschen – die Patienten zögern würden, diese zu schlucken: «Ich glaube, der Mensch wird immer die Freiheit vorziehen, seine Vorstellungskraft und seinen Verstand selbst auszugleichen und gleichzeitig Don Quichotte und Sancho Pansa in seinem Kopf zu erzeugen.»

Nicht, daß die Franzosen vor Drogen zurückschrecken. Sie haben sogar ein Arrangement entwickelt, das sie in die Lage versetzt, Medikamente ohne Rezept kaufen zu können, anschließend zum Arzt zu gehen und im Nachhinein sich das Rezept zu besorgen, um die Kosten von der Sozialversicherung erstattet zu bekommen. Ärzte beschweren sich ständig, daß ihnen die Patienten ihre Arbeit diktieren würden, und nicht nur auf diese Art. Ein beliebter Arzt ist jemand, der großzügig mit seinen Rezepten umgeht, der die neuesten Medikamente kennt und sie in großen Mengen verabreicht. Die Sozialversicherung fand außergewöhnliche Fälle: Ein Mann von dreiundzwanzig erhielt insgesamt einundsechzig Packungen von fünf verschiedenen Medikamenten; ein anderer im Alter von zweiundachtzig kam mit vierundfünfzig verschiedenen Packungen aus der Apotheke, alle sehr gefährlich, die ihn über die nächsten sechs Monate bringen sollten; ein weiterer erhielt dreiundzwanzig Tuben Antikoagulanzien, als Jahresvorrat; einem Jungen von neun Jahren wurden sechsundzwanzig Medikamente auf einmal verschrieben, als Tropfen, Ampullen, Pillen, Gelee, zum Schlucken, Einatmen, Einreiben und fünf Zäpfchen mit drei verschiedenen Arzneien. Die Ampulle ist eindeutiger Favorit der Franzosen – und gleichzeitig die teuerste Verpackungsform für Medizin. Er gibt noch andere Besonderheiten französischer Rezepte. Librium zum Beispiel wurde in den Vereinigten Staaten für schwere nervöse Angstzustände verschrieben und Valium für leichte. In Frankreich war es genau umgekehrt. Der Grund: In den Vereinigten Staaten wurde Librium gewöhnlich als Spritze verabreicht, während in Frankreich Valium gespritzt wurde, und eine Spritze scheint ernsthaften Fällen angemessener. Aber dies sind oberflächliche Unterschiede, denn 60 Prozent der französischen Medikamente sind heute amerikanisch: Es gab eine totale Umkehrung der pharmazeutischen Welt in Frankreich.

Vor dem Krieg gab es ungefähr eintausend Labore, die eine endlose Vielzahl von traditionellen Heilmitteln herstellten. Sie wurden fast alle von den großen internationalen Unternehmen geschluckt. Der Wettbewerb unter ihnen bedeutet, daß jedes Jahr 250 neue Medikamente auf den Markt gebracht werden müssen. Medikamente haben ein kurzes Leben, fast drei Viertel der Mittel, die heute verschrieben werden, sind weniger als zehn Jahre alt. Der Apotheker, der früher im 19. Jahrhundert ein kleiner Wissenschaftler war, ist heute fast auf den Status eines Lebensmittelhändlers abgerutscht, allerdings eines reichen Händlers, denn er erhält 28 Prozent des Verkaufspreises dafür, daß er die Medikamente über die Theke schiebt. Es besteht keine Notwendigkeit, ein großes Lager zu führen, weil es nunmehr drei Großhändler gibt, die ihn höchst effizient aus einer computerisierten Quelle versorgen. Die Apotheker würden sehr gern ihren Status wieder aufwerten lassen und eine neue Art von Sozialarbeiter, Organisator der örtlichen Umwelt und sanitärer Strategien, Erzieher in Fragen von Drogen, Sex und Medizin werden; aber sie vergessen dabei, daß die Öffentlichkeit nicht mehr so ungebildet ist wie im 19. Jahrhundert. Die praktischen Ärzte machen sich noch größere Sorgen, daß sie zu einfachen Technikern, die lediglich Rezepte ausschreiben, und zu hilflosen Handlangern der pharmazeutischen Industrie werden. Sie sind natürlich nicht mehr in der Lage, alle der 8500 vertriebenen Präparate zu kennen. Umfragen zeigen, daß sie zwischen 80 und 200 Medikamente memorieren. In ihren sieben Studienjahren haben sie nur 70 Stunden Unterricht in Pharmakologie erhalten. So sind sie der Werbung der Pillenindustrie ausgeliefert, die in der Tat zweimal so viel für Werbung wie für die Forschung ausgibt.

Die Mechanismen pharmazeutischer Erneuerung ähneln sehr denen der Mode. Natürlich heißt das noch lange nicht, daß man die teuren, schicken Kleider auch wirklich trägt, und so werden 40 Prozent der Medikamente von denen in den Papierkorb geworfen, denen sie verschrieben wurden. Die Nachfrage nach medizinischer Betreuung kann auch mit der Nachfrage nach Kultur verglichen werden, die unersättlich ist. Die neueste, wirkungsvollste Medizin zu bekommen (wie gefährlich sie auch sein mag, und so viele Krankheiten entstehen durch Medikamente, weil sich ein neuer Spezialbereich für die Industrie öffnete), schmeichelt sowohl dem Patienten als auch dem Doktor. Praktische Ärzte sagen, daß sie bei drei Vierteln ihrer Patienten nicht wissen, was ihnen genau fehlt, aber sie müssen ihnen etwas verschreiben, um zu zeigen, daß sie ihnen etwas bieten können, und um dem Glauben eines Patienten gerecht zu werden, einen Anspruch auf Heilung zu haben. Ein schwacher Arzt ist, wer nichts besseres aufweisen kann, als nur Aspirin zu verschreiben: Glücklicherweise stellt die pharmazeutische Industrie eine Vielzahl von Präparaten her, die den Anschein haben, «ernsthafter» zu sein. Die Wahl eines Medikaments wird nicht länger vom Arzt allein getroffen, sondern ist das Ergebnis komplizierter Verhandlungstechniken. Häufig fordert der Patient eine besondere Medizin. Häufiger noch steht nicht die Universitätsausbildung des Arztes, sondern ein Medikamentenhersteller hinter dem Rezept.

Mit Zigarette im Mundwinkel, einem Weinglas in der

Hand – der typische Franzose, so wie er in Karikaturen gesehen wird, regt sich regelmäßig über die Regierung und seine Leber auf. Im wahren Leben ist die Zigarettensucht so typisch, wie man es von ihr annimmt. Der Tabakkonsum hat sich in den letzten zwanzig Jahren verdreifacht, verlor aber unter den besser verdienenden, den Managern, Freiberuflern und Menschen mit höherer Bildung an Boden. Über ein Fünftel von ihnen hat noch nie geraucht, ein weiteres Fünftel hat das Rauchen aufgegeben, so daß 45 Prozent von ihnen überhaupt nicht rauchen. Die Zahl der Nichtraucher beträgt 35 Prozent in der Arbeiterklasse und 37 Prozent bei Angestellten. Erst die letzte Generation der Franzosen hat ihre eigene Karikatur eingeholt. Im Vergleich: nur 39 Prozent der Briten und 36 Prozent der Amerikaner rauchen.

Die Sorge des Franzosen um den Zustand seiner Leber ist ebenfalls nur selten ungerechtfertigt. Frankreich hält in der Tat die Weltrekorde im Alkoholkonsum und für tödlich verlaufende Leberzirrhose. Alkohol bringt mehr Menschen um als Autounfälle und ist die dritthäufigste Todesursache nach Herzkrankheiten und Krebs. Die Sucht ist allerdings noch nicht so alt. Im 18. Jahrhundert war Wein ein Vergnügen des reichen Mannes, und während des Zweiten Weltkriegs war es so schwierig, welchen zu bekommen, daß die damit verknüpften Leiden sehr selten wurden und die klinischen Lehrer ihren Schülern kaum ein Delirium tremens oder eine Zirrhose vorführen konnten. Heute wird offiziell angenommen, daß es in Frankreich zwei Millionen Alkoholiker und drei Millionen «übermäßige Trinker» gibt, die in wenigen Jahren zu ausgereiften Alkoholikern werden. Alkoholiker sind besonders zahlreich in der Bretagne, der Normandie, Picardie und im Norden. Es gibt aber auch andere Regionen, wo Eltern immer noch ihren Kindern «einen kräftigen Schluck *eau-de-vie*» geben, bevor sie morgens zur Schule gehen. In der Auvergne ging jedem Fußballspiel von Fünfzehnjährigen ein Umtrunk von je einem Liter Wein voraus. Nicht selten wird Kleinkindern von zwei

Jahren Wein eingetrichtert, damit sie sich daran gewöhnen können. Die Regierungen haben nicht gewagt einzugreifen, auch wenn sie sich beklagen, daß die Kosten für Krankenhausrechnungen, Kriminalität und verlorene Arbeit größer sind als die Budgets des Erziehungs- und des Justizministeriums zusammen (40 Prozent aller Krankenhauspatienten weisen alkoholverwandte Symptome auf). Wein bringt nicht mehr Mehrwertsteuer ein als alkoholfreie Getränke, und in der Tat sind es die alkoholfreien Getränke und Mineralwasser, die mit einer zusätzlichen Steuer belegt werden.

Vielleicht findet man eher heraus, was die Franzosen wirklich von ihrem Leben wollen und worüber sie sich die meisten Sorgen machen, wenn man sich ihre Träume anschaut, als durch das, was sie in Meinungsumfragen äußern. Die Gruppe, die am freiesten über ihre Träume spricht, sind die Bauern, die Träume wie Volksmärchen betrachten. Bauern träumen viel von toten Familienmitgliedern, aber nicht leidvoll; des Nachts scheinen sie die Kontinuität der Generationen wiederherzustellen. Musik und Schauspiel haben in ihren Träumen ebenso ein großes Gewicht; Träumen ist ein Fest. Ladenbesitzer sind dagegen recht unwillig, über ihre Träume zu sprechen. «Ich träume vom Steuereintreiber», sagte einer, «wenn Sie es wirklich wissen wollen, finde ich es unangenehm und ziehe vor, nicht zu träumen.» Viele sagen, sie essen bewußt viel am Abend, um nicht träumen zu müssen. Das kommt daher, daß sie viel über ihr Geschäft träumen und darüber, wie ihre Ladenkassen von Gangstern ausgeraubt werden. Ein Fleischer träumt, wie er Fleisch zubereitet. Einige Geschäftsbesitzer träumen, wie ihre Verkäufer die Kunden falsch bedienen: «Ich stehe an der Kasse und kann nicht eingreifen.» «Ich räume meinen Laden auf und räume weiter auf, als ob ein Wind durchbläst und ständig alles in Unordnung bringt.» Auch Handwerker haben diese Sorge. Ein Schuster hört die ganze Nacht, wie seine Arbeit kritisiert wird und träumt, er sei taub geworden. Eine Schuhverkäuferin träumt davon, daß alle Schuhe aus ihren Kartons fallen und sie nicht eingreifen kann. Das nette kleine Geschäft, das freundliche Bedienung symbolisiert, wird so von Alpträumen überschattet, die sehr häufig mit den täglichen Problemen zu tun haben, verschlimmert, da Logik und Routine plötzlich verschwunden sind. Angestellte teilen einen besonders charakteristischen Traum, sie fliegen oder fahren schnelle Sportwagen; sie stellen sich vor, wie sie dem Lebenstrott und der Verfolgung ihrer Chefs entfliehen.

Nur in Graden weichen ihre Träume von denen der Manager ab. Manager sagen manchmal, sie seien zu beschäftigt, um zu träumen, oder sie tun so, als ob Träumen einfach eine Form der Erholung sei, wie eines ihrer Hobbies. Es ist wahr, daß sie viel von Ferien träumen, von Meer, Sonne und Nichtstun, häufig begleitet von Musik – Frauen bevorzugen klassische Musik, die Männer lassen die Popsongs der sechziger Jahre wieder aufleben. Sie stellen sich vor, daß sie in der Lage wären, Musikinstrumente zu spielen. Aber zumindest die Hälfte ihrer Träume handelt vom Verlust ihrer Privilegien. Ärzte verlieren ihre Diplome und werden gezwungen, Krankenpfleger zu werden; Ingenieure verlieren ihre Zeugnisse und werden gezwungen, die Nacht in einem Heim für Obdachlose zu verbringen; Manager erfahren, daß die Revolution ihre Qualifikationen annulliert hat, sie aber nicht in der Lage sind, neue zu erhalten; andere werden verhaftet, weil sie ohne Versicherung mit dem Auto gefahren sind, oder sie werden entführt. Die Frauen von Managern verlieren Besitz und Status, aber anders als Ladenbesitzer weigern sie sich nicht, darüber zu sprechen, sondern versuchen, ihre Träume zu interpretieren; eine überraschend große Minderheit hat sich auf die eine oder andere Art mit Psychologie beschäftigt. Träume, in denen das Sozialgefüge auf den Kopf gestellt wird, sind nicht notwendigerweise unangenehm. Ein Betriebsleiter tanzt mit seinen Arbeiterinnen, die alle sehr hübsch sind, und verspricht, sie als Stenotypistinnen einzustellen, so daß keine mehr die schmutzige Arbeit verrichten muß, und «dadurch sind alle glücklich und ich werde reich». Die Frau eines Managers gibt in der Präfektur einen Ball, der Präfekt wird ganz klein und bittet um Nahrung wie ein Baby, «und ich nehme ihn auf den Arm und drücke ihn an mich». Die Kinder der Reichen träumen häufiger vom Selbstmord als die aller anderen Klassen, aber zumeist haben sie in ihren Träumen weniger Angst oder sind weniger erschrocken als die Sprößlinge armer Eltern. Junge Arbeiter werden im Bett revolutionäre Anführer, werden dynamisch und aggressiv, stark und eine Art von Supermann. Ältere Männer träumen von großen Essen auf dem Land mit ihren Familien oder davon, nichts zu tun. Viele träumen vom Zweiten Weltkrieg oder vom Krieg in Algerien oder anderen Kollektiverfahrungen. Fernsehen und Kino bringen zahlreiche Themen in die Träume ein: Popmusik, glückliche Zeiten mit Jungen oder Mädchen, Liebe, Libertinage, Freiheit, Sonne, Glück. Einige Frauen träumen davon, angegriffen oder vergewaltigt zu werden, aber insgesamt bereichern Träume das Leben der Menschen, ganz so als wären es interessante Erfahrungen.

Es ist vielleicht bezeichnend, daß in allen Gesellschaftsschichten Träume über Essen sich mehr um Gastlichkeit als um Feinschmeckerei drehen. Es gibt nur wenige Träume darüber, daß man seine Lieblingsspeisen nicht erhalten kann. Hunger mag bei Freud eine sexuelle Bedeutung haben, aber Hungerträume scheinen häufig mit der Erinnerung an die Hungerszeiten während des letzten Krieges verbunden zu sein, mit der Furcht, darunter noch einmal leiden zu müssen: «Wir sind viele Kinder auf der Straße. Die Amerikaner fahren vorüber mit großen LKWs und werfen uns Brathühnchen zu, und wir verschlingen sie, weil wir hungrig sind.» Träume über den Tod befassen sich am häufigsten mit dem eigenen Tod oder der Zerstörung der Welt, eher als mit dem Freudschen Vater- oder Brudermord. Sexualität taucht in Träumen überraschend selten auf, mit Ausnahme der Jüngeren und Älteren. Vielleicht zögern die anderen mehr, sie zu erwähnen. Die unter Dreißigjährigen komplizieren ihre sexuellen Träume jedenfalls nicht mit Schuldgefühlen und Furcht; viele von ihnen träumen von einem zurückgezogenen Ort, wo sie ein ruhiges und tiefes emotionelles Verständnis zu einer anderen Person aufbauen können, aber viele sehen die Einbindung in eine Gruppe als wesentlichen Teil solcher Beziehungen; sie reden viel, es geht nicht nur um Verkehr. Aber es gibt noch genug, deren Liebe sich theatralisch und romantisch gestaltet. Es gibt eine ganze Klasse von Menschen, die sich aus allen Schichten zusammensetzt, die ihre Träume in Theater verwandeln und die in der Nacht zu Dichtern werden, eine Welt erschaffen, die eher einem Märchen gleicht, die sich zuweilen von der Literatur inspirieren lassen und sich selbst durch Zauberei, Hypnose, Metamorphose und seltsame Zeremonien in ungewöhnliche Situationen versetzen.

Psychiater entdecken gern Frustrationen, Wünsche und Leiden in Träumen. Soziologen vermuten, daß es eine wiederkehrende Obsession mit Konsumgütern und eine hedonistische Lebenseinstellung gibt. Jean Duvignaud, der diese Sammlung und Analysen französischer Träume zusammengetragen hat, argumentiert, daß es eine dritte Möglichkeit gibt, daß Träume nur ein Spiel ohne besondere Bedeutung sind, ein Spiel, in dem die Menschen mit der Welt jonglieren und anerkannte Institutionen und Bräuche durch die Luft wirbeln. Er hat sie nach Gesellschaftsschicht und Alter gruppiert, weil das heute die gebräuchlichsten Kategorien sind. Aber es wäre interessant, neue Bevölkerungskategorien aufzustellen, je nach der Art von Träumen, die sie haben. Dazu müßte man eine größere Auswahlgruppe haben, aber es könnte zu einem besseren Verständnis der Gefühle verhelfen, die nicht so leicht auszudrücken sind, und der privaten Kämpfe, die jeder durchsteht.

Die Psychiaterin Madeleine Laïk zog durch den grauen

Vorort Bobigny, um die Menschen zu befragen, wovor sie sich am meisten fürchteten. Sie hatte ihre eigenen Gründe, diese Frage zu stellen. «Ich bin blond», sagt sie, «ich laufe mit eingezogenem Bauch herum, aufrechtem Kopf, meine Augen sind blau und sehr ehrlich. Ich bin mitfühlend, niemals würde jemand, der mich die Straße entlang gehen sieht, vermuten, daß ich ständig einen Pakt mit dem Leben schließe, wie ein kleines altes Mütterchen meine Gesten in kleinen Dosen ausschöpfe, meine Energie rationiere. Ich will meinen Körper nicht verlieren, und ich mache kaum Liebe.» Sie brachte die Menschen dazu, ähnliches zu beichten, und trug 3000 Seiten über deren Ängste zusammen. Sie begann mit einem Mädchen von vierzehn, das erzählte, sie habe zu 90 Prozent der Zeit ständig Angst vor ihrer Mutter («sie will mich erwürgen»), vor Männern (die sie anschauen, wenn sie allein geht), zu viel zu essen; wenn sie ganz besonders viel Angst hat, lacht sie lauthals wie eine Verrückte, aber sie versucht, sich hübsch zu machen, und das mindert ihre Ängste, denn die Menschen lächeln sie dann an. M. Chica, ein pensionierter Goldschmied, hat viele Ängste, die er alle mit «meine größte Angst» betitelt. So ängstigt er sich, nicht ganz den Erwartungen anderer gerecht zu werden und schlechten Schmuck anzufertigen. Eine andere Angst ist Einsamkeit: Er war total verstört, als seine Frau nach sechsundvierzig Jahren Ehe starb; das darauffolgende Jahr, das er allein zubrachte, war entsetzlich und so zog er in das Altersheim von Bobigny. Hier bemerkte er, daß alle Heimbewohner Angst vor dem Tod haben. Sie versuchen, sich mit Kartenspiel abzulenken, aber er findet das langweilig. Er zieht es vor, mit Frauen zu spielen und hat größte Furcht, impotent und körperlich hilflos zu werden.

Im Gegensatz dazu erzählt eine Gruppe von sechs Jugendlichen, die auf den Straßen herumlungern, daß sie Angst haben, sich zu verlieben. «Wenn ich mich in ein Mädchen verliebe, muß sie mich auch lieben, sonst mache ich mich lächerlich.» Sie kamen mit Mädchen nicht zurecht. «Ich kann einem Mädchen nicht sagen: ‹Ich liebe dich.› Es wäre beschämend. Ein Mädchen hat mir das einmal gesagt, ich habe mich vor Lachen gekrümmt.» Die Alten haben Angst, von Jugendlichen angegriffen zu werden. Die Jugendlichen fürchten, von anderen Gangs angegriffen zu werden. Eltern flößen ihren Kindern Ängste ein, sie drohen ihnen, um ihnen gutes Benehmen beizubringen: Wenn du lügst, spaltet sich dein Gesicht. Wenn du Fingernägel kaust, wird deine Hand abfallen. Wenn du nachts zu lange liest, wirst du erblinden. Wenn du am Daumen lutschst, bohrst du ein Loch in deinen Gaumen. Wenn du in der Nase popelst, wird sie so groß, daß man sie auf einem Schubkarren schieben muß. Wenn du deinen *zizi* nicht wäschst, laufen dir die Hunde nach. Wenn du dich weiter anfaßt, wirst du schwarz werden. Kinder in Hochhäusern zwischen neun und zwölf fürchten, daß die Häuser zusammenbrechen. Die Menschen fühlen sich nicht sicher in ihren Wohnungen; und es gibt kein Gefühl der Privatatmosphäre, da sie hören können, wie Toiletten gespült werden; jeder hört des anderen Radio. Eine ganze Reihe von ihnen besitzt Schußwaffen oder Trillerpfeifen oder Sirenen; eine ältere Frau nimmt jedesmal, wenn sie zum Postamt geht, um Geld abzuheben, einen Revolver mit. Hausfrauen verdrängen ihre Ängste, indem sie essen, beten, viel kochen, die Wohnung putzen (ein ständiger Kampf gegen eine andere Angst – vor Schmutz), oder indem sie Liebesgeschichten im Fernsehgerät anschauen und Detektivromane lesen. Sie verteilen Beruhigungstabletten und homöopathische Mittel untereinander. Aber keine von ihnen will von Angst völlig befreit werden. «Keine Ängste zu haben ist so ähnlich wie den Vorraum zum Friedhof zu betreten. Angst ist das Leben.»

Angst vor der Zukunft ist natürlich eine ständige Sorge, und es gibt wenig Institutionen, die Abhilfe leisten können. Graphologie wurde offiziell als Wissenschaft im öffentlichen Interesse anerkannt, und die Air France zum Beispiel wendet sie an, um vorauszusagen, wie Einstellungskandidaten sich verhalten werden: Man ist überzeugt, daß sie genaue Angaben liefern kann. Wahrsagerinnen haben ihre regelmäßigen Programme im staatlichen Radio. Der berühmtesten Astrologin Frankreichs, Madame Soleil, die früher auf der Kirmes wahrsagte und heute opulent eingerichtete Beratungszimmer in Paris führt, wurde bei Radio Europe I ein eigenes Radioprogramm von einem ihrer Klienten, dem Leiter des Senders, überlassen. Nach der Sendung liefen 17000 Telefonanrufe pro Tag für sie ein und schließlich erhielt sie 300000 Briefe, die beantwortet werden mußten. Madame Soleil hatte so viel Erfolg, daß sie Schwierigkeiten mit dem Finanzamt bekam. Ein Wissenschaftler, Jean-Claude Corbineau, Absolvent der Ecole Centrale, versuchte, sein Interesse an Astrologie auf eine moderne Grundlage zu stellen, indem er die Anfragen und astrologischen Antworten computerisierte, aber das war nicht, was die Menschen suchten; also zog er sich zurück und machte sein Glück, indem er Popmusik produzierte. Die heutigen Wahrsager sind Einzelpersonen, deren Erfolg auf dem Geschick beruht, mit dem sie ihren Kunden das geben, wonach sie suchen. Einige verwenden immer noch exotische Phantasienamen, während andere wie effiziente Jungmanager aussehen. Der Astrologe «Charles» im 17. Arrondissement in Paris behauptet, seine «hellseherischen Fähigkeiten von seiner Familie über viele Generationen ererbt zu haben». Frère Michael Potay, in weißem Gewand mit langem Bart, trägt zugleich ein christliches Kreuz und verschiedene andere Insignien, nennt sich einen «auf arische Magie spezialisierten Ethnologen, einen Meister des Instituts für Chinesische Philosophie und Akupunktur von Kharbine». Es wird geschätzt, daß rund eine Million Bücher pro Jahr verkauft werden, die sich mit Astrologie und benachbarten Künsten befassen. Horoskope werden von der Hälfte der französischen Bevölkerung gelesen und von zwei Dritteln der Angestellten.

Was den Franzosen an Psychiatern fehlt, machen sie mit Masseuren wett. Der Zuwachs in kinesiotherapeutischen Berufen seit Kriegsende war enorm. Die Franzosen haben so viele Masseure wie Zahnärzte. Es überrascht nicht, daß die Randmedizin blüht, seit die offiziell approbierten Ärzte weit davon entfernt sind, ihre Patienten immer erfolgreich zu heilen, und da die Patienten nicht immer die gleiche Vorstellung von dem haben, was Heilung denn nun ist (wie die alte Dame, die zu ihrem hundertsten Geburtstag den Journalisten erzählte, daß sie froh sei, noch zu leben, aber bedauerte, daß die Ärzte sie nicht vom hohen Alter geheilt hätten). Geistheiler sind allem Anschein nach die zahlreichsten, gefolgt von Naturheilkundlern, *radiesthésistes,* Chiropraktikern, Amateur-Homöopathen und Hypnotiseuren. Alte Bauernmittel werden auch heute noch in den armen ländlichen Gegenden von einer Generation auf die nächste weitergegeben, um mit Gebeten Bienenstiche und Schlangenbisse zu heilen, Dornen aus der Haut zu ziehen und die Fruchtbarkeit der Tiere zu erhöhen. Es gibt noch einige Menschen, die an Hexerei glauben und sie praktizieren. Verleger können noch immer Geld verdienen, indem sie alte Bücher mit Zauberformeln neu herausgeben. Die Heiler haben eine treue Gefolgschaft, auch wenn sie so behandelt werden wie die Kirche von den Ungläubigen. So wie die Menschen zwecks Taufe, Hochzeit und Begräbnis zum Priester gehen, so laufen sie zu einem Heiler, wenn die Schulmedizin versagt; es gibt nur zwei Berufe, die allgemein dem Heiler feindlich gegenüberstehen: Priester und Lehrer. Viele Ärzte sind wesentlich toleranter.

Ein französischer Arzt ist Sieger und Opfer eines besonders ausgeprägten Konkurrenzkampfes. Die Aufnahme als Student der Medizin an einer Universität bedeutet noch nicht, daß man schließlich Arzt wird. Am Ende des ersten Jahres werden zwei Drittel der Studenten von der Fakultät verwiesen – es gibt keinen Platz für sie. Die alte und die junge Generation unterscheiden sich durch die politische Revolution von 1968, die den Aufbau der medizinischen Ausbildung verändert und demokratisiert hat. In alten Zeiten war ein französischer Doktor im wesentlichen eher klinisch als wissenschaftlich orientiert. Die Betonung lag ebensosehr auf der Diagnose wie auf Heilung. Die Regel lautete, Medikamente zu verabreichen, die keinen Schaden anrichten konnten. Die medizinische Ausbildung bedingte Auswendiglernen und, wenn man Glück hatte, ein Praktikum. Ein gewöhnlicher Student, der das Recht hatte, Vorlesungen beizuwohnen und den Professoren durch die Abteilungen mit großem Abstand zu folgen, entwickelte eine sehr vage Vorstellung der Lehrinhalte. Es gab einen erheblichen Unterschied zwischen ihm und den privilegierten Studenten, die ein volles Praktikum machen durften, denn es gab zwei Grade von Arztpraktika. Ein Arzt mit dem Titel «ehemaliger Krankenhaus-Externer» war besser als jener mit einem einfachen «Diplom der medizinischen Fakultät». Der Externe hatte den Wettlauf im Examen gewonnen, das ihm gestattete, am Betrieb eines Krankenhauses teilzunehmen. Sicher, diese Examen waren nicht so anspruchsvoll; um sie zu bestehen, ging man zu Paukern, jungen Ärzten, die den Kandidaten die Fakten eintrichterten, denn das Ziel war, die Examensfragen vorherzusagen und die richtigen Antworten auswendig zu lernen. Jeder ältere Arzt kann noch ohne nachzudenken die Standarddefinitionen von jeder Krankheit und aller Symptome aufsagen: «Pleuritis (Rippenfellentzündung) ist erkennbar durch ein hartes, trockenes, pergamentenes Knistern bei der Auskultation (Abhorchen des Brustkorbs mit Stethoskop) und erinnert an das Geräusch von zwei Lederstücken, die aneinander gerieben werden.» Es war durchaus normal, beim ersten Versuch durchzufallen, man durfte die Prüfung bis zu fünfmal machen. Das bedeutete, daß im Durchschnitt ein Arzt der alten Schule zwei Jahre damit zubrachte, die Symptome zu erlernen; heute werden nur sechs Monate darauf verwandt. Einmal als Externer angenommen, wurde einem Studenten die Verantwortung für ein Dutzend Betten in einem Krankenhaus übertragen.

Die Demokratisierung hat all das verändert. Jeder Student hat heute das Recht, ein Externer zu sein, und der Titel hat kaum noch Bedeutung. Es gibt heute so viele Externe, daß jeder von ihnen nur auf ungefähr ein halbes Bett hoffen darf. Die Ärzte der gegenwärtigen Generation wurden nicht mit der gleichen Methode des klinischen Praktikums unterrichtet. Die neue Mode ist eine gründliche Fundierung in der Wissenschaft, also gibt es heute zwei Arten von Medizinprofessoren: jene, die die «grundlegende» wissenschaftliche Lehre übernehmen, und jene, die Medizin lehren. Ein Student muß einen Großteil seiner Zeit mit abstrakter Chemie und Biologie zubringen. Das Auswendiglernen der Lehrbücher bleibt, wird aber heute mit einer reduzierten praktischen Verantwortung in einer Krankenhausstation ausgeglichen. Die Trennung zwischen Fakultät und Krankenhaus wurde aufgehoben: es gibt heute keine Parias mehr, die eine zweitklassige Bildung erhalten. Die Universitätskrankenhäuser sind zu Lehranstalten geworden. Aber die Dinge haben sich nicht ganz so entwickelt wie geplant. Wenige Universitätskrankenhäuser sind de facto in der Lage, den gesamten Fächerkanon abzudecken. Nur ein Universitätsklinikum wurde in der Pariser Region, in Créteil, errichtet, um das neue Ideal zu erfüllen. Was der Student lernt, hängt von dem Uniklinikum ab, das er besucht. Es gibt eine wachsende Zahl von medizinischen Fächern, also wurden viele auf den Status des Wahlfachs verwiesen. Das einzelne Faktenwissen, mit dem ein Arzt die Uni verläßt, ist höchst unterschiedlich. Es variiert auch abhängig davon, wieviel Zeit er seinen Studien widmen kann. Einige Vorlesungen werden abends abgehalten, weil so viele Studenten tagsüber ihren Lebensunterhalt verdienen müssen. Die praktische Erfahrung eines modernen Studenten entstammt seinem abschließenden siebten Jahr, aber auch hier ist der Massenandrang so groß, daß die meisten kaum ein Krankenhaus finden können, das sie aufnimmt. So suchen die Studenten nach Kliniken, wo immer sie können, oft bieten sie sogar ihre

Dienste umsonst an, nur um ihre Qualifikationen zu erhalten. Glücklicherweise, wenn sie so weit gekommen sind, ist das Abschlußexamen nur noch eine Formsache. Sie müssen eine Hausarbeit schreiben, um sich «Doktor der Medizin» nennen zu können. Dabei kann es sich um irgendein Thema handeln, das im entferntesten Sinn mit Medizin zu tun hat und normalerweise in drei Minuten geprüft wird.

Die besten Ärzte der alten Schule waren die, die mehr geleistet hatten: Ungefähr 40 Prozent der Medizinstudenten machte ein Externenpraktikum, ungefähr 15 Prozent von ihnen wurden nach einer weiteren Prüfung Interne. *Ancien interne des hôpitaux de Paris* war ein wirklich glänzender Titel auf einem Messingschild. Die Internen lebten im Krankenhaus und waren praktisch Assistenzärzte, auch vor dem Abschluß. Aber leider kann man die Güte eines Arztes nicht so einfach an seinem Titel ablesen, weil eine bestandene Prüfung nicht unbedingt eine Frage der Intelligenz war. Der hippokratische Eid, den der frischgebackene Arzt ableisten muß, beinhaltet nicht nur das Versprechen, den Kranken beizustehen und ihre Geheimnisse zu wahren, sondern auch, den Söhnen des Doktorvaters zu helfen. Der Doktorvater ist ein Professor, und der Eid ist keine leere Formel. Die französische Medizin wird von Doktorvätern regiert. Sie waren in der alten Schule für ihren Nepotismus verschrien, und dieses Netz von Begünstigungen ist nicht gänzlich verschwunden. Um ein Interner zu werden, mußte man das Patronat eines Professors gewinnen und sein serviler, treuer Anhänger werden. Interne waren in der Hauptsache früher die Söhne von Doktorvätern und von berühmten Ärzten, wenngleich die Studenten, die besonders hart arbeiteten, sich ihren Weg in diesen erlauchten Kreis bahnen konnten. Dieses System des Patronats ist heute auf die weiterführenden Studien verlegt worden. Ein Interner ist heute ein Arzt, der nach seinem Examen eine vierjährige weiterführende Ausbildung in einem Krankenhaus absolviert, mit der Aussicht, Facharzt zu werden oder den langen Weg zum überhöhten Status als Professor anzutreten. Heute ist ein Doktorvater noch unverzichtbar. Ein Arzt kann nicht mehr als einen Doktorvater haben: Wenn sein Patron stirbt, ist der ganze Clan verwaist. Der Doktorvater bestimmt nach den vier Jahren, wer für weitere sieben Jahre als *Assistant des hôpitaux, Chef de clinique* ausgewählt wird, was den nächsten Rang in der Krankenhaushierarchie darstellt. Am Ende dieser sieben Jahre wird der Assistenzarzt wissen, ob er die Dauerstellung als *agrégé* bekommt, die sowohl Lehre als auch praktische Krankenpflege umschließt. Für diese Beförderung gibt es ein Examen, aber es ist eher die Macht der Patrone als die Auszeichnung des Kandidaten, die darüber entscheidet, wer Erfolg hat und wer nicht. Die letzte Auswahl von allen, in der ein vollrangiger Ordinarius unter ihnen ausgesucht wird, wurde als die politischste Wahl ganz Frankreichs beschrieben.

Der praktische Arzt mag daher manchmal eine etwas verwirrende Persönlichkeit darstellen. Auf der einen Seite kann er ein Arzt sein, der im Wettbewerb schlecht abgeschnitten haben mag. Er kann aus seiner Ausbildung mit einem Minderwertigkeitskomplex hervortreten, wenn er erkennt, daß er in seinen sieben Studienjahren nur drei Monate lang Zeit für Therapeutik hatte. Es gibt praktische Ärzte, die sich über den «erdrückenden Stolz» der Krankenhausärzte beschweren, die sie «von oben herab» behandeln. Auf der anderen Seite repräsentiert ein Arzt für die Öffentlichkeit schlechthin die Figur des *notable,* besonders in ländlichen Gegenden. Ein praktischer Arzt muß die Rolle spielen, so gut er kann. Die Rolle wird nicht schnell gelernt, denn er muß seine Patienten erst einmal gewinnen. Er wird für jede Konsultation vom Patienten bezahlt, der wiederum das Honorar zum Teil von der Regierung erstattet bekommt, und wenn der Patient Mitglied einer Zusatzversicherung ist, erhält er das Gesamthonorar zurück. Der allgemeine Arzt beginnt seine Karriere, indem er sich dem Wettbewerb seiner Kollegen stellt, so wie ein Gemüsehändler, der ein Geschäft eröffnet. Um einen vernünftigen

Lebensunterhalt zu verdienen, muß er mindestens vier Patienten pro Stunde sehen. Es liegt in seinem finanziellen Interesse, seine Patienten so häufig wie möglich zu sehen, die Zahl der Tests und Untersuchungen zu maximieren.

Die Vielzahl der Behandlungen wächst durch die Beziehung eines praktischen Arztes zu Fachärzten. Böse Zungen behaupten, je mehr Patienten er zu einem Facharzt überweist, desto reicher werden alle Beteiligten. Aber der Druck, zu einem Spezialisten geschickt zu werden, kommt gleichermaßen vom Patienten, der genausoviel Angst hat wie der Arzt, daß eine falsche Diagnose gestellt wird. Ein guter praktischer Arzt ist vom Standpunkt des Patienten einer, der sich unter den Experten auskennt, der sie nicht automatisch zu dem Facharzt schickt, mit dem er Bridge spielt oder zu jenen, von denen er einen Prozentsatz des Honorars erhält. Die praktischen Ärzte beschweren sich, daß die Medien jedes modische neue Heilmittel veröffentlichen, daß die Patienten mehr und mehr Untersuchungen und ausgefallenere Behandlungsmethoden fordern. Er sieht sich als Zahnrad in einer inflationären Maschine, deren Funktion es ist, endlos Rezepte auszuteilen und Röntgenaufnahmen zu bestellen. In der Tat, seit die Patienten freie Arztwahl haben und ihn wechseln können, wann sie wollen, finden sie schließlich den Doktor, dessen Ansichten sie teilen oder mit dem sie als zufriedene Komplizen an dem Zauberspiel teilnehmen können, das von Ärzten erwartet wird.

Frankreich hat relativ wenig praktische Ärzte – nicht viel mehr als vor dem Krieg. Der Zuwachs beschränkt sich vor allem auf Fachärzte. Er erhält das doppelte Honorar eines praktischen Arztes für jede Konsultation; theoretisch, damit er doppelt soviel Zeit für jeden Patienten aufwenden und eine teure Ausrüstung kaufen kann. Ein berühmter Spezialist kann mit Zustimmung der Regierung mehr verlangen, aber der Zuschlag muß vom Patienten bezahlt werden und wird von der Krankenversicherung nicht erstattet. Der Trend geht folglich dahin, daß gute Studenten versuchen, sich als Fachärzte niederzulassen, aber nur 25 bis 40 Prozent von denen, die die vierjährige Weiterbildung antreten, erhalten auch den begehrten Titel. Ein Patient muß geübt sein, um einen wahrhaft qualifizierten Spezialisten zu finden. Die beschäftigtsten Fachärzte sind derzeit Rheumatologen; von ihnen wird behauptet, sie machten große Profite. Im Gegensatz dazu haben die Kardiologen sich für den Bedarf zu stark vermehrt, es wird ihnen daher nachgesagt, daß sie unnötig viele Untersuchungen machen. Wahrscheinlich wird es einen weiteren Zuwachs an Experten geben, besonders Krebsspezialisten, Kinderärzte und Gerontologen.

Eine der hauptsächlichen Besonderheiten des französischen Gesundheitshaushalts ist, daß weniger für Krankenhäuser aufgewandt wird als in allen anderen vergleichbaren Ländern, selbst weniger als in Italien, und nur die Hälfte der Mittel, die Schweden ausgibt, wo sich die medizinische Versorgung auf das Krankenhaus konzentriert. Der typische französische Arzt ist ein Individualist. Wie in der Liebe, so auch in Fragen der Gesundheit, die Öffentlichkeit kann sich nicht entscheiden, was sie von einem Arzt will, und ist daher nie ganz zufrieden. Dr. Christian Bourrel, der sich mit einem Partner um 4000 Menschen in sechs Gemeinden in der Aude kümmert, zeigt, was der traditionelle Landarzt mit modernisierten Methoden anbieten kann. Er hat ein Funktelefon, so daß er Patienten innerhalb von zehn Minuten erreichen kann. Aber er sieht seine Rolle nicht darin, schwierige Krankheiten zu heilen. Er ist stets bereit, einen Spezialisten hinzuzuziehen. Bei ernsthaften Krankheiten sieht er seine Aufgabe darin, den Patienten im Krankenhaus zu unterstützen, ihn zwei- bis dreimal in der Woche zu besuchen. Er sieht seine Hauptfunktion in der Psychologie und sagt, er sei das Gegenstück zum amerikanischen Psychoanalytiker. Er hat den Rechtsanwalt und den Priester als universellen Ratgeber ersetzt.

Das ist ganz anders als das Verhalten, das er kennenlernte,

als er in dem Pariser Vorort Rosny-sur-Bois praktizierte, einer Mischung aus Dorf und Wohnsilo. Die Bewohner der Wohnsilos riefen den Arzt nur bei medizinischen Problemen. Der Arzt behandelte sie und ging wieder. Die Patienten erstellten häufig ihre eigene Diagnose und riefen den Doktor nur, wenn er eine bereits diagnostizierte Krankheit heilen sollte. Zumal die Lehrer haben den «Larousse Médical» und studieren ihre Symptome. Viele Patienten riefen manchmal mehr als einen Doktor. Er erinnert sich, wie er zu einem Hochhaus kam und zwei seiner Kollegen auf denselben Klingelknopf drücken wollten. In Paris rufen die Patienten gern ihren Arzt gegen vier Uhr morgens wegen Schlaflosigkeit an oder weil sie sich übergeben müssen, nachdem sie zu viel getrunken haben, oder weil sie mit ihrem Ehepartner Streit haben. Geld ist kein Problem. Aber auf dem Lande, seit das Honorar für Nachtbesuche gestiegen ist, wird der Doktor weit weniger in Anspruch genommen, gewöhnlich nur bei Kinderkrankheiten. Dr. Bourrel befürchtet, daß das, was in den Städten geschehen ist, wo Ärzte wie Gemüsehändler behandelt werden, früher oder später auch auf dem Lande um sich greifen wird. Die persönliche Beziehung zum Patienten wird sich lösen, und medizinische Zentren mit angestellten Ärzten werden Landärzte wie ihn ersetzen. Er bedauert das, weil er glaubt, daß die Versorgung zu Hause am besten sei. Er muß zwischen zwölf und vierzehn Stunden täglich arbeiten, um seine Patienten zufriedenzustellen, jedoch nie weniger als zehn. Alle vierzehn Tage nimmt er sich ein Wochenende frei und jeden Mittwoch. Er tut all das, weil er den persönlichen Kontakt aufrechterhalten will, hält oft an, nur um die Hand zu schütteln. Er entbindet noch immer Babies, auch wenn andere es modischer finden, in ein Krankenhaus zu gehen, denn «ich arbeite für das Leben». Er sagt: «Ich glaube an Freundschaft.» Er erweckt Vertrauen durch seine Ehrlichkeit, seine Bescheidenheit und seine menschliche Wärme. Er macht sich keine Illusionen über sein Wissen, sondern sagt, daß seine Ausbildung recht unzulänglich war, auch wenn er versucht hat, sie durch Lektüre und den Besuch von Vorlesungen aufzubessern. Die Alternative zu Dr. Bourrel ist eine Serie von Krankenhausspezialisten, Psychiatern und Sozialarbeitern. Das gibt den Menschen mehr Wahlfreiheit, aber nicht immer mehr Freundschaft. Vielleicht müssen neue Formen der Freundschaft erst noch erfunden werden.

25 Wie man vermeidet, sich im hohen Alter zu langweilen

«Ich habe ein Leben geführt, in dem sich nichts Besonderes ereignete.» So schaut Marie Selandouse auf ihre siebenundachtzig Jahre zurück. Sie hat sich ihrer Familie gewidmet, hat gesehen, wie ihre Enkel Zahnärzte, Architekten und Apotheker wurden, was für sie eine besondere Quelle des Stolzes ist, da sie als Krankenschwester begann, einen Bäcker heiratete und vierzig Jahre hinter der Kasse der Bäckerei verbrachte. Ihr Mann ist gestorben, und sie hat sich ihre Hüfte gebrochen; sie mußte in die Altenabteilung eines Krankenhauses ziehen. «Das macht keinen besonderen Spaß.» Ihre einzige Freude sind die Besuche der Kinder, die sich abwechseln, so daß es nur zwei Tage in der Woche gibt, an denen sie allein ist. Sie liest etwas, findet aber keinen rechten Gefallen daran, nachdem sie stets zu beschäftigt war, um lesen zu können. «Ich habe keine literarischen Vorlieben; die Kinder bringen mir die Bücher ihrer Wahl mit.» Sie schaut ein wenig fern, aber auch hier gibt es nicht viel, was sie interessiert. Sie verabscheut brutale Filme. Einst hatte sie ihre Filmlieblinge, Gabin, Bourvil, aber heute nicht mehr. Sie ist ein wenig verloren, seitdem sie sich nicht mehr um ein Haus kümmern muß. Ihr Rat an die Jungen ist, so lange zu Hause zu bleiben, wie sie nur können. Jetzt, da sie sich kaum noch bewegen kann, hat sie keine Wahl. Sie will nicht bei ihren Kindern leben, weil sie ihnen nicht zur Last fallen will, zumal nicht als Patient. Die Kinder wären den ganzen Tag unterwegs, und sie fürchtet sich vor dem Alleinsein, würde nicht die Tür öffnen, da die Alten schnell zu Opfern von Verbrechern würden. Sie und ihr Mann haben unablässig gespart, «das war unser Ziel, aufs Alter zu sparen», und so kann sie sich ein eigenes Zimmer im Krankenhaus leisten. Aber das Essen mißfällt ihr, auch gibt es weder ein eigenes Bad noch eine Küche. «Wir werden gut gepflegt; es ist warm, aber man muß nehmen, was einem gegeben wird.» Ihr Geist ist noch völlig klar, und sie spricht mit Anmut und Genauigkeit. Aber die Vergangenheit belastet sie, und sie kann sich nur beklagen, daß die Dinge nicht so sind, wie sie einst waren, daß das Brot von heute nicht halb so schmackhaft ist, wie das Brot, das ihr Mann einst aus dem Backofen zog (das Baguette wurde erst zwischen den Weltkriegen erfunden, war früher gräulich und wurde erst nach 1940 weiß; es begann als *bâtard* oder halber Laib, der sich langsam in die Länge streckte). Sie bedauert das Verschwinden der kleinen Geschäfte, die noch auslieferten, Supermärkte sind nicht «menschlich», und man kann nicht erkennen, ob das Schweinefleisch aus der Bretagne kommt, was sehr gut ist, oder aus der Auvergne, was schlecht wäre. Das Leben paßt ihr einfach nicht mehr.

Vielleicht aber hat sie ihr Leben nicht so geführt, daß sie es auch im hohen Alter noch genießen kann, vielleicht war Geld zu sparen nicht genug. Solche Vorwürfe macht man nicht leichtfertig, aber Raymond Jegaden hält sie sich selbst manchmal vor. Er ist Junggeselle, über siebzig, und war vierzig Jahre lang Generalsekretär der Notarskammer. Er fand seine Arbeit sehr interessant und war damit vollauf beschäftigt. Er war stolz, als ebenbürtig, als ein Freund von Notaren behandelt zu werden, die oft kultivierte und interessante

Menschen waren. Vielleicht, so überlegt er, hätte er heiraten sollen, aber er war zu beschäftigt: «Ich war bestrebt, andere zufriedenzustellen.» Er hatte wenig Hobbies, half, eine Abendschule zu leiten, schrieb Artikel für eine unbekannte katholische Zeitung und sogar ein Buch über die Sekretäre der Französischen Akademie, aber der Verleger wollte eine große Summe von ihm, um es zu veröffentlichen. Er verbrachte seine Freizeit in Bibliotheken, um Informationen zu sammeln. Er lebte in einer Zweizimmerwohnung und reiste nie ins Ausland. Sein bester Freund war der örtliche Priester. Er fand sein Leben interessant, aber dann wurde er schwerhörig, und das machte ihn weniger gesellig. Er fiel hin und wieder in Ohnmacht, verletzte sich beim Fallen, also beschloß er, nicht mehr allein leben zu können, und zog in ein Altersheim. Hier wird sein Leben von der Tatsache bestimmt, daß die Mahlzeiten zu festgesetzten Tageszeiten serviert werden, und er meint, er müsse stets zum Abendbrot um sechs Uhr zurück sein. Das macht es sehr schwierig, nach Paris zu fahren, höchstens für eine Stunde oder zwei. Er geht nicht mehr in Ausstellungen oder ins Theater. Sein grauer Star erschwert ihm das Lesen. Er ist sehr gelangweilt. «Meine Tatenlosigkeit lastet schwer auf mir. Ich bedauere, nicht mehr zu arbeiten, aber ich nehme an, man muß den Jungen eine Chance geben, und überhaupt wird heute ganz anders gearbeitet. Computer, davon verstehe ich nichts.» Er blickt düster in die Zukunft: Sein Leben ist völlig leer. Er geht zur Kirche, ist sich aber nicht sicher, ob er glaubt, daß es ein Leben nach dem Tod gibt.

Nur ein Drittel der Franzosen glaubt an die Auferstehung, nur ein Drittel denkt über den Tod nach. Aber die neueste Meinung ist, daß alle über das Alter nachdenken und das Leben auf die letzten Jahre vorbereiten sollten. Denn das Alter hat eine neue Rolle angenommen. Die Alten sind eine neue Klasse, die verspricht, einen beherrschenden Einfluß auf das nächste Jahrhundert auszuüben, so wie die Jungen angeblich in diesem. Nach Rassismus und Sexismus ist Geratrismus die neueste Hauptbeschäftigung, in Frankreich und anderswo. Frankreich glaubt, ein besonders überaltertes Land zu sein, wenngleich sein Bevölkerungsanteil von über Fünfundsechzigjährigen mit 13,5 Prozent genau beim europäischen Durchschnitt liegt (BRD 14,6 Prozent, Großbritannien 14,1 Prozent, Italien 12,3 Prozent, USA 10,6 Prozent, Spanien 10,1 Prozent). Diese Zahlen sind fast dreimal so hoch wie noch vor hundert Jahren, aber in die Siebziger hineinzukommen, ist noch immer ein Privileg: Nur 30 Prozent der Menschen, die 1900 geboren wurden, haben dies erreicht. Die Lebenserwartung eines Franzosen, der heute geboren wird, ist neunundsechzig für Jungen und siebenundsiebzig für Mädchen. Alter wird zunehmend ein weibliches Privileg. Die Kluft zwischen männlicher und weiblicher Lebenserwartung hat sich im Verlauf dieses Jahrhunderts verdoppelt, Frauen leben heute acht (statt vier) Jahre länger als Männer. Zwei Drittel der Menschen zwischen fünfundsiebzig und vierundachtzig sind Frauen und drei Viertel der über Fünfundachtzigjährigen. Es gibt noch immer soziale Ungerechtigkeiten des Überlebens, denn Manager und vor allem Grundschullehrer und Priester können erwarten, länger zu leben als Arbeiter.

Die alten Menschen stellen sieben Millionen Wahlstimmen (über 65) und haben so eine politische Macht, ihr eigenes Schicksal zu entscheiden. Den Großteil dieses Jahrhunderts haben die Alten damit zugebracht, für das Recht auf frühen Ruhestand und für Pensionen, von denen sie leben können, zu kämpfen. Sie haben dieses Ziel fast erreicht. Die Frage ist, was streben sie als nächstes an? Die Pensionierung wird immer früher kommen. Finanziell haben die Alten sich besser gestellt als sonst eine Gesellschaftsgruppe im letzten Jahrzehnt. Der Ruheständler hat ein Einkommen, das fast gleich ist mit dem nationalen Durchschnittseinkommen (94 Prozent). Es gibt noch immer enorme Ungleichheiten unter den Pensionen und viel Armut, aber hohes Alter heißt nicht mehr zwangsläufig

Armut. Noch bedeutet es Unfähigkeit. Die Franzosen hören früher auf zu arbeiten als sonst ein Volk: Die Vereinigten Staaten haben doppelt so viel Senioren, die noch arbeiten, wie Frankreich, und die Japaner zählen vier mal so viel. Das bedeutet, daß die meisten Franzosen mit der Aussicht auf viele vor ihnen liegende Jahre, in denen sie noch fit sind, in den Ruhestand gehen.

Vor allem die Gebildeten versuchen, einen neuen Lebensstil für den Ruhestand zu finden. Wenngleich 53 Prozent der Arbeiter sich fast völlig aus dem Leben zurückziehen, kaum ausgehen und sich auf Schlafen, Essen und Gesundheit konzentrieren, widmen sich 63 Prozent der Manager ihrer Freizeit, Ausgehen und gesellschaftlichen Kontakten. Ein großes Angebot von Klubs und Aktivitäten für Senioren wurde geschaffen; aber das heißt, ein Ideal fortzuführen, das die neue Generation ablehnen wird, weil es bedeutet, die Älteren abzutrennen, und weil es bedeutet, die Alten zur reinen Parodie dessen zu machen, was die anderen Altersgruppen tun. Die Alten entkommen langsam ihrer Resignation. Sie haben die Sehnsucht nach Gerontokratie aufgegeben, aber sie haben noch keine neue Rolle gefunden. Die traditionelle Lösung war, daß man ihnen viel Medizin gab, aber heute wird argumentiert, daß sie Liebe und Aufmerksamkeit brauchen. Das gleiche wird natürlich auch von den Jungen gesagt. Zur Zeit erhält die ältere Generation 10 Prozent des Bruttosozialprodukts (doppelt so viel wie noch vor einer Generation), das entspricht ungefähr den Ausgaben für Bildung. Wenn sie zahlreicher werden, kann es durchaus einen Kampf um Geld wie um Liebe geben. Um dies zu vermeiden, schlägt die letzte Regierungskommission vor, daß die Rentner davon abgebracht werden sollten, Einwohner von Ghettos zu werden: die Ruhestandsgrenze sollte abgeschafft werden, Renten sollten nicht für den Ruhestand, sondern als Belohnung für eine bestimmte Anzahl von Arbeitsjahren gezahlt werden, und die Auszahlung sollte nicht davon abhängen, ob jemand aufhört zu arbeiten oder nicht. Man sollte eher den Kranken helfen als den Alten. Die Menschen sollen lernen, wie Montaigne sagt, ihre Leben zu verwalten, die Zeit, die ihnen vergönnt ist, zu verplanen. Dieser utopische Plan soll von einem «Institut des hohen Alters» gekrönt werden, das diese neue Weisheit verbreiten soll. Diese Weisheit ist natürlich eine Verneinung des vorherrschenden Ideals, daß Jugend und Erwachsensein die besten Jahre des Lebens seien.

Gegenwärtig leben nur zwei Millionen ältere Menschen allein, eine kleinere Gruppe als in England, wo fast die Hälfte der über Siebzigjährigen allein lebt. Hohes Alter bedeutet nicht notwendigerweise Einsamkeit oder Unzufriedenheit, aber es ist unzweifelhaft eine vergeudete Lebensperiode. Dies ist vielleicht der Punkt, an dem in Zukunft die meisten Veränderungen auftreten werden.

Die Alten haben bis jetzt noch nicht viel gefunden, worüber sie in ihrer Situation lachen könnten. Aber für den Fall, daß dieses Thema nichts als Melancholie hervorruft, ist es gut zu wissen, daß der Tod auch seinen Humoristen gefunden hat. Dr. André Ruellan praktizierte mehr als zehn Jahre lang Medizin, bevor er ein Science-fiction-Autor wurde. Er ging bei den Surrealisten ein und aus und nahm teil an dem, was so nett als Panikbewegung bezeichnet wurde. Er schrieb das Drehbuch für eine der beliebtesten Filmkomödien, Pierre Richards «Der zerstreute Mann». Er schrieb für sein eigenes Alter «Eine Anleitung zum Sterben». Sarah Bernhardt, so liest man da, legte sich täglich in einen Sarg, nur zur Übung. Ruellan rät den Leuten, auf Friedhöfen zu joggen, um sich mit dem Terrain vertraut zu machen. Die Bedeutung seiner krankhaften Witze ist, daß der moderne Tod Angst macht, weil die Menschen sich heute weigern, darüber nachzudenken. Aber er vermutet auch, daß einige der Lebenden schon längst tot sind: Sie sollten Vorbereitungen treffen, damit ihr wirkliches Ableben keinem mehr auffällt, indem sie sich einbalsamieren und auf ewig vor dem Fernsehgerät plazieren lassen.

SCHLUSSFOLGERUNG

26 Was es heißt, Franzose zu sein

Der Comte Sanche de Gramont, Mitglied einer der ältesten Adelsfamilien Frankreichs, hat sich entschlossen, seinen Namen in Ted Morgan (unter Verwendung der Buchstaben seines Nachnamens) zu ändern und amerikanischer Staatsbürger zu werden. Er fühlte sich als Franzose recht unwohl, als wäre er ein Schauspieler, der eine unangenehme Rolle spielen sollte, in der er sich als Fehlbesetzung empfand. Es lag nicht nur daran, daß er einen gewissen Anteil ausländischen Blutes in seiner Familie hatte oder weil sein Vater in Washington als Diplomat stationiert war und er daher in den Vereinigten Staaten eingeschult wurde. Er wollte vielmehr selbst seine Identität finden, unabhängig von der, die ihm seine Geburt mitgegeben hatte. Eine der Attraktionen Amerikas war, daß es ein Land ist, in dem man einen neuen Anfang machen kann, und es faszinierte ihn, daß sehr viele Emigranten ihre Namen geändert hatten, um den Bruch mit der Vergangenheit zu signalisieren. Er entdeckte, daß der große amerikanische Experte der «Persönlichkeitsidentität» Erik H. Erikson, dessen psychologische Theorien von vielen Menschen, die nie von ihm gehört haben, übernommen wurden, keine klare Vorstellung von sich selbst hatte. Er wußte nicht, wer sein

Vater war und erfand so seinen eigenen Namen: Er wollte sein eigener Vater sein, Erik, der Sohn von Erik. Das war der symbolische amerikanische Selfmademan. Gramont entschied, daß die Amerikaner die wahren Existentialisten waren, weil Sartres Existentialismus im Grunde genommen bedeutet, sich nur auf sich selbst zu verlassen. Er fühlte sich emotional wurzellos, und Amerika war offensichtlich die Heimat all derer, denen Wurzeln Schmerzen verursachten. Darüber hinaus zog er die Dichte der englischen Sprache der restriktiven Präzision des Französischen vor, so etwa wie Joseph Conrad, der einmal sagte: «Meine Nationalität ist die Sprache, in der ich schreibe.» Conrad, ein geborener Pole, sprach zugleich Englisch und Französisch fließend, meinte aber, er habe eine größere «Affinität» für das Englische. So wurde Gramont, trotz der Fragen auf den Antragsformularen zur Anerkennung der Staatsbürgerschaft – zum Beispiel, ob er je Ehebruch begangen habe –, im Jahre 1977 Amerikaner und lebt heute in den Bergen bei San Francisco. Ist das Verrat? Hätte er nicht seine Identität in Frankreich finden können?

Südlich von Paris, in der neuen Stadt Evry, liegt der Sitz der Firma Quantel, genau zwischen der Avenue Pacific und der Avenue Atlantic. Die Hälfte aller Firmenschilder der benachbarten Firmen sind internationale Unternehmen, aber Quantel ist rein französisch und produziert hochtechnologische Laserausrüstung. Der Gründer George Bret war ebenfalls ein Außenseiter wie Gramont. «Ich hatte eine turbulente Kindheit.» Er verließ die Schule ohne Abschluß mit fünfzehn, um sich seinen Hobbies wie Radio und elektronischen Orgeln zu widmen. Schließlich machte er doch seinen Abschluß an der École Supérieure d'Électricité, seinen Magister in Cleveland, Ohio, seinen Doktor in Harvard und wurde Professor für Physik an der Université de Paris. Nachdem er sich überzeugt hatte, daß er so gut war wie seine Lehrer, gab er seine Stellung auf und gründete seine eigene Firma, die heute 80 Prozent ihrer Produkte exportiert, in der Hauptsache in die USA und nach Japan, und er hat mittlerweile eine Niederlassung in Kalifornien gegründet. Er wollte beweisen, daß es möglich war, in Frankreich auch ohne Regierungsunterstützung Erfolg zu haben, so wie amerikanische Firmen, die in einer Garage anfangen. Nachdem er das erreicht hatte, versuchte er nicht, klein und unabhängig zu bleiben, wie es der französischen Tradition entspricht, sondern vereinigte sich mit einem großen Unternehmen. Die Verwaltungsarbeit hat er weitgehend delegiert, so daß er nicht mehr als die Hälfte seiner Zeit auf die Unternehmensleitung verwenden muß. Den Rest seiner Zeit widmet er sich anderen Interessen. Es geht ihm nicht darum, viel Geld zu verdienen, denn das würde ihn einfach zwingen, sich voll und ganz dem Schutz seines Kapitals gegen Inflation zu widmen. Er arbeitet, weil er frei sein möchte. Seine Frau sagt, er ist mit seinen Plänen so beschäftigt, daß er ihr nicht sonderlich frei erscheint. Aber er sagt, er habe sich frei entschieden, ausgelastet zu sein. Seine Frau ist die Tochter eines bretonischen Landarbeiters, die, um die traditionelle Mädchenkarriere als Lehrerin zu vermeiden, Ingenieurin wurde. Nach ähnlichen Studien wie ihr Mann in den Vereinigten Staaten leitet sie die Einführung der Computerisierung in einer der größten Banken Frankreichs. Sie leben heute in einem neuen Haus, das direkt aus Kalifornien hätte kommen können. Ein Sohn ist fast schon ein Aussteiger. Wenngleich er Medizin studiert, widmet er viel Zeit der Malerei. Er ist in den Vereinigten Staaten geboren und fährt dort regelmäßig wieder hin. Als sie unlängst in Houston war, rief sie an, um ihre Freude an der modernen Architektur der Stadt auszudrücken. Sie fühlen sich in Amerika zu Hause, doch ziehen sie es vor, in Frankreich zu leben. «Ich glaube, es gibt eine Zivilisation der technischen Menschen», sagt er. «Wir haben russische Freunde und japanische Freunde und deutsche Freunde, und es ist leicht, sich mit allen zu unterhalten, weil wir einen gemeinsamen Hintergrund und gemeinsame Maßstäbe haben. Mathematik, Physik und Englisch.» In seiner Fabrik arbeitet ein deutscher Manager, mit dem er sich auf Englisch unterhält. Er erklärt seinen Erfolg mit seiner Ausrichtung auf den internationalen Markt (wie die Japaner) und mit seinen Bestrebungen, ausländische Kunden zu finden. Er ist ein internationaler Mensch, aber ebensosehr Franzose, in dem Sinne, daß er sich für alles interessiert, was in Frankreich geschah und geschieht.

Bret hat bewiesen, daß fast alles, was in den USA geschehen kann, auch in Frankreich möglich ist. Er hat damit nicht Gramont widerlegt, sondern eher aufgezeigt, daß ähnliche Energien in beiden Ländern wirken. Viele Franzosen sind jedoch von der Furcht vor einer Amerikanisierung wie gebannt. In den fünfziger und sechziger Jahren war der Wunsch nach Wohlstand so groß, daß amerikanische Geschäftsmethoden begierig kopiert wurden, «Management» wurde ein französisches Wort, und Betriebswirtschaftsschulen wurden nach amerikanischem Modell errichtet für all jene, die nicht die Pilgerfahrt nach Harvard antraten; und als Effizienz aufhörte, die offensichtliche Straße nach Utopia zu sein, wurde ein anderes amerikanisches Schlüsselwort aufgegriffen: «Communication». Ausländische Investitionen in Frankreich wuchsen an, so daß heute ein Viertel der französischen Industrie in ausländischer Hand ist, und die Hälfte dieses Viertels gehört amerikanischen Investoren. Die Medien borgten sich gern ihre Ideen von den USA aus. *Time Magazine* regte das Format von *L'Express* an, *Life* wurde von *Paris-Match* kopiert, *Fortune* von *L'Expansion, Business Week* von *Le Nouvel Économiste, Ms.* von *F. Magazine*. Der Comicstrip, der eine ungewöhnlich wichtige künstlerische und intellektuelle Form darstellte, verdankt sehr viel der Comiczeitschrift *Mad,* bei der Goscinny, der Erfinder von Asterix, einst arbeitete. Das französische Geschäft mit der Unterhaltungsmusik basiert nicht nur auf dem amerikanischen Modell, sondern ist zu 90 Prozent in den Händen amerikanischer Firmen, und jedes Kind kennt amerikanische Songs so gut wie französische Kinderlieder. Mindestens ein Drittel der französischen Fernsehausstrahlungen und ein Drittel aller im Kino gezeigten Filme sind amerikanischer Herkunft. Französische Kinder spielen sogar mit amerikanischem Spielzeug, 70 Prozent der Spielwarenindustrie gehört Amerikanern. Die Werbemanager in J. Walter Thompsons Pariser Büro bestehen darauf, daß sie eindeutig französisch seien, aber es ist offensichtlich, daß mindestens die Hälfte ihrer Ideen von jenseits des Atlantik stammt.

«Amerikanisation» hat Stolz, Geschmack und Gewohnheiten vieler verletzt; anderen war der Preis des Wohlstands – und der damit verbundene «Verlust an Identität» – zu hoch. Selbst unter denen, die gern ihre Inspirationen aus den USA beziehen, gibt es oft ein Zögern. Ein führender Soziologe, Michel Crozier, der sein ganzes Leben damit zubrachte, die französischen und amerikanischen Traditionen in den Sozialwissenschaften zu vereinen, hat unlängst angekündigt, daß Amerika nicht länger als Modell, als «älterer Bruder» dienen kann, weil die Vereinigten Staaten unter der «amerikanischen Krankheit» leiden, die sogar noch schlimmer ist als die «französische Krankheit». Amerikas Wesen, optimistisch an das Gute im Menschen zu glauben, hatte eine stimulierende Wirkung, als die Grenzen noch offen waren, ist aber nutzlos, wenn man mit der Stagnation fertig werden muß: Amerikas Krankheit, sagt er, ist die Folge für den Mangel an Gespür für das Schlechte im Menschen.

Bald wird vielleicht keine Nation mehr Respekt vor sich selbst bewahren können, es sei denn, sie leidet unter ihrer eigenen Krankheit. Aber diese Sorgen, ob Frankreich seine Identität verliert und wie es sich in Beziehung zu anderen wichtigen Ländern setzt, scheinen mir ein Relikt der Auffassungen des 19. Jahrhunderts zu sein. Eine Nation von 54 Millionen Menschen in einem einzigen Satz zu beschreiben, all ihren Einwohnern identische moralische Eigenschaften zuzuschreiben, was schon schwierig genug ist, wenn man mit den Mitgliedern einer Familie zu tun hat, ist eine natürliche Reaktion angesichts der Komplexität der Welt; aber es ist eine Gewohnheit, die aus Verzweiflung geboren ist, weil es keinen augenscheinlichen Weg gibt, sie zu vermeiden. Frankreich kann eine Alternative anbieten, wenn man die Geschichte seines Erscheinungsbildes in der Vergangenheit anschaut. Es ist durch drei Phasen geschritten. Die erste, nationalistische Phase war bestrebt, das Land zu vereinen, ein kohärentes Ganzes zu schaffen, in dem jeder die gleiche Sprache sprach und die gleiche Erziehung genoß; gemeinsame Ideale wie Freiheit, Gleichheit, Brüderlichkeit wurden ihr zugeschrieben, Ideale, die häufig durch die ständige Wiederholung als Beschreibung der Realität mißverstanden wurden. Auf dieser Grundlage ruht die Annahme, daß die Franzosen im Grunde genommen alle gleich sind. Die zweite Phase war internationalistisch und repräsentiert ein Frankreich als Inkarnation allgemein menschlicher Ideale; eine Mischung aus Humanitarismus und Imperialismus war das Gegengewicht und erweiterte die Anziehungskraft der französischen Zivilisation, aber sie überzeugte nicht immer. Als dritte kam die pluralistische Phase, weil es offensichtlich wurde, daß das Gleichmaß die Interessen von Minderheiten unterdrückte, die Anerkennung und freie Meinungsäußerung verlangten. Pluralismus suchen die Politiker heute zu institutionalisieren. Nicht nur in der Regierung, sondern in vielen Lebensbereichen finden sich die Menschen als ethnische und ideologische Minderheiten zusammen: das Zeitalter der Minderheiten, die auf ihrem Recht beharren, anders zu sein, hat begonnen. Also gibt es heute eine Vielzahl von Typen der Franzosen.

Aber Pluralismus drückt nur einen Aspekt der Neuausrichtung von Loyalitäten aus. Minoritäten setzen sich aus Individuen zusammen, die nicht länger zufrieden sind, passive Empfänger vorgefertigter Identitäten zu sein. Die Individuen werden sich zunehmend der Vielfältigkeit ihrer Impulse und ihrer Bedürfnisse bewußt. Eine vierte, post-pluralistische

Phase ist dabei, das «Frankreich der Minderheiten» zu ersetzen. In dieser Phase versuchen Einzelpersonen, ihre eigenen Schicksale in die Hand zu nehmen, eine einzigartige Identität zu erschaffen aus einer Kombination von Elementen aus den verschiedenen Gruppen und Untergruppen, denen sie sich verbunden fühlen. Das fällt nicht zufällig mit der Einführung des Computers zusammen: Früher war das Gehirn gewohnt, mit relativ wenigen einfachen Kategorien umzugehen; heute erscheinen Individuen als unendlich variierte Permutationen von Eigenschaften und Wahlentscheidungen. Die Eigenschaften sind nicht anders als die Eigenschaften, die man überall in der Menschheit vorfinden kann, und die Wahlmöglichkeiten stehen fast allen Einwohnern der westlichen Welt offen. Die traditionelle Einteilung der Menschen in Nationen, Klassen, Gruppen und Bewegungen ist notwendigerweise verschwommen. Individuen sind die Grundbausteine all dieser Kategorien, und eine präzise Sichtweise tritt in unser Blickfeld, wenn wir sie gleichsam unter dem Mikroskop betrachten. Individuen sind wie Atome aus einer Masse von Teilchen zusammengesetzt, die miteinander ringen, und es gibt mehr zufällige Verhaltensweisen und Entscheidungen als die Gruppenklischees zugestehen wollen. Wenn man Frankreich unter dieser Perspektive betrachtet, ist das Problem, was seine Identität nun genau ist und ob es seine Identität verliert, nicht länger relevant. Nicht zwei Franzosen interpretieren ihre nationale Identität in der gleichen Weise, und nicht zwei haben dieselbe Kombination von Herkunft, Kultur oder Zielen. Mit der Zeit unterscheiden sich die Franzosen mehr und mehr voneinander.

Die amerikanische Einmischung fügt sich ein in all die anderen ausländischen Einflüsse, die in der Vergangenheit aufgenommen wurden. Anglomanie im 18. Jahrhundert, die Bewunderung des wissenschaftlichen Deutschland im 19. Jahrhundert, die Anziehung, für einige, des revolutionären Rußland im 20. Jahrhundert waren wie Früchte und Nüsse, die man dem Kuchen beigab, ihn damit anreicherte;

aber dennoch war jeder Bissen eine Vielzahl sich abgrenzender Geschmacksrichtungen. Diejenigen, die in der Lage sind, den Sprung von der nationalen Sichtweise des 19. Jahrhunderts in die mikroskopische Sicht des Menschen zu wagen, geben sich nicht länger der Versuchung hin, das französische Volk als bloßes Beispiel einer mythischen Nationalkultur zu interpretieren und automatisch ihre Kräfte des Rationalen der Tatsache zuzuschreiben, daß sie eine französische Schule besuchten oder ihren Erfolg der Liebe zu einer ererbten Virtuosität verdanken. Die Franzosen sind Menschen, die nicht alles, was ihnen beigebracht wird, gehorsam schlucken, auch wenn ihnen allen gleichzeitig dieselben Dinge vermittelt wurden.

Und wenn man das französische Volk in Typen oder Gruppen innerhalb ihrer Nation unterteilt, so finde ich, daß die einzige Klassifikation, die zufriedenstellend wäre, zwischen den warmen und kalten unterscheidet. Warme Menschen sind diejenigen, mit denen ich glaube, einen menschlichen Kontakt herzustellen, und mit denen ich Gefühle teilen kann. Kalte Menschen sind diejenigen, die sich hinter Masken verstecken und von denen ich meine, ich hätte sie nie wirklich kennengelernt. Die Unterscheidung ist teilweise subjektiv und teilweise das Ergebnis von Barrieren, die die Menschen aus verschiedenen Gründen meinen, einander gegenüber errichten zu müssen. Ich mag eine Nation, wenn ich mehr warme als kalte Menschen getroffen habe. Um warme Menschen zu finden, muß ich nicht mit ihnen übereinstimmen, noch ihren Geschmack teilen. Und eine Person, die hinter dem Schreibtisch kalt erscheint, mag sich ganz anders in den Ferien verhalten. Diese Barrieren des Unverständnisses scheinen mir wichtiger als nationale Grenzen oder Parteikonflikte. Darum habe ich den gewöhnlichen Weg, über Frankreich zu schreiben, aufgegeben, der seine Institutionen darstellt und zum Ausdruck bringt, wie sie sich von denen anderer Nationen unterscheiden. Es ist nützlicher, daß jeder seine eigenen persönlichen Grenzen zieht.

Ich für meinen Teil schließe Frankreich in meine Welt ein, nicht allein, weil ich die französische Landschaft oder die wunderbaren Bauwerke liebe, sondern vor allem, weil Franzosen gewillt waren, ihre Erfahrungen mit mir zu teilen, die noch wunderbarer verschieden waren, warm und kalt, bereichernd, ergreifend und lächerlich, ein unausschöpflicher Kommentar über Weisheit und Dummheit. Eine geteilte Erfahrung ist mehr als ein Band; es ist eine gemeinsame Entdeckung unerwarteter Möglichkeiten. Darum kann kein Leben ganz vollkommen sein, bis es nicht wenigstens ein kleines französisches Element in sich trägt. Und kein französisches Leben ist gänzlich den Ausländern oder ausländischen Arten verschlossen. Daß populäre französische Sänger es als lohnenswert empfinden, ihre Namen so zu verändern, daß sie amerikanisch klingen, ist kein Zeichen nationaler Degeneration, sondern der Ausdruck für ein Bedürfnis, ständig die Grenzen der eigenen Zivilisation zu erweitern. Der Rockstar Eddy Mitchell (geboren als Claude Moine, Sohn eines Pariser Metroarbeiters) war einst ein armer französischer Junge. Heute ist er längst nicht mehr arm, aber er ist weit davon entfernt, ein Amerikaner zu sein. Er kann kaum Englisch sprechen, aber er macht seine Schallplattenaufnahmen mit französischen Songs in Nashville, Tennessee, weil er dort die besten Aufnahmestudios finden kann. Er bietet seinen Fans nicht den «American Way of Life», sondern lädt sie bescheiden ein, Möglichkeiten offenzuhalten.

Der wahre Grund der Unzufriedenheit mit Ausländern in Frankreich kommt nicht daher, daß die Franzosen meinen, sich zu entwürdigen, indem sie von Amerika oder anderen Ländern etwas übernehmen, sondern von dem Verdruß, daß die Ausländer nicht viel von ihnen übernehmen. Es ist das Fehlen eines Austauschs, das ihren Stolz verletzt. Aber je mehr sie darauf beharren, anders zu sein als alle anderen, um so mehr entmutigen sie Ausländer, etwas von ihnen abzugukken. Ich glaube jedoch nicht, daß sie gar so anders sind, wie sie glauben machen wollen. Wenn sie aufhörten, an ihre eigenen Klischees zu glauben, würden sie sehen, daß sie ihre Leben mit einer Kraft und einem Einfallsreichtum aufbauen, der gar nicht so weit entfernt ist von dem der Amerikaner im Wilden Westen. Das Terrain ist in Frankreich noch immer offen.

Der Sänger Mouloudji, 1932 in Paris geboren, hat einige der Dinge, die ihn zu einem Franzosen machen, zusammengefaßt:

Katholik durch meine Mutter
Moslem durch meinen Vater
Ein bißchen Jude durch meinen Sohn
Buddhist aus Prinzip

Alkoholiker durch meinen Onkel
Neurotisch durch meine Großmutter
Klassenlos durch lang empfundene Scham
Lasterhaft durch meinen Großvater

Royalist durch meine Mutter
Fatalist durch meinen Bruder
Kommunist durch meinen Vater
Marxist durch Nachahmung...

Doppelzüngig wie ein Jurist
Sinnlich wie ein Geizhals
Hart wie ein Soldat
Zärtlich wie ein Saufkopf...

Betrogen von meiner besseren Hälfte
Belästigt von meiner *Concierge*
Gehaßt von meinen Nachbarn
Verabscheut von den Hunden

Atheist, o Gott sei Dank
Atheist, o Gott sei Dank.

Jeder Franzose erbt und erzeugt eine etwas andere Mischung. Aber für den Fall, daß der Leser darauf beharrt, eine grandiosere Definition eines Landes zu hören, überlasse ich ihn der folgenden. Sie stammt von einem der populärsten Komödianten des Landes, Pierre Dac: «Auf die ewigen drei Fragen, die bislang immer unbeantwortet blieben, Wer sind wir? Wo kommen wir her? Wo gehen wir hin? antworte ich: Was mich persönlich anbelangt: Ich bin ich. Ich komme von da hinten und gehe jetzt nach Hause.»

Inhalt

Vierter Teil

Wie man ihren Geschmack zu schätzen lernt

Fünfter Teil

Wie man versteht, was sie sagen wollen

Sechster Teil

Wie man mit ihnen sympathisiert

Schlußfolgerung

John David Morley

Grammatik des Lächelns

Japanische Innenansichten

Deutsch von Peter Weber-Schäfer
352 Seiten. Gebunden

Morleys Held Boon erobert wie kaum ein westlicher Zeitgenosse vor ihm den Alltag der Japaner. Alles, was Boon erfährt, zeigt: Japan ist nicht Sony und Hochleistungsethos; Japan, das ist der Riß zwischen zwei Kulturen, die das Leben widersprüchlich und faszinierend zugleich durchdringen.

Mit wachen Sinnen, scharfem Geist, Witz und Humor ist John David Morley in die «geschlossene Gesellschaft» Japans eingedrungen und hat seine Erfahrungen und Beobachtungen zu einer autobiographischen Prosa verdichtet, die dem europäischen Leser japanische Kultur und Mentalität verständlich macht, sie zuweilen auch entzaubert. Morley legt keine trockenen Analysen vor, sondern erzählt spannende Geschichten.
Ein Reise-Buch, das dem Genre neue Lichter aufsetzt.

Wunderlich

Gert und Gundel Mattenklott

Berlin Transit

Eine Stadt als Station

Mit Fotografien von J. F. Melzian
320 Seiten. Kartoniert

«Berlin Transit» zeigt diese Stadt als Durchgangsstation: Touristen und Emigranten, Arbeitssuchende, Landstreicher und erlebnishungrige junge Leute machten und machen in Berlin eine Zeitlang halt. Sie rennen mit im schnellen Tempo der Stadt und ihrer Bewohner, steigen ab in Pensionen, die für provisorisches Leben und Lieben eingerichtet sind, verlassen schließlich wieder die Stadt auf einem der in die Ferne lockenden Wege.
Kaum eine Stadt in Europa war so unvoreingenommen Fremden gegenüber: Sie konnten fremd in ihr bleiben – daß sie es durften, war ein oft gepriesener Vorzug Berlins – und prägten doch das Gesicht der Stadt. Etwas blieb von ihnen zurück, auch wenn der Aufenthalt in Berlin nur kurz war. Die Spuren der Reisenden zu entdecken ist schwierig und reizvoll zugleich.
Gert und Gundel Mattenklott suchen nach Zeichen und Zeugnissen aller derjeniger, für die Berlin wichtige Durchgangsstation war. Hier wird ein anderes Berlin sichtbar: das der Russen und Juden aus dem Osten, für die Berlin Tor zum Westen war; das der Künstler, die sich im Café trafen und später in einer «Künstlerkolonie», bis 1933 der große Aufbruch und die Austreibung begann; das der abenteuernden Vergnügungs- und Polittouristen der zwanziger Jahre; das der Türken, Studenten und Durchreisenden unserer Zeit.

Rowohlt